霊峰の文化史

世界遺産・富士山と世界の山岳信仰

秋道智彌＝著

勉誠出版

目次

はじめに

本書は「霊峰」について、人類学・民俗学の立場から考えるものである。霊峰は神々しい山で、神を祀る信仰対象となる。この点で霊峰は聖山・霊山とほぼおなじ意味といえる。英語ではセイクリッド・ピーク（sacred peak）とかホーリー・マウンテン（holy mountain）、中国語では圣（聖）山（shèng shāng）、韓国語ではyeongsan（영산：霊山）、インドネシア語でGunung KeramatないしGunung Sakralと称される。Gunungは「山」、KeramatとSakralは「聖なる」の意味である。

霊峰や聖山・霊山は、宗教学・祭祀考古学・山岳修験学・民俗宗教学・歴史地理学などの分野で広く扱われてきた。本書では、こうした既存の分野だけではなく、山への信仰に関する問題を広く自然観や世界観の課題としても考えたい。現代はやりのホット・スポットにも言及し、日本人にとり、さらには人類にとっての霊峰について考えてみたい。

人はなぜ山を見て畏敬の念をもつのか。屹立する雪山や秀麗な裾野をもつ山、山頂のお花畑のパノラマ、巨木と苔むす鬱蒼とした山中の幽谷、奇岩の露出する異形の山塊は、自然そのものへの感動と魅力以上に人びとを非日常の世界にいざなってきた。つまり、これこそ自然なのだという想いの先に、自然を超える世界を人間が垣間見るからにほかならない。山の谷をわたる風や渓流のせせらぎに神の声を聴くことは容易ではないが、山のどこかで神が見え隠れしたとしてもけっして不思議ではない。そのような世界が山にあるとの確信から、本書を書き始めた。人間の内なる思いとそれに共振する自然界とが合致するとき、神が生まれるのではないか。

筆者の専攻は生態人類学であり、ひろくは自然と人間とのかかわりを考える研究を志向してきた。自然と超自然にかかわる哲学や思想にも大きな関心を抱いてきた。現在は山梨県立富士山世界遺産センターの所長を務めている。本書では、二〇一六年に世界遺産となった富士山の問題も取り上げるが、多様な山岳信仰のなかで富士山を扱いたい。山岳研究の門外漢があえて挑んだのは、先述したような人間と自然のかかわりの重要なテーマとして山岳信仰をひろく考えてみたかったからである。

1　霊峰と霊性

通説では、三大霊峰として富士山（山梨県・静岡県）・立山（富山県）・白山（岐阜県・石川県）がある。このほか、七大霊峰として前述の三座にくわえて、大峰山（奈良県）・釈迦ケ岳（奈良県）・伯耆大山（鳥取県）・石鎚山（愛媛県）の四座が挙げられている。

では、なぜそれらの山が霊峰とされるのか。山の形状か、山の高さか、奇岩の景勝か、火山活動によるのか。はたまた、雲の上に浮かぶように見える景観によるのか。成層火山であり独立峰の富士山は長いすそ野をもち、その秀麗さは見たものに感動をあたえる。山容が水晶に似た中国の未踏峰カイラス山（チベット自治区プラン県・六六五六m）、奇岩・秀峰の林立する中国の廬山（ルシャン：江西省九江市・一四七四m）や奇峰・奇松の峰を七〇近くもつ黄山（ファンシャン：安徽省黄山市・一八六四m）は、いずれも異形の山容をもち、信仰の基盤になったとしても不思議ではない。後述するが、標高が低くても三輪山《みわやま》（奈良県桜井市）は霊峰にちがいない。標高四六七mの三輪山は笠形で、見た目も優雅である。

山は見る位置により異なった姿を現す。富士山・三輪山・男体山・比叡山・伊吹山を取り上げ、コンピュータによる透視形態を比較した研究がある。山麓に位置する里宮や神社拝殿の位置を検証した結果から、山頂部の尖りがもっとも顕著に見える位置が祭祀場となる大きなヒントという（斎藤　二〇〇六）。世界最高峰のエヴェレストやアフリカのキリマンジャロ、バリ島のアグンなどが聖なる山とされるのには、どのような霊的存在が介在すると考えられているのか。歴史や文化がそれぞれ異なっているので、日本や世界の霊峰のもつ意味は独自の背景があるに相違ない。

少なくとも、山に霊性が賦与された理由は環境決定論的に決まるわけではない。聖なる山やまは人間にとり客観的な自然景観であるのではなく、「文化的景観」としての性格をもち、人間の思想や観念、技術・行為の総体である文化とのかかわりをもつ歴史的存在である。山の景観をマウンテンスケープないしマウントスケープと呼ぶなら、霊峰はカルチュラル・マウントスケープ（cultural mount-scape）の一形態であるといえる。本書を『霊峰の文化史』と題したのはその意味からである。

山を神聖なものとみなす核心となる概念が、霊性ないしスピリチュアリティ（spirituality）である。スピリチュアリティは、人間が自然との相互作用で生み出した普遍的な価値概念である。では、神が自然物の山や大きな岩（磐座《いわくら》）に宿るとする認識はどうして生まれたのか。人類学者のP・ボイヤーは、人間には特定現象の背後にある行為者（Agents）を直観する能力があるとしている。また、行為主体を探す過敏な傾向性が脳の機能として埋め込まれているとした（ボイヤー　二〇〇八）。この場合の行為者は神にほかならないが、人間が特定の自然物に神を位置づけることはけっして不自然でも特別のことではないことになる。つまり、山のもつ霊性は人類に普遍の概念と考えてよい。日本の富士山、チベットのカイラス山、アンデスのマチュピチュをおなじ土俵で考えることができるわけだ。

霊峰とされる山やまは、特定地域の住民によってのみ認められている場合がある。原初的には、縄文時代の村むらで信仰された山が想定される。一つの山が周囲のムラから全方位的に信仰の対象とされたとしても、たがいの交流がなければそのムラ固有の信仰が無数にあったと想定できる。時代とともに人びとの交流を通じて相互の理解が進み、一定の広がりをもつように変化した場合もあるだろう。かとおもえば、宗教的な教義を共有する宗派や教団の人びとの間で聖山と認められている場合もある。さらには、国家の支配者が霊峰としてあがめ、国家の安寧を神に祈り、その権威を人民統制や自己の権威を正統化する思想の基盤として山を位置づけた場合がある。神が人間に憑依《ひょうい》して、山に神が宿るとする託宣《たくせん》（ないし神託）が告げられることもある。

山は自然の山岳を指すのがふつうである。しかし、本書では文化としての山をあつかう。仏教界で山は寺院の山号である。山に寺院が建立されたこともあり、その入り口は平地であっても山門とされた。また、日本では山車《だし》や曳山・山鉾・築山《つきやま》・軸上《やまじょう》など、祭礼においても「山」が用いられてきた。自然界にある山の模倣物を作る発想は意外と古く、『古事記』の垂仁天皇の条にはつぎのようにある。

「ここに出雲国造の祖、名は岐比佐都美、青葉の山を餝りてその河下に立てて、大御食献らむとする時、その御子詔りたまはく、この河下に青葉の山の如きは、山と見えて山に非ず」

出雲国を創成した岐比佐都美《きひさつみ》が、河下に青葉を盛って山のように作って（餝《かざ》りて）天皇に大御食《おおみけ》を献上しようと祀ったさい、その御子《みこ》が「この青葉の山は、山のようだが山ではない」と述べられたことがわかる。

近世、富士講がさかんな時代、富士山に見立てたミニチュアの富士塚が数多く造られた。とくに江戸の町にはいまでも有形民俗文化財としてのこる富士塚がいくつもあった。たとえば、富士講の入谷東講が文政一一年（一八二八）、小野照崎神社境内に富士塚を築造している（下谷坂本《したやさかもと》の富士塚）。富士の溶岩を積み上げたもので高さ約五m、直径約一六mある。入り口には重要有形民俗文化財と刻んだ石碑がある。

なお、福井県大飯郡高浜町には双耳峰の青葉山（標高は東峰が六九三m、西峰が六九二m）があり、秀麗な山容から「若狭富士」とも呼ばれる。第一〇代崇神天皇の時代、丹波に派遣された日子坐王《ひこいますのみこ》（開化天皇の第三皇子で、第一二代景行天皇の曾祖父）が玖賀耳之御笠《くがみみのみかさ》という地方勢力を討伐した山とされている。

「花祭り」のおこなわれる愛知県北設楽郡東栄町振草古戸《ふりくさふっと》の白山《しらやま》山頂（七三八m）にある白山神社で、一二月八日に「花祭り」の原形とされる「白山祭り」がおこなわれる。そのさい、「浄土入り」と称される模倣の白山を造り、その内に入る儀礼がおこなわれる。

模倣の山は神の坐す「依り代」とされた。山車や山鉾も上部に長刀や鉾・木を立て、山の象徴とした。日本三大祭のひとつ祇園祭も疫病退散の祈りが原点にあった。貞観六年（八六四）の富士山噴火、貞観一一年（八六九）の貞観地震などが発生し多くの犠牲者が出るなか、社会不安が増大し、天然痘・マラリア・赤痢などの疫病が蔓延していた。京の町では、卜部平麻呂《うらべのひらまろ》が六六本（諸国の数）の矛《ほこ》を立てて矛に悪霊を移し、穢

図１　祇園祭の巡行を先導する長刀鉾
上部の長刀をつけた山は疫病の元となる悪霊や怨霊を集める装置で、悪霊・怨霊を祓い、鎮める祈願が執りおこなわれた。

れを祓うとともに、神輿三基に薬師如来を本地とする祇園社の主祭神、牛頭天王《ごずてんのう》を祀り、神泉苑《しんせんえん》へ送る御霊会《ごりょうえ》を執りおこなっている。これがいまに伝わる祇園祭の発祥で、山鉾巡行の先頭は長刀鉾《なぎなたぼこ》である（図1）。

以上のように、霊峰の意味は時代や地域、さらには情況により多様に変容してきた。とすれば、研究の対象として取り上げる基準がはなはだ不明瞭となる。しかし、これまでの山岳信仰の研究成果から、霊峰の多様な存在はいくつかの指標により評価されてきた。その根底には、人間の祈りがある。祈る対象としての山が霊峰であるとして、なぜ「ヒトは山に祈るのか」。この問いは、本書の中心的な課題である山の霊性と深くかかわっている。

2　祈りの多様性

ヒトはなぜ山に祈るのか。ふつうは、未来を好転ないし幸運に導きたい人間の願いが祈りである。たとえば、古代中国の皇帝は天界の帝《みかど》に自らが地上の皇帝として君臨し、天下泰平であることを感謝し、供物を奉納し祈りを捧げる「封禅《ほうぜん》」の儀を山頂部でおこなった（竹内　一九七五）。国家祭祀の場が山頂部にあり、天界との接点で祈りが捧げられたわけで、世界の「きわ」（際）が霊性をもつ例といえる（第5章参照）。

現実世界で発生する異変や悪しき状況を打破、ないし抑え込むために神に祈りを捧げる場合がある。現在、新型コロナウイルス感染症（COVID-19）が世界中を席巻している。現代医学による感染症の治療やワクチン投与がなされ、感染予防のため、日常生活にも大きな変化が起こっている。科学的医療の発達した現代においても、目には見えない新型コロナウイルスによる疫病の終息を神仏に祈るいとなみがある。病気の元がはっきりしなかった前近代には、流行《はや》り病のさい、病気の根源を探り当てる占いがおこなわれ、江戸時代にはさまざまな民間信仰が生まれた（小松編　二〇二一）。神に疫病退散を祈願することも頻繁で、その神への祈りが天に近い山上でおこなわれることも多々あった。

例を挙げよう。第一〇代崇神天皇の御代、諸国で疫病が蔓延した。甲斐国では、昇仙峡にある金峯山《きんぷさん》（二五五九m）山頂に医薬の神である少彦名命《すくなひこなのみこと》を祀った。金峯山の山頂には高さ一五mの花崗岩からなる五丈岩があり、御神体とされている（櫛原　二〇一〇）。

ただし、疫病退散の祈願だけが山上での祭祀とされたのではない。

金峯山頂部の岩から「甲斐派美《はみ》」と呼ばれる湧水が湧きだし、一帯の水源ともなるので、金峯山は耕作の神としても信仰された。のちに山腹に造営された金櫻《かなざくら》神社の社殿は里宮であり、本宮は山頂部にあった。金峯山では修験による修行がおこなわれたが、七世紀の飛鳥時代に修験道の開祖とされる役行者《えんのぎょうじゃ》により、大和の吉野にある金峯山寺《きんぷせんじ》から蔵王権現を勧請し、東国における修験道の一大センターとなった。近世には、オオカミを祀る眷属《けんぞく》信仰も広まった。

一つの山をめぐり、さまざまな神が介在し、多様な祈りが歴史的に繰り返されたことがわかる。山と人間とのかかわりは重層化している。本書では、長い歴史を経てつづられてきた山と人間の物語を文化史として探ることになる。

3　名山と霊峰

山岳を信仰することと関連して、周知度から山を評価することがある。それが名山である。名山・名峰は霊峰とは異なり、「名高い山」ほどの通称である。中国語でも「名山」ないし「有名的山」、韓国語でmyeongsan（名山）である。英語ではフェイマス・マウンテン（famous mountain）で、あまり意味をなさない。

日本では登山家の深田久弥《きゅうや》が『日本の百名山』を出版している（深田　一九六四、一九七四）。深田によれば、山の（1）品格、（2）歴史、（3）個性が選定基準とされ、しかも自ら踏破した、原則で標高一五〇〇m以上の山に限定された。

世界でも写真家の白川義員《よしかず》が『世界百名山』の撮影プロジェクトを一九九七〜二〇〇二年に実施し、写真集を刊行している（白川　二〇〇〇、二〇〇一、二〇〇二）。世界百名山の選定規準は前述の深田久弥の場合とはやや異なり、（1）山の品性と格調、（2）独自の風格、（3）人類の精神史との重要な関わり、（4）信仰の対象、（5）標高、（6）登山史上で有名であることの六点が挙げられている。

いずれにせよ、「風格・品格」や「歴史」が選定上考慮されており、世界百名山の場合は「信仰」が明記されている。日本では富士山だけが世界の百名山にリストアップされている。

霊峰については、日本の百霊峰が作家の立松和平と『岳人』編集部により選定され、『百霊峰巡礼』として三巻本が出版されている。立松和平の逝去により一〇〇座すべて完結してはいないが、七五座についての霊峰をめぐる想いがつづられている（立松　二〇〇六、二〇〇八、二〇一〇）。選定の基準は（1）歴史を考慮したこと、（2）原則で標高五〇〇m以上とあるほかは明記されていない。ただし、立松和平は、西欧のアルピニズムが山の征服を目指したのにたいして、神の坐《いま》す山と感応するために精進潔斎した日本の山入りとは根本的にちがう点を強調している（立松　二〇〇六）。この点からすると、立松の発想は本書の意図に近い。立松の立論のポイントは、神と出会うために、自ら精進潔斎しなければならないとする思想であろう。

ここで、深田久弥による百名山と立松和平らによる百霊峰を比較してみた。深田と立松とで共通して選定された山は一〇〇座中、三七座である。それぞれ六三座の山やまはたがいに選定されてはいないことになる。つまり、合計で一六三座の山が名山ないし霊峰としてリストアップされたことになる。このほか、深田クラブによる日本二百名山（一九八七）、日本山岳会による日本三百名山（毎日新聞社　一九九七）がある。本書は霊峰を扱うもので、以上で取り上げられた諸峰を広く参考とした。

4　世界遺産と霊峰

本書でたびたび言及する世界遺産は、国際記念物遺跡会議（ＩＣＯＭＯＳ）がユネスコ（国連教育科学文化機関）に登録を勧告したことにより正式に登録される。世界遺産は、世界中で広く認められる「卓越した普遍的価値」（ＯＵＶ：Outstanding Universal Value）をもつものとされている。たしかに、世界遺産となった山は数多い。山の性格により、自然遺産、文化遺産、複合遺産の例がある。世界最高峰のエヴェレスト山は自然遺産（一九七九年登録）、富士山は文化遺産（二〇一六年登録）、先述の黄山は複合遺産（一九九〇年登録）である。ただし、多数の人間が認めるものに高い価値があり、特定地域や集団だけ限定的に容認されたものは価値がない、ないし程度が低いとみなすことはできない。霊峰の崇高性は、権威主義の発想や多数決だけで正統化されるものではない。霊峰の文化史的な多様性は、本書でもとくに強調しておきたい。

この点でも、信仰の対象となる霊峰はすべておなじ基準や定義にしたがって決められたとする考え方は短絡的ですぐには受け入れがたい。日本では、縄文時代から現代に至るまで、山岳信仰のあり方は不変ではない。火山噴火・土石流・地震・山津波による自然災害、台風や旱《ひでり》、気候変動（寒冷化・温暖化）などの自然要因と、疫病・戦乱・飢饉・国の宗教政策・経済の発展と不況などの歴史・社会・文化的要因がからみあい、山岳信仰にさまざまな形で影響をあたえてきた。まずは山とかかわってきた人間のさまざまな想いに注目すべきであろう。

日本の山岳信仰は、大陸からの仏教や道教思想の影響があるうえ、自然崇拝から神仏習合、神仏分離へと宗教の教義や実践自体も時代とともに多様な変容を遂げてきた。時の政治権力にとって重要な国家祭祀が挙行されたことがある。寺社勢力間での確執や宗教勢力の拡大をねらう権力闘争も頻繁にみられた。中世から近世の時代の例をみていると、多くの寺社が焼き打ちで消滅する例が多く、信仰だからというだけで安定した宗教活動がおこなわれたわけではけっしてない。明治初期の神仏分離令により、多くの神仏が破壊される愚行が全国各地で多発した例もほんの一五〇年ほど前のことであった。権益に明け暮れた山岳信仰をめぐる骨肉の争いの歴史を踏まえ、山への信仰の本源的な意義を再考すべきではないだろうか。

5　霊峰を評価する

世界を見わたせば、日本においてみられたのと共通・同質の山岳信仰があるかもしれない。あるいは、まったく異質の山岳信仰や実践がみられる可能性がある。たとえば、富士山とおなじような円錐形の成層火山は日本や世界にいくつもある。秀麗な山体にたいして、それぞれの地域や国の人びとの抱いた観念と美意識には普遍性があるのか。本書は日本や世界における霊峰を幅広く取り上げ、その意味を以下の三つの問題群にわけて論じることとする。第一は、山岳における霊や霊性の問題を宗教学だけでなく、民俗学、人類学、哲学の視点から考察することである。山岳信仰の背景と風・水・土・火・気の思想やアニミズム論、霊性・仏性の問題に目を配り、比較検証する。以上の問題は、第1章と第2章で論じる。

第二は、日本の山岳信仰の基層として、火・水・祖霊への信仰、神体山と山の神信仰、海から見た山岳についての話題を第3章で検討する。第4章では、仏教、神道、道教などの影響を受けた修験道の展開を考える。

第三は、世界における霊峰について、アジア世界を中心に富士山を含めた世界の七霊峰を取り上げる（第5章）。あわせて日本の多様な山岳信仰については、アイヌと琉球における聖山・聖所をはじめ、全国各地の霊峰について第6章で論じる。

以上の三つの問題群から、日本と世界の霊峰の多様性と共通性について考え、「霊峰の文化史」としてまとめてみたい。なお、本書で取り上げる日本の主要な山・島・聖所の位置は、北海道・東北・関東・東海・中部・近畿・中国／四国・九州・琉球の九地域にわけて示した（図2―1～図2―9）。世界の霊峰についてもその都度、文中に図でその位置を示した。

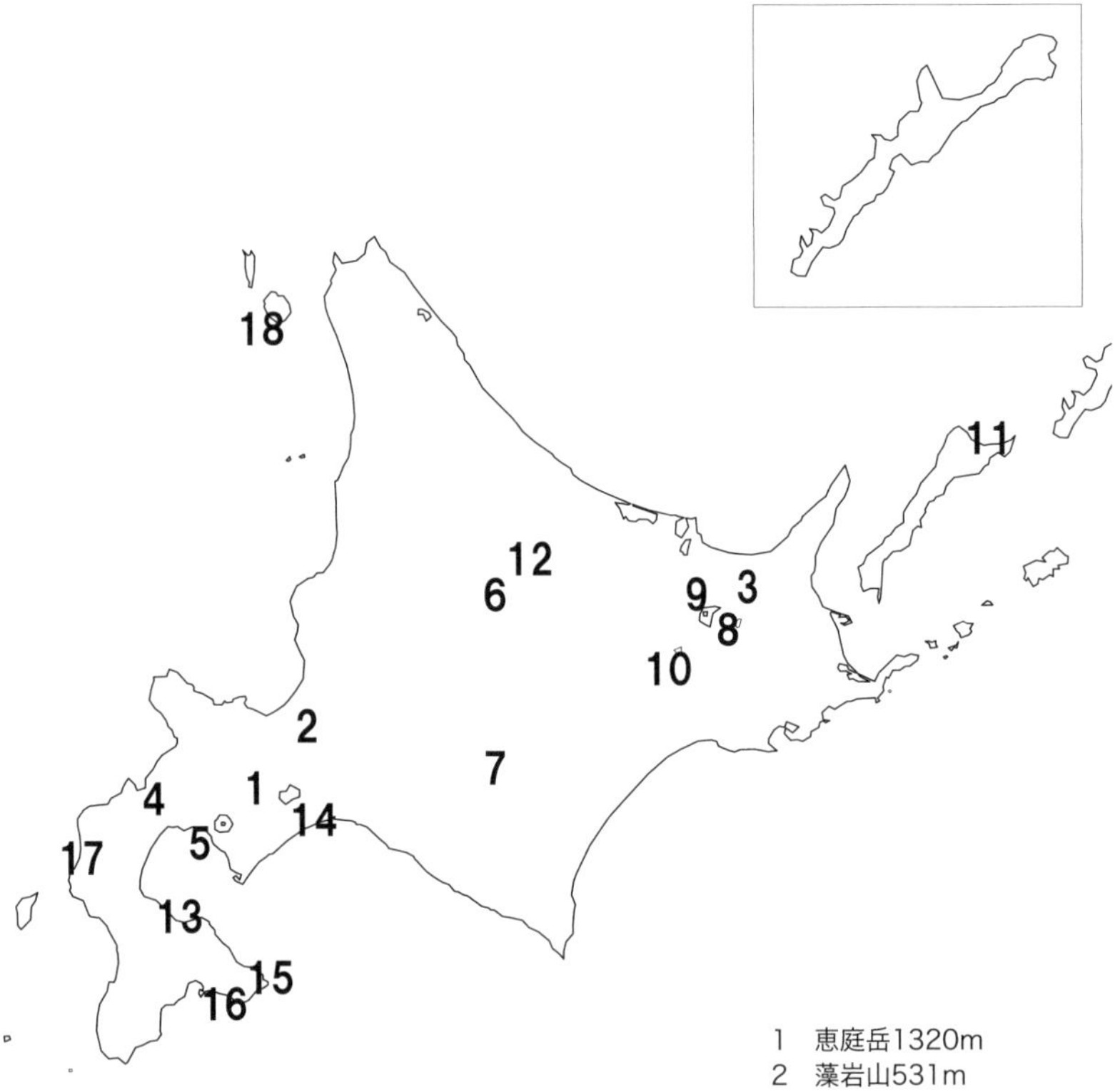

図2-1　北海道における山

1　恵庭岳1320m
2　藻岩山531m
3　斜里岳1547m
4　写万部山489m
5　有珠山732m
6　旭岳2291m
7　幌尻岳1846m
8　摩周岳857m
9　藻琴山1000m
10　雄阿寒岳1370.5m
11　爺爺岳1822m
12　チトカニウシ山1446m
13　駒ヶ岳1133m
14　樽前山1041m
15　恵山618m
16　海向山569.4m
17　太田山485m
18　利尻富士1721m

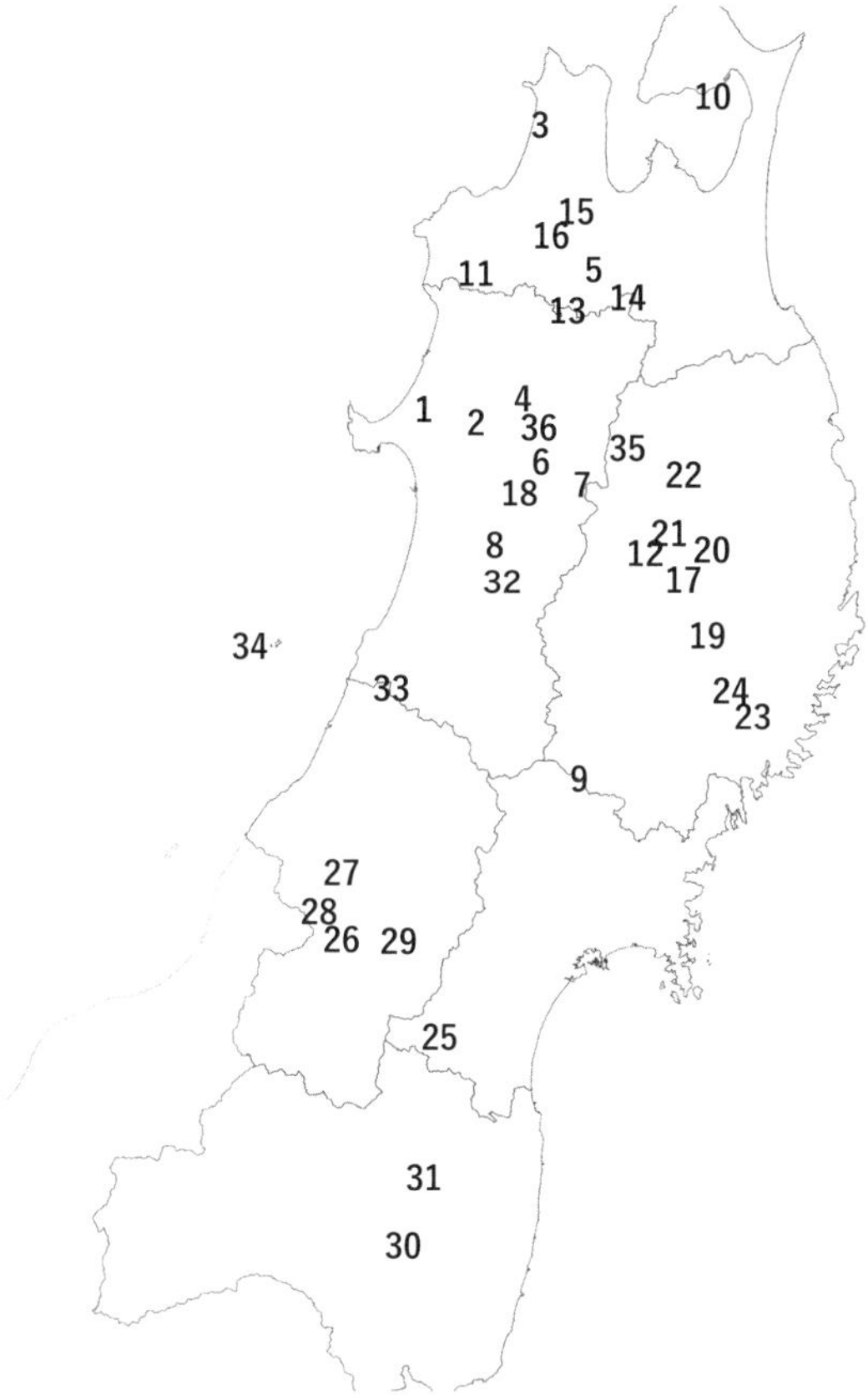

1　母谷山276m
2　茂谷山247.8m
3　靄山152m
4　茂谷山450m
5　雲谷山553m
6　靄森450m
7　茂谷山365m
8　靄森山373m
9　栗駒山1626m
10　恐山878.6m
11　岩木山1625m
12　岩手山2037.95m
13　太師森390m
14　八甲田山1585m
15　馬ノ神山549m
16　靄山152m
17　谷地山528m
18　黒又山280.6m
19　早池峰山1914m
20　姫神岳124m
21　鞍掛山897m
22　送仙山472.4m
23　六角牛山1293m
24　石上山1037m
25　蔵王山1745m
26　月山1984m
27　羽黒山414m
28　湯殿山1500m
29　葉山1461.7m
30　麓山897.1m
31　信夫山275m
32　六郷潟山720.6m
33　鳥海山2236m
34　飛島
35　諸桧岳1516m
36　森吉山1454m

図2-2　東北における山

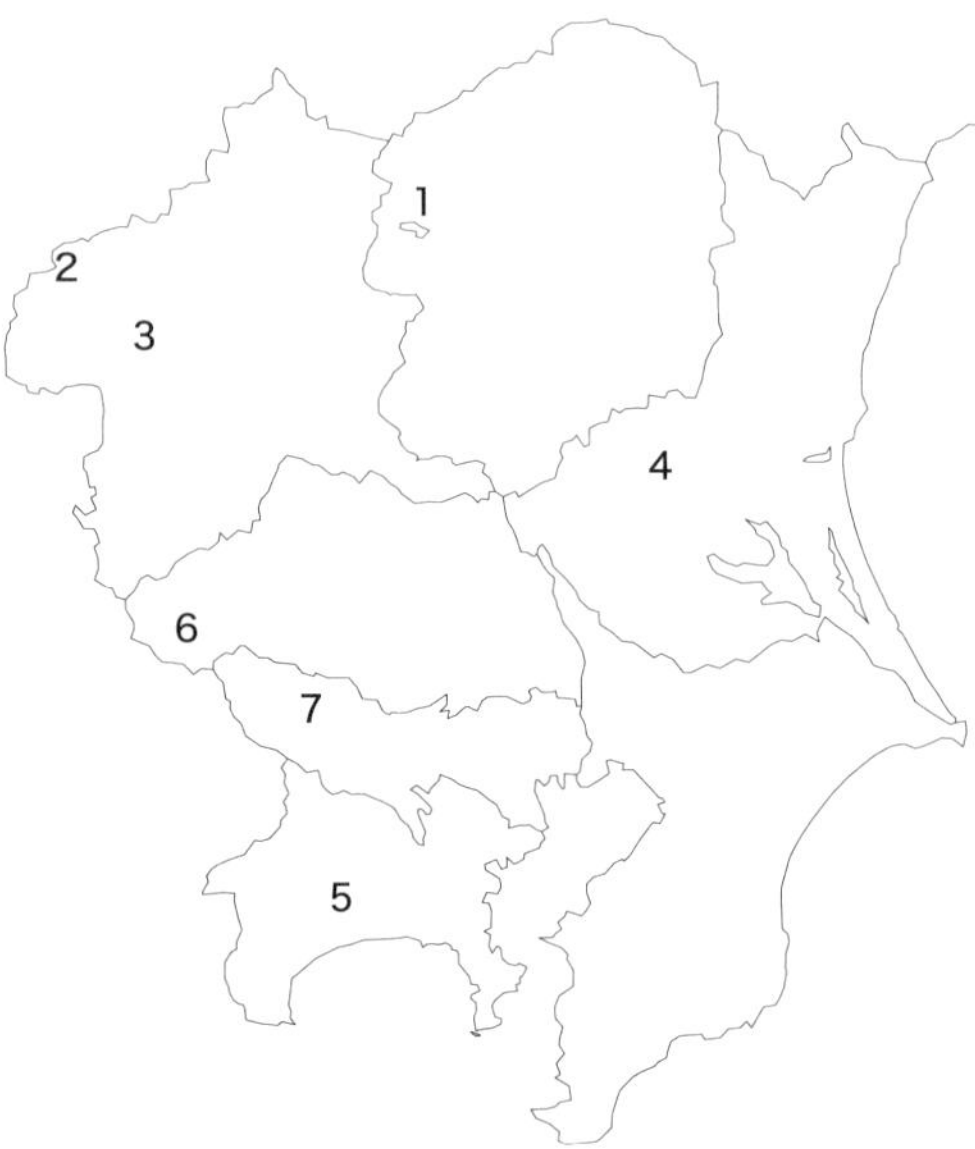

1　男体山2484.4m
2　草津白根山2160m
3　榛名山1449m
4　筑波山871/877m
5　大山1252m
6　妙法ケ岳1332m
7　御岳山929m

図2-3　関東における山

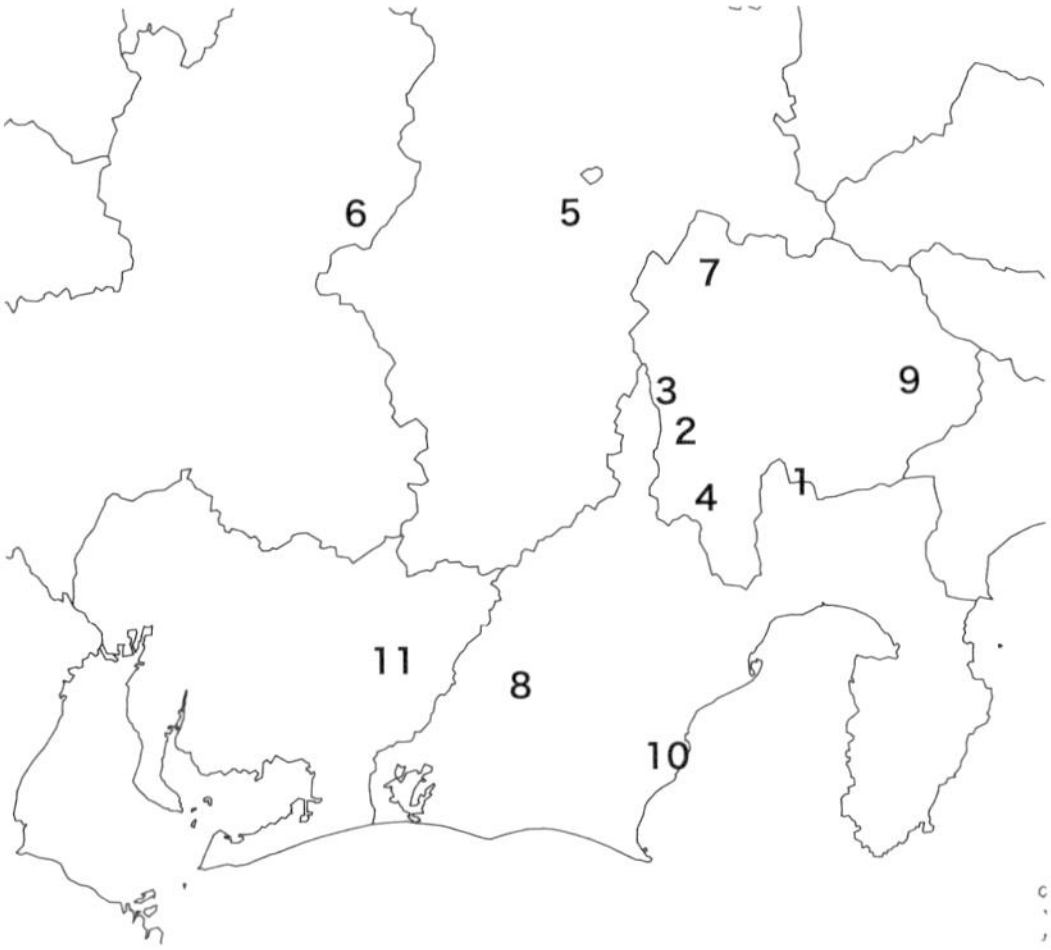

1　富士山3776m
2　苗敷山1037m
3　鳳凰三山
　2840/2780/2764m
4　七面山1989m
5　守屋山1631/1650m
6　御嶽山3067m
7　金峯山2559m
8　山住山1107.6m
9　権現山1312m
10　虚空蔵山126m
11　北設楽郡東栄町

図2-4　東海における山

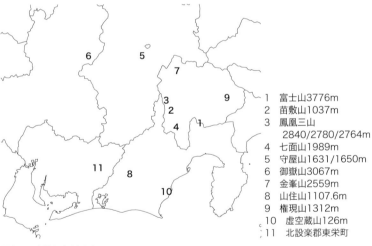

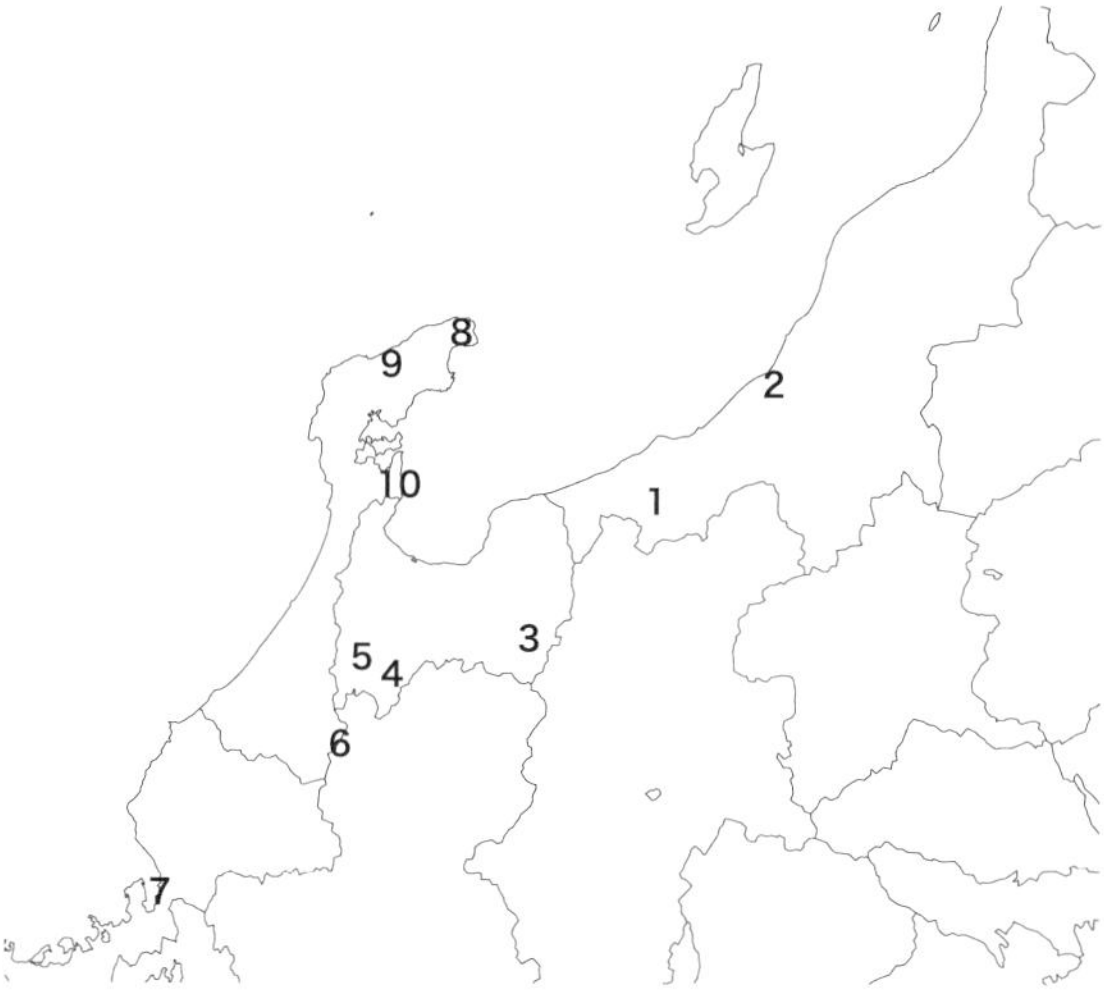

1　妙高山2445.9m
2　米山993m
3　立山3015m
4　金剛堂山1650m
5　人形山1726m
6　白山2702m
7　天筒山1713m
8　山伏山184m
9　高洲山567m
10　石動山564m

図2-5　北陸における山

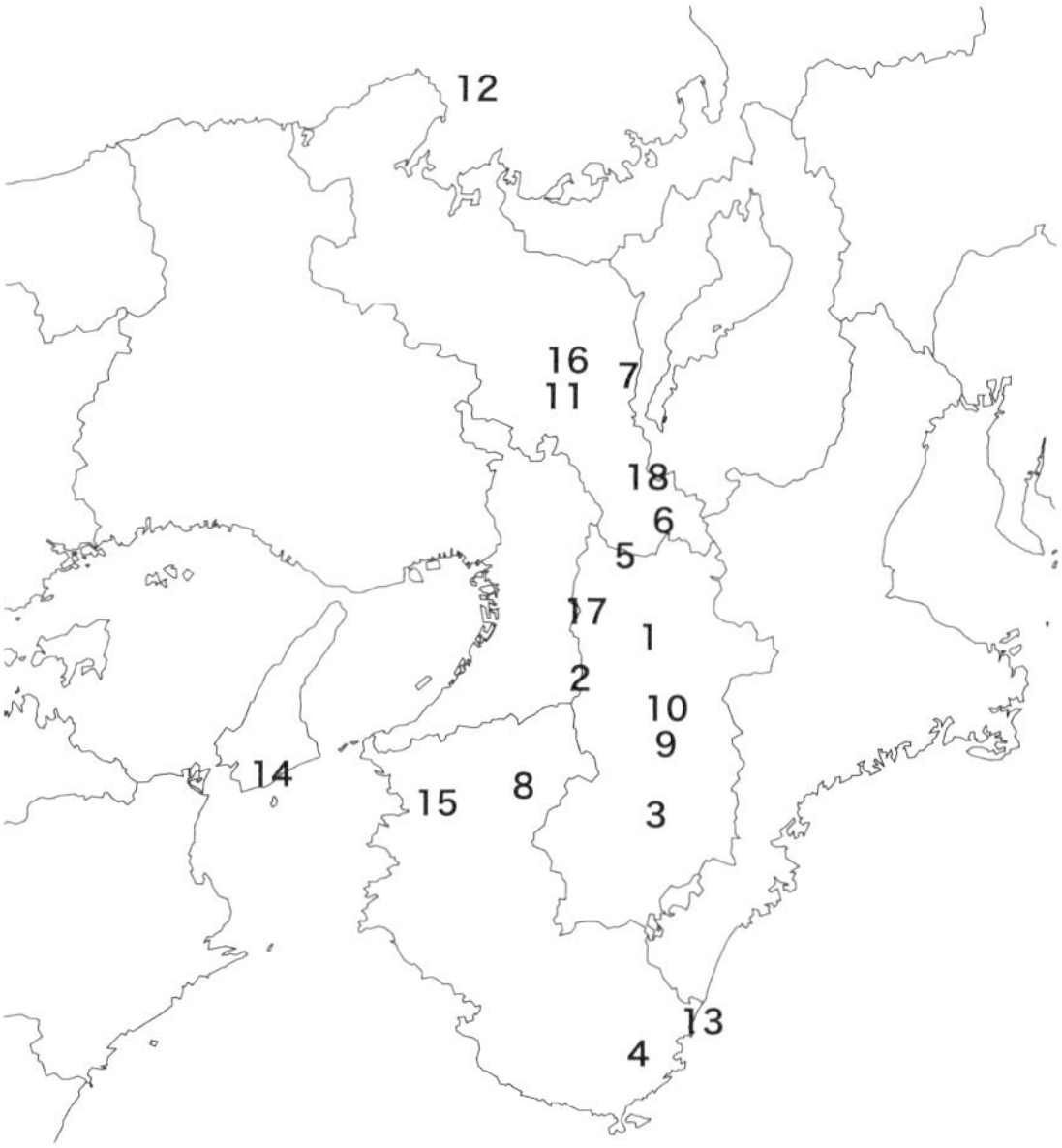

1　三輪山467m
2　金剛山1112m
3　八剣山1915m
4　那智山884m
5　若草山342m
6　鷲峰山682m
7　比叡山876m
8　高野山800m
9　大峰山(大普賢岳)
1780m
10　山上ケ岳719m
11　神山301.2m
12　冠島
13　神倉山120m
14　諭鶴羽山607.9m
15　衣笠山297.8m
16　貴船山699.8m
17　二上山517/474m
18　醍醐山452m

図2-6　近畿における山

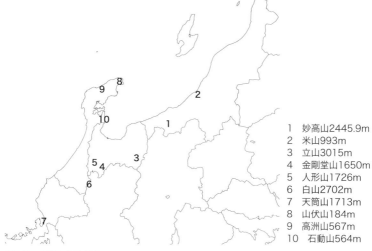

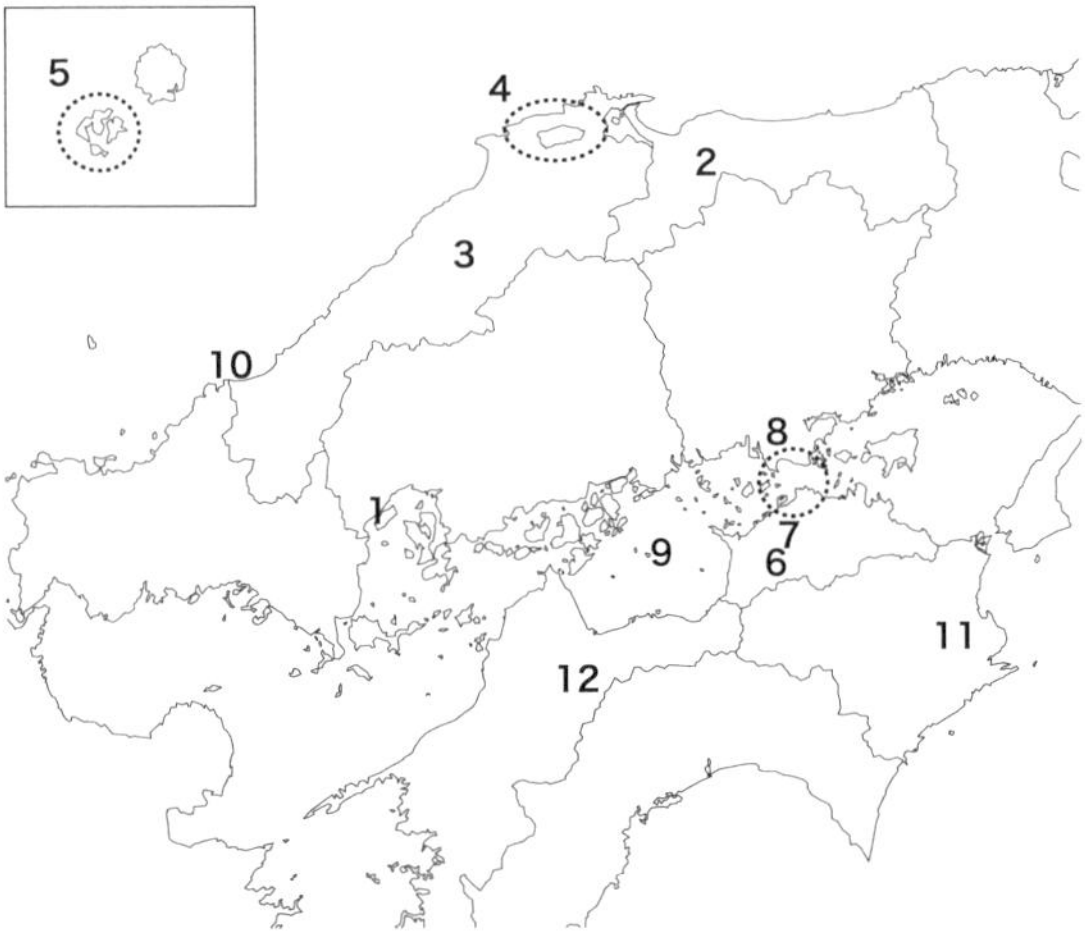

1　弥山535m
2　伯耆大山1729m
3　三瓶山1126m
4　図20参照
5　図32参照
6　象頭山538m
7　飯野山421.9m
8　図36参照
9　魚島
10　須佐高山532.8m
11　舎心ケ嶽530m
12　石鎚山1981m

図2-7　中国・四国における山

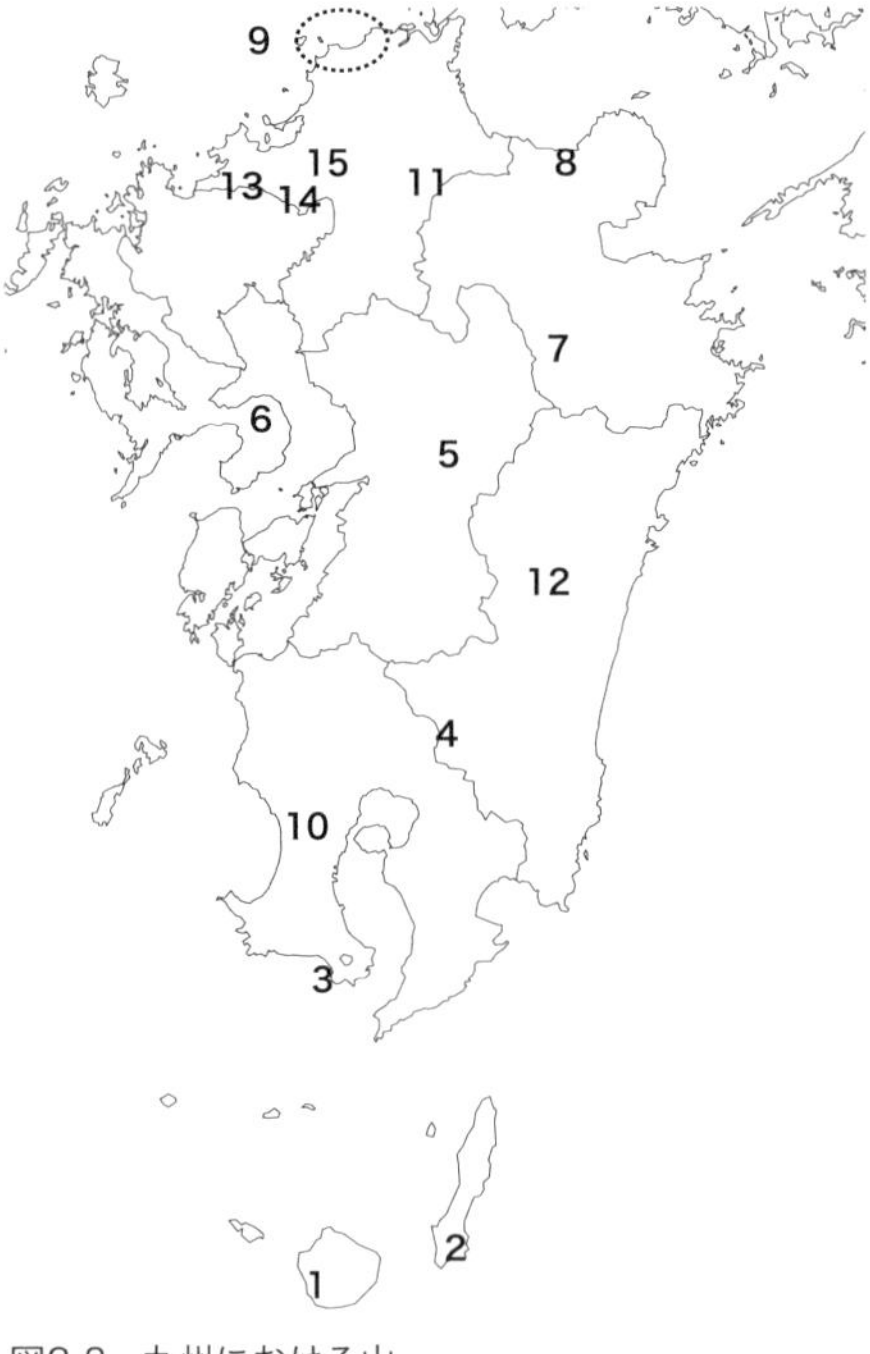

1　宮之浦岳1936m
2　権現山956m
3　開聞岳924m
4　霧島山1700m
5　阿蘇山1592m
6　雲仙岳1483m
7　九重山1791m
8　御許山647m
9　図38参照
10　神亀山ca.70m
11　英彦山1199m
12　龍房山1020m.
13　雷山955m
14　背振山1055m
15　宝満山829m

図2-8　九州における山

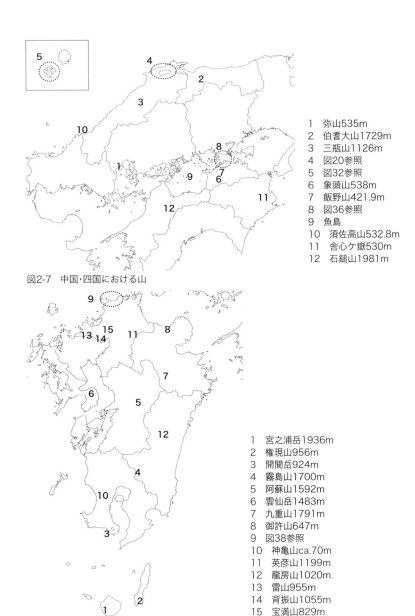

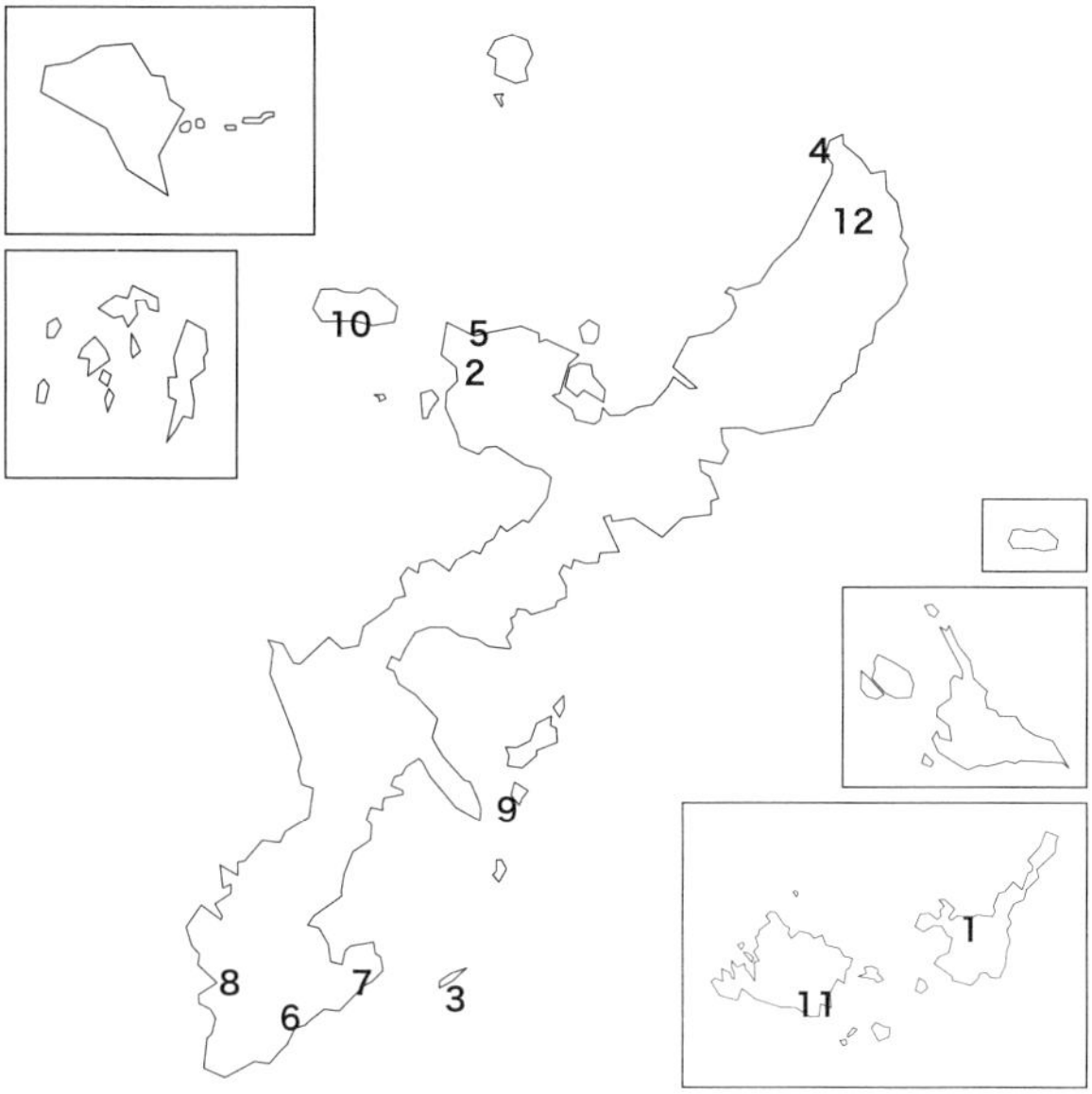

1　於茂登岳526m
2　目良森250m
3　久高島
4　安須森御嶽248m
5　今帰仁グスク
6　玉城グスク
7　知念グスク
8　首里森
9　浜比嘉島
10　伊江島
11　三離御嶽
12　大石林山240m

図2-9　琉球における山

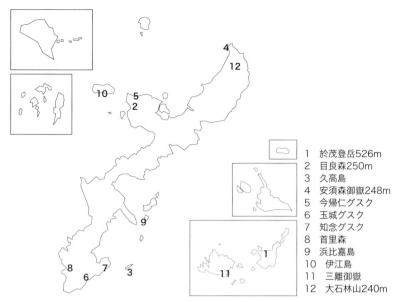

第1章　山岳信仰と世界観

1　山と風土論

最初に、フランスの地理学者・哲学者であるA・ベルクの「風土論」についてふれ、本書で山岳信仰を捉える世界観を提示しておきたい。ベルクは筆者が所属した総合地球環境学研究所（京都市北区）に客員教授として二〇一八年、二〇一九年に滞在した。その折、筆者は何度となく自然と人間をつなぐ風土論について話をした。ベルクに『交錯する世界　自然と文化の脱構築　フィリップ・デスコラとの対話』と題する論集への寄稿を依頼したこともある（ベルク　二〇一八）。また、ベルクは二〇一八年度のコスモス国際賞（（公）国際花と緑の博覧会協会主催）を顕彰された。筆者はそのさいの記念講演会（京都大学・東京大学）で解説を担当した。その後、ベルクの「風土論と主体性論」について地球惑星システム学会で講演した（秋道　二〇二〇b）。

ベルクは和辻哲郎の「風土論」（和辻　一九七九）に影響を受け、日本の宗教や文化に造詣が深い。ベルクの「風土論」の核心は風土学（mesology）である。この用語はギリシャ語の「中心」を意味するmesonに由来する。英語のMesologicsは複数形であり、「中心性」と「周囲の環境」の相反する二つの異なる意味を内包する。しかし、ベルクはその統合として一つの「中庸の論理」（a meso-logic）を提唱した。

テトラレンマ（tetralemma）は「四論法の論理」であり、テトラは「四つの」、レンマは「副命題、補助定理」の意味である。まず、第1段階の「AはAである」は肯定の論理である。第2段階で「Aは非Aではない」ことを示す否定の論理は「排中律の論理」、つまりAと非Aの二元論である。第3段階は「Aでもなく、非Aでもない」場合で両否定の論理である。そして第4段階で、「Aと非Aの両方を同時に認める」両肯定の論理は「容中律の論理」と呼ばれる。先述した中庸の論理は、じつはこの「容中律」にほかならない。

ベルクは容中律の論法を人間と環境との関係にあてはめ、風土がまさに人間と環境の両方にかかわるものとして位置づけた。自然科学である生態学の研究対象は環境であり、人間の主体性を離れた客体としての自然の研究である。この点で、生態学は前述の排中律の論理に立脚している。つまり、人間をAとすれば、非Aにあたるのが環境である。

ベルクの風土論（mesologie）では、人間にとり風土は客観的な存在ではなく、必然的に人間が主体的にかかわる、ないし風土からも影響を受ける存在であると規定される。ベルクは自然にも主体性があるとの主張を筆者編の論文で明快に示している（ベルク 二〇一八）。この考え方は和辻哲郎の「風土論」の影響を受けたものであろう。人間と風土とのあいだには相互作用があり、単なる主体（＝人間）と客体（＝環境）との関係ではなく、主体が客体に、客体が主体になるとした。これをトラジェクション（通態化：trajection）の概念で捉えた。ややわかりにくいが、動詞のトラジェクトは、情報が「伝導する、伝わる」ことを意味するので、イメージとして相互に伝わるものと考えればよい。

ここで、風土論における「風」の意味を語彙から整理しておこう。風貌・風評・風格・気風・風采・風付き（風体《ふうてい》）・風骨・風袋《ふうたい》などは、「それとなくわかる性格や特徴」を示す用語である。風俗（習慣・服装・身のこなし）・風習・風物・国風・和風などもおなじである。先述した白川義員は「山の風格」を、深田久弥は「山の品格」を名山の評価基準に入れている。つまりは「格付け」を考慮するわけだ。

風の用法としてはこのほか、屋外で風を吸い込んで発熱や咳が出る病気になる場合、日本では「風邪をひく」と称する。このことは、風邪の原因が風であるとする観念の証左であろう。理解しやすいのは現在、人類を感染症のパンデミック（世界的大流行）に陥れている新型コロナウイルスである。目には見えないウイルスは風とともにわれわれに感染する。マスクをしていても、距離をおいて話をしていても換気が悪いと感染する。感染者が集団発生した老人ホームや病院・学生寮・飲食店を差別する用語の「風評」被害についても風が絡む用語である。

図3-1 『山海経』「大荒東経」における風神

風神について

風神について考えよう。中国の『山海経《せんがいきょう》』の「大荒東経」には、風神についての記述と図がある（臼倉 二〇〇八）。禺強《ぐうきょう》が風神で、「東海の島嶼の上に神人がおり、人の顔で鳥の体をしていた。耳には二条の黄色の蛇を掛け、足の底には二条の黄色の蛇を踏んでいた。」とある。風神は海神であり、疫病をもたらすとされている。まさに、風が疫病を運搬するとみなされていた（図3—1）。

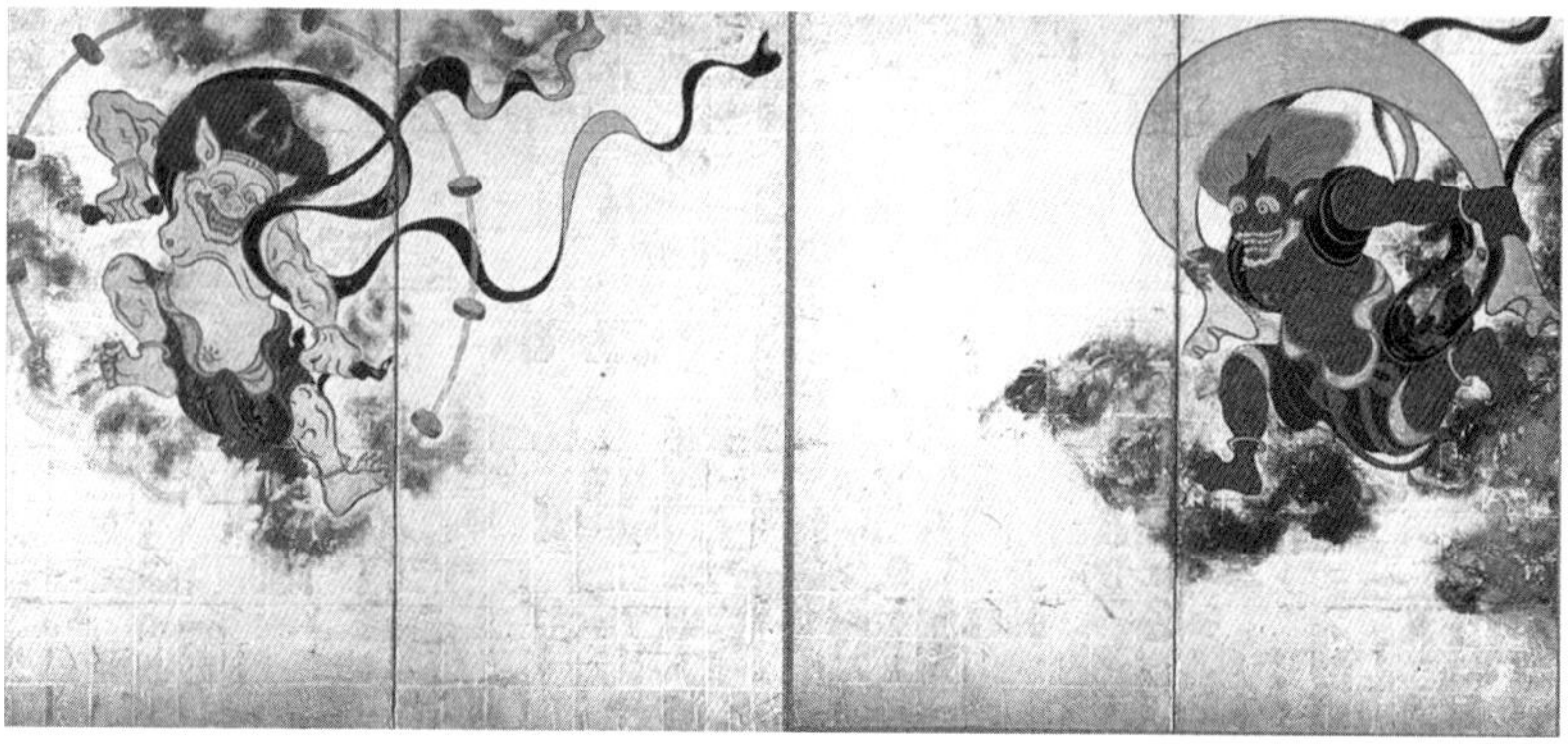

図3-2　風神雷神の屏風絵（俵屋宗達・作、建仁寺蔵）

日本ではどうか。『延喜式』祝詞の「龍田《たつた》風神祭《かぜのかみのまつり》」の項に、五穀豊穣をもたらすよう「悪しき風と荒ぶれる水」を制御する祈りが語られている。『日本書紀』の初出は、天武四年（六七五）であり、国家祭祀、つまり「官の神」への祭祀としておこなわれた（中牧 一九八三）。

「天下ノ公民《おおみたから》ノ作リト作ル物ヲ、悪風・荒水ニ相ツツ、不成傷ハ、我御名者天ノ御柱ノ命・国ノ御柱ノ命ト、御名者悟奉テ……」。すなわち、天下公民の作った作物を、悪い風と荒ぶる水の勢いにまかせ、何もせずに被害を受けるのは問題であり、自ら天の御柱の大神、国の御柱の大神としてこれらの風と雨水を制御する祈りをささげる」ほどの意味が述べられている。龍田は大和盆地に吹き込む西風の吹き出し口に当たる。龍田神社では、風神祭が旧暦四月と七月におこなわれた。祭神は「天乃御柱乃命《あめのみはしらのみこと》」と「国乃御柱乃命《くにのみはしらのみこと》」である。『日本書紀』天武四年四月癸未に、勅使を遣わして風神を龍田の立野に祀しむとある。二柱の祭神は、伊勢神宮内宮・風日祈宮《かざひのみのみや》（三重県伊勢市宇治《うじ》館町《たちちょう》）と伊勢神宮外宮・風宮《かぜのみや》（三重県伊勢市豊川町）にも祀られている。

一方、熊本の阿蘇神社でも「風《かざ》祭り」が中世から現代まで旧暦の四月四日と七月四日におこなわれてきた。これについて、第5章の阿蘇山のところでふれる。いずれにせよ、古代日本では風神は農耕との関連で、制御すべき存在とみなされていたことになる。

一七世紀の絵師俵《たわら》屋《や》宗達《そうたつ》による「風神雷神《ふうじんらいじん》図屏風」（京都・建仁寺《けんにんじ》蔵）にある風神（風伯《ふうはく》）は、鬼面のおそろしい顔と緑色の体軀をもつ神で、風の入った袋を両手に握り、雲に乗っている（図3―2）。宗達の風神のモチーフはすでにヘレニズム時代の絵画や莫高窟《ばっこうくつ》第249窟壁画の莫画風神にあり、宗達独自の画風ではなく世界中に広がった神のデザインである（図3―3）。

図3-3　風神雷神（敦煌莫高窟第249窟壁画（6世紀））（風神は右側）

2　風土と水・火の思想

ここで風土に水ないし火を加えた「風・水・土」、「風・水・火」について考えてみたい。ベルクは風土論を展開しているが、筆者は地球環境問題の視点から、風土、風水、水土の思想について考えてみたことがある。図4は三極からなる風・水・土のモデルである。

風土は和辻やベルクが捉えた人間と環境のあいだの

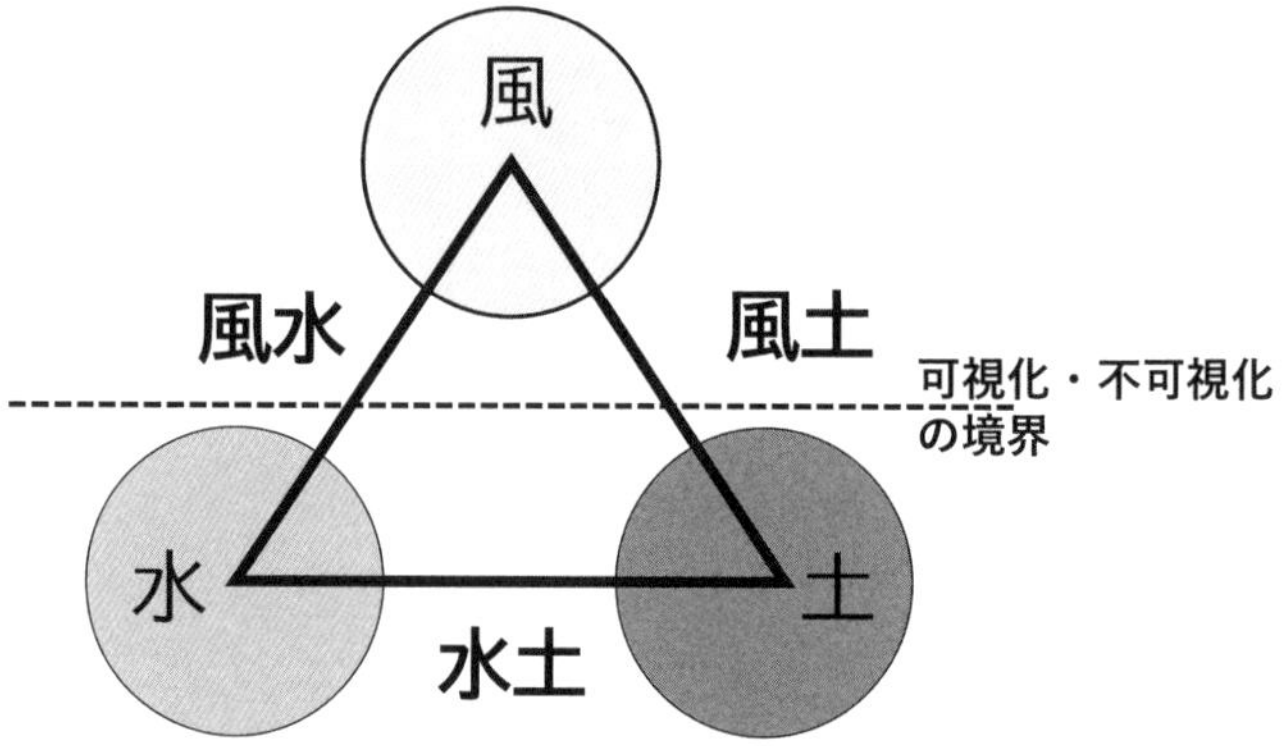

図4　風・水・土の思想（筆者原図）

相渉関係を指す。なお、「相渉」は明治時代の文学者、北村透谷の作品に「人生に相渉《あいわた》るとは何の謂《いい》ぞ」とあり、相互交渉のあることを指す。

風水は中国古代の『狐首経《こしゅきょう》』に「得水為上 蔵風次之」（得水を上とし、蔵風をこの次とす）とある。これは「水を獲得し、風を防ぐ」地形のことで、こうした場所にはもっとも「気」がとどまるとされた。風水は中国で地理学にもあたる分野であり、人間の住む場所や建物の位置、方位などを占うものである。風水思想には時代的な変化と流派のちがいがあるものの、ここで注目すべきは土地（山や川を含む）の「気」の流れを判断する思想が根底にある点だ。

水土についてはどうか。古代には、承和八年（八四一）五月五日の太政官符を踏まえた貞観一二年（八七〇）一二月二五日の太政官符で、「三河国符云。是国本有㆓水土宜㆒頗開㆓官田㆒」とあり、三河国は水土があって、官田を開拓するにはすこぶるよいとされている（『類聚三大格』巻八）。水土は、農耕適地の指標とみなされているわけだ。

人文地理学者の西川治は、かつて江戸時代に山鹿素行《やまがそこう》が「その水土は万邦の中で際だってすぐれ」と述べ、「水土」を「環境」あるいは「立地」の意味で使っていたと述べている（西川　一九七九）。それ以前にも、江戸中期の長崎の天文・地理学者である西川如見《じょけん》が『日本水土考』（一七二〇年）で、日本の風土論に近い内容に言及している（西川　一九四四）。このことは和辻自身も「この風土、すなわち「水と土」に手を加えて、よりよき国土を築くために、様々な努力を尽くしてきたのです」と述べている（和辻　一九七九）。

蝦夷地を旅した松浦武四郎も『納紗布日誌』のなかのシコタン（色丹）島で、「今他より此地に移すや、其水土に馴ざる故病を生ずる患有、また此儘空島になし置時は外夷の憂有。」と述べている（松浦　一九二九c）。アイヌの人びとを色丹島に移住させると、水土に馴れないので病気になる懸念があり、このまま無人島としておけば外国（ロシアを指す）の侵入の恐れもある。この場合も水土は環境に近い意味を示す。これらの点で、風土と水土が江戸期にほぼおなじ意味で使われていたことがわかる。

注目すべきは水土論にたいする熊澤蕃山《くまざわばんざん》（一六一九～九一年）の言説である。熊澤蕃山によると、自然《じねん》と農は本質的に対立するものであり、「水土を限定的な宇宙とし、人為的介入を最小限に抑制すべし」として自然への開発に警鐘を鳴らしている。つまり、熊澤蕃山は水土の思想は、自然環境への介入であり、これを避けるべきとのアフォリズムを表明しており、現代の環境倫理学に通底する議論を展開している（奥谷　二〇一五、丸山　一九八六）。

風・水・火の三元論

土でなく火に置き換えた場合、風水・風土・水土のような、風火、火水の熟語はない。ただ、水と火は生活になくてはならないものとする記述が中国の古典にある。「民非水火不生活」（『孟子』尽心章句上）や「民之於仁也、甚於水火」（『論語』衛霊公第15）がそうである。「民衆は水と火なしに生活できないこと」、「民にとって仁は水や火よりも大切なものだ」との表現がある。

ここで注目したいのは、水と火である。和歌山県の熊野那智神社で例大祭としておこなわれる扇祭は「那智の火祭」としても知られる。扇祭では、一二の扇神輿を先導するのが大きな馬扇《うまおうぎ》をもった神官である。大きな松明も一二体準備される。扇祭は那智大社と那智の滝の滝壺に鎮座する飛龍神社を往復し、五穀豊穣を祈願する農耕儀礼である。水と火は生命を司る。一方、馬扇は災いを追い散らすとともに、豊穣と幸を引き寄せる両義的な効果を実現する。馬扇は虫除け（水田の虫害防止）とも関連している。なお、一二柱の扇神輿の細長い幟《のぼり》は那智の滝、すなわち水の神を表している。扇は風をもたらし、水と火は生命とその活力を表すとされている。

一方、富士山では噴火を打ち消すものとして水があり、水神は火山の神を鎮静化するものと位置づけられている。高橋虫麻呂《たかはしのむしまろ》は、『万葉集』巻三（三―九）で不尽山が火を噴いて雪を溶かすとともに、雪で火を消す霊験ある神の山であることを詠っている。

「富士の高嶺《たかね》は　天雲《あまくも》も　い行きはばかり　飛ぶ鳥も　飛びものぼらず　燃ゆる火を　雪もち消ち　降る雪を　火もち消ちつつ　言ひも得ず　名付けも知らず　霊《くす》しくも　います」。

簡約すると、富士山の高嶺で（噴火が起こったので）、天空の雲も行く手をはばまれ、鳥も天高く飛ぶこともできない。雪で噴火の火を消し、降る雪を火が溶かして消してしまう。言いようも名づけようもなく、霊験のある山として鎮座（います）している。富士山の噴火を鎮静するために水（古代には雪）は、「カウンターマジック」としての意味をもち、国家的な祭祀がおこなわれた。

山梨県忍野《おしの》村にある九世紀中葉の笹見原遺跡から「水神」と墨書された甲斐型土器が出土した（図5）。山梨県の元埋蔵文化財センター長・新津健によると、「水神」が富士山信仰と関わる論拠として、貞観噴火と土器製作時期とが重なること、朝廷から甲斐国に噴火鎮静の祭祀を実施する要請のあったことが挙げられる。さらに、古代における官道の「甲斐路」は、東海道本路の駿河国（静岡県）横走《よこばしり》駅から分かれ、甲斐国との国境の篭坂《かごさか》峠から御坂《みさか》峠を越えて八代郡にあった国府に至るおおむね八〇〇m台を通過する道を指した（新津　二〇一六）。横走からヅナ峠、平野、内野（山梨県忍野村）、鳥居地《とりいち》峠を経て明見《あすみ》に至るルートが注目され（野村　二〇一九）、鳥居地峠下にある笹見原遺跡一帯は官道の重要な拠点であった。笹見原遺跡の立地する標高九三〇m地帯は、忍野湖が干上がって低湿地となった忍野盆地のやや高い辺縁部に位置しており、水とのかかわりの深い場にあったことになる。水神は富士山の噴火を鎮静化する役割を担うものとして信仰の対象とされた可能性は大きい（新津　二〇一八）。ハワイの神話では、火の女神ペレが溶岩を流し、マウナケア山に住む雪の女神ポリアフは雪をふらせて溶岩を冷やしたとされている（後藤　二〇〇二）。

図5　水神の墨書土器　山梨県忍野村・笹見原遺跡出土（新津健氏提供）

3　「気」の思想

「気」は人間による呼吸活動の媒体物で、呼気が鼻や口から人間の体内に入って体内を循環し、生命を維持する基本的な役割を果たす。一方、「気」は雲として大気中を循環し、雨を降らせふたたび蒸散して雲となる。風は「気」の流動にほかならない。この点から中国思想における風水の「気」は、人間の体内を循環するとともに、人間の身体外にある世界ないし宇宙においても循環する存在である。しかも、風や大気の流動としての「気」は目には見えない不可視の存在である。風は木々にあたると、葉や枝が揺れ、音を出す。煙は風で流れ、海の波は風で大きくも小さくもなる。われわれは、目には見えないが可視的な事物の様態の変化から「気」を察知することができる。風水学は、目に見える水や龍脈、龍穴などの存在から、目には見えない「気」を探り、よりよい場所を選定する地理学的な占いの体系である。

ここで、「気」の概念について古代ギリシャ哲学における用法から追加説明しておこう。古代ギリシャ語のプネウマ（pneuma）は、「風」・「気息」・「空気」などの意味で、「吹く」ことに由来する。紀元前六世紀のギリシャの自然哲学者アネクスメネスは、万物の根源（アルケー：arkhēi）は、「アエール」（aēr）と「プネウマ」（pneuma）であるとした。アエールは「空気」、プネウマは「気息」を指す。死人は呼吸をしない。息をすることは生命そのものであり、アネクスメネスは空気が世界を作るものと考えた。空気が薄くなると火になり、ぎゃくに濃くなると水となり、さらに土や石になるとした。前述した風・水・土の概念も空気で説明しようとしたことがわかる。

のち、紀元前四世紀のアリストテレスは外界から呼吸を通じて取り込まれるプネウマとは別に、生物にはもともと体内にプネウマがあり、血液の循環、筋肉の収縮など、生理的基盤をもつ物質的なものと考えた。このプネウマが魂と身体をつなぐ媒介になるとした（豊岡　二〇〇九）。プネウマはラテン語で「スピリトゥス」(spiritus) と称される。これが霊や精神を表すスピリッツ (spirit) につながった。サンスクリット語のプラーナ (prāṇa) は、ギリシャ語とおなじく「呼吸」、「息吹」、「気息」を意味する。インド哲学では、人間存在の構成要素の一つである「風の元素」をも意味し、息をする生き物の生命力を表している。以上の点から、「気」の概念が古代から重要な生命観・宇宙観とつながっていたといえるだろう。気は霊性ともつながる概念である。

「気」について筆者が強調したい点を集約しておこう。先に挙げた風・水・土の三原論では、水と土は実体のある存在である。具体的には、河川・湖沼・湧水地などと、平地・丘陵・里山・峡谷・山岳部などを構成する要素である。しかし、風はその存在を木や波、煙などの動きや肌で感じる冷気や熱気を介してはじめて感知できる。

風・水・土における風は「気」であり不可視であるが、水と土は可視的な存在である。この点をベルクの指摘と合わせれば、風は「文化」であり、水と土は「自然」ということになる。ベルクは「風(文化)なしの土(自然)の上に、人間は立つことはできない」と明言している。自然の上に文化をもった人間が生存することは常識かも知れないが、一九世紀にドイツの地理学者のA・フォン・フンボルトが提唱したエクメーネ (Ökumene)、つまり「人間が社会生活を営む居住空間」を指す用語に相当する。しかし、フンボルトは風を文化とは考えなかった。

山岳信仰に引きつけていえば、本来、自然であり、土と水からなる山にたいするあらゆる信仰は山における「気」を自らの身体に取り込み、霊性を体感する行《ぎょう》や修行として実践される。土・水に火・金・木を加えた五行を山の構成要素(ないし原理)と考えてもよい。それとともに、供物をささげ、恩恵や安寧、加護を祈るさまざまな儀礼やふるまいの体系は文化にほかならない。「気」は、息とか気息《きそく》など、人間の生理的な「息づかい」「呼気」をあらわすとともに、生命力や霊的な存在を包括するスピリチュアリティの概念につながることがようやく見えてきた。

4　超自然の形象論

超自然は目には見えない不可視の世界である。しかし、人類は超自然界の存在が目に見える自然界に越境ないし接触し、現実世界の自然物や人に宿る、降臨する、ないし憑依、変換すると考えてきた。目に見えなくとも、音や匂い、風などとして五感で感得できる場合もあるだろう（秋道　二〇一九a）。

神と形象論

超自然界の存在は特定の器物や場所に宿り、あるいは人間や生き物に内在化（憑依）される。フランスの人類学者、P・デスコラにならって、超自然的な存在が自然界で具現化される過程を形象化（フィギュレーション：figuration）と呼ぼう（デスコラ　二〇一八）。この点から整理すると、山岳信仰では、神のありかは山体自体に宿るとされる神体山の場合から、視覚的にもわかりやすい菩薩・地蔵などの人格神へと垂迹《すいじゃく》する場合までがある。

神の形象としての像

神は人間に類似した姿・形をした仏や菩薩として神社や寺院で祀られることがある。像は英語でスタチュー（statue）ないしアイドル（idol）、イメージ（image）などと称される。いずれも神の具象物であり、前述のP・デスコラのいう形象化に当たる。仏像も神の像にほかならない。ヒンドゥー教における人格神（personified god）は、自然神の生まれ変わりであったり、生前に偉大な仕事をなした人であったりする。現在のヒンドゥー教では、シヴァ神（破壊と創造の神）、ヴィシュヌ神（太陽神・ブッダの生まれ変わり）、ブラフマー神（梵天・世界の創造主）が主要な神がみであり、さまざまな神像や絵画としての形象物が残されている。このほか、象頭で四本の手をもつガネーシャ（富の神・学問の神）は人間とは違和感のある形象物である。

図6　江原《えばら》浅間神社（山梨県南アルプス市）所蔵の木製女神像（複製）
11世紀のものとされ、顔は三面で中央部に如来像がある（山梨県立富士山世界遺産センター展示）

富士山信仰の対象となる浅間《あさま》神《かみ》は女神であるが、その像は時代により変化する。茶畑《ちゃばたけ》浅間神社（静岡県裾野市）には一〇～一一世紀の作とされる浅間神二体があり、一体の顔は四面、もう一体は三面である。一方、忍野村にある忍草《しぼくさ》浅間神社の女神像の顔は一面のみである。時代は正和四年（一三一五）、江原《えばら》浅

図7　岩手県の山伏神楽の山の神舞における面
早池峰神楽のうち、大償《おおつぐない》神楽《かぐら》の山の神舞の面(H0035261:左)と岳《たけ》神楽《かぐら》の山の神舞の面(H0065278:右)。大償の面は口を開けた「阿《あ》」形、岳の面は口を閉じた「吽《うん》」形となっている(国立民族学博物館所蔵)。

間神社（山梨県南アルプス市）の女神像は一一世紀のものとされ、顔は三面で中央部に如来像があり、おそらく薬師如来とされている（図6）。

大宗教圏以外にも、神を表す造形物や絵画がある。ニューギニアのセピック川流域の社会では、祖先神やトーテムとなる動物の神をかたどった像が数多くある。ポリネシアのハワイにもクー（戦闘の神）、カナロア（海の神）の神像がある。本書で扱う「山の神」については、日本に数は多くはないがその仮面が知られている。たとえば、愛知県北設楽郡東栄町の鬼面をつけた「山の神」が冬季におこなわれる「花祭り」に登場する（笹原　二〇一四）。ほかにも、岩手県の早池峰《はやちね》神楽《かぐら》に山《やま》の神舞《かみまい》で用いられる面があり、大償《おおつぐない》と岳《たけ》の二つの神楽座があり、平成二一年（二〇〇九）、ユネスコの無形文化遺産に登録されている。山の神舞は神楽のなかでも重要な位置を占め、「山の神」信仰を体現するものでもある（千葉　一九八三a）（図7）。大償の面は口を開けた「阿《あ》」形、岳の面は口を閉じた「吽《うん》」形となっており、相対する両者（阿吽《あうん》）で一体のものとされている。これらは修験者や山伏が早池峰山に奉納する山伏神楽の伝統をもつ（小松　二〇〇三）。

5　聖地と霊場

聖地は英語でセイクリッド・プレイス（sacred place）ないしサンクチュアリ（sanctuary）である。ここで「霊場」という用語に言及しておこう。霊場も英語でセイクリッド・プレイスである。しかし日本語で聖地と霊場は厳密にはちがう。山岳考古学の時枝務は、「霊場は宗教家によって由緒や霊験が説かれた神仏が祀られ、多くの信者が自由に参詣できる聖地である」と定義づけている（時枝　二〇一八）。霊場は聖地にちがいないが、時枝の考えでは霊場は限定的な意味での信者ならだれでも参加できるもので、日本の宗教史からして歴史的な概念であるとし、より包括的な聖地とはちがうと明言している。

図8　百萬遍知恩寺の石碑
「大本山百萬遍知恩寺」とある（京都市左京区百万遍）。（筆者撮影）

これについては賛同するが、

霊場への理解は筆者とやや異なる。聖地にはごくかぎられた人間（聖職者）しか入れないことがある。かと思うと、信者でなくとも自由に「祈り」に参加することができる聖地もある。新年における明治神宮や上賀茂神社への参拝は、霊場への宗教的行為とはほとんどの人が考えてはいない。もっとも、参拝先にある真の聖地を見ることや近づくことはふつうできない。なお、霊園（苑）や聖苑は聖地ではなく、墓地を意味する。

霊場の例として、京都市左京区の百萬遍知恩寺の総門にある石碑を示した（図8）。法然《ほうねん》上人ゆかりの二五霊場（跡）があり、知恩寺は二一番目の札所に当たる。知恩寺は法然の「恩を知る」ことを元に創建された。元弘元年（一三三一）七月三日に紀伊国で発生した地震のあと、京の町に疫病が流行した。後醍醐天皇の命で七日七晩、空円上人が宮中で百萬遍の「南無阿弥陀仏」の念仏を唱えたことで疫病が終息した伝承がある。境内の御影堂には、一〇八〇顆の大念珠がある。

なお、同年七月七日に駿河国でも地震があり、富士山頂上部が滑落したことが『太平記』巻第二にみえ、「又同七日の酉の刻に地震有て、富士の絶頂崩るゝ事数百丈也」とある。百丈を三〇三mとして数百丈というから大規模な崩壊であった。その三〇数年後の正平一六年（康安元年）六月二四日（一三六一）に南海トラフの影響と思われる巨大な康安地震が発生し、畿内や熊野の災害が記録にある。一四世紀当時、地震や疫病は災いをもたらす元凶であり、霊場は災禍を防ぐための祈りを奉じる場であった。

聖地へのアクセス論

ここで、聖地と霊場をより広く位置づける上でのモデルを図9―1に提示した。聖地・霊場へのアクセス権に関わる問題が論点である。図のLは、条件付きでのみ参加できる場合で、リミテッド・エントリー（Limited Entry）と呼ぼう。宗教でいえば、氏子しか参詣を許されない場合や、琉球の久高島におけるように、神女《カミンチュ》しか参加が許されない場合が相当する。議論はあるが、女人禁制の大峰山や修験の山やまの例もある。

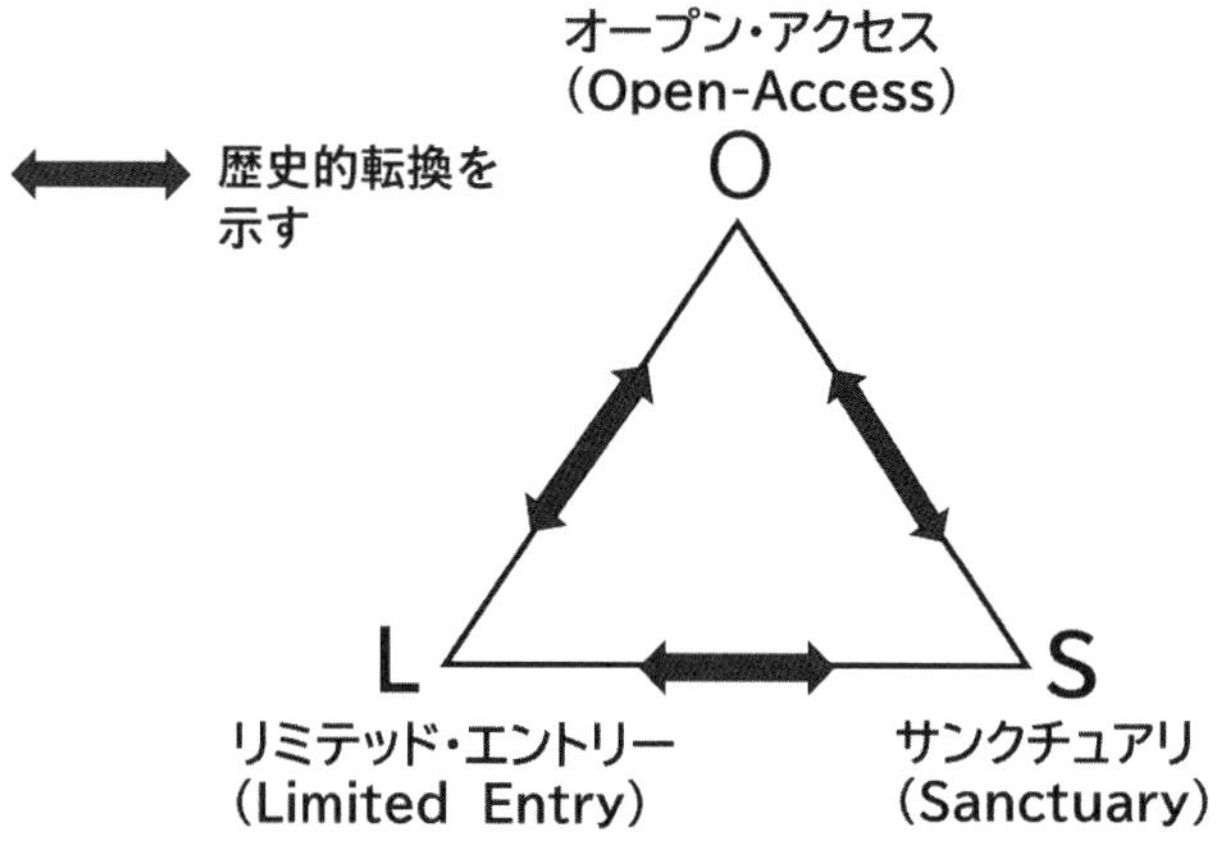

図9-1　聖地における3つのアクセス権

正月に伊勢神宮や上賀茂神社に初詣するさい、その資格に制限はない。これは、何を神に祈るかは別として、オープン・アクセス（Open-Access）、つまり自由な宗教的行為が許される場合である。これを図のOで示した。

そして、ほとんど知られることなく、何人たりとも入域できない場合がいわゆる聖域（サンクチュアリ：Sanctuary）である。神への祈りと加護への願望はごくごくかぎられた職能者である宮司や巫女が差配した。神との交流は非常に制限されていた。これを図ではSとした（秋道　一九九五）。

O、L、Sの三つの領域の内実は時代と地域ごとに異なる。ある神社でも、だれもがアクセスできる外側の領域、祭祀を司る人のみが入れるリミテッド・エントリーの空間、そしてもっとも内側の領域は特別の人と場合しか入れない聖域となっていることがある。

この点で、霊場は図9―1でLに相当するとされている

図9-2　聖地における結界標示装置
注連縄が張られており、この境界でアクセス権は異なる。富士山本宮浅間大社(静岡県富士宮市)(筆者撮影)

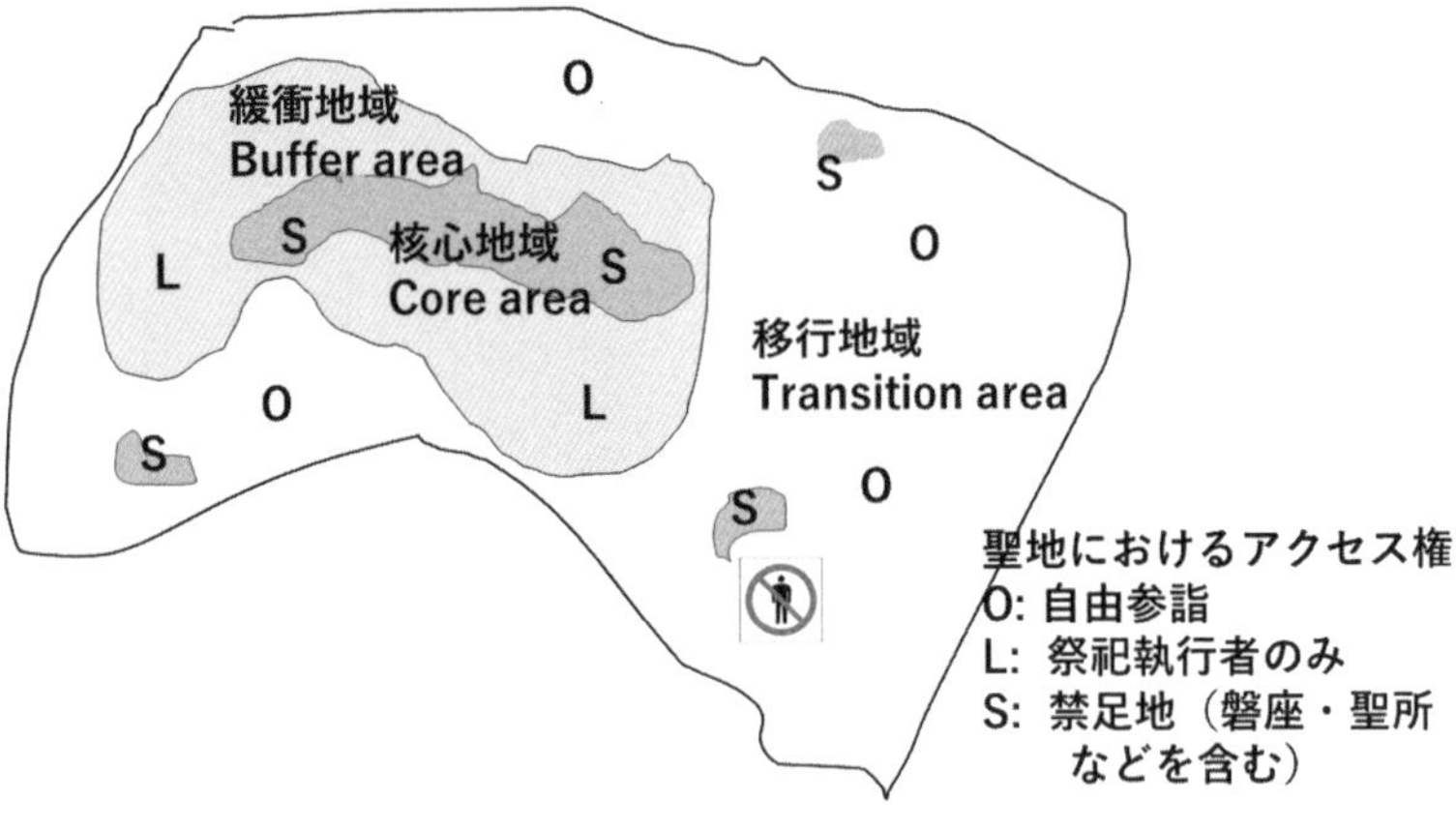

図9-3　ユネスコの生物圏計画(MAB)のモデルに依拠した聖地へのアクセス権の模式図

が、歴史的な変化を踏まえればＳないしＯからＬに至った場合が想定できる。講集団による富士講や御嶽講などの霊場への参加は時代的にも近世期の現象であり、ＳからＬに相当する。現代ではほとんどの山はＯになった。木曾御嶽山の場合、尾張藩の事情から江戸期は留山であったが、登拝信仰の隆盛とともにＬないしＯへと移行した。このように考えれば、ある歴史的な時点でも、聖地へのアクセスは層をなすと考えた方がよい。「聖地のゾーニング」とでもいえるだろうか。

しかも、前記の三領域の境界が注連縄《しめなわ》や鳥居、石柵、立ち入り禁止の看板などの結界《けっかい》標示装置によって明示されていることが多い（図９―２）。なお、自由領域のなかに結界で囲まれた聖地の例が、三重県伊勢市や福岡県糸島市・桜井の二見ケ浦の夫婦岩、茨城県鹿嶋市の鹿島神宮の要石《かなめいし》、全国各地の磐座《いわくら》などにある。聖域がかならずしも三重構造の中心にない例もあり、しかも可視化されている場合もあるということだ。こう考えると、時枝による霊場の意味は理解しやすくなるのではないだろうか。

世界遺産や一九七一年に発足したユネスコのＭＡＢ計画（Man and the Biosphere）でも、生物圏保全地域（Biosphere Reserve：BR）は核心地域（core area）、緩衝地域（buffer area）、移行地域（transition area）に層序化されており、前述のＳ―Ｌ―Ｏの構造と類似している面がある（図９―３）。

第2章　アニミズムと霊性

1　山岳信仰とアニミズム

自然や山岳への崇拝は世界中で広く見いだされる。人類学では、山や川、岩（磐）などの無生物にかぎらず生き物をも含む自然に霊的な属性を認める観念はアニミズム（animism）と呼ばれる。すでに一八七一年に英国の人類学者であるE・B・タイラーは『原始文化』（*Primitive Culture*）のなかで、アニミズムの用語を使っている（Tylor 1871）。アニミズムはラテン語のアニマ（anima）に由来する語で、アニマは「気息」、「霊魂」、「生命」などの意味をもつ。前に扱ったベルクの風土論や「気」の概念に通底するものである。

人類学者の岩田慶治はかつて『草木虫魚の人類学』（岩田 一九七三）や『アニミズム時代』（岩田 一九九三）、晩年の『木が人になり、人が木になる』（岩田 二〇〇五）のなかで現代的なアニミズム論を展開している。岩田は、アニミズムは「古代の思想であり、現代人とはあまり関係のない思考様式」とは考えていない。むしろ、現代の地球時代におけるわれわれが自然とともに生きる、共生の思想の典拠となるものと考えている（岩田 一九九三：一六九―一七一）。岩田は、初期の著作の表題にある草木虫魚になぞらえて、草木虫魚学《アニミズム》と位置付けている（前掲：一八二）。

		外面性	
		類似	異質
内面性	類似	トーテミズム	アニミズム
	異質	自然主義	類推主義

図10　存在論に関するデスコラのパラダイム（秋道2018a）
外面性（身体：physicality）と内面性（精神・心：interiority）に分けて自然と人間の文化を比較。自然主義はnaturalism、類推主義はanalogism。

フランスの人類学者であるフィリップ・デスコラは人類学者レヴィ＝ストロースの後継者とされている。P・デスコラは二〇一四年度のコスモス国際賞を受賞した。筆者が受賞後の講演会で対談をおこなったこともあり、デスコラの寄稿論文四本を含む単行本『交錯する世界　自然と文化の再構築　フィリップ・デスコラとの対話』を京都大学学術出版会より刊行した（秋道編　二〇一八ａ）。そのなかで、筆者はデスコラによる自然と人間との関係に関する包括的なパラダイムを紹介した。

デスコラは、人間と自然の関係性を、外面性（フィジカリティ）と内面性（インテリオリティ）に着目してその類似性と異質性で区分し、アニミズム、トーテミズム、自然主義、類推主義からなる明快なパラダイムを提示した（図10）。

アニミズムの発想では、外面性、つまり身体面で人間と自然は異質である。しかし、内面性、つまり精神・心においては人間も自然も霊をもつとされる点で類似している。山に神や霊が宿るとする神体山の発想は、まさにデスコラのパラダイムにおけるアニミズムに相当する。いいかえれば、人間と山は、外面性（見た目）では異質＝マイナス（－）であるが、内面性では類似＝プラス（＋）となる。

山や磐座自体に霊性ないし神聖性を認めるアニミズムの思想は、あるがままの自然のなかに神を見出す

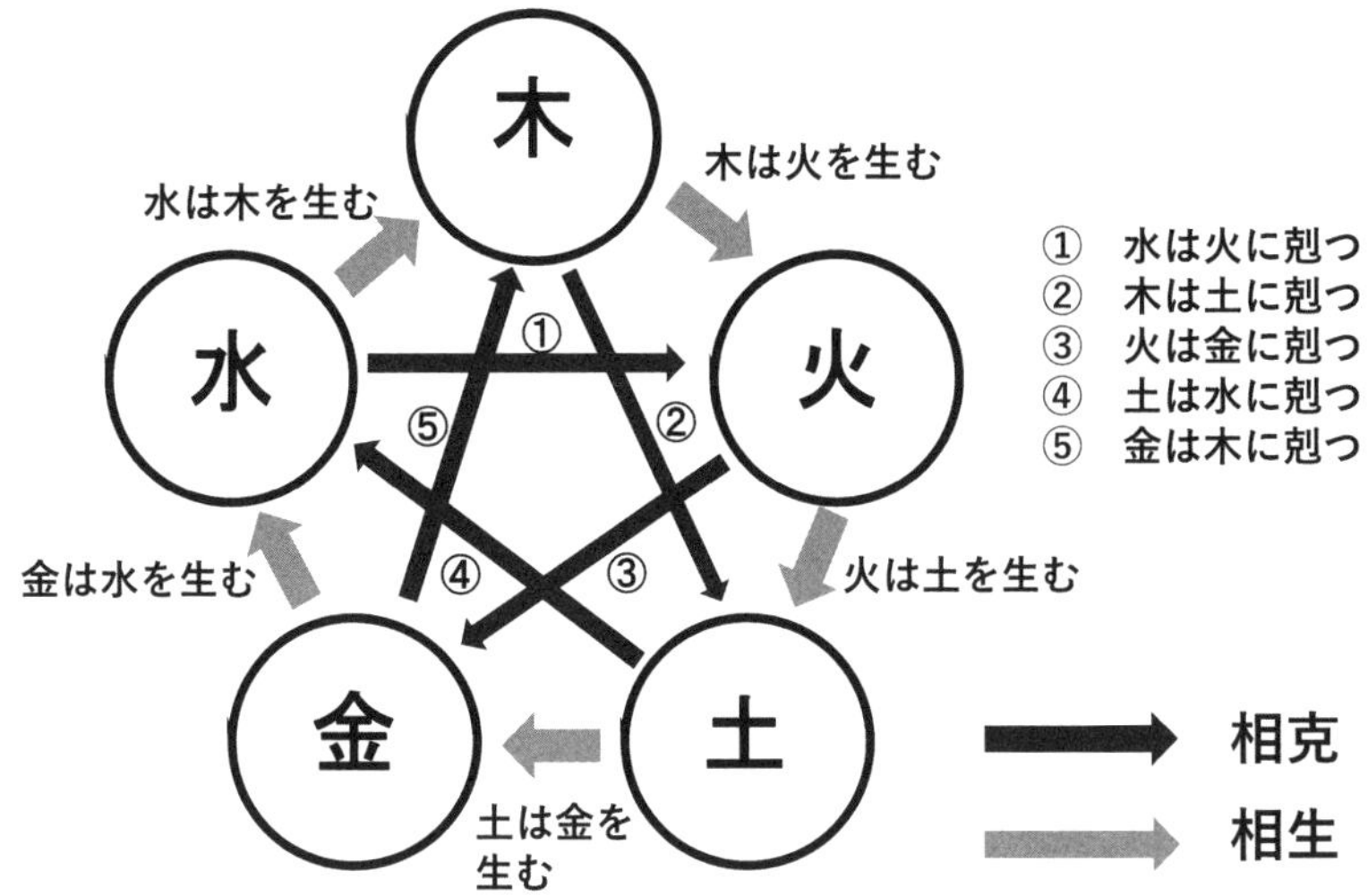

図11-1　五行説における相生《そうせい》と相克《そうこく》

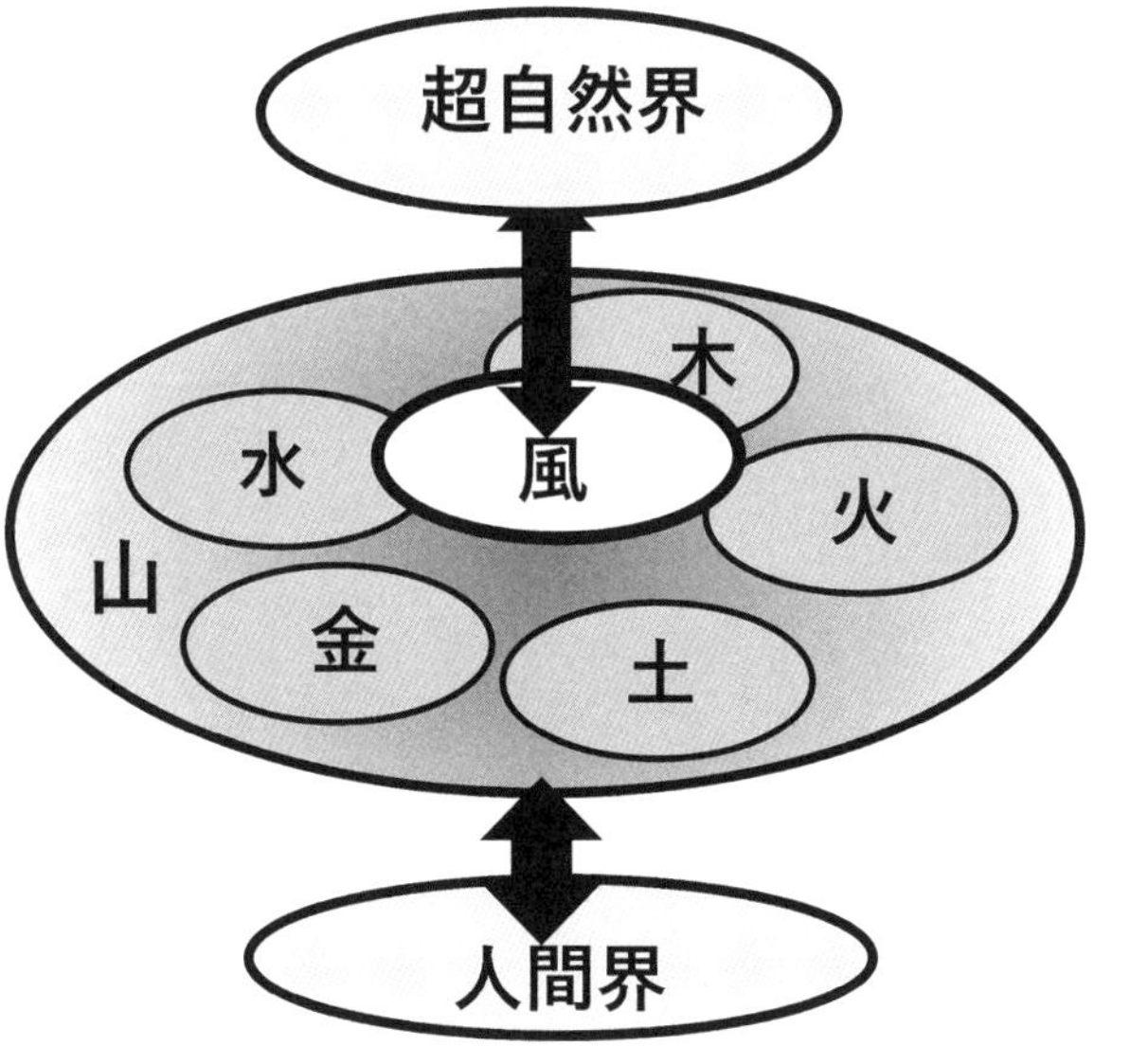

図11-2　五行思想と風
風は五行からなる山にあり、人間界と超自然界を結ぶ超媒体となる。

ことを根本としているが、人間はその神をただ感じるだけでなく、祈りを捧げ、あるいはその神威を畏敬し、祀る行為を生み出してきた。そのために、祈りと祀りの場が設けられ、そこで神と交流するいとなみが続けられてきた。ここでは、山岳信仰の原初的な基盤としてアニミズムを位置づけておきたい。先述したボイヤーにしたがえば、人間は自然のなかに行為者としての神の存在を探りあてる能力を体得しており、その思想はここでいうアニミズムにほかならない。

後述する五行思想はデスコラのパラダイムでは、外見も内面も人間と自然とで異なるものとされ、類推主義（アナロジズム：analogism）に相当する。つまり、五行の構成要素である火・水・木・金・土の五大はたがいにまったく独自の価値をもち、しかも相克《そうこく》・相生《そうせい》の相反する影響を及ぼしあう関係にある（図11―1）。そのいずれもが山とかかわる要素であるが、風だけは山と人間界、山と超自然界をつなぐ超媒体（スーパー・メディウム）となる（図11―2）。山における金は典型例では鉱物を、火は火山噴火、落雷による山火事や焼畑による野火などを指す。木・水・土はいうまでもなく山を構成する要素である。山の岩石は金と土からなる。

2　霊性とはなにか

霊性は宗教学、哲学、思想史の分野で扱われてきた概念である。日本では鈴木大拙がE・スエデンボルグの論文を翻訳したさい、スピリチュアリティ（spirituality）の翻訳語として「霊性」を当てている（スエデンボルグ　一九七〇）。スエデンボルグは「神智と神愛」のなかで、以下のように述べている。

「人間所有の三属性に對する處に在り、その属性とは人體・理性力・霊性、是なり。而して此霊性は人間をして主と和合あらしめんがために存するものとす。」（三百三十の項、一八九頁）

また、

「人をして主よりする霊性底を受け容れしむる所の用とは、宗教及び禮拝に関する一切の事物の謂ひなり。」（三百三十三の項、一九〇頁）

人間は人体・理性・霊性の三属性をもつ存在であり、霊性は主（神）と和合する上で不可欠であると規定されている。これは西洋のキリスト教神学に基づく考え方であるにせよ、霊性の用語が戦後に使われた例である。

鈴木大拙は英文翻訳本で『Japanese Spirituality』（日本における霊性）を出版している。この書で、親鸞、法然、妙好人《みょうこうにん》などを取り上げて霊性の説明をしている（Suzuki 1988）。鈴木の思想における霊性は浄土真宗の影響を受けて生み出された。（鈴木　二〇一六）。

アニミズムの用語の初出は英国の人類学者E・B・タイラーにあると述べたが、『原始文化』刊行の一〇〇年後、タイラーが未発表の書簡でスピリチュアリズム（spiritualism）の用語を使っていることが紹介された（Stocking 1971）。さらに、タイラーの再評価をめぐり、宗教と人類学との関係についての議論がその四二年後になされている（Larsen 2013）。

もっとも、日本における霊性の概念はタイラー以前からも使われていたことを宗教学者の鎌田東二が看破している（鎌田　一九九五、二〇〇三、二〇〇六、二〇一一）。

日本における霊性《れいじょう》

鎌田によると、平安時代から鎌倉時代にかけて活躍した神道家の卜部《うらべ》（吉田《よしだ》）兼倶《かねとも》が著したとされる著作のなかで、神道は「円満虚無霊性を守る道である」と述べている。「円満」は完全に満ち足りていること、「虚無」はあらゆるものの欠如、無を指す。一見矛盾する二つの状態が「霊性《れいじょう》」であるとした。「円満虚無霊性」を追求するのが神道であるとの主張であり、「霊性」は神の本質であると考えた。この思想には道教の影響があり、易《えき》や陰陽五行思想の大極《たいきょく》（宇宙万物の根源本体）や陰陽二極（陰と陽の世界観）の考えが背景にある。陰陽説は、天地人《てんちじん》の三才《さんさい》（天・地・人の三つの働き）を律する基本原理となる。

卜部の著作について、鎌田は『神道秘録』を挙げているが（鎌田　二〇一一）、それ以外に『唯一神道名法《ゆいいつしんとうみょうほう》要集《ようしゅう》』、『神道大意《しんとうたいい》』などもあり、参考になる。その後、江戸時代の国学者平田篤胤《あつたね》も「霊性」という言葉を使って、宇宙と人間の本質が「霊性」にあるとして、その「霊性」を顕現していく神道行法《ぎょうほう》（密教の修行）を毎朝おこなった。平田篤胤は、「吾が身はこれ産霊神《むすびのかみ》、地（ち）・水（すい）・火（か）・風（ふう）・空（くう）、五大《ごだい》を集結し、而してその至善の霊性を分賦《ぶんぷ》し玉へるものなり。身は遂に五大に帰り、ただ霊性のみ、無《む》窮《きゅう》（永遠）の吾れである。然るにすなわち、わが身は天地と同体にして、わが神魂《しんこん》（精神）はすなわち産霊の神の分身。一切諸神霊祇《れいぎ》（霊験ある神）と一切有情物《うじょうぶつ》（人間と生き物）と同根なり」と述べた。

平田は、わが身は天地万物を創造する産霊神が生み出した風・火・金・水・土の五大要素に帰するが、霊性だけは永遠にもちつづけ、これこそが産霊神の分身として世界のなかの神がみや有情《うじょう》物と元はおなじと考えた。

また、本居宣長は産霊神の代表としてタカミムスビノカミ（高御産巣日神［古事記］、高皇産霊尊［日本書紀］）、カミムスビノカミ（神産巣日神［古事記］、神皇産霊尊［日本書紀］）を挙げている。こうした半面、時代は一三世紀に遡るが、日本曹洞宗の開祖である道元が、寛喜三年（一二三一）〜建長五年（一二五三）にかけて著した八七巻の仏教思想書『正法眼蔵《しょうほうげんぞう》』のなかで霊性《れいしょう》の用語にふれ、仏教で霊性とか霊魂の考えは「悟り」からは程遠く、外道《げどう》であり適切ではないとしている。

霊性は二〇世紀の一九七〇年代以降、新たな思想・宗教運動として展開してきた。それが新霊性運動であり、宗教の枠組みを超えて、「生きる力の源泉」、自己解放・自己実現の拠りどころとして模索されてきた。心の問題を心理学の分野で取り上げる分野がある（日本トランスパーソナル心理学／精神医学会　安藤・湯浅編　二〇〇七）。死生学の分野でも死に至る人のケアに霊性が大きくかかわるとされてきた（島薗　二〇〇七）。本書ではこうした動向を踏まえて論述するものではないが、時代を超えて生と死に関する思想の原点に「生きるうえでの霊性の意味」は考えていきたいとおもう。

英語圏の霊性

霊性は英語でスピリチュアリティ（spirituality）となり、すでに一九世紀にタイラーがスピリチュアリズムの用語を使っている。英語での意味は、人類学におけるアニミズム論で用いられるにとどまらず、心理学、健康概念やＱＯＬ（生活の質）面で言及されることもある。スピリチュアリティの語源は、「呼吸や息」・「いのち」・「意識」・「霊感」・「風」・「香り」・「霊」・「魂」などを広義に意味するラテン語のスピリトゥス（spiritus）に由来する。現代英語のスピリッツ（spirit）には、「精神」・「心」・「霊魂」・「聖霊」・「生気」・「活気」などの意味があり、肉体との二元論的な意味合いをもつ。これにたいして日本語の「霊」は自然界を含めてあらゆる「霊」が含まれるアニミズム的なものであり、一神教における二元論的なスピリトゥスとは異なる。前述したデスコラのパラダイムでは、外面性と内面性を峻別した点で二元論といえるが、人間も自然も霊をもつ場合をアニミズムとしており、一神教世界の哲学者であってもキリスト教における霊を絶対視したものではない点に注意を要する。

霊と霊性についての用法を整理しておこう（黒住 二〇一八）。前者は「モノに付随した」用法があり、精霊・悪霊・幽霊・祖霊・心霊・死霊などとして表現される。ないしは、霊場・霊山・霊峰・霊験・霊界など、場の状態や位置づけを示すさいに使われる。

霊的な存在は英語でいえば、ゴースト（死霊）、スピリッツ（精霊）、ソウル（霊）などがある。場所としては、セイクリッド・マウンテン（霊山）、セイクリッド・ピーク（霊峰）のほか、かならずしも霊的な存在を前提としないサンクチュアリがある。サンクチュアリには、聖所、保護区、（野生動物の）保護区域・禁猟区、安らぎの場所、（罪人などの）庇護、（教会などの）罪人庇護権などの意味がある。もちろん、本書では聖所の意味で使うが、保護区・禁猟区・安らぎの場などほかの意味に通底する価値づけがなされることもある。

たとえば、玄界灘にある沖ノ島は聖所であり、島で見聞きしたことを他人に告げること（不言様《おいわずさま》）、女人は禁制であること、木や石を持ち帰ること、殺生は禁じられている。聖なる場所では神と交信する特別な儀礼がおこなわれること、供物や生贄が捧げられること、特別な呪文や言葉が用いられることなど、禁忌と制限、非日常的な行為や言説に満ちた特徴がある。沖ノ島の生物にとり、島は自然保護区のコア・エリアに相当する。京都府・若狭湾の冠島同様、オオミズナギドリにとっても繁殖地となっている。

霊性を人間だけに特化して議論する発想は宗教学では当たり前のことかもしれない。ただし、民俗学や人類学では人間以外の生き物のもつ霊性についてこれまで多くの議論がなされてきた。そこでつぎに、生き物の霊性と人間との関係についての議論を進めてみたい。

3　生き物の霊性と仏性

生き物の仏性

人間は自然界のあらゆる生き物にたいして大小を問わず、さまざまなかかわりをもってきた。人間と生き物との多様な関係性は、有用性と有害性、どちらでもない「ただの存在」に三区分できる。また、消費するか、非消費なのか、生産者であるのか消費者であるのかなどの区別によっても、異なった生き物観が生まれる（秋道　二〇一三）。この議論のなかで、有益か有害であるかは人間が利用する上での区分に過ぎない。有用・有害動物は人間にとり対象化された存在である。この発想を人間中心主義（anthropocentrism）といいかえてもよい。ただの生き物はそのどちらにも属さないあいまいな存在であり、自然界では大多数を占める。この点で、人間中心主義を排し、しかも人間は自然界の一部であるとする考え方のほうがわれわれ日本人にはなじみやすい。

これにたいして、有用性、有害性、あいまい性にかかわらず、すべての生き物を包括して捉える考え方が日本にはすくなくとも古代から継承されてきた。その端的な例が『古事記』や『日本書紀』に示されている。『日本書紀』（神代上）には、伊弉諾尊《いざなぎのみこと》と伊弉冉尊《いざなみのみこと》が創造した事物について、つぎのような下りがある。

「次生海。次生川。次生山。次生木祖句句廼馳。次生草祖草野姫。亦名野槌。既而伊弉諾尊。伊弉冉尊共議曰。吾已生大八州國及山川草木。」

これを簡訳すると、「次に海を生んだ。次に川を生んだ。次に山を生んだ。次に木の祖である句句廼馳《くくのち》を生んだ。次に草の祖である草野姫《かやのひめ》を生んだ。またの名は野鎚《のづち》。そして伊弉諾尊と伊弉冊尊は相談して、「我々はすでに大八洲國や山川草木を生んだ。」神が創造した世界には国土である大八洲国《おおやしまぐに》と山川草木が含まれている。しかも「木祖」「草祖」など生き物の祖先ないし祖霊を創造したことが語られている。生き物を霊的な存在とみなすアニミズム的な思考があったことをうかがわせる。

「草木國土《そうもくこくど》悉皆《しっかい》成佛《じょうぶつ》」の思想

仏教思想の伝来以降、自然界の生き物にたいする思想は仏教の影響を大きく受けることになった。それは草木や動物などがすべて仏性をもつとする「一切衆生《いっさいしゅじょう》悉《しつ》有《う》佛性《ぶっしょう》」（あらゆる生き物にはすべからく佛性がある）、「草木國土《そうもくこくど》悉皆《しっかい》成佛《じょうぶつ》」（草木や無機的な環境世界はすべて成仏する）の思想である。

この発想の基層は古代インドの自然思想にさかのぼる。宗教研究者の岡田真美子によると、古代インドの部派仏教世界では植物は根に感覚器官をもつ「一根《いっこん》の衆生」とされていた。おなじく古代インドの叙事詩のなかでは、植物は五根《ごこん》、すなわち眼根《げんこん》、耳根《にこん》、鼻根《びこん》、舌根《ぜっこん》、身根《しんこん》の五つの感覚器官をもつ生き物と考えられていた（岡田　一九九八）。ところが大乗仏教の文献では、植物は「瓦石《がせき》」と同等の位置づけをあたえられるものへと変化する（岡田　一九九九）。

しかし、仏教が中国に伝来した段階で、唐代における天台宗の僧侶、荊渓湛然《けいけいたんねん》（七一一～七八二年）は、草木にも仏性があると主張した。日本の最澄《さいちょう》は海を渡り、天台山で湛然の弟子である道邃《どうすい》と行満《ぎょうまん》の下で天台教学を学んだ。これを契機として、日本の天台宗に草木成佛思想と悉有佛性論《しつうぶっしょうろん》が伝わった。もっとも、生きとし生けるものは、すべて悟りをえて仏陀になる可能性（仏性）をもつとはいえ、なかには仏性をもたないものもありうるとする法相宗《ほっそうしゅう》の説、草木などの精神性をもたないものにまで仏性があるとする天台宗の考え方、精神性をもたないものは仏性をもたないとする華厳宗《けごんしゅう》の説がある。

成仏や仏性は仏教用語であり、前記の思想は仏教伝来後のものである。しかし、「草木國土悉皆成佛」の思想が仏教固有のものであるとはかならずしもかぎらない。前述した『日本書紀』の大八州國山川草木は、仏教でいう草木国土とじつは同質の考えといえる。

あらゆる生き物は成仏すると位置づけた思想は、大乗仏教の世界だけでなく、狂言や能楽・謡曲などの日本の芸術分野にも色濃く影響を与えていた。たとえば、狂言歌謡のなかの「かいぐん成仏道」（六十五　魚説法《うおせっぽう》）に、「願以此功徳《がんにしくどく》　普及於一切《ふぎゅうおいっさい》　我等与衆生《がとうよしゅじょう》　皆共成仏道《かいぐじょうぶつどう》」とある（六十九　啼尼《なきあま》）。これは回向文《えこうもん》と呼ばれ、「願わくはこの功徳をもって、あまねく一切に及ぼし、我等と衆生《しゅじょう》と、皆ともに仏道を成《じょう》ぜんこと」、つまり悟りを得られることを願うことを指す。お経を知らない新発意《しんぼち》（修業中の坊主）がお布施欲しさに、お経に魚介類の名前を洒落的に盛り込んで堂々と唱える滑稽な内容になっている。

漁師の網で捕獲されたタコの幽霊が最期を語る懺悔の謡がある。

「或は四方へ張蛸の　照る日にさらされ足手を削られ　塩にさゝれて　暇もなき苦しみなるを　妙なる御法《みのり》（仏法の尊称）の庭に出て　仏果《ぶっか》（仏門の修行の結果、成仏できること）に至る有難さよ。　唯一声ぞ南無阿弥陀仏　唯一声ぞ生蛸と　かき消すやうに失せにけり」（百廿二　鮹）

鮹《タコ》が人間によって捕獲され、皮をはがされ、まな板の上で切り刻まれ、張蛸となって、脚は塩漬けとなる苦しみを受けた挙句に死に、その亡霊が仏僧に弔いを願い、それによって弔われる下りを謡ったものである。

岡田真美子は宗教学者の末木文美士を引用し（末木　一九九五）、草木さえもが修行をしているとする日本的な生命観にふれ、山に神が棲む（住む）のではなく山自体が生きているとする生命観を日本独自のものとした。西洋のアニミズムでは霊が自然物に「宿っている」とするが、末木は山川草木自体が生きているとする観念のあることを主張しており、ベルクのいう自然の主体性に通じる指摘として特筆すべきと考えたい（岡田　二〇〇二、二〇一二）。

最近、全国各地でパワー・スポットをめぐる体験が若者を中心に流行している。その場所ですべての個人がおなじようなパワーを感じ取る体験ができるとはおもわないが、場所自体のもつ不思議の世界はいまなおあることは間違いない。宮崎駿《みやざきはやお》の映像世界の舞台は霊性と無縁ではない。全国各地でおこなわれるカミへの祭祀の場は超自然界との接点であり、まさにパワー・スポットにほかならない。超自然が時代を超えて生きているとするなら、神代の時代も現在も変わることがないと考えたい。

第3章　山岳信仰の基層と民俗

日本には山と人間とのかかわりを示すさまざまな信仰がある。信仰の中身をより具体的にいえば、祈る人（神主・僧侶・巫女《みこ》）とさまざまな行為や道具が準備される。たとえば、祝詞《のりと》・経文、手を合わせる拝礼・行《ぎょう》や遥拝・巡拝・登拝などの行為、祭祀の場や祭壇、周囲と峻別する結界の標示（秋道　一九九五）、崇拝対象の像・祭祀具・御幣・供物と神饌・酒・容器・皿・香料・楽器などが信仰を実現するうえでのセット（大道具・小道具）となる。信仰の背景となる神話や伝承、託宣なども信仰の重要な要素である。奥三河の花祭りで使われる祭具や祭場について早川孝太郎が詳細に記述している（早川　一九七二）。

信仰体系を構成する以上の諸要素は、歴史的に多様な変化を経てきた。縄文時代における山への祈りと、農耕が開始されて以降の山への信仰、仏教や道教思想の伝来後における信仰などは一枚岩的なものではなく、大きくさま変わりしてきた。さらに、民俗学の領域では山と地域住民とのさまざまな相渉のあり方が記録されており、系譜や伝播の歴史的関連性が重要な課題とされている。

本章では、1．民俗学・歴史学の知見から、山自体の捉え方について概観する。つぎに、2．山岳信仰の枠組みとして議論されてきた火山・水・葬所の三つの軸について展望し（堀　一九四九、二〇〇〇）、さらに筆者独自の視点として3．海から見た山への信仰、4．山の神をめぐる民俗について検討し、山岳信仰を俯瞰する視点を提示したい。

1　山の民俗と領有

日本民俗学では、山と人間とのかかわりについて重層的な研究がある。とりわけ、柳田国男による『遠野物語』には山への信仰について豊かな民俗事例が紹介されている（柳田　一九七八）。山の民俗研究は信仰面だけでなく、生業・文化とのかかわりについての豊かな知見を蓄積してきた。山と人間との重層的なかかわりは、山の垂直高度による人間活動の階層化にみることができる（千葉　一九八三b、一九九二）。

たとえば、後述する富士山は北麓の富士吉田市（六五〇〜九〇〇m）から一合目（一五二〇m）あたりまでは「草山《くさやま》」（またはカヤ原）、その上の五合目（二三〇〇m）あたりまでは「木山《きやま》」（または深山）、その上の山頂部までは「焼山《やけやま》」（またはハゲ山）と呼んで区別されている（奥谷・大場　二〇一九）。草山上限は吉田口登山道の「馬返《うまがえし》」に相当し、標高は一四五〇m、ここより先は馬を使わないとされてきた。

長野県下伊那郡大鹿村《おおしかむら》は、南アルプス西麓の中央構造線が村内をほぼ南北に走る位置にあり、南アルプス・塩見岳（標高三〇五二m）の登山口でもある。大鹿村青木では、周囲の山やまを三区分する。標高一〇〇〇m以下は「サトヤマ」、一〇〇〇〜二〇〇〇mは「チカヤマ」、二〇〇〇m以上は「タケ」と称される（湯川　二〇〇〇）。この区分は日本各地でも類似の傾向がある。別の事例では、山地を里山・端山《はやま》、奥山・深山、岳に三区分するもので、地元住民だけでなく外部からの個人・集団の入域を含めた山地の重層的な利用形態とかかわっている（図12―1）。

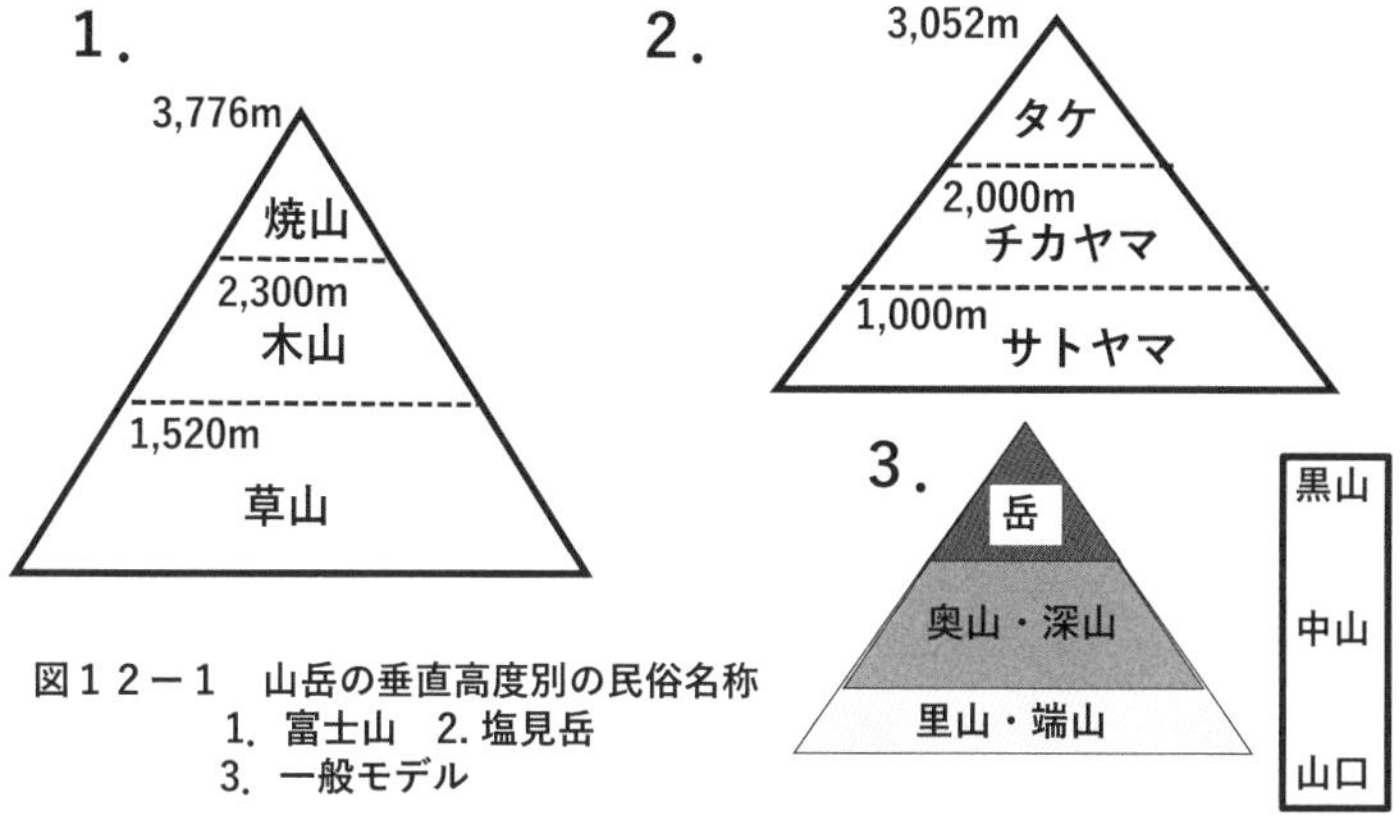

図12-1　山岳の垂直高度別の民俗名称　1. 富士山　2. 塩見岳　3. 一般モデル

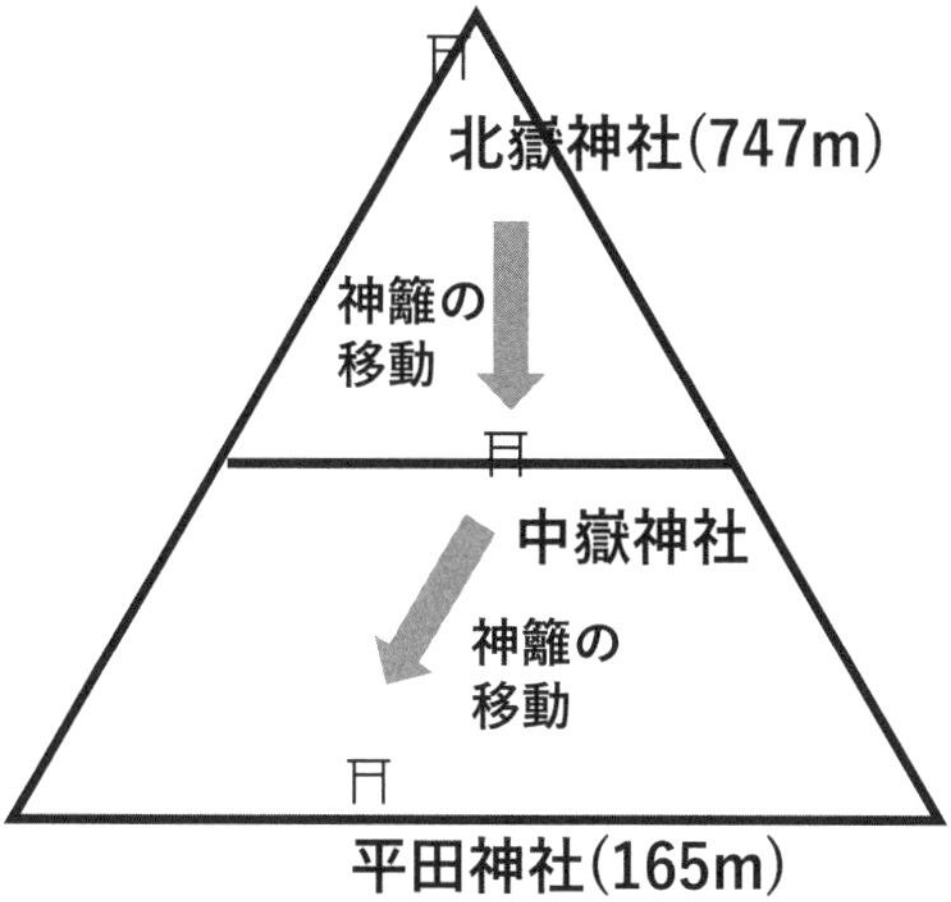

図12-2　山の神と神籬
大隅半島内之浦町岸良(2005年の合併後は肝付町)のテコテンドン祭(永松　1993)。

後述する山の神信仰との関連で、山の神を招来する民俗行事が大隅半島の岸良《きしら》（肝属《きもつき》郡肝付町）にある。正月二日の神事のテコテンドン祭で、山頂・中腹・麓で「神籬《ひもろぎ》」となる三種類の樹木の枝を七本ずつ作り、山神を山頂部から麓に迎える行事がある。地元に伝承された『山神作法之事』にも準拠したものであり、奥山・中山・山口が区別されている。岸良の例では、山頂の岸良《きしら》北岳（七四七m）にある北嶽神社から、中腹の中嶽神社、麓の平田神社に神籬を運ぶ（永松　一九九三）（図12―2）。なお、神籬用には、椎・榊・扉《トベラ》を七本ずつ使う。トベラは切ると悪臭を発するので魔除けとして用いられた。節分でも、トベラを鬼退散のためにイワシの頭などとともに家の玄関口に置く風習が西日本にある。

里山では焼畑農耕を含む畑作、クリ・トチなどの堅果類や桃・柿・梅の果樹栽培、茅場と養蚕用の桑畑、シイタケ・ワサビ栽培、有用材の利用、河川漁撈など、地元住民による多様な生業が営まれてきた。

奥山ではシカ・クマ・イノシシ・山鳥の狩猟、渓流漁撈（マス・アマゴ・ヤマメ・イワナ）、炭焼き、山菜・筍・茸の採集などがおこなわれた。とくに白山・白峰村では、冬季の積雪時期にも「出作り」小屋に長期滞在する奥山人がいた（橘　二〇一五）。秋山郷（新潟県中魚沼郡津南町と長野県下水内郡栄村）や三面川上流部（新潟県村上市）、阿仁町《あにまち》（秋田県北秋田市）などでも、奥山を利用する人びとが独自の生業活動を実践してきた（千葉　一九九三）。奥山では、地域住民だけでなくマタギ・木地屋・鉱山山師・渓流釣師などが山地を転々と移動しながらさまざまな生業活動をおこなってきた。渓流釣師やマタギなどは東北地方から中部山岳地帯を移動しながらイワナなどを釣り、山間の温泉や湯治場で塩蔵魚や生魚を売っていた。彼らは奥山のさらに上流の源流部にまで足をのばし、「魚止め」の滝の上流部に魚を放流することもあった（鈴野　一九九三）。山村の生業活動は自給用だけでなく、小規模な商品生産に向けられていたこと、その背景に山村間および山村と平地をつなぐ流通ネットワークが近世以降に発達したことが指摘されている（米家　一九九七）。

奥山のさらに標高の高い「岳」はふつう人が入ることはなく、もっぱら修験者や宗教的な目的で入域する人びとがいた。鉱山採掘や薬草採集のために岳を目指す人びともいた。富士山の場合も、かつては五～六合目の御中道《おちゅうどう》（二三〇〇～二五〇〇m）を時計まわりに一周する修行や山頂を目指したのは修行者や修験者のみである（堀内　二〇一一、村石　二〇一七）。これは焼山における活動である。一方、一合目～五合目までの木山では、地元の人びとが森林資源を用材・炭焼き、燃料用の薪として利用してきた。ハリモミ純林は巣鷹山《すだかやま》（御立林《おたてりん》）でもあった。山麓の草山でも、イネ科の草は農業用の堆肥や草を焼いた青灰《あおんばい》、馬の飼料、屋根の茅葺き材料として不可欠であり、春先の野焼きは草山の更新に寄与した（斎藤　二〇二〇、小笠原・大脇・藤野　二〇二〇）。

山岳信仰に即していえば、里山には里宮・拝殿が、奥山には中宮が、岳には本宮が配置されている。中宮はない場合もあり、岳に奥宮の鎮座する場合が多い。里山は山口《やまぐち》（山の水が平野部に流れ出す場所）で、登山道の入り口にあたる。九州の大隅半島における山之神祓《やまのかみのはらい》では、「奥山祓」・「中山ノ祓」・「山口之祓」が区別されている（永松　一九九三）（図12―2）。

山の垂直高度による生業・文化・信仰面での重層的な配置を垂直的に二～三構造としてイメージすることができる。また、山と平地の境界にある「山口」も水分信仰との関連で重要であろう。以上のような配置関係があるとしても、たとえば災害や戦火による神社の焼失、遷座などがあり、事情は個別で異なっている。本書で取り上げる全国の山やまについて、それぞれどのような配置が歴史的に展開してきたかは、個別に確認するしかない。

山川藪沢《さんせんそうたく》から山野河海《さんやかかい》へ

古代から中世にかけての時代は、山の利用形態についての転換期であった。ここで時代を九世紀以降に

表1　9〜10世紀における地震・噴火・洪水

	地域・災害と発生年
1	富士山・延暦噴火（延暦 19-21 年：800-802） 貞観噴火（貞観 6-8 年：864-866）
2	伊豆・神津島の噴火（承和 5 年：838）
3	薩摩・開聞岳の噴火（貞観 16 年：874）
4	豊後・鶴見岳（伽藍岳）の噴火（貞観 9 年：867）
5	肥後・阿蘇山の噴火（中岳）（貞観 6 年：864, 貞観 9 年：867）
6	三陸沖・貞観地震（貞観 11 年：869）
7	京都・地震（天長 4 年：827, 仁和 3 年：887, 承平 8 年：938, 天延 4 年：976） 京都・洪水（天安 2 年：858, 貞観 2 年：860, 貞観 16 年：874, 仁和 3 年：887, 天暦 3 年：949, 天元 3 年：980, 正暦 3 年：992）
8	播磨・地震（貞観 10 年：868）

たどり、山の開発と領有についてふれておきたい。古代の律令制では耕地は「田」と「地」の別に租税を負担させる「公地公田」制を施行し、水田耕作や養蚕による農業生産は国家（朝廷）が管理した。公領である国衙《こくが》領は国司が差配し、国衙領からの税収は当然、朝廷のものとされた。一方、口分田以外の山川藪沢《さんせんそうたく》は「公私共利《こうしきょうり》」、つまり貴族や上流階級であれ平民・百姓であれ、ともに資源をコモンズとして利用できた。

しかし、九世紀以降に列島は大きな自然災害に見舞われる。表1には九世紀に発生したおもな火山噴火・地震・洪水の発生地域と年代を示した。このうち、火山噴火や地震とともに、平安京をたびたび襲った水害に注目しておきたい（片平　二〇〇六、河角　二〇〇四）。

『日本文徳天皇実録』の天安二年（八五八）五月一五日の条に「陰雨不レ止、洪水汎溢、東西両河、人馬不レ通」とある。東西両河は、京の賀茂川と桂川を指し、しとしと降る雨がやまずに、都で二つの河川が同時に溢れ、人も馬も渡ることができなかったことが伺える。数年先の貞観二年（八六〇）九月一五日にも、『日本三代実録』には、「風雨不レ止、都城両河洪水、人馬不レ通」とある。同様に、貞観一六年（八七四）八月二四日、仁和三年（八八七）八月二〇日、『日本紀

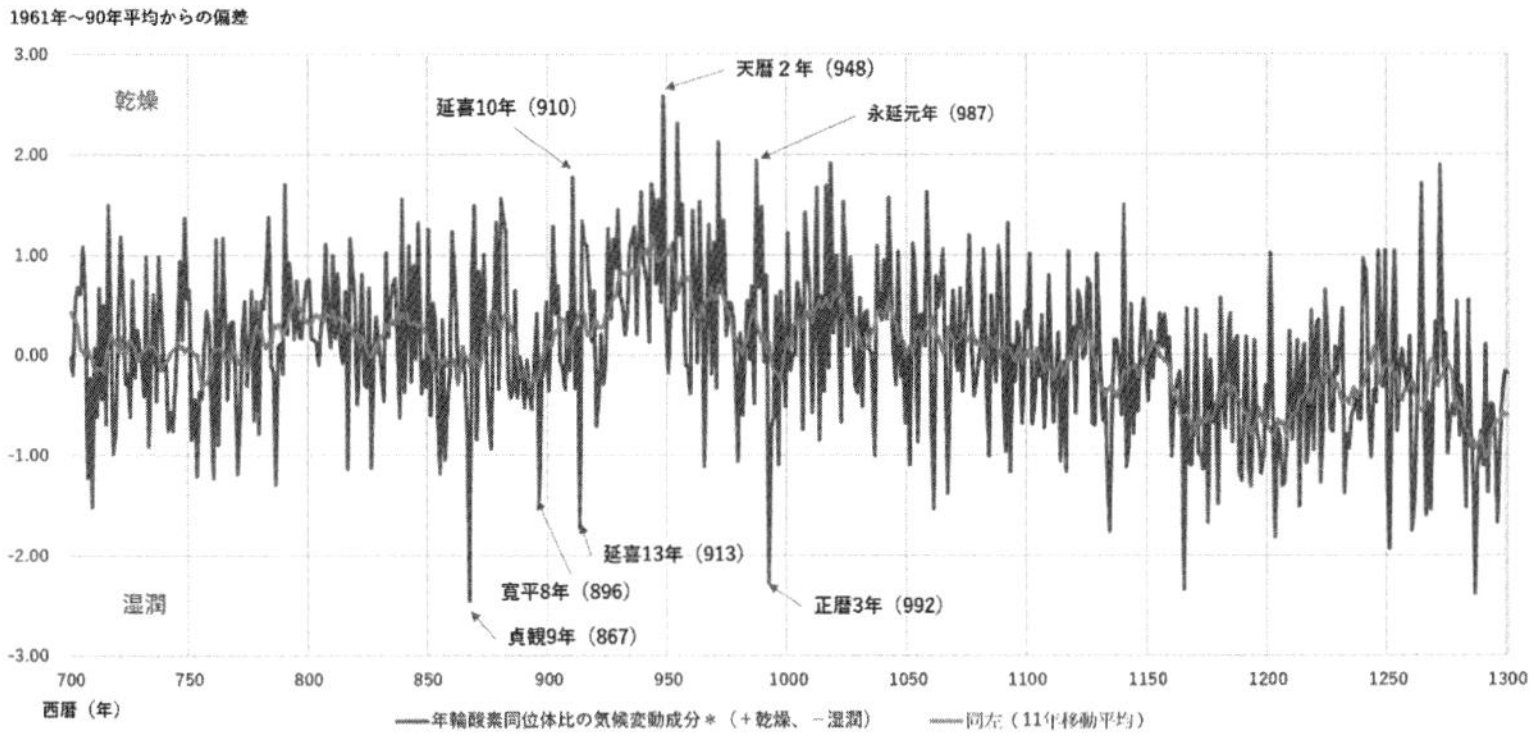

図13　古代・中世における年輪セルロース酸素同位体比の気候成分による変動夏季降雨量変動（中塚　2020）

略』天暦三年（九四九）八月一日、天元三年（九八〇）七月一五日、正暦三年（九九二）五月二六日に洪水の記録がある。当時の都では、建築のため周囲の山やまで伐採が相次ぎ、とくに京の北部にある山やまで大規模な森林伐採のあったことが洪水をもたらしたと考えられている（植村　二〇一二）。

さらに、古気候学の知見から奈良〜平安を経て中世・戦国時代にかけての温暖・冷涼の振動（oscillation）を含む気候変動が年輪セルロース酸素同位体比の気候成分研究から明らかにされており（図13）（北川　一九九五）、東アジア的なひろがりでもこの時代に社会の激動や戦乱、年号の改元などが発生したとする指摘がある（中塚　二〇一二、二〇二〇、伊藤・田村・水野　二〇二〇）。

こうした自然災害の多発や気候変動と同時代に、日本社会では各地で飢饉や疫病が蔓延した。離農し、山に逃げ込む飢民や他国に散逸する流民が増えるなか、朝廷は劣化した農耕荒地を開墾する勧農政策を進めた。承和八年（八四一）の官符では、三河国にたいして開墾開始後、六年未満で開発者が死亡しても遺族に課税しないことが認められていたが、この法令は貞観一二年（八七〇）一二月二五日の太政官符で全国に拡大された。その背景には、相次ぐ自然災害の被災者を救済する意図もあった（海老沢　二〇一八）。

少なくとも院政期に、山川藪沢には朝廷、院宮王臣家《いんぐうおうしんけ》、寺社などのあらゆる勢力が介入をはじめ、いわゆる囲い込み（エンクロージャー）による既得権・占有権を主張したことが明らかとなっている（井原　二〇〇四）。しかも、有力な階層だけでなく、地元の郷百姓も山に入った。その場合、単純な乱伐をおこなったのではなく、野焼きのように共同体基盤型の山野資源の利用がおこなわれた（戸田　一九六八）。この段階で、山川藪沢の資源を商品化・私有化する変化が起こった。つまり、公私共利の原則であった資源が「山野河海」の私的資源へと転換されるようになった（井原　二〇一四）。ただし、私的とはいえ共同体基盤型の管理もあったわけで、一概に公私共利のコモンズが瓦解したともいえない点に注意しておきたい。というのは、山野河海における領有権は王権や在地領主によってのみ主張されたわけではない。中世においても現地住民による入会慣行がいわば併存する、ないし「棲み分け」的に認められていた（藤木　一九八七、井原　二〇一四）。後世における民俗慣行として知られる「山の口止め」・「山の口明け」や「正月の山の神祭」は中世期、村落共同体を基盤とした山地利用に遡ることができるとの指摘がある（戸田　一九六八）。

荘園絵図と黒山

人の国内移動については、桓武天皇時代に京に至る街道の三関《さんげん》（不破関・鈴鹿関・愛発関《あらち》）は延暦八年（七八九）に停廃《ちょうはい》されており、京に東北の蝦夷や唐人がいたこと、京の院宮王臣家が地方へと頻繁に出向くことになった。その結果、院宮王臣家は地方の国司や富豪層との結びつきを通じて自らの経営基盤を強固なものとした。

一方、凶作のために離村した農民層や課税逃れから去った浮浪人は山に逃げ、新たに山地の資源を利用し、さらに山を開墾して水田を造成し、その既得権を元に新しい郷を創成する変化が起こった。山野河川では有力寺社や院宮王臣家が地方の国司や富豪層との結びつきを通じて土地を囲い込み、荘園（＝私領）とする動きが活発となり、土地からの税収は荘園領主のものとなった。

荘園の領地を示すうえで用いられたのが荘園絵図である（藤田 二〇一九）。荘園絵図は奈良時代から寺社による開田の証文となる図、平安時代の領有地を示す四至《しいし》牓示《ぼうじ》を記入した絵図、鎌倉時代における堺相論のさいに証拠とされた絵図などがある（奥野 一九七四、二〇一〇）。『高野山文書』の仁治二年（一二四一）七月の条に、「打二牓示堺四至一、所レ被二立券庄号一也」とある。四至と牓示の境に（棒を）打って、立券庄号《りっけんしょうごう》の場としたわけで、立券文は荘園を確定する文書上の手続きであった。

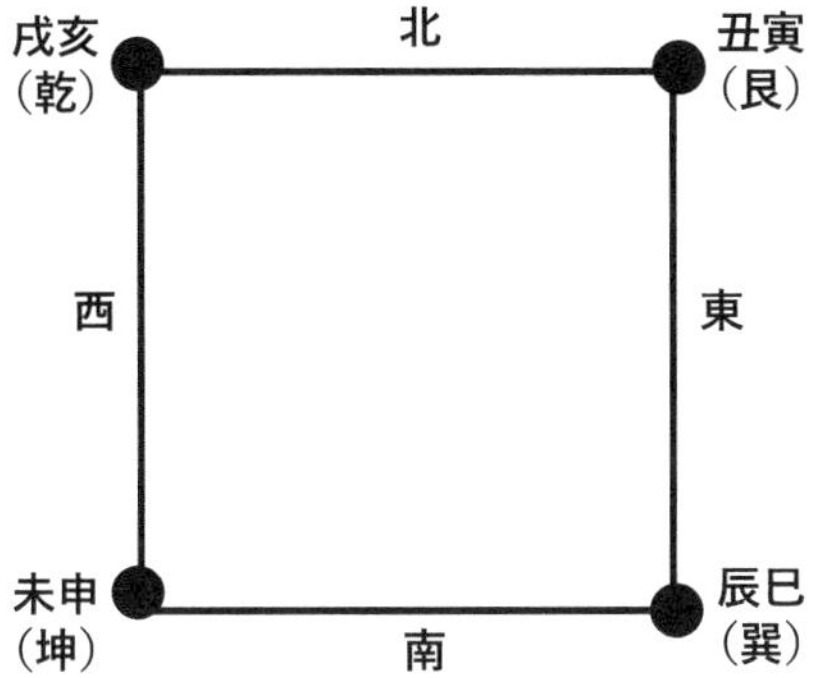

図14　四至牓示図　艮・巽・坤・乾の牓示は「正牓示」、そのほかの是非必要な個所の牓示を「脇牓示」と呼ぶ。

四至牓示は領域の境界を示すもので、四至は東西南北で示し、牓示は北東（丑寅）・南東（辰巳）・南西（未申）・北西（戌亥）の境界点に目印となる棒を立てて目印とする（図14）。なお、艮《うしとら》・巽《たつみ》・坤《ひつじさる》・乾《いぬい》の牓示は「正牓示」、そのほかの是非必要な個所に立てられる牓示を「脇牓示」と呼ぶ。

荘園絵図で注目されるのは「黒山《くろやま》」であり、絵図では荘園の周囲の山やまが黒く墨で描かれていることが多い。黒山は未開墾の山で、タブー視されていた（黒田 一九八四、一九八六、二〇〇〇）。黒山以外に「荒野《こうや》」があり、未開墾の黒山や放棄された荒野が開発された場合、その占有権は早いもの勝ちであるとする慣行（＝先取性の権利）が認められていた。『平安遺文《へいあんいぶん》』には、「黒山は是を伐り掃うをもって主となし、荒野は開発をもって主となす」（二八〇九号）とある。しかもその譲渡・寄進などにさいしては「相伝《そうでん》」の理が正当とされた。土地をめぐる相論は中世に各地で勃発するが、その裁定には、「理」・「道理」の概念が貴族層だけでなく、在地領主・百姓層や、堺相論の裁判をおこなう機関においても社会通念とされていたとする指摘がある。なお、相伝に類する「由緒」の語はあまり登場しない（松園　二〇一七）。黒田日出男は『平安遺文』を検索し、黒山以外に黒川・黒石・黒谷などがいずれも境界地名としてあることから、平安時代の「黒」が境界性を示す色のシンボリズムとして用いられたと意義付けている（黒田　二〇〇〇）。

　黒山の事例として、和歌山県海南市にあたる三上荘を開発した天台宗派の湛慶上人《たんけいしょうにん》の場合を挙げよう。湛慶は、久安《きゅうあん》元年（一一四五）、待賢門院《たいけんもんいん》の冥福を祈るため、海南市南部にある山地を開発して願成寺《がんじょうじ》を建立した。その山地を弟子に譲り渡した時の証文「僧湛慶山地《さんち》譲状《ゆずりじょう》」（久寿《きゅうじゅ》二年（一一五五））が願成寺に残されている。この証文には、「黒山は伐り掃うを以て主となす」と記されており、無主の「黒山」を最初に開拓したものがその所有者となることが明文化されている。なお、願成寺の北西に衣笠山（二九七・八m）があり、山頂部から経塚がみつかっている。願成寺は、熊野への巡礼や修験の奥掛けのためにたどる熊野古道紀伊路の道筋に位置しており、本尊として千手観音菩薩（重要文化財に指定）が安置されている。

　中世における山野河海の開発と資源利用に関して、領主層と百姓、あるいは他所からの窃伐採・「国中悪《あく》党《とう》」による乱伐などが発生した（北爪　二〇〇三）。山野は、杣《そま》・牧として利用される場合もあり、山守（山の管理人）が民衆の木樵《きこ》りのもつ斧・鎌を没収することも頻繁に起こった。平安末期の歌謡集『梁塵秘抄《りょうじんひしょう》』（後白河法皇編、治承年間（一一八〇年前後）には、つぎのようにある。

「樵夫《きこり》は恐ろしや、荒けき姿に鎌を持ち、斧《よき》を提《さ》げ、後にしはきまひ上《のぼ》るとかやな、前には山守寄せじと杖を提げ」（巻第二　雑）

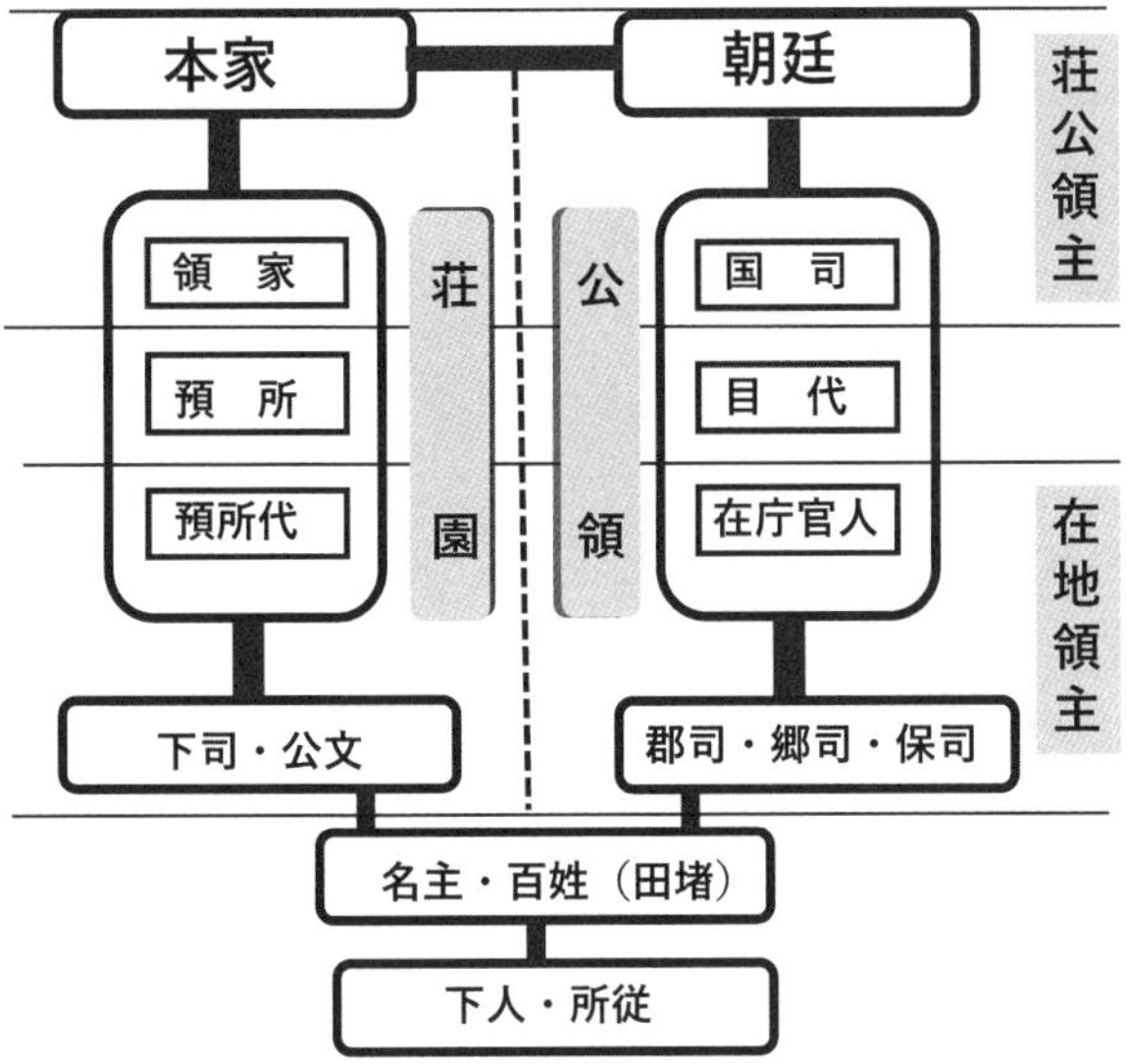

図15　荘園公領制を示す政治経済のしくみ（網野　2008）

木樵は恐ろしい存在だ。荒くれ姿で鎌をもって斧をぶらさげている。背中には柴木を巻き上げ、前から見ると山の番人（山守）を寄せつけまいと杖を提げて追い払う姿勢をみせる。

この時代は、朝廷による公領（国衙領）と本家による在地荘園領が拮抗する「荘園公領制」が大きな特質であった（図15）（網野　二〇〇八）。海賊・山賊・強盗・夜討などの違法行為が横行する後代の鎌倉期（根ケ山　二〇一一）の先駆けとしてこうした拮抗関係があったのだろう。

鎌倉期の明山《あけやま》と春近《はるちか》領

前項でふれた中世期の山野河海における領有権で注目すべき例がある。鎌倉幕府は建仁《けんにん》三年（一二

○三）九月二三日、信濃国春近領志久見郷の地頭に中野能成《よしなり》を幕府御家人の中野氏のあとに安堵する。「春近領」は鎌倉幕府直轄の架空名義の所領で、信濃国には「近府《さんぶ》春近《はるちか》・伊那春近・奥春近」があり、近府春近領としては現在の松本市・塩尻市・旧梓川村の六郷にあった。奥春近領志久見郷に志久見《しくみ》山があり、平安時代から巣鷹山として貢租となる鷹が生産されたため、「留山《とめやま》」であった。ただし、住民は農業や居住のために入山することができた。このことを「あけ山」（明山）と称し、領主・地頭だけが領有する「立山」とは明確にちがっていた。あけ山の境界はつねに変動していたようだ。

ちなみに時代は下るが、宝暦九年（一七五九）の『木曾山雑話』（寺町　一七五九）によると、「木曾惣山、三ケ村山共、御留山、御巣山之外は都て明山と相唱、御停止木、遠慮木之外は其村方より屋作木、薪木に伐取」とある。御留山、御巣山以外は明山であり、停止木《ちょうじぼく》（檜《ひのき》・椹《さわら》・槇《まき》・明檜《あすなろ》・鼠子《ねずこ》）と遠慮木《えんりょぼく》（公用に供しうる良材）以外は、家屋用材・土木用材・薪などとして伐採することができた。

時代は前後するが、『市河文書』には、「さいもくとり（材木採）、れうし（猟師）などいれんに、わつらい（煩い）をいたす（致す）へからす」とあり、材木だけでなく狩猟もおこなわれたことがわかる（『鎌倉遺文』二七八八六号）。

つまり、中世の鎌倉期においても幕府・在地地頭だけでなく百姓の入会慣行が認められていたことになる。古代における山川藪沢を公私共利の場として利用するコモンズの慣行は中世においてもみられたことが明白となる（井原　二〇一四）。山地における入会慣行は、日本以外でも世界でみることができ、共有地の利用にさいして発生する諸問題を現場に即して詳細を明らかにする共同体基盤型の資源利用の研究はきわめて現代的な課題でもある（Fenny et al. 1990、Ostrom 1990）。

のち、近世期の太閤検地（一五八二～一五九八年）で、山野河海にたいする課税は高外であったが、小物成《こものなり》や運上として現物納が義務付けされた歴史がある（秋道 二〇一四）。ここでは、霊峰とされた山であっても、山そのものの資源利用上、さまざまな規制や利用形態のあったことを理解しておきたい。

2 山と火・水・祖霊信仰

火山と聖なる山

火山への信仰は、噴火への畏敬の念を重視するもので、人びとに脅威と恐怖をともなうカタストロフィー（大激変）と受け止められた。炸裂する噴火と轟音、雷鳴、降りそそぐ火山灰や火山弾などが大地を覆い、死の世界をみせつけることで人びとは震撼し、人知を超えた山のいとなみを「神の怒り」と考えたとしても不思議ではない。そして、鎮火への祈りが火山に捧げられたのであろう。

二〇二一年八月の小笠原諸島の海底火山「福徳岡ノ場《ふくとくおかのば》」の噴火により、大量の軽石が噴出し、一〇月中旬以降、琉球列島をはじめとして太平洋沿岸各地に被害をもたらしている。たった一つの火山の噴火のおよぼす影響は広域にわたり、しかも被害の収束は数年を要する可能性がある。

噴火をもたらす火山の神は女性であることが報告されている。日本の富士山における浅間神《あさまのかみ》やのちの木花咲耶姫《このはなさくやひめ》、ハワイ諸島におけるペレ女神の例がある。火山と信仰については、富士山（第5章第4節）とともに阿蘇山（第6章第5節）で取り上げる。

火山ではないが夜間の「神火」が海で遭難した人間を救う話から、火のある場所を祀る例がある。これについては第3章第5節の「海と山岳信仰」で取り上げる。

水分神《みくまり》と聖なる山

水分は水（み）を配る（くまり）ことであり、山の分水嶺に祭られる配水の神である。水分神は、農耕にとり水源への感謝と信仰を媒介とするもので、弥生時代以降に育まれた。水分神は天空から雨をもたらす龍神信仰とも関連する。水分神には天水分神《あまのみくまりのかみ》と国水分神《くにのみくまりのかみ》があり、前者は男神、後者は女神とされるが、別説もある。

『延喜式』祝詞（六七二〜七一〇年成立）には、水分神についての記載がある。

「水分《みくまり》に坐《ま》す皇神《すめがみ》等の前に白《まう》さく、吉野《よしの》・宇陀《うだ》・都祁《つげ》・葛木《かつらぎ》と御名は白して辞竟《ごとお》へ奉《まつ》らくは、皇神等の寄さし奉らむ奥都御年《おくつみとし》を、八束穂《はつかほ》の伊加志穂《いかしほ》に寄さし奉らば、皇神等に、初穂は穎《かい》にも汁にも（後略）」。

「水分《みくまり》を司る神に申し上げることは、吉野・宇陀・都祁・葛木におわす神がみがお寄せ申し上げるであろう穀物の実りを、長い穂の立派な穂にお寄せすれば、神がみに供える初穂は米にも、酒にも……」

（池添　一九九四）

奥都御年《おくつみとし》は「稲」、八束穂《やつかほ》は「長い穂」、伊加志穂《いかしほ》は「実のたくさんついている稲穂」、穎《えい》は「稲穂」であり、いずれも稲に関連する用語である。

吉野《よしの》水分《みくまり》神社（奈良県吉野郡吉野町）は、葛城《かつらぎ》水分《みくまり》神社・都祁《つげ》水分《みくまり》神社・宇太水分《うだのみくまり》神社とともに大和国四所水分社を構成する（図16）。いずれも大和盆地の四方にある分水嶺に位置する。このうち、吉野水分神社はもともと吉野山最南端部の青根ケ峰（標高八五八ｍ）にあったが、のち現在地に遷座された。宇太水分神社の社殿は国宝であり、三重県境の高見山（一二四九ｍ）から降臨された水の神を祀る。本社は三殿あり、第一殿は天水分神《あめのみくまりのかみ》、第二殿は速秋津彦命《はやあきつひこのみこと》、第三殿は国水分神《くにのみくまりのかみ》を祀る。

大和高原の都祁《つげ》水分神社の南東部に都介野《つげの》岳（標高六三一・二ｍ）があり、別名で「都祁富士」と呼ばれる。円錐形の山で、邪馬台国時代、ここに闘鶏《つげ》国があった。都祁《つげ》は呉音で、漢音では「とき」であり、古代朝鮮語の「日の出」を意味する。都介野周辺の盆地にはのちの古墳時代、総数で一六〇基もの古墳が造成された（二基は前方後円墳、ほかは円墳）（和田　一九八八ａ）。都介野岳は水分神の住む神体山と考えられる。葛城・金剛山地の西麓には建水分《たけみくまり》神社が大阪府南河内郡千早赤阪《ちはやあかさか》村大字水分《すいぶん》にある。

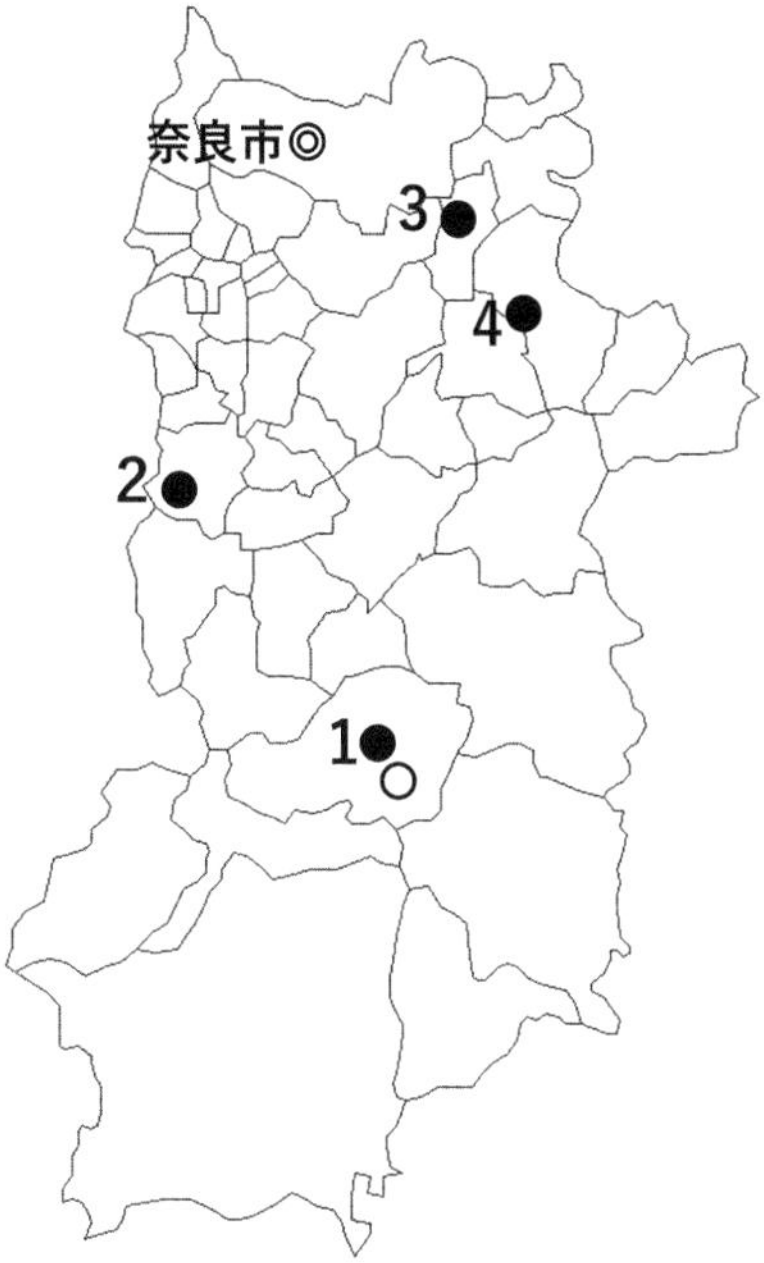

図16　大和国四所水分社
1　吉野水分神社（吉野郡吉野町）吉野山（517m）
2　葛城水分神社（御所市関谷）葛城山(960m)
3　都祁水分神社（奈良市都祁）都介野岳（631.2m）
4　宇太水分神社（宇陀市菟田野）高見山（1249m）
○：青根ケ岳（858m）で、のち1の吉野町に遷座

祝詞では水分神社は大和国にあるが、平安京遷都前のことであり山城国にはない。ただし、京都盆地北側の貴船川源流に貴船《きふね》（気分根）神社がある。神社の奥には貴船山（標高六九九・八ｍ）がある。

本宮の祭神は高龗神《たかおかみのかみ》である。中宮《なかとみや》は磐長姫命《いわながひめのみこと》、奥宮では闇龗神《くらおかみのかみ》を祭神とする。元は奥宮に本宮がおかれていた。また、高龗神と闇龗神は同一の神と考えられている。

『日本書紀』一書（第七）には、「伊奘諾尊が剣を抜き、軻遇突智《かぐつち》（火の神）を斬って、三つに絶たれた。その一つは雷の神、一つは大山祇神《おおやまつみ》、一つは高龗となった」とある。

朝廷は、炎旱《えんかん》（干ばつによる災害）のさいには黒馬を、霖雨《ながあめ》のさいは白馬または赤馬を高龗神に献じて、雨乞い・雨止みを祈願した（図17―1、2）。

貴船神社の社伝では、神武天皇の母であり、海神の綿津見大神の娘である玉依姫命が、黄色い船に乗って

図17-1　貴船神社の黒馬と白馬　「貴船神社要誌」によると、「嵯峨天皇弘仁9年（819）以後、歴代天皇はしばしば勅使を派遣して、炎旱《ひでり》の時には黒馬を、霖雨《ながあめ》の時には白馬を献じて雨乞い・雨止みを祈願した」とある。

図17-2　貴船神社の参道（上）と奥の院（下）　水は気象のシンボルで、龗（おかみ＝水神）は降雨と止雨を司る。（筆者撮影）

淀川・鴨川・貴船川をさかのぼって到来し、水神を祀ったのが最初である。貴船は「黄船」に由来し、奥宮境内にある「御船型石」は玉依姫命が乗ってきた黄色の船が石で覆われたものとされている（図17―2下図左）。

水分神は豊穣の元となる水をもたらすかけがえのない存在であったが、水不足や氾濫・洪水にさいしては、水がもたらされるよう、あるいは洪水を緩和してもらえるよう、人びとは鎮魂の祈りを捧げた。水神は水をめぐる恩恵と災禍の両方を差配する存在と人びとは考えた。現に貴船神社では祈（止）雨儀礼が奈良県吉野郡東吉野村丹生川上神社に次いで多くおこなわれた（岡田　一九九三）。

山口神と山

『延喜式』祝詞には、水分神とともに山口《やまぐち》神、御県《みあがた》神が記載されている。まずここで山口神に注目した。祝詞には、「山口に坐す皇神等の前に白さく、飛鳥・石村《いわれ》・忍坂《おさか》・長谷《はつせ》・畝火《うねび》・耳無《みみなし》と御名は白して、遠山近山《とおやまちかやま》に生ひ立てる大木小木《おおきおぎ》を、本末打切りて持ち参来て、皇御孫命の瑞の御舎《みあらか》仕へ奉りて、天御蔭《あまのみかげ》・日《ひの》御蔭《みかげ》と隠れ坐して、四方《よも》の国を安国と平けく知食《しろし》すが故に、皇御孫命の宇豆《うず》の幣帛《みてぐら》を、称辞竟《となえごとあ》へ奉らくと宣《のたま》う。」つまり、以下のような内容となる。

山口に鎮まります皇神などの前にて申すことは、飛鳥・石寸《いはれ》（古地名は磐余《いはれ》）・忍坂《おしさか》・長谷・畝火・耳成と御名は申してお祀り申し上げます所以は、遠近の山やまに生育している大小の木材を、根本と末とを切って中程の部分を持ち来しまして、それを材として皇御孫命の瑞々《みずみず》しい宮殿を造営し参らせて……

山口神社は皇居舎殿造営のための用材を伐り出す山の麓に坐す神がみを祀る神社を指した。山口神は山麓に鎮座し、山の林産物を集積する場であり、水を平野に勢いよく送り出す場でもある。水分神が下流におけ

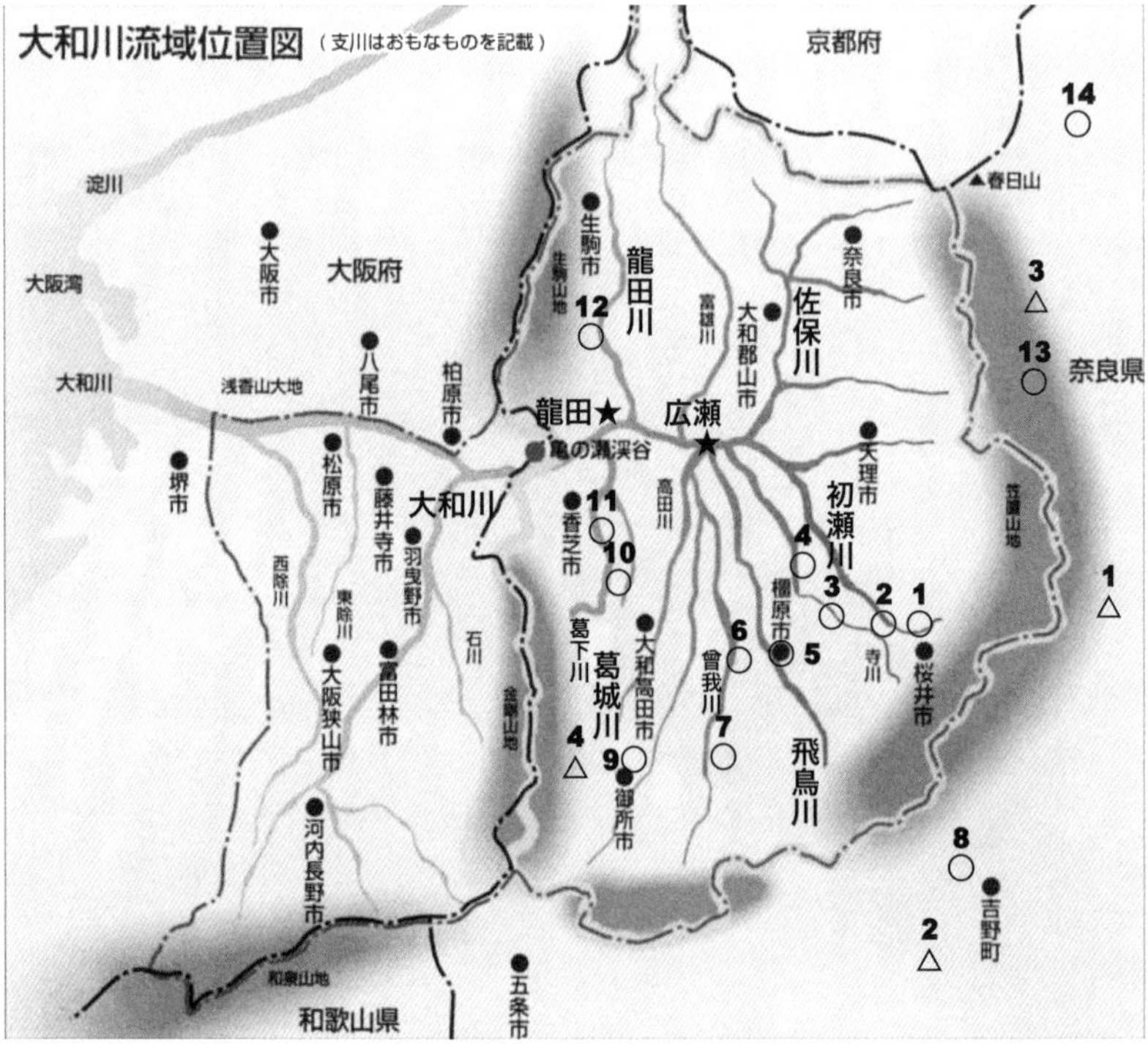

	山口（○）		水分（△）
1	長谷山口	1	宇太水分
2	忍坂山口	2	吉野水分
3	石村山口	3	都祁水分
4	耳成山口	4	葛木水分
5	飛鳥山口		
6	畝傍山口		
7	巨勢山口		
8	吉野山口		
9	鴨山口		
10	当麻山口		
11	大坂山口		
12	伊古麻山口		
13	都祁山口		
14	夜伎布山口		

図18　大和における山口と
水分（山口2008）を元に筆者作図

る農耕に不可欠の水を差配することとあわせて、政治に取っても重要な祭神である（大石　二〇〇九）。
第1章でもふれた『広瀬《ひろせ》大忌祭《おおいみのまつり》』祝詞には、以下のようにある。

「倭の国の六つの御県の山の口に坐す皇神等の前にも、（略）かく奉らば、皇神等の敷き坐す山々の口より、さくなだりに下し賜ふ水を、甘き水と受けて、天の下の公民《おおみたから》の取り作れる奥つ御歳を、悪しき風・荒き水に相はせ賜はず、（以下略）」

簡約すると、以下のとおりである。大和の国の方々にある山口に坐す神がみなどの前にて、山口から勢いよく流れ出る（さくなだり）水は豊穣をもたらす「甘い水」として受け止め、悪い風や荒ぶる河川を制御することで、天下公民の栽培した稲を奉る。広瀬の大忌祭は、龍田神社の風神祭とともに豊作を祈願し、神に感謝を捧げる国家的な祭祀であった（本澤　二〇〇九）。広瀬は葛城川・飛鳥川・寺川・初瀬川などが合流して大和川となる、山地と平野の境界である「山口」に位置する。おなじような地形にある奈良市の大柳生宮《おおやぎゅうみや》ノ前《のまえ》遺跡（五〜六世紀）からは木製刀・須恵器・土師器・木槽（水をためる浄化装置）が出土した。この遺跡は夜伎布《やぎゅう》山口《やまぐち》神社に隣接しており、ここで古代に祭祀がおこなわれたことは間違いない（笹生　二〇一六）。

大和国には、夜伎布《やぎゅう》山口（木津川支流の白砂川）をはじめ、巨勢《こせ》山口神・賀茂《かも》山口神・当麻《とうま》山口神・大坂《おおさか》山口神・胆駒《いこま》山口神・石村《いわれ》山口神・耳成《みみなし》山口神・都祁山口神・長谷山口神・忍坂山口神・飛鳥山口神・畝火山口神・吉野山口神など多くの山口神が祀られている（山口　二〇〇八）（図18）。水分神を祀る神社で著名な越前の白山、伯耆大山については第5章で扱う。

御《み》縣《あがた》神社と五穀豊穣

祝詞でもう一つ祈年祭《としごひのまつり》について記載されているのが御縣神社である。御縣社は平野部にあり、水分神社が山の分水嶺にあり、山口社が山と平野部の境界にあるのと対比できる。祝詞には以下のようにある。

「御縣《みあがた》に坐《ま》す皇神《すめがみ》等たちの前《まへ》に白《まを》さく、高市《たけち》・葛木《かづらき》・十市《とをち》・志貴《しき》・山邊《やまのべ》・曾布《そふ》と御名《みな》は白《まを》して、此六《このむつ》の御縣《みあがた》に生出《おひいづ》る甘菜《あまな》・辛菜《からな》を持《も》ち參來《まゐき》て、皇御孫《すめみま》の命《みこと》の長御膳《ながみけ》の遠御膳《とほみけ》と聞《きこ》し食《め》すが故《ゆゑ》に、皇御孫《すめみま》の命《みこと》の宇豆《うづ》の幣帛《みてぐら》を、稱辭竟《たたへごとを》へ奉《まつら》くと宣《のたま》ふ。」

簡約すると、以下のようになる。

天皇の直轄御料地におられる神がみを前にして申し上げたい。高市《たけち》・葛木《かづらき》・十市《とおち》・志貴《しき》・山辺《やまのべ》・曾布《そふ》と申す直轄の御料地に生育する甘菜・辛菜などの蔬菜類を宮中にお持ちして、皇御孫命（天皇）のお召し上がるものの御料とされますので、御縣に坐す皇神の恩頼《みたまのふゆ》、つまり神がみの恩恵へのお礼として、皇御孫命（天皇）から賜った立派な幣帛（捧げもの）を奉り、丁重なお祭をご奉仕申し上げます。

ここでいう甘菜には、芋・菁《カブ》・藷《イモ》・人参・牛蒡・胡瓜・茄子・蓮根・白菜・野老《トコロ》・南瓜などが含まれる。一方、辛菜には、大根・大蒜《にんにく》・山葵《わさび》・生薑《しょうが》・芹《せり》などが含まれる。なお、仏教界では禁葷食《きんくんしょく》に、大蒜《ニンニク》、玉葱《タマネギ》、葱《ネギ》、小蒜《ラッキョウ》、茖 葱《ギョウジャニンニク》、慈葱《エシャロット》、蘭葱《ニラ》、興渠《アギ》などが含まれる。いずれも匂いの強い苦み成分のあるもので、アギ（セリ科）のほかはネギ科ネギ属の野菜である。天皇に捧げる辛菜の一部と重なる。なお、上賀茂神社では大蒜が賀茂祭（葵祭）のさいに神饌とされている。

霊峰と祖霊

火や水への神観は自然環境条件に根差したものである。しかし、死んだ人の靈が山に向かうとする観念は、火・水とは異なり死霊の山中他界観を指す。山中他界観との結びつきが明確な山としては、恐山・月山・相模大山・立山・白山・高野山・妙法山（那智）・朝熊《あさま》ケ岳《がだけ》（伊勢）などが知られている。これらについての詳細は第5章で取り上げる。

縄文・弥生時代の人びとの山中他界観を探るうえで、環状土坑墓が参考になる。岩手県西田遺跡（紫波《しわ》町《ちょう》・縄文中期）の発掘では、環状土坑墓の中央部に一四体、周囲に一七四体が埋葬され、中央部から人骨は検出されていないが、遺体は中心部に頭部を向け、周囲の人骨は足を中心部に向けて埋葬されたと考えられている。遺体を中心部に収斂させた埋葬が天、山、地下のいずれを他界先としたのかは不明であるが、中心部の意味は今後ともに精査を要する。

つづく弥生時代は別として、古墳時代の他界観については、地域はたいへん異なる様相については、和田晴吾の近畿地方における研究に注目すべきだろう（和田　二〇〇九、二〇一四）。和田によると、古墳へは船で死者の霊を運ぶ。古墳の副葬品は死者が到達する世界を擬するものである。船型・家型の埴輪がその証左であり、二〇〇六年に奈良県巣山《すやま》古墳の周壕から実物の準構造船の船体が見つかった。朱で塗られ、船首の波よけ板には円紋・直弧文が刻まれている。この船で死者を古墳へと運んだとされている。また、奈良県天理市の東殿塚《ひがしとのづか》古墳（前方後円墳）から出土した鰭付楕円筒埴輪には、ヘラ描きで三艘の船が線刻されている。船はゴンドラ型で七本の櫂と大型の操舵櫂がある。船上には家、幟や吹き流しがある（図19）。三艘のうちの二艘には鳥が描かれ、そのうちの一羽はおそらくニワトリで船首にいる。中国の神仙思想では死者の霊魂は崑《こん》

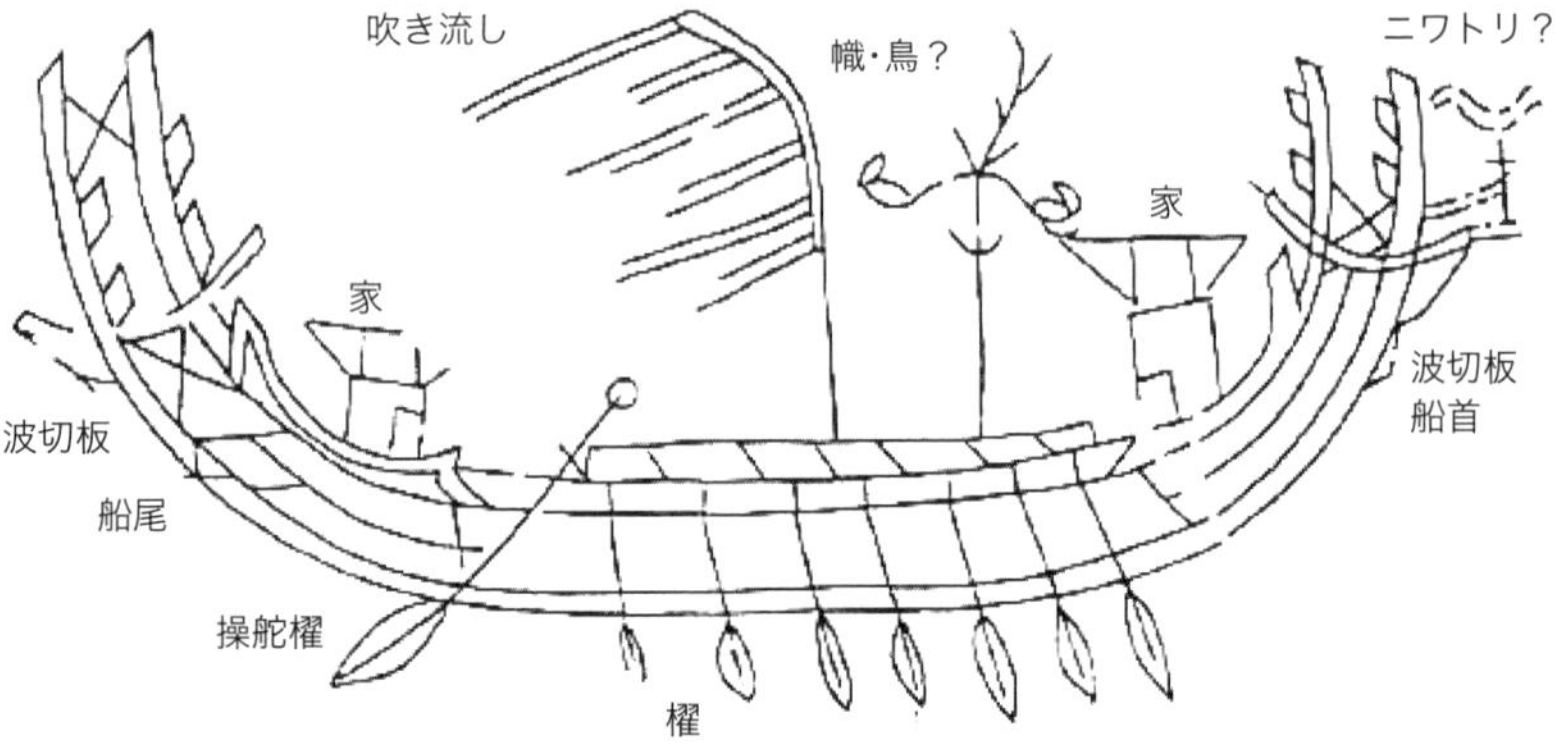

図19　巣山古墳出土の鰭付き円筒埴輪に線刻されたゴンドラ型の準構造船

崙《ろん》山や海上の蓬莱《ほうらい》山に至るとされているが、古墳の場合、明確な他界がどこか判然としない。古墳の墳丘部自体が小山であり、死者の霊魂はここから天界に他界するとされていたのであろうか。

　飛鳥・奈良時代になると、山中他界観はより明確に見出すことができる。黄泉国《よもつくに》は地下にある、つまり死者は地下他界するとの考えがあるが、『記・紀』では、火之迦具土神《ひのかぐつちのかみ》（火の神）を産んで他界した伊耶那美神を黄泉国まで追いかけた伊耶那岐神は殯《もがり》となった妻の変わり果てた姿を見て逃げかえる。そのさいの下りに「逃來猶追到黄泉比良坂之坂本時」、つまり、「逃げ来るを、猶ほ追ひて、黄泉比良坂の坂本に至りし時とある」。伊耶那岐神は比良坂の坂本にあった桃子《もものみ》を三個投げて相手を追い払い地上に戻る。「比良坂之坂本」の記載から、黄泉国は地下ではなく山上ないし山の彼方と考えられる（大東　二〇一二）。

　『万葉集』にも、山を墓場とする例がある。たとえば、二上山《にじょうさん》（奈良県葛城市と大阪府南河内郡太子町）は北方の雄岳（五一七ｍ）と南方の雌岳（四七四ｍ）からなる双耳峰である。後期旧石器時代から遺物が出土しており、石器として広範囲に利用されたサヌカイトを産することで知られる。古代の七〜八世紀には公葬地であり、多くの墓地がある。ここに天武天皇の崩御後、謀反の罪で死んだ大津皇子《おおつのみこ》の亡骸が移葬された（菊地　二〇〇九）。皇子の姉である大来皇女《おおくのひめみこ》は弟の死を悲しんで二首の挽歌を残した。そのうちの一首は「うつそみの人にあるわれや　明日よりは二上山を弟世《いろせ》とわが見む」（『万葉集』巻2挽歌部　一六五）。歌の意味は、「この世に生きる人である私は、明日からは（弟を葬った）二上山を弟と思って見ることにしましょう」。弟の眠る二上山への想いが伝わり、単なる葬地ではないとの思いをいだく。

仏教伝来後、山上他界の思想は歴史的に大きく変容した。とくに修験道では、険しい山岳を死の世界と捉え、厳しい修行を経て現世に戻ることができれば常人を超えた力を獲得できるとする信仰があった。この考えは、仏教で生きながら悟りを感得する即身成仏に通底するものであった。

祖霊と他界

人間は死後、その霊魂が山に向かうとする観念は葬制とのかかわりで精査を要する。死後の死体処理は、単純葬と複葬に分けることができる。また、葬法には埋葬・樹上葬・風葬（崖葬墓《がいそうぼ》）・火葬・台上葬・水葬・鳥葬などがある。さまざまな葬法により、遺骨が最初の場から異なった場所に移されて安置される場合が複葬である。日本の古代には死者を埋葬する前に棺に入れて安置し、別れを惜しみ、死者の霊魂を慰める殯《もがり》の習俗があった。殯は半年から一年に及ぶこともあったが、のちに短縮化され、やがて殯の習俗もおこなわれなくなる（和田　一九九五、三上　二〇〇五）。

殯は日本だけではなく、東南アジア・オセアニアにもある。棚瀬襄爾は東南アジア・オセアニアにおける葬制や他界観念を民族誌の事例から分析し、霊魂が遠くの島や山に他界する例を報告している（棚瀬　一九六六）。

他界観には山上他界、天上他界、地下他界、海上他界などの観念があり、それぞれ異なった葬法がおこなわれる傾向もある。民族学者の大林太良は、琉球諸島にさまざまな葬制のあることを踏まえ、トゥール墓(洞窟葬)は一次葬ではなく、二次葬としておこなわれ、風葬は一次葬であることを看破している(大林 一九九七)。徳之島ではトゥール墓を二次葬とする実例もある(高野 一九九八、二〇〇二)。重要な点は、墓場のすぐ近くに聖所がある事例で、南九州の薩摩半島では「モイドン」と呼ばれる場所が祖霊祭祀の場であり、墓地とおなじか近接した場所にある。距離でみると、一〇〇m以上離れている例がもっとも多いという(小野 一九九二)。奄美諸島では、風葬墓から洗骨をともなう石塔墓への移行と火葬を前提にした納骨棺付きの墓へと移行する。風葬を否定しながら、その記憶を納骨棺にみいだせるとの指摘がある(稲村 二〇〇八)。

沖縄の渡名喜島には、祖霊ではないが山に霊的な存在が充満しているとする民俗観念がある。山に入った人を出産後の新生児がいる家に入れないよう、縄を張る慣行があった。山には「魔物の子犬」がいて、山に入った人の後を追って、産児を食べにくるとして恐れられた(加藤 二〇二〇)。

以上、山岳信仰の三つの基層を考える指標として火・水・祖霊について検討してきた。火山の火は人間にとりネガティブな意味(恐怖と畏敬)をもたらすが、水は豊穣の元となるポジティブな意味(感謝と恩恵)をもつ。ただし、水が過小ないし過剰であるさいは一時的にせよ干害や洪水をもたらすわけで、ネガティブな意味も帯びる。しかも、火と水はたがいに相殺する関係にある。山に祖霊の行き場を考える発想は、火や水とは異なり、現世とあの世をつなぐ接点となる場を山に見出したものである。

神や霊的な存在が山にあるとする背景には、火、水、祖霊の三要素があることは明らかだろう。ただし、これら三つが山ごとにバラバラに存在するのではないし、水と火、水と祖霊、祖霊と火とが信仰の契機となることもある。時代的・歴史的な変化もあるので、この問題は事例に即して述べていきたい。

3　神奈備と磐座

世界には、山や自然に神（超自然的存在）が宿る（坐す）とみなす観念が広く存在する。日本では、神や霊が宿る山体はふつう「神体山」と呼ばれる。民俗例を踏まえれば、山全体ではなく山体にある大きな磐（岩）、大樹、森、滝、川の淵、峠などが「聖なる場所」とされることもある。

その場合、神が「降臨する」場として神奈備《かんなび》、神籬《ひもろぎ》と磐座《いわくら》・磐境《いわさか》が設定されてきた。「ひもろぎ」の「ひ」は、かむなおひ（神直日）、たかみむすひ（高皇産霊尊）、かむむすひ（神皇産霊尊）、やそまがつひ（八十枉津日神）、まがつひ（枉津日神）などのように神霊を、「もろ」は「あもる」すなわち「降臨」、「き」は「木」を表すとされている。

山岳信仰に即していえば、定説として神奈備型の霊山と浅間型霊山が区別されている（大場 一九七〇）。神奈備型の霊山は里の集落に隣接する小山や丘陵でこんもりとした森林におおわれている。一方の浅間型の霊山は高くそびえた峰で、その代表例が富士山や阿蘇山である。

前者の山やまについて分布を調べた研究では、全国で六〇の神奈備山について七二ケ所の神社・祭祀遺跡を調べた結果、二六ケ所（三六％）は近畿地方にあり、古代の朝廷のあったことが反映されている。祭祀遺跡と神社の立地を山地との関連で類別化し、山頂・山腹・山麓・谷筋・平地に区分すると、神社は山麓（三四）・平地（一六）で多く（四〇／五二）、祭祀遺跡は平地（一一／二〇）で、山麓と平地に多いことがわかった

（表2）。しかも平地から見た神奈備山は仰角一四度、山麓からは一〇～三〇度であった（笹谷・遠藤・小柳　一九八七）。

表2　全国の神奈備山と神社の地形による分布（笹谷・遠藤・小柳　1987）による

位置	神社	祭祀遺跡	合計
山頂	3	0	3
山腹	5	3	8
平地山麓	24	6	30
谷側山麓	4	0	4
平地	16	11	27
合計	52	20	72

神奈備についてその意味を理解しておこう。『延喜式』祝詞のなかの「出雲国造神賀詞《いずものくにのみやつこのかんよごと》」には、以下のようにある。

「乃ち大穴持命の申し給はく、皇御孫命の静り坐さむ大倭国と申して、己命の和魂を八咫鏡に取り託けて、倭大物主櫛𤭖玉命と名を称へて、大御和の神奈備に坐せ、己命の御子阿遅須伎高孫根命の御魂を葛木の鴨の神奈備に坐せ、事代主命の御魂を宇奈提に坐せ、賀夜奈流美命の御魂を飛鳥の神奈備に坐せて、皇御孫命の近き守神と貢り置きて、八百丹杵築宮に静り坐しき。」

簡約すると以下の通りとなる。

大穴持命《おおなむちのみこと》（大国主命）が申し上げられるところ、皇御孫命《すめみまのみこと》（天照大神の子孫である天皇）がお鎮まりになられたのは大倭国《やまとのくに》と申し、御自分の和魂《にきたま》を八咫鏡《やたのかがみ》に取り憑かせ、倭国の大物主である櫛𤭖玉命（倭大物主櫛𤭖玉命：やまとおおものぬしくしみかたまのみこと）と御名を唱えて、大御和《おおみわ》の神奈備に鎮め坐させ、御自分の御子である阿遅須伎高孫根命《あぢすかたかひこねのみこと》の御魂を葛木の鴨の神奈備に鎮座せしめ、事代主命《ことしろぬしのみこと》の御魂を宇奈提《うなせ》（雲梯）に坐させ、賀夜奈流美命《かやなるみのみこと》の御魂を飛鳥の神奈備に鎮座せしめて、皇御孫命の親近の守護神として貢ぐように配置し、大穴持命自らは八百丹杵築宮《やおにきづきのみや》（のちの出雲大社）に御鎮座された。

神がみの御魂がそれぞれの地の神奈備に「坐《ま》せ、坐しき」とある。本来、神は降臨し、祭祀が終わると去るものではなく、常在するものと考えられていたことがわかる。では、実態はどうなっているのかについて、三輪神社、『風土記』、上賀茂神社、宇佐神宮、厳島神社、沖ノ島などの例を元に考えてみよう。

三輪山と大神《おおみわ》神社

三輪山はこれまで考古学・歴史学を含めて多くの研究蓄積のある稀有な山である。三輪山（御諸山《みもろやま》）（奈良県桜井市）は大物主神《おおものぬしのかみ》が鎮座する神体山である（標高四六七ｍ）。主祭神の大物主神には、時代とともに蛇神、雷神、水神など農耕と関連する神がみだけでなく、地域の守護神、大和王権の守護神、軍神など、地域だけでなく王権との関連を示す神格が与えられた。しかし、のちに祟りの神とされるようになり、三輪山の祭祀は大きく変容する（和田　一九八五、一九八八ａ）。

三輪山と大神神社との関係では、「神霊が祭祀のたびに憑来する」という民俗学者の折口信夫の依《よ》り代《しろ》（憑代）論に依拠した神観（神への観念体系）が基盤にあるとされてきた。

しかし、これは日本の神がみを仏教に取り込む（勧請《かんじょう》）動きを経て、一〇～一一世紀以降の後世に生み出されたとして、それ以前の古代には適用できないとする説が考古学の笹生衛により提起されている（笹生　二〇一二、二〇一六）。一〇～一一世紀以降に、仏教が仏菩薩を本地（本物）とし、日本古来の神がみをその垂《すい》迹《じゃく》（仮の姿）として勧請する習合思想が隆盛する。そうした神観念がのちに折口信夫に大きな影響を与えたと笹生は考えている。とりわけ、神の依《よ》り代《しろ》論がそうだ（折口　一九一五ａ、一九一五ｂ）。この指摘の一部は、岡田荘司も中世の神道について指摘している（岡田　二〇二〇）。つまり、折口の古代神観念は、一二世紀以降に仏教の組織的な教学の影響下に成立した中世神道の延長線上に構築されているものと考えられる（笹生二〇二一年三月二一日・私信）。

折口は、「国文学の発生」のなかで「まれびと」を取り上げ、不意にやってくる「客」を歓待する日本古来の習慣に言及し、「まれびととは何か。神である。時を定めて来り臨む大神である。（大空から）或は海のあなたから、ある村に限つて富みと年齢《ヨハヒ》とその他若干の幸福とを齎して来るものと、その村々の人々が信じてゐた神の事なのである。」と述べている。そして、「柳田国男先生の常に説かれる水平線の彼方を空とし、海から来る神をも天上から降つたものと見るとせられるのと反対に、海のあなたの存在の考へが、雲居の方、即天つ空の地を想定する事になつたと思ふ。」と述懐している（折口　二〇一五）。

折口は「大嘗祭の本義」のなかでも、序章で取り上げた青葉山について、「青葉《あおば》の山は、尊い方をお迎えする時の御殿に當るもので、恐らく大嘗祭の青葉の垣と、関係あるものであろう。かの大嘗祭の垣に、椎の若葉を挿すのも、神迎への様式であろう。此、青葉の垣は、北野の斎場では、標の山として立てられる。（中略）本来はしめのやまで、神のしめる標《シルシ》の山といふ事である。（中略）此標の山の形のものは、近世まで、祭りの時は引き出す。屋臺とか、山車《ダシ》とか、お船とかいふようなものは、此の標の山の名残りの形と見る事が出来る。松本の青山様も、此様式のものであらう。」（折口　一九七二）。松本の青山様は、長野県松本市で夏におこなわれる男の子だけの祭りで、神輿に青い松を青い山のようにこんもりとかざりつけ、町内を練り歩く。祖霊が青い山に宿るとする民間信仰である。折口の考えでは、民俗学的な思想がカミ観念に通底しているとされている。

三輪山の磐座がすべておなじ神にたいする祭祀の対象とされたのか。先述した「出雲国造神賀詞」には、大穴持命の和魂（穏やかな神霊の働き）の御神体が八咫鏡《やたのかがみ》（三種の神器のひとつ）として大御和《おおみわ》の神奈備に坐したとあり、この八咫鏡を祀る「宝殿」が『記・紀』時代の八世紀以降、三輪山・大神神社における祭祀の中心であったとされる。

三輪山・大神神社における多くの磐座・磐境についてはどうか。三輪山では、戦前に考古学者の樋口清之が三輪山の山頂部の奥津磐座《おきついわくら》、三〇〇～四〇〇mの山腹にある中津磐座《なかついわくら》、山麓部の辺津磐座《へついわくら》の巨石群を区別して命名している。

『日本書紀』神代下巻二には、高皇産霊尊《たかむすびのみこと》が「吾は則ち天津神籬《あまつひもろぎ》及天津磐境《あまついわさか》を起樹《おこした》て、當《まさ》に吾孫《すめみま》の為に斎ひ奉らむ」とある。三輪山の神籬と磐境は高皇産霊尊により鎮座された神の場とされた神話を示す。じっさい、この場を三輪山の山ノ神祭祀遺跡に比定する考えがある（大場　一九四二）。

山ノ神祭祀遺跡は岩陰遺跡で、三輪山境内の狭井《さい》神社上方にあり、巨石の磐座（一・八m×一・三m）を中心に数個の大きな石よりなる。注目すべきは、この遺跡から銅鏡、硬玉製勾玉《まがたま》、滑石製勾玉、臼玉《うすだま》、管玉《くだたま》、双孔円板《そうこうえんばん》、子持《こもち》勾玉などの玉類とともに、土製の臼、杵、匏《ふくべ》、柄杓、匙、箕、案《あん》（物をのせる台）などの模造品が出土した。一連の土製模造品は『延喜式』との比較から、古代酒造用仮器と考えられている。大神神社の三祭神のうち、大物主神は酒神、少彦名命《すくなひこなのみこと》も醸造で知られる神であり、大己貴神《おおなむちのかみ》は大物主神とおなじである。長屋王の歌に、「味酒《うまさけ》三輪の祝《はふり》の山照らす秋の黄葉《もみち》の散らまく惜しも　巻八（一五一七）」とあり、味酒三輪社にふさわしい。なお、神酒《みわ》と三輪は同音の語である（佐々木　一九七五）。

三輪山と周辺環境の宗教

三輪山の山麓部を北西部の纏向《まきむく》、西部の三輪、南部の初瀬に分けてみると、四世紀後半から七世紀後半にかけての三〇〇年間におよそ四期に分けて祭祀場と随伴する遺物などが変遷してきた（寺沢　一九八八）。三輪地区の三輪・金屋遺跡は縄文後期から弥生時代全般にあった遺跡で、芝遺跡も弥生中期以降の遺跡であるが、纏向や初瀬には顕著な弥生遺跡はない。いずれの弥生時代の遺跡からも三輪山の祭祀に関連した遺物は検出されていない。

古墳時代になると巨大な纏向遺跡（一㎞²）が出現し、その規模も弥生時代の唐古・鍵遺跡の四〇〇倍にも相当する。纏向遺跡の周辺には箸墓《はしはか》古墳を含む六基の纏向型前方後円墳がある。このうち、箸墓古墳の墳丘長は二七八ｍあり、他の五基が一〇〇ｍ前後であるのにたいして格段に大きい特徴がある。纏向遺跡内に運河と思われる大型の溝や南関東から西の瀬戸内までに及ぶ地域から搬入された土器群も見つかっている。大型の掘立柱建築物址の存在は何らかの祭祀や政《まつりごと》がおこなわれた証左とされている。前方後円墳は三輪山南部でも、初瀬に桜井茶臼山古墳がある。この古墳も古墳時代前期に属し、ヒスイの勾玉、ガラス製の管玉、小玉などの首飾り、鉄刀・鉄剣・銅鏃などの武器類、碧玉《へきぎょく》製の腕飾類、玉杖《ぎょくじょう》が出土している。

古墳時代、纏向の人びとにとって三輪地区には自らのムラでおこなう祭祀とは異なる性格をもつ祭祀場があるとみなされていた。五世紀後半以降、三輪神社の祭祀は初瀬川の上流に位置する狭井《さい》川と大宮川にはさまれた扇状地から三輪山の山腹にかけての領域に集中するようになる。そして、七世紀初頭からは三輪山の「禁足地」に収斂する。その遺構として、禁足地内にある東西二七ｍ、南北一八ｍの石垣で囲んだ土檀が祭祀場として使われた可能性があると指摘されている。三輪山が古代における祭祀のシンボルとされたことは明らかであり、山麓部における多様な祭祀遺跡や古墳の存在がそのことを物語っている。

『風土記』の神奈備

古代の『風土記』は奈良時代に全国各地における山野河海の地誌や文物を編纂した地理書であるが、現在は『出雲国風土記』をはじめ、『播磨国風土記』、『肥前国風土記』、『常陸国風土記』、『豊後国風土記』などが残されている。あと、「風土記の逸文」など一部の史料がある。『風土記』のなかの「神奈備」について、『出雲国風土記』と『播磨国風土記』の例を示そう。

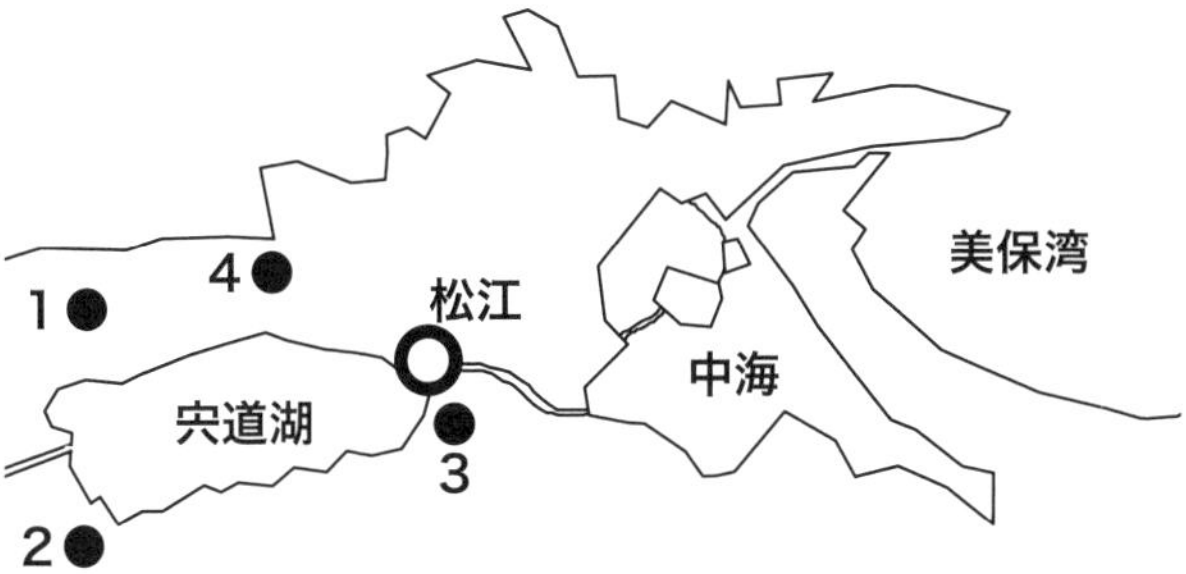

図20　島根半島部における神奈備山
1．楯縫神名桶山（大船山）、2．出雲神名火山（仏経山）、
3．意宇神奈備野（茶臼山）、4．秋鹿神名火山（朝日山）

『出雲国風土記』には、出雲大社と宍道湖北側周辺に四つの神奈備山が記載されている。それらは、朝日山《あさひやま》（神名火山、標高三四四m）、大船山《おおぶねさん》（神名樋山、標高三二七・二m）、仏経山《ぶっきょうざん》（神名火山、標高三六六m）、茶臼山《ちゃうすやま》（神名備野《かんなびぬ》、標高一七一・四m）の四座である。これらの四座は宍道湖の周囲四方位（北東、南東、南西、北西）にあり、宍道湖を取り囲むように立地している（図20）。

なお、朝日山にある朝日寺はのちの時代、真言宗の霊場とされ、奈良時代の神亀《じんき》年間（七二四～七二九年）、行基が十一面観音菩薩を安置したとされている。茶臼山は形状が抹茶を挽くさいの茶臼に形状が似ているからそう名付けられたとされ、同名の山は全国に二〇〇ケ所以上もある。ただし、茶臼の伝来以前の名称は別にあることや、全国の茶臼山が出雲とおなじ小山で神奈備山とされたわけではない。

『出雲国風土記』に記載された山やまの標高は徒歩で計算されたとされており、実測値とくらべて山の高さは正確ではないことがたしかめられている（吉田　二〇一六）。一方、宍道湖北岸から北に位置する朝日山《あさひやま》、経塚山《きょうづかやま》、本宮山《ほんぐうさん》、十膳山《じゅうぜんやま》に至る実測距離は『出雲国風土記』における記載とよく合致することが確認されている（吉田　二〇一八）。

『出雲国風土記』にみえる神奈備山が注目されるのは、朝日山、仏経山周辺の弥生時代の遺跡から大量の銅鐸・銅剣・銅鉾が出土したことである。昭和五九〜六〇年（一九八四〜八五）の神庭荒神谷《かんばこうじんだに》遺跡の発掘で銅剣三五八本、銅鐸六口、銅矛一六本が出土し、国内最大級の発掘成果となった。神庭荒神谷遺跡は仏経山に対応する。朝日山北側の谷筋にある志谷奥《したにおく》遺跡からも昭和四八年（一九七三）、銅鐸二口と銅剣六本が出土している。銅鐸については、平成八年（一九九六）、加茂岩倉遺跡（雲南市加茂町）の銅鐸埋納坑からは三九口の銅鐸が出土している。数からも大岩山遺跡（滋賀県野洲町）出土の二四口を上回る国内最大の出土となった。加茂岩倉遺跡も仏経山に対応した遺跡である。この遺跡北の山中にある矢櫃神社跡（神社は東谷八幡宮に合祀）周辺に「加茂の大石」がある。加茂岩倉の岩倉は磐座に由来するとされている。

『播磨国風土記』には神前山《かむさきやま》の記載がある（兵庫県神崎郡福崎町）。大己貴神《おおなむちのかみ》（大国主命）を祭神とする播磨一宮の伊和神社（宍粟《しそう》郡宍粟市）に鎮座する神の御子である建石敷命《たけいわしきのみこと》がこの山に降臨した。そこには大きな岩がある。麓には二之宮神社がある。神が降りた場所の神前山（標高三三〇m）は、神前（神崎）郡の名の元になったとされている。

賀茂社と神山

京都の上賀茂神社に伝わる神位（神の居場所）が山であるとする記載は『記・紀』にない。『山城国風土記』逸文には、おおよそ以下のような内容の記載がある。

賀茂建角身命《かもたけつのみのみこと》の子である玉依姫命《たまよりひめのみこと》が川を流れてきた朱塗りの矢を持ち帰り枕元に置いて寝た。翌朝、玉依姫命は懐妊する。（この矢はもともと、乙訓坐火雷神《おとくににますほのいかつちのかみ》社の祭神である。ここで「坐」とあり、降臨したのではないことに注意。筆者註）。生まれた御子が成人した祝いの宴席に集まった神がみから、父上と思われる神に盃を授けよと問われるやいなや、雷鳴とともに天上に昇る。その後、再び会いたい思いをもった祖父の賀茂建角身命と母親の玉依姫命に、「葵と桂を飾って我を待て」と告げられる。そして、この神は神山《こうやま》（標高三〇一・二m）に降臨する（上賀茂神社北北西二km）（図21）。

神山に神が宿るとする神話がこうして生まれた。その神が賀茂別雷大神《かもわけいかづちのおおかみ》、つまり上賀茂神社の祭神である。神山の山頂には石を組んだ場所があり、祭祀遺跡とおもわれる。また、神山の麓には山を遥拝したとおもわれる祠がある。神山に降臨した賀茂別雷大神は、祭祀がおこなわれた神山から麓へ、さらに現在の境内にある細殿まで移された。細殿の前にある二基の立砂《たてずな》は神山を表す神の「依り代」、神籬《ひもろぎ》である（図22）。

この話で登場する賀茂建角身命《かもたけつのみのみこと》は、神武天皇の東征を先導した神であり、八咫烏《ヤタガラス》の化身とされている。また、玉依姫命と賀茂建角身命は、賀茂御祖《かもみおや》神社（現在の下鴨神社）に祀られている主祭神である。京都には賀茂社が二つあるが、賀茂別雷大神神社（上賀茂神社）の創建は天武六年（六七七）、賀茂御祖神社（下鴨神社）は天平勝宝二年（七五〇）の創建であり、創建年代には七三年の時間のズレがある。

図21　上賀茂神社の境内（手前右に本殿）と賀茂別雷神の降臨されたとされる神山（301.2m）（筆者撮影）

図22　上賀茂神社・細殿《ほそどの》前の立砂《たてずな》（筆者撮影）

宇佐神宮と宗像三女神

大分県の宇佐八幡宮から遥拝する対象の御許山《おもとさん》（標高六四七ｍ）九合目に大元《おおもと》神社がある。祭神は比売大神《ひめおおかみ》（多岐津姫命・市杵嶋姫命・多紀理姫命）である。宗像三女神を祭神とする下りが『日本書紀』神代紀第六段第三の一書にある。「即以日神所生三女神者　使隆居于葦原中國之宇佐嶋矣　今　在海北道中　號曰道主貴　此筑紫水沼君等祭神　是也」とある。つまり、「日神が生んだ三柱の女神が、葦原のなかにある国の宇佐嶋に降臨した。いまは北の海路のなかにあって、道主貴《ちぬしのむち》という。これは筑紫の水沼君《みぬまのきみ》が祀る神である」。

日神は天照大神と素戔嗚尊《すさのおのみこと》を指すことはいうまでもない。三柱の宗像三女神は別称が「道主貴《みちぬしのむち》」であり、「貴《むち》」はもっとも高貴な神にたいする尊称である。「貴」は、宗像三女神のほかは、伊勢神宮の大日靈貴《おおひるめのむち》、すなわち天照大神と、出雲大社の大己貴《おおなむち》、つまり大国主命の三神だけに賦与された称号である。

また、宇佐嶋は宇佐神宮奥にある御許山にあたる。『日本書紀』神代紀第六段の本文では、三女神は福岡県宗像地方の東端にある鞍手郡鞍手町の六ツ岳《むつがたけ》（標高三三八・九ｍ）に降臨したとされている。また、第三の「一書」では、宇佐嶋の御許山に降臨され、宗像の島じまに遷座されたとある。ここで、宇佐嶋と嶋の名で呼ばれるのはなぜなのか。豊前海に面するとはいえ、海面上昇期にあたったとはいえない記紀時代に、宇佐の御許山は遠方から島と見えたのだろうか。時代はさかのぼるが、『魏志』東夷伝倭人条には、「倭人在帯方東南大海之中依山島爲國邑」とある。「倭人《わじん》は帯方《たいほう》の東南大海の中に在り、山島に依（よ）りて国邑《こくゆう》を為《な》す」。帯方郡（紀元二〇四～三一三年）の時代、倭人は朝鮮半島南端部を含め、日本列島の住民とされ、「山島」が倭国の特徴とされていることがわかる。個別名として、長崎県北松浦郡、山口県の長門市や阿武郡須佐に現在は無人島の山島があるが、これらはもちろん当てはまらない。

宮島と宗像三女神

瀬戸内海西部にある宮島には厳島（嚴島）神社がある（広島県廿日市市）。平成八年（一九九六）一二月にユネスコの世界遺産に「厳島神社」として登録された。厳島神社の奥宮である御山《みやま》神社は、弥山《みせん》（五三五ｍ）の山頂近くの巨石群の場所にある。祭神は天照大神《あまてらすのおおかみ》の御子である宗像三女神である。

山岳考古学を専門とする時枝務が指摘するように、磐座を祭祀対象とする山岳信仰の誕生は古墳時代以降とされている（時枝　二〇一八）。宮島の場合、海岸部や対岸にある縄文遺跡からは祭祀関連の遺物は検出されていない。弥山の中腹からは古墳時代末～奈良時代の須恵器や土師器、めのう製の勾玉、鉄鏃などが発見されており、祭祀がおこなわれたとされている（妹尾　二〇一二）。なお、弥山の山頂部と厳島神社本殿、瀬戸内海をはさんだ地御前《じごぜん》神社（厳島神社の外宮）は一直線にならんでいる。

宗像三女神と宗像大社

世界遺産となった沖ノ島（最高峰は一ノ岳で、標高二四四m）では、島の南部中腹（七五～八五m）にある二三（A～M）の巨石群と露天から四～一〇世紀にかけての祭祀遺跡（一号～二三号遺跡）と一〇万点にもおよぶ遺物が発見され、すべて国宝とされている。時代とともに遺跡は岩上↓岩陰↓半岩陰・半露天↓露天と変化する（図23）。祭神は多紀理毘売命《たきりびめのみこと》（『古事記』）・田心姫命《たごりひめのみこと》（『日本書紀』）である。

沖ノ島の祭祀遺跡には巨大な岩があり、ここに神が降臨したとする定説がある。だが、祭祀考古学の笹生衛が指摘したように、神籬や磐座を依り代とする神の降臨説は古代にも十分に通用する証拠がないとした。笹生は『日本書紀』一書第三の「海の北の道の中に在す。號けて道主貴と曰す」という記載や『儀式帳』にある「形《かた》、石に坐します」に注目し、沖ノ島の神霊は祭祀の度に巨岩の磐座に降臨するのではなく、島を神として認識し、神は「島に常に居します」としている（笹生　二〇一二、二〇一六）。

玄海灘に浮かぶ沖ノ島は低平な島ではなく急峻な山塊をもっている。『筑前國続風土記』巻十六の宗像郡（上）にある澳津島は、「俗に此島を沖の島と云。」とある。さらに「山上より対馬、朝鮮見ゆ。東の崎より

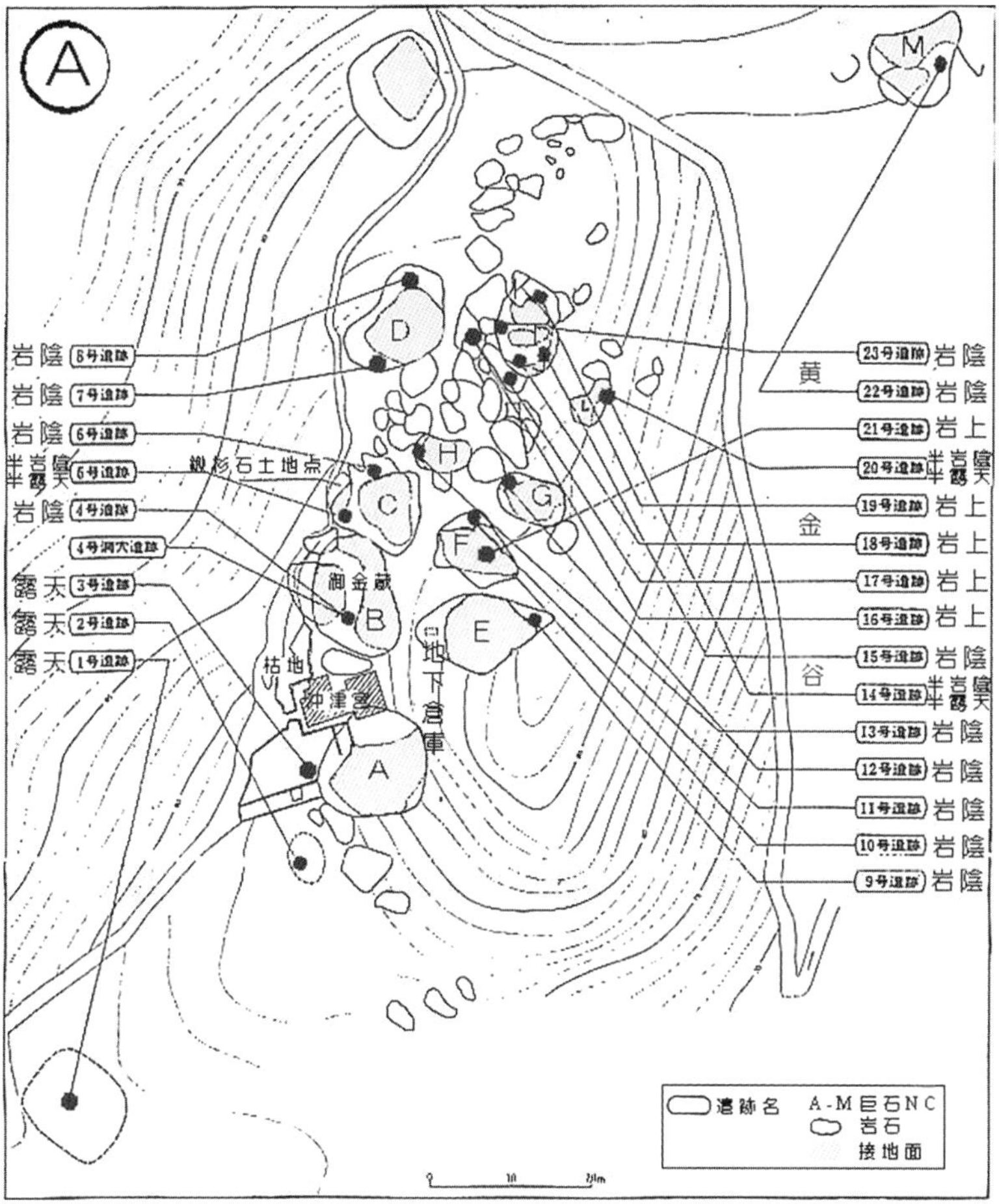

図23　沖ノ島における祭祀遺跡（宗像大社復興期成会 1979）

図24　宗像大社・下高宮祭場（筆者撮影）

は長崎見ゆ。田圃は少もなし。大島、金崎、初浦の漁夫、春夏秋の間来りて漁す。其外他方よりは来り漁することならず。凡此神の威霊をば衆人甚恐る。」

沖ノ島での漁業が大島、金崎（鐘崎）、初浦（のちに除外）による独占的な性格をもっていたことがわかる。

筆者は、島は山と見なされたと考えている。沖ノ島が大陸との交易を含めた航海上の目安となったに相違ない。玄界灘の真ん中にある沖ノ島を「聖なる山」と見なし、そこに神が坐すとする発想が根底にあったのではないか。

宗像大島には御嶽山《みたけさん》（二二四ｍ）の山頂部に祭祀遺跡があり、奈良三彩や滑石製品が出土している。のち、海岸部の高台に中津宮が創建された。ここには多岐都比売命《たぎつひめのみこと》（『古事記』）・湍津姫命《たぎつひめのみこと》（『日本書紀』）が御祭神として鎮座する。

宗像本社の御祭神は市寸島比売命《いちきしまひめのみこと》（『古事記』）・市杵嶋姫命《いちきしまひめのみこと》（『日本書紀』）であるが、他の二神も祀っている。本殿・拝殿奥の宗像山中腹には下高宮祭祀遺跡がある。下高宮祭場には方形の石組祭壇があるが、これは昭和三〇年（一九五五）に復元されたものである（図24）。

宗像山（約五〇ｍ）山頂には上高宮古墳がある。古墳時代前期の円墳で大きさは径二三ｍある。戦前の一九二六年の発掘で「箱式石棺」とともに変形文鏡、四乳獣文鏡、勾玉、碧玉製管玉、鉄剣や鉄斧などの副葬品が出土している（島田　一九三九）。古墳造成以降に、山頂で祭祀がいとなまれた証拠はない。山頂の古墳は死者を弔うものであるが、ここで新たに祭祀が営まれたことは十分に想定できる。葬祭分離の問題は沖ノ島だけでなく辺津宮でもあったと考えてよい。上高宮には一三世紀に古墳の上部か前面に社殿があった。社殿は西北を向いていたとされる。一六七五年に辺津宮本殿脇の末社に合祀された。なお、近世に上高宮では大宮司の祖先を、下高宮では大宮司の妻を祀るとする伝承がある。また、上高宮祭祀遺跡と宗像大社、大島、沖ノ島も前述の厳島神社の場合と同様一直線上にある。

以上、神奈備と磐座をめぐる諸事例を展望した。神が山や岩に「坐す」とされる例が豊かにあり、日本人にとっての聖山・霊山の意味を考える上で重要な示唆を与えるものであることがわかった。神奈備山や磐座は険しい高山の峰ではなく、里の身近な丘や低い山に相当することを確認しておきたい。

4　「山の神」信仰の民俗

「山の神」論の展開

日本の山岳信仰を論じる上で、「山の神」信仰は重要な意義をもつ。宗教学や民俗学の世界において詳細に研究されてきた山の神信仰は、日本の歴史と民俗のなかで一枚岩的な伝統として説明することはできない。これについては、人文地理学・民族学者である佐々木高明が柳田国男による「死霊の山中他界観」（柳田　一九七七）。と桜井徳太郎による「霊山信仰の山中他界観」（桜井　一九九〇）を区別しつつ、「山の神信仰と日本文化の基層」に関する研究のなかで論じている（佐々木　二〇〇六）。

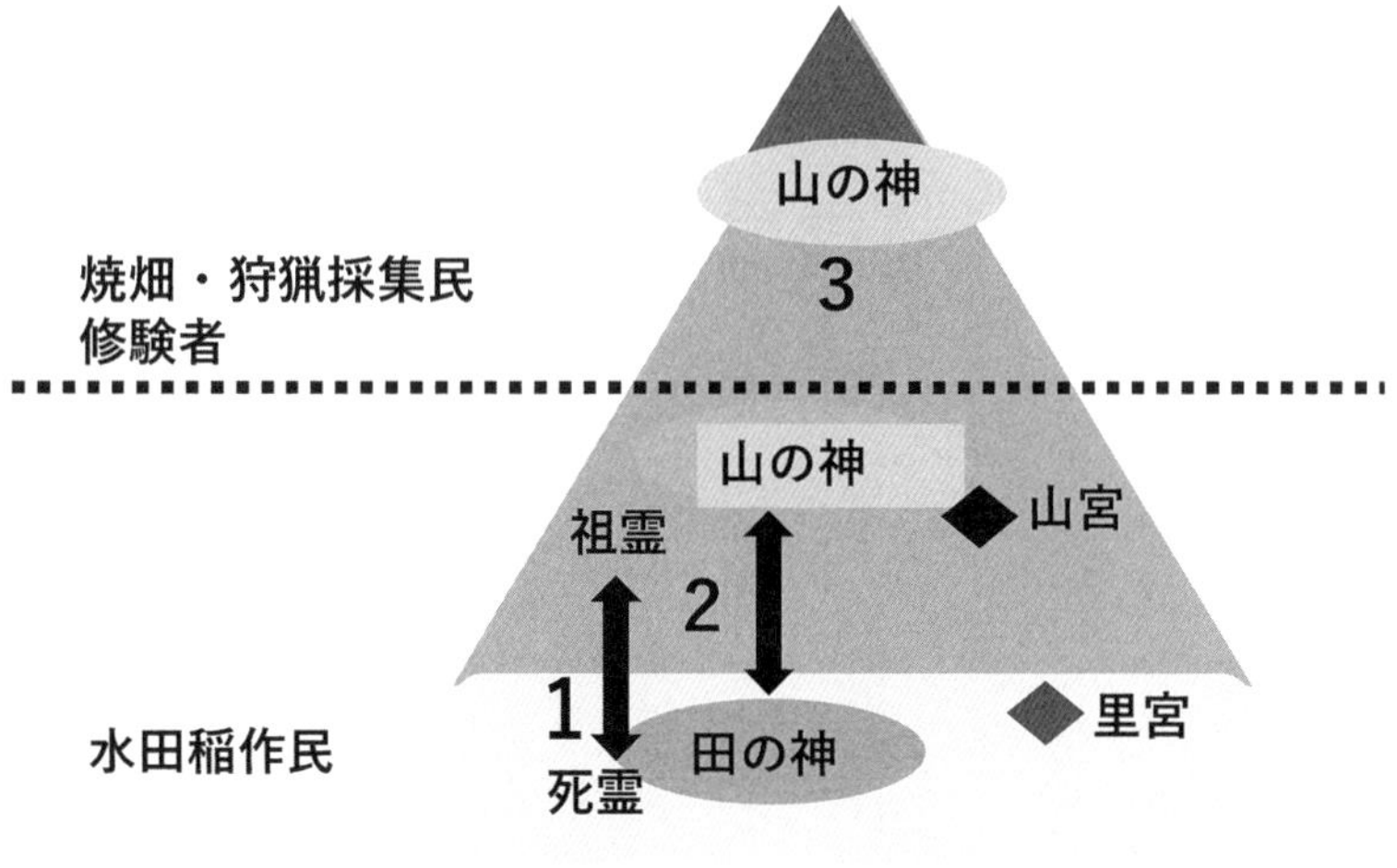

図25　「山の神」と山岳信仰
1 桜井徳太郎（死霊が山に）、2 柳田国男（山の神と田の神の変換）、3 佐々木高明（山民の山の神）の説を示す「山の神」の位置図

柳田は「山宮考」のなかで、山の神は死んだ祖先霊にほかならず、里からほど遠くない山上に他界するとしている。そして、柳田は山の神は春に里に下って田の神となり、秋に山にもどると考えた（柳田　一九四七）。この考えが日本における山の神信仰の定番とされてきた。たしかに、日本には山に住む神が人里に降りてきて田の神になるとする民俗的な観念が広くいきわたっている（図25）。

奥能登（石川県）の珠洲《すず》市、輪島市や鳳珠《ほうす》郡能登町・穴水町でおこなわれる民俗行事「アエノコト」（国の重要無形民俗文化財・ユネスコの世界無形文化遺産）では、秋の収穫後（一二月五日、もとは一一月五日）に、田から家へ田の神を迎えて饗応（＝アエ）し、越年後の二月九日に一二月と同様の儀礼をして田の神を送り出す。アエノコトのコトは「祭り」を指す。神の「饗応祭」がアエノコトである。田の神が年を越して里にいることになり、前述の山の神と田の神とは性格がちがう。しかも、能登では「山祭り」と称する行事がある。三月九日と一二月九日におこなわれ、前者では山の神が木の種を蒔く日、後者は木の種を拾う日とされ、山仕事はいっさいおこなわれない。アエノコトで迎え、送る田の神が山に行くのかどうかは議論の余地がある。

一方、桜井徳太郎の発想では、山中に神霊、すなわち山の神が宿るとする霊山信仰が根底にある。人びとはふもとの里宮で霊山を遥拝《ようはい》するだけで、山頂（山中）は聖なる場所であり、近づくことは怖れの観念から禁忌と考えられている（桜井　一九九〇）。里宮から山を遥拝する習俗は歴史的にも古層に見られ、のちに密教や修験道の影響から山頂へ登拝するように変化した。これは富士山にたいする信仰においてもみられるものである。詳しくは第5章でふれることとする。

このように考えれば、桜田の主張する霊山信仰にみられる山の神信仰と、山上他界した祖霊を山の神とする柳田説はおなじ信仰であるとはいえない。佐々木の指摘はこの点に集約できるであろう。

山の神と山中（上）他界

さらに佐々木高明は、柳田、桜井両説はともに里の水田農耕民からみた山への信仰体系を議論するものであり、いわば農耕民が里から山を見上げて考える性格は明らかであるとした。とすれば、もともと山地に居住してきた山民が育んできた山の神信仰とは別のものではないかと気づく。しかも、山中に他界するとの考え方自体がはたして日本に固有の世界観といえるのか。なぜなら、アジア大陸部の照葉樹林帯においても山中他界の観念は広く認められるからだと主張した（佐々木　二〇〇六）。

中尾佐助や佐々木高明は、照葉樹林文化論のなかで「山上他界観」は照葉樹林帯に広く共通する文化要素であると指摘している（佐々木　二〇〇七）。民族学者の大林太良は山中他界に関して、中国西南部の雲南省・福建省などの山地に居住する少数民族の葬制に注目し、民族誌的な比較分析をおこなうべきとした（大林　一九九七）。

民族史（誌）例にかぎらず、山中葬制についての考古学的な分析もかかせない。たとえば、中国西南部では山中の石洞に遺体を葬る紀元前一〇〇〇年代における崖葬《がんそう》墓の遺跡が福建省・江西省の山地に広くみられる。その最古の例では、紀元前三千数百年前の木棺が福建省崇安県の武夷的山観音岩石洞で見つかっている（佐々木　二〇〇六）。

山中他界の歴史考古学

秦から南北朝時代の中国四川省東部では、山の高所にある崖壁に穴をうがち、舟・船棺に死者を入れる崖葬の風習があった。船の考古学を専門とする辻尾榮一は、この葬制を山上他界よりむしろ天上他界の観念が発達していたものと推定している（辻尾　二〇一〇）。

山中他界と山地埋葬の習俗は大陸の照葉樹林帯に顕著で、霊験あらたかな山に人間が他界するとする死霊観念では、多くの死霊（祖霊）が集まると考えられている。興味あることに、山中他界観の発想は台湾山地のパイワン、中部インドのビハール州に居住するパーリアやムンダの社会においてもみられる。

われわれが東南アジア・オセアニア地域における諸民族の文化についての相互連関について実施した「クラスター分析」によると、山上他界や他界観と生業についての議論があった。先述した照葉樹林帯では、焼畑農耕が主流の生業であるが、山上他界と生業との関係ではサツマイモ栽培、タロイモ栽培、焼畑農耕、雑穀栽培、水田農耕との相関も高く、顕著な傾向が見いだせなかった（山下 一九九〇）。

日本には、恐山や月山、立山、熊野三山など、死者の霊が死後に赴くとされている山が各地に存在しており、それらの山やまが信仰の対象とされている。詳細は次章に譲るとして、柳田国男と桜井徳太郎の説、さらには佐々木高明による山の神信仰との関係をさらに深めておきたい。

「山の神」と神話世界

山の神の出自を『記・紀』時代に遡って整理しておこう。『古事記』によると、伊耶那岐神に殺された火之迦具土神《ひのかぐつちのかみ》の屍体の各部位から生まれた八柱の山津見神《やまつみのかみ》がある。山津見神は「山の神」である。すなわち、正鹿《まさか》山津見神（頭）・淤縢《おど》山津見神（胸）・奥《おく》山津見神（腹）・闇《くら》山津見神（陰部）・志芸《しぎ》山津見神（左手）・羽《は》山津見神（右手）・原《はら》山津見神（左足）・戸《と》山津見神（右足）である。

『日本書紀』で「火の神」は軻遇突智《かぐつち》、ないし火産霊《ほむすび》と記載されている。死体から化生《けしょう》したのは五柱の山《やま》祇《づみ》、すなわち「山の神」である。それらは大《おお》山祇（頭）、中《なか》山祇（胴）、麓《は》山祇（手）、正勝《まさか》山祇（腰）、䨄《しぎ》山祇（脚）である。（ ）は身体部位である。

火神の屍体から山の神がみが化生した意義について、火山の爆発を意味するとか、焼畑農耕に関連するという説がある。『日本書紀』にある「麓山祇」の訓注に、「麓、山足を麓と曰ふ。此に簸耶磨と云ふ」とあり、「羽山津見」のハヤマは端山であり山の麓を指し、奥山津見（奥山の神）に対応すると考えられる。羽山信仰は第6章で論じる。

「山の神」の比較民俗

水田稲作民が日本の文化を代表するものであるとする考えへの疑問は、近年の非水田稲作民の世界からアプローチする研究として提唱されてきた。民俗学者の赤坂憲雄は、日本文化の多様性を東西南北軸から捉えなおし、「いくつもの日本」論を提起した（赤坂　二〇〇〇）。山地において焼畑農耕や狩猟・採集をおこなう山民が育んできた神観念は、平地の水田稲作民における神の観念とは同一視できない。まして、日本だけでなくアジアを視野において広域を見渡してみれば、どのような世界が見えてくるだろうか。

山地民における山の神信仰について重要な論点は、山地ないし森林域でおこなわれる畑作の問題である。とりわけ、森林を伐採して火入れをおこない、畑作物を栽培する焼畑農耕が重要な論点を提供してくれる。

ここで、日本全国における山の神信仰に関する資料を参照した。堀田吉雄によると、東北から北関東、越後、信州までの北日本ゾーンでは、山の神を祀る祭日を一二日とする。しかし、北陸・山陰では九日、東海・中部山地から近畿南部では七日に設定されている。このうち、七日と九日は農民による祭日であり、一二日は狩猟者の信仰に根差している。つまり、農耕民による山の神の祭日は狩猟者によるものに先行すること、日本の北・東と南・西とでは異なった文化的な伝統のあることがわかる（堀田　一九八〇）（図26）。山の神への信仰のうち、狩猟者や山地で焼畑農耕をおこなう農民社会と、平地で農耕をおこなう農民とのあいだで異なった文化伝統があったことになる。

全国各地には、民間信仰や神道に根差した山の神信仰や行事がある。たとえば、岩手県の早池峰神楽で重要な「山の神舞」は山の神信仰を芸能の領域にまで高めた貴重な民俗行事であり、第1章図7で示したとおりである（笹原　二〇一四）。山岳信仰と芸能、とくに神楽の関係について、民俗学者の小松和彦は神楽の概

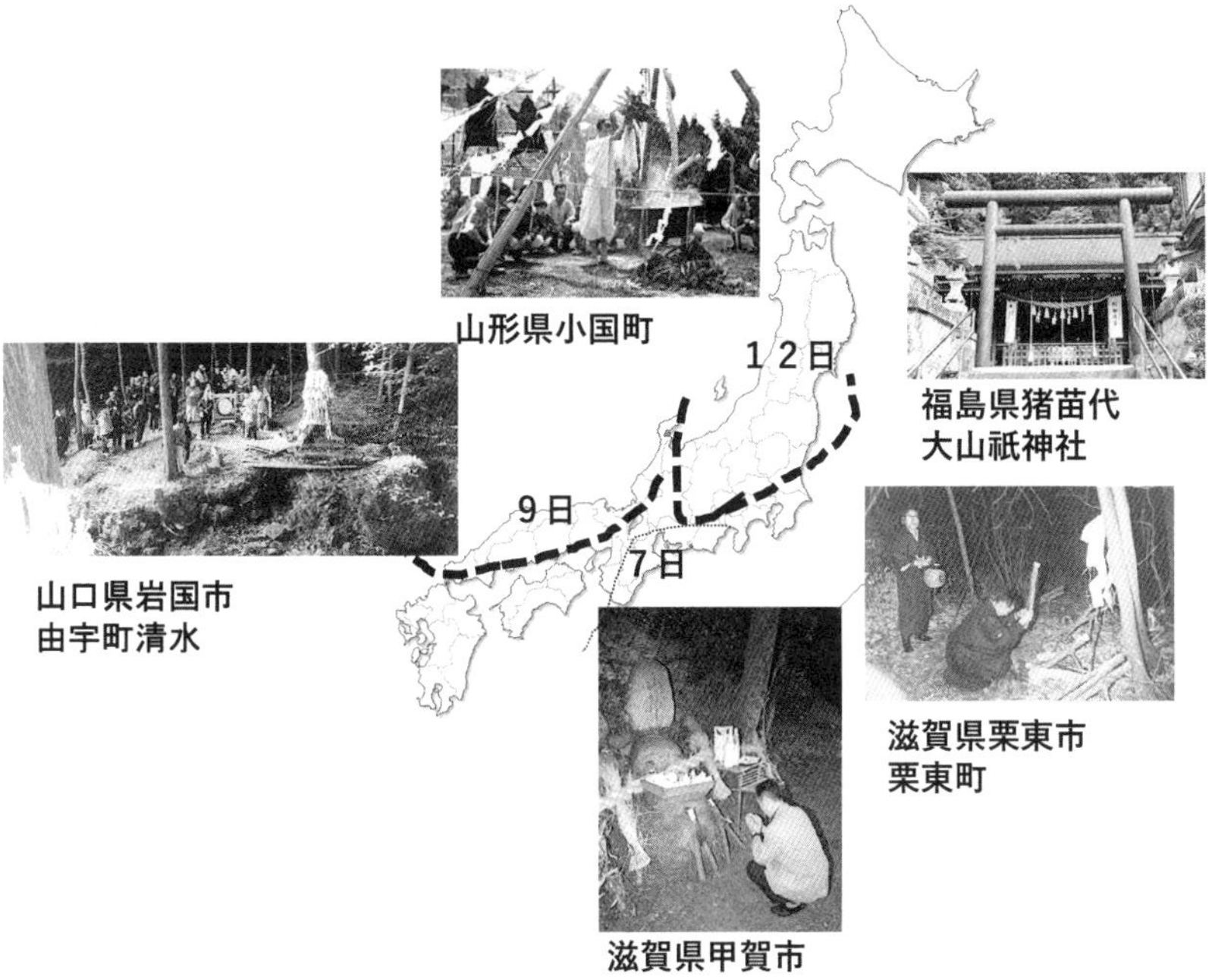

図26　日本の山の神祭りの多様性（堀田　1980）
東北日本から北関東・越後・信州は12日、北陸・山陰：9日、東海・中部山地から近畿南部は7日。7日と9日は農民による祭日、12日は狩猟者の信仰による。

念が多様であり、分析上、日本の宗教史を広く視野に置くしか、その分析ができないと指摘している（小松二〇〇三）。

新生児の出産における産神《うぶがみ》、ないし産土神《うぶすなかみ》として妊婦を加護する山の神、大物主大神《おおものぬしのおおかみ》を祭神とする三輪山への登拝、成人式としての山岳登拝、三月三日、四月八日に山に行って食事を楽しむ山遊びないし野掛け行事などがある。山形県・宮城県・福島県では、山遊びのことを「高い山」と称し、集落の近くの小山や丘にお神酒や重箱詰めを持参して終日、遊ぶ習俗がある。また、イザナギ・イザナミを祀る筑波山神社では、山の神と田の神の交替を背景とした神座《かみくら》の座替りの儀式がおこなわれる

（佐野　二〇〇〇）。年中行事としても、正月の初山入りや田遊び、雪形から田植え時期や豊凶を占うこと、田の神迎えや田の神送り、水神の棲む池や沼に動物の死骸などを投げ入れて水神を怒らせて雨を降らせる雨乞い行事、ケズリカケやカギなどの木製祭具の奉納（松崎　一九八五）、盆に山に登り、祖霊を迎えるなどの多種多彩な行事が全国にある。

のちにふれるマタギは山の神を信仰し、山の神を一年に一二人の子を生む生殖力の強い女神として崇拝する。マタギは山の神を産土神《うぶすながみ》としても信仰している。また、民間信仰として、山の神を醜女とする俗信があり、自分より醜いものをみて喜ぶとして、オコゼを供えるところもある。たとえば、宮崎県西米良《にしめら》村の猟師は、豊猟を願ってオコゼ（ヤマオコゼ・ウミオコゼ・カワオコゼ・ハネオコゼ）などを携帯し、「猟効き」を祈願した（山口　一九九九）。近世期の『本朝食鑑《ほんちょうしょくのかがみ》』には、もし海が連日の時化で漁の出来ない時には、漁師がオコゼを山の神に供えて「風が穏やかに波が静かで、釣網の便あらしめたまえ」と祈ると、翌日、海上の風波はかならず収まり、漁の獲物が多くなると記されている。なお、渋澤敬三は『日本魚名の研究』のなかでオコゼの方言名について詳しく論考している（澁澤　一九九二）。

山の神と狩猟・焼畑農耕

日本の焼畑農耕民のあいだでは、農耕の豊作を祈願するための集団的な儀礼的狩猟がおこなわれる事例が数多くある。たとえば、「シカウチ」と称される模造獣への儀礼的狩猟をおこなう地域が三河・信濃・遠江（愛知・長野・静岡の県境地域）、沖縄北部におけるウンジャミ祭り（リュウキュウイノシシを対象とする）、南九州などの地域でおこなわれている（背古　一九九二、野本　二〇〇七、二〇一四）。南九州の佐多郡近津宮《ちかつのみや》神社でおこなわれる「シバ祭り」では、茅《カヤ》でシカの模型を作り、それを神官が弓で射て、餅やシトギ（粢：水に浸した生コメをつき砕いて加工したもの）を焼いて「シシの肉」と称して食する風習が残っている。かつては、神官と村人による共同狩猟によりシカやイノシシを捕獲し、獣肉の一部を神に捧げ、残りを住民が共食した。

愛知県奥三河の八幡神社（北設楽郡東栄町大字古戸《ふっと》）の「鹿打ち神事」でも、山から採ってきた杉やアオキの葉を束ねてオス鹿とメス鹿の模型を作り、これをあらかじめ氏神の境内に立てておく。禰宜《ねぎ》が祈禱をあげると、氏子たちが勢子《せこ》になって獲物を追い出すしぐさをする。そこで禰宜は弓に大矢をつがえ、杉の葉で作ったオス鹿・メス鹿に三本ずつ矢を射込み、大矢を抜き取って三方の宙に向けて放つ。ついでシカを転ばし、杉葉を抜き取って神前に供え、豊作を祈願する。同様の神事は八幡神社以外にも、近隣の布川《ふかわ》（天王神社）、月（槻神社）、小林（諏訪神社）でもおこなわれる（図27）。

図27　鹿打ち神事。愛知県北設楽郡東栄町の月・布川・小林・古戸などの集落で開催される。

儀礼的な狩猟神事は、農耕の予祝、つまり作物の収穫を野獣の害から防止するためだけでなく、野獣の霊力を作物に転化させる意味がこめられていた。古代にも、『播磨国風土記』讃容郡《さよのこほり》の「讃容略記」の条に、「玉津日女命《たまつひめのみこと》、生ける鹿を捕り臥せて、其の腹を割きて、其の血を稲穂《いなま》きき、仍《よ》りて、一夜の間《ほど》、苗生《お》ひき。即ち取りて殖《う》ゑしめたまひき」とある。玉津非女命が生きた鹿を捕獲して地面に横たえ、腹を割いてその血に稲を蒔いた。すると、一夜の間に苗が生えてきたのでそれを取って植えるように命じた。

狩猟獣の血からえられた生命力により豊穣がもたらされるとする考えが根底にあり、狩猟と農耕との密接な関連がある。北設楽郡東栄町はシカウチ神事以外に、「花祭り」のふるさととして知られる（早川　一九七二）。この地域は古戸山《ふっとさん》（七六〇m）、大鈴山（一〇一二m）、尾籠岩山《おろういわ》（七〇〇m）、白岩山（六三〇m）、御殿山（七八九・三m）などの里山で囲まれており、古くからシカ猟がおこなわれた。

以上は稲作農耕の例であるが、焼畑農耕においても害獣駆除だけを目的とした儀礼的狩猟（小野　一九七〇）がいとなまれたわけではない。宮崎県西都市銀鏡《しろみ》（旧東米良村）では、旧暦一一月に「シシトギリ神事」がおこなわれる。銀鏡神社の氏子が前もって共同でイノシシ猟をおこない、狩猟には多くの猟犬が参加する。銀鏡神社では夜を徹して神楽が奉納され、イノシシ狩りを模した狂言劇のあと、神前に奉納されていたイノシシの肉を使った雑炊が参加者にふるまわれる。さらに、銀鏡川の河原で獲れたイノシシの頭骨を山の神に捧げて感謝し、イノシシの霊を慰撫する。頭骨を焼き、共食するシ（イ）シバ神事がおこなわれる。狩猟が農耕の予祝儀礼であるというよりも、山の神への感謝をこめた儀礼としての特徴がある。なお、猟犬の葬送儀礼にも注意を払う必要がある（山口　一九九九）。銀鏡神社の神体山は背景の龍房山《りゅうぶさやま》（一〇二〇・六m）である。

マタギと猟場

西日本の農耕神事の例とくらべて、東北地方における山の神の位置づけは顕著に異なる。新潟県の朝日連峰にある三面《みおもて》は古来より山の狩猟者が生活するムラとして知られている（田口　一九九四）。三面の生活圏と狩猟のおこなわれた領域は隣接する小国町《おぐにまち》の村むらとのあいだに慶長六年（一六〇一）以来、村上藩と米沢藩により策定された境界があり、昭和五〇年代まで連綿と継承的に利用され、三面の狩猟者が越境して小国の領域を侵犯することはなかった（田口　二〇一四）。三面の狩猟者集団は一般にマタギとして知られている。三面のマタギにとり、狩猟の対象となる野生動物やゼンマイなどの山菜を含むすべての自然物は山の神によって支配されるとする考えが浸透している。マタギの村には大山祇《おおやまづみ》を祀る神社がある。大山祇は山の神とされており、旧暦一一月一二日に大山祇神社において祭礼がいとなまれる。

青森県鰺ヶ沢町の大然《おおじかり》大山祇神社にある社標には一九二一年に獲物を仕留めた記録がある。裏面には、藩政時代以来のマタギの名が刻まれている。

近世後期から明治・大正時代に至るまで、三面のマタギはとりわけクマ（ツキノワグマ）やカモシカなどの大型獣の狩猟をおこなってきた。

東北芸術工科大学の田口洋美によると、カモシカ猟にはスノヤマとサルヤマがあった。前者は厳冬期におこなわれる厳格な村ぐるみの共同狩猟で、一〇日ほど小屋に寝泊まりし、「やり」のみによる猟をおこなった。かれらはマタギ詞《ことば》のみを使い、山の神への祈りをささげる儀礼を連日おこなった。スノヤマを統括するのがフジカであり、猟の間他のマタギと言葉さえ交わすことができない存在で、山の神と人間をつなぐ媒介者とされた。スノヤマでは、人びとはマタギと自称した。後者は日帰りないし泊まり込みでの猟でカモシカ

図28　マタギと山の神の契約世界
マタギは山の神と独自の契約を結んだ。この契約では、山の神から資源を奪い取る権利をマタギたちにのみに許して貰うことを意味した。資源の独占化をも意味するが、決して野生の生命を粗末にあつかわず、山の神が定めた手続きを遵守して狩猟をおこなった。

以外の動物を獲ってもよく、銃を使用することができた。獲物が獲れたさいにのみ山の神への儀礼がおこなわれた。猟の統率者はフジカではなくオヤカタと呼ばれ、猟の参加者自体もヤマドあるいはヤマンドなどと自称した（田口 二〇一四）。

三面では、文政一四年に一〇ケ条にわたる村決めが文書として残されており、狩猟に関する詳細な取り決めがあった。文政一四年はないので、実際は天保二年（一八三一）とおもわれる。このなかで、留山としてスノヤマ、サルヤマにかぎらずカモシカの禁猟区が決められていた。

一方、クマ猟については、冬眠中のクマを対象とするタテシと冬眠後における遊動中のクマを獲るデジシに分けられた。実際上は、冬眠中のクマを獲る猟がほとんどを占めた。タテシはさらに村落共同体によるムラタテと、数名の個人による自由な狩猟であるタテシに分かれる。自由なタテシによって新たにクマの穴を見つけた場合、翌年からは共同体が利用するムラタテの対象となった。三面のマタギにとり、留山や村ぎめの慣行はカモシカ（青鹿）やクマ（熊ノ鹿）を獲るためだけの規則であるというよりも、自然を支配する山の神との関係を持続する知恵であるとみなすことができる。じっさい、マタギは山の神と契約を結び、山の大型獣を獲る権利を得、一定の作法でのみ狩りをおこない、資源を浪費することはなかった（図28）。最後に指摘しておきたい点は、マタギは人間の死後、山に眠るとも考えていた。山住みの人びとの山にたいする思いのなかに、山上他界の観念の存在を確認することができる。

これは、桜井徳太郎による平地民が死後、山上に他界する観念とは異質とみなしてよい。

遠野の山の神

山間の盆地である岩手県中部の遠野は、柳田国男の『遠野物語』や『遠野物語拾遺』でよく知られた地域である（柳田　一九七八）。伝承では遠野の盆地部分はかつて湖であり、その後、猿ケ石川として流れだし、盆地に人が住むようになったとされている。周囲の山やまのうち、早池峰山《はやちねさん》、六角牛山《ろっこうしさん》、石上（石神）山が遠野三山である。山の神は春に里に下って田の神となり、秋にふたたび山にもどって山の神となるとした循環論とは異なり、赤い顔と長身の男性や異形の怪物として現れたり、里人を殺すとか、人に憑依してその人が占いの能力を獲得するなど多様な性格をもつものとされている（柳田　一九七八）。遠野物語研究所の石井正己は、「山の神からは、狩猟民と農耕民が複合する日本文化の構造が見えてくる」と位置づけている（石井　二〇〇九）。

眷属《けんぞく》信仰と山

眷属はサンスクリット語の「パリヴァーラ」の訳で、「随行者」とか「従者」を意味する。仏教では仏や菩薩に従う使者を指す。神道では、主神に従う神や使者は眷属神《けんぞくしん》とか神使《しんし》と称される。たとえば、出雲大社の鶺鴒《せきれい》、春日大社の鹿、熊野三社（熊野本宮大社、熊野速玉大社、熊野那智大社）における烏（三本足の八咫烏《やたがらす》）（図29）、日吉大社の猿、稲荷神社の狐などの例がある。

ここではニホンオオカミを眷属とした山岳信仰について取り上げよう。古くは縄文時代、岩手県一関市の

図29　八咫烏《やたがらす》

貝鳥貝塚から、ニホンオオカミの頭を鹿角に彫った狼形鹿角製品や、ニホンオオカミの犬歯や下顎骨に穴を開けた垂飾品が出土している。千葉県我孫子市の下ヶ戸《さげと》貝塚からは、ニホンオオカミの下顎骨を加工した垂飾品、千葉市の庚塚《かのえづか》遺跡からは、上顎犬歯を加工した垂飾品が見つかっている。

また、弥生時代の唐子遺跡（奈良県）からは、神事に使用されたと思われるニホンオオカミの下顎骨が発見されている。のちの鎌倉時代の『名語記《みょうごき》』に、オホカミの解説に「オホハ大也　カミハ神也　コレヲハ山神ト号スル也」とあり、オオカミは大神、ないし山神と位置づけられていた（菱川　二〇〇九）。

近世においては、奥三河の山住山（一一〇七・六m）（浜松市天竜区水《みさ》窪《くぼ》町）におけるオオカミ信仰の例がある。この山の山頂部にある山住神社には山住権現、ないし熊野権現が祀られる。由緒では、徳川家康が武田勢に追われて、水窪に逃げたさい、追手の武田軍にたいして大勢の山犬が吠えて、武田勢を追い返したとされている。この山犬はニホンオオカミにほかならない。

三峯《みつみね》神社（埼玉県秩父市）は伊弉諾尊と伊弉册尊を主祭神とし、景行天皇の東国巡行のさい、天皇は社地を囲む白岩山（一九二一m）・妙法ヶ岳（一九三二m）・雲取山（二〇一七m）の三山を見て、「三峯宮」の社号を授けた。社の縁起によると、伊豆国に流罪になった修験道の役小角が三峯山で修業した。また、空海が観音像を安置したとされている。三峯神社の奥宮は妙法ケ岳山頂にある。

江戸時代中期以降、秩父の山に棲むニホンオオカミはイノシシやシカなど田畑を荒らす害獣を排除する役割を果たすとして三峯神社の眷属とされた。害獣を駆除してくれるだけでなく、盗賊や災難から人びとを守る存在とされ、信仰を集めた（山口民弥　一九九九）。同様に、奥多摩の武蔵御嶽神社は御岳山《みたけさん》の山頂部にある（標高九二九m）。日本武尊東征の折、道に迷ったところを白いオオカミが助けたとする伝承がある。ここでもオオカミは大口真神《おおくちのまかみ》とか真神《まかみ》と呼ばれる。イノシシやシカから田畑を守り、盗難・火災などから善人を守り、悪人を懲らしめる眷属とされている。

山梨県では、王勢籠《おおむれ》神社（上野原市和見）、金櫻《かなざくら》神社（甲府市御岳町）でもオオカミ信仰がみられる。ともに修験道が盛行した。王勢籠神社は里宮で、奥宮は権現山（一三一二m）頂上の小祠にある。金櫻神社の名前は明治以降使われ、それまでは蔵王権現社と呼ばれていた。これも里宮で、奥宮は「はじめに」でふれたように金峯山の山頂にある。

ニホンオオカミへの眷属信仰があったとして、他方ではその頭骨が魔除け・厄除けの効能をもつとされたことも注意を要する。呪物としてニホンオオカミの頭骨をもつために、オオカミ猟がおこなわれたとおもわれる。享保一七年（一七三二）、狂犬病が流行した記録があり、野犬とともにニホンオオカミもウイルスに侵されて狂暴になり、駆除された。森林開発による生態系の劣化、幕末期、東北ではじまった羊毛産業や乳牛飼育により、ニホンオオカミは家畜を捕食する害獣扱いされた。

明治期に北海道ではエゾジカが食用に大量捕獲された。エゾジカの減少で、エゾオオカミは牧場の家畜を襲うようになる。一八七六年にエゾオオカミ駆除が懸賞金付きで実施され、餌の肉に硝酸ストリキニーネの劇薬を混入したことや、一八七九年の大雪もあってエゾジカとともにエゾオオカミの個体数が激減した。エ

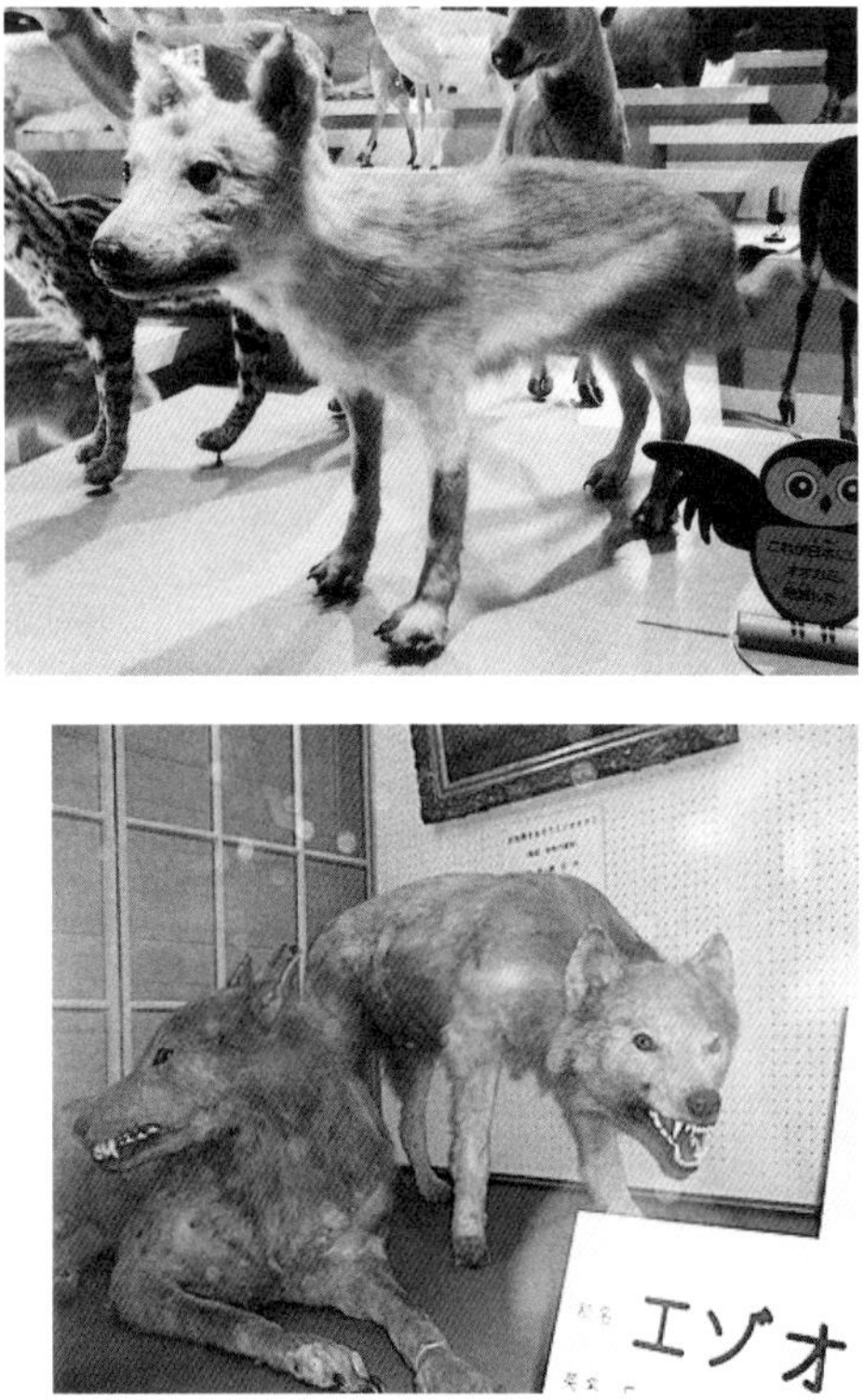

図30　ニホンオオカミ（上：国立科学博物館蔵）とエゾオオカミ（下：北海道大学植物園蔵）

ゾオオカミは一八八九年を最後に絶滅した（秋道　二〇二〇a）。内地でも、明治期以降、西洋犬が日本に持ち込まれ、ジステンバーがオオカミにも罹患する事態が発生した。こうして明治三八年（一九〇五）、奈良県吉野郡小川村鷲《わし》家《か》口《ぐち》での捕獲を最後に絶滅に至った。山の神とされたオオカミ（大神）のたどった運命は、日本人にとっての山と神とのかかわりにとり、遺恨をのこす象徴的な結末となった。その背景に経済を優先して自然破壊を進めた近代国家の論理があり、その流れはいまだ現代においても止まることがない（図30）。オオカミは、日本の山岳信仰を考えるうえで象徴となる存在であり、あらためて日本人が自然にどう向き合ったかを自省する対象である。

以上、民俗学・歴史学の見地から山への信仰について検討した。山の神への信仰と自らの死後、自分が山に眠ると考える発想は、生活のなかでの神観念と自らの死後の山岳への思考が結実したものであることがわかった。この点は、神仏の宗教者による山岳信仰とはまったく異なる性格をもつものであろう。ふつうの人びとが周囲の山をどう考えたかということと、修験者や寺院の僧侶が抱いた山岳への信仰が決しておなじ思考と内容をもっていたのではないことを確認しておこう。また、オオカミへの信仰と虐殺の歴史は、あらためて人間と山との関係を考えるうえで重要な論点をあたえる。山は人間だけのものではない。

5　海と山岳信仰

大海原を航海するさい、何の目安もない外洋はともかく沿岸航海で目印となるのは遠方からでも見える高い山や島、あるいは火山の噴煙であった。レーダーやGPSのなかった時代、海上からは太陽や月の運行、星の位置、海鳥や魚などの目安以外に、陸地を見て自船の位置を探るのがふつうであった。高い山でも、見る方向で形は変わる。高い山にかぎらず、その左右・前後の小山や目標物の位置関係を探り、海上における自分の位置を探る手段がある。それがヤマタテとかヤマアテと呼ばれる方法であり（柳田・倉田　一九八四）、海岸に近い点（塔・高木・神社・岩礁）と背後の山頂や尾根などの高い点を二、三方向で目安として定位する（図31）。英語ではトライアンギュレーション（三角法）と称される。

オセアニアに人類が拡散した歴史のなかで、島の標高は島を発見するうえで決定的な意味をもった。海抜数百m以上の高い島は遠方からでも目視できる確率が高い。雲が島の上方に集まっていることもあり、さらに遠くから島の存在を推定できる。一方、標高三〜五mの低い島は近接するまで姿が見えない。ミクロネシアの伝統的航海術を調べていると、島を離れて航海するさい、カヌー後方に遠ざかる島影の変化を二〇の名称で区別する（秋道　一九八五）。低い島が見えなくなる地点はおよそ一八〜二〇㎞とされている。低い島は

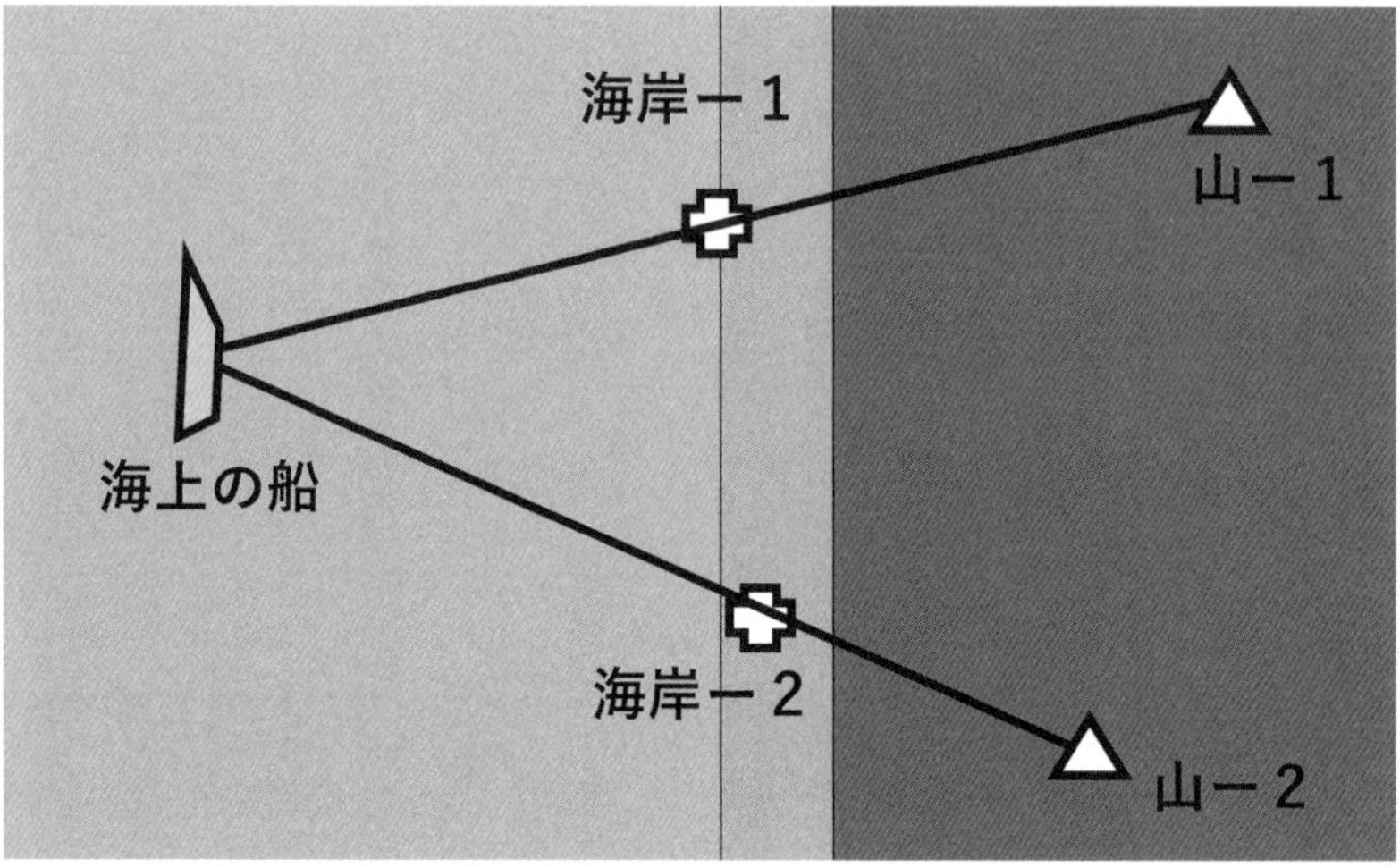

図31　ヤマタテ(ヤマアテ)の原理　海上から二方向にある山と海岸部の目標物が１直線上にならぶ方位の交点が海上の位置となる。

とくに環礁であることが多く、太平洋ではキリバス諸島、ツバル諸島、マーシャル諸島などが、インド洋ではモルディブ諸島が相当する。

古代の越《こしの》（高志）国《くに》（福井県から山形県南部に至る地域）には、海からのぞむことのできる高い山があった。それが白山と立山である。西の伯耆国には伯耆大山が、東には羽前・羽後国に鳥海山（二二三六ｍ）と森吉山《もりよしざん》（一四五四ｍ）がある。いずれも海から見て勇壮な火山であり、航海や漁業をする人びとにとり重要な目安となった。ただし、海から見て立山の右側（西）にある薬師岳（二九二六ｍ）は、立山よりも航海者からはよい目印になったとされている日本百名山のひとつである。薬師岳は全国に多数あるが、越中の薬師岳が最高峰である。

北九州には玄界灘からのぞむことのできる背振《せぶり》山脈（最高峰は背振山で一〇五五ｍ）が東西五〇㎞にわたってそびえており、『魏志倭人伝』に「倭人は……（中略）……山島に依りて国邑を為す」にふさわしい形容といえる。いずれにせよ、大陸からの海洋民が日本に定着した過程

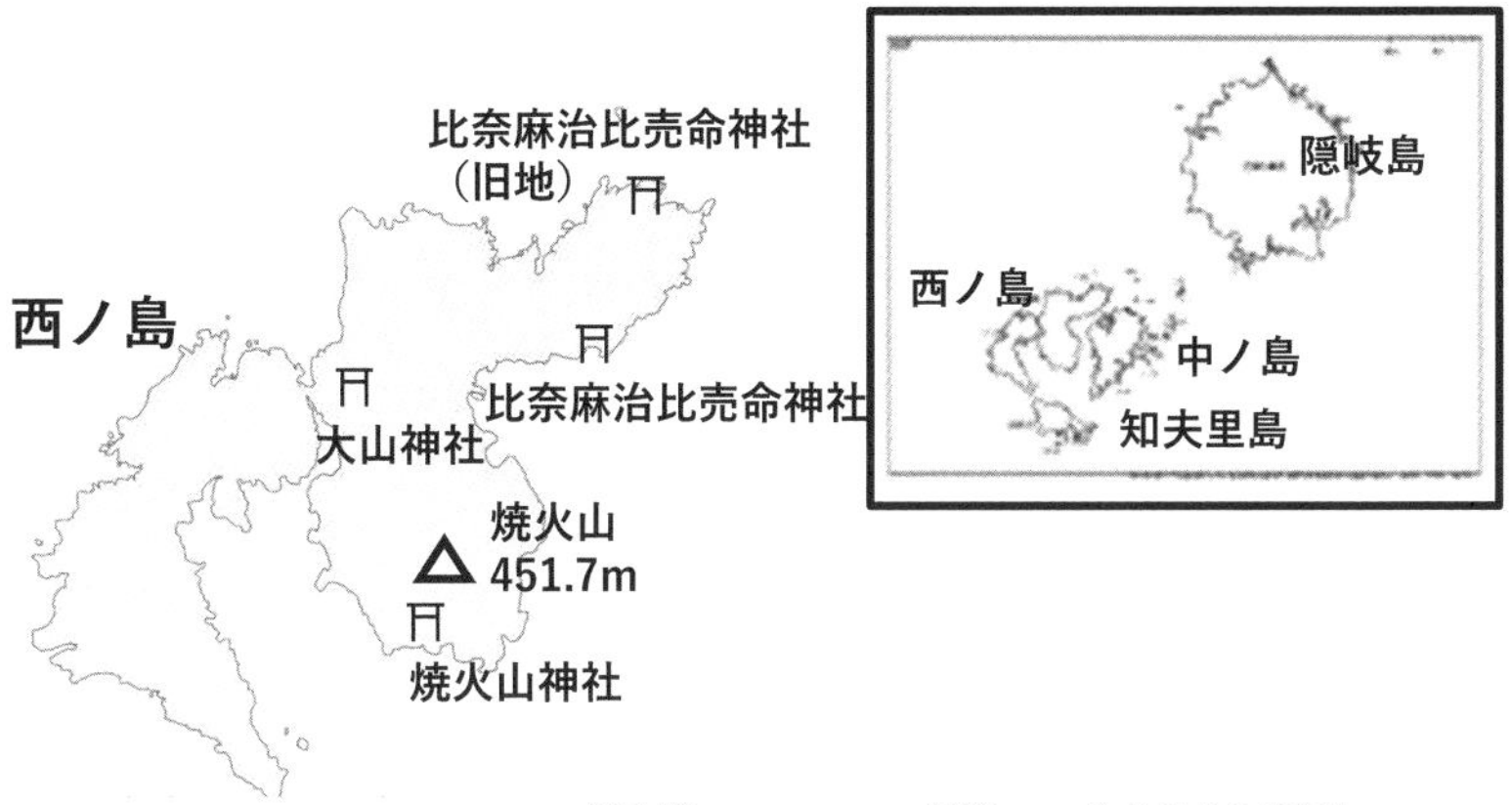

図32　隠岐諸島島前・西ノ島における焼火山《たくひやま》と焼火山神社・大山《おおやま》神社・比奈麻治《ひなまじ》比売命《ひめのみこと》神社

で海から見た山が重要なランドマークとされ、のちに高山を霊山として崇拝する山岳信仰に発展したとする考えは重要である。本節では、海から見た山への信仰、海に浮かぶ島じまを山と見なす発想からみた信仰について文化史的に考えてみたい。

大山《おおやま》神社・焼火《たくひ》山神社と航海安全

大山《おおやま》神社は、島根県隠岐郡西ノ島町美田《みた》にあり、西ノ島の最高峰である焼火山《たくひやま》（四五一・七m）の北側に鎮座する。一方、焼火神社は焼火山の八合目あたりに鎮座する。『焼火権現縁起』に「斯山往昔稱大山也」とあり、焼火山はもともと大山と呼ばれる神奈備、つまり神体山であった（図32）。また同縁起には、「昔 一條院之御宇某年、海中有光數夜、一夕飛而入此山、村人、尾迹躋蹋而登、忽見一岩之獨立、其形如薩陀」とある。一条天皇の御世（在位：九八六～一〇一一年）海中の光が山に飛んでいき、村人がたしかめると、薩陀《さった》（仏）に似た形の一つの岩を見つけた。これを契機として、人びとは大山に社殿を建てて祀った。

『隠岐国風土記』（一八世紀成立）には焼火《たくひ》神社について以下の

記述がある。

「一、神社ニハ、後鳥羽帝之遷幸の節勅号之地焼火《タクヒ》山雲上寺。是ハ船頭之洋中に漂泊し暗夜などニ迷、湊を失たる時祈候へハ、神火あらわれ安穏を得候よし。」

後鳥羽上皇が承久三年（一二二一）、「承久の乱」で敗れ、隠岐に配流されるさい、暴風雨で船が流された。後鳥羽帝は御製歌を詠んで祈念したために嵐は鎮まった。しかし、暗夜になり陸地のある方向がわからなくなった。このときに神の火が出現し、後鳥羽上皇らは波止《はし》の村（焼火山の西麓）にたどり着くことができた。そのときの御製歌は『隠岐見聞誌』に以下のようにある。

「灘奈羅波藻塩屋久野土可レ憶何遠焼毛濃煙奈類蘭而」
「灘ならば藻しほやくやとおもふへし何をたく藻の煙なるらん」

このなかで、浜にいた翁（じつは焼火山の権現）から「何を焼《く》藻の」を「何を焼《た》く火の」に改めるようにいわれる。権現は、あわせて海と船の警護を約束してその場から消える。この縁起は江戸期の地誌である『隠《おん》州《しゅう》視《し》聴《ちょう》合《がっ》紀《き》』にもある（呉羽　一九八六）。

焼火山神社では、のちの南北朝時代以降に山岳修験の霊地として修験者により雲上寺（＝雲の上にある寺）が開創され、地蔵菩薩が焼火山大権現として祀られた。それとともに、大日孁貴尊《おおひるめのむちのみこと》（天照大神）を祭神とし、神仏習合は明治期まで続いた。

注目すべきは一一〜一二世紀以降、日本海海運が発達するにおよび、隠岐は中継地として重要な役割を担っていたことである。なかでも、島前《どうぜん》には西ノ島、中ノ島、知夫里島《ちぶり》により囲まれた静かな海があり、停泊に適している。焼火山がその目安となった。夜間、海岸部に近い寺社の燈明や篝火は航海者にとり貴重な目印となった。

江戸時代には北前船による酒田（羽前国）から日本海・瀬戸内海を経由して大坂に至る西廻り航路（一六七二年より）や、酒田から津軽海峡を経て太平洋沿岸を下り、江戸をつなぐ東廻り航路（一六七一年より）が河村瑞賢《ずいけん》により開拓された。大量の物流を促進し、航海がさかんとなり、航海安全は船主や船乗りにとりなによりも重要な問題となった。こうして航海安全への信仰は全国へと拡散していった。

先述した隠岐諸島島前の焼火山は江戸にも知られており、江戸後期の版画の題材とされた。初代と二代目の歌川広重や葛飾北斎の作品にも「焼火山」の版画がある。たとえば、初代歌川広重の『六十余州名所図会』には、船上で御幣をもち祈禱する船乗りの様子が描かれている（図33—1）。船で最年少の一三〜一五歳の若者は「カシキ」と呼ばれ、夕方の炊き立てのご飯をつまんで焼火権現に捧げ、二尺ほどの松明をかざして船尾で時計回りに三回まわる。のちに松明を海中に投げ入れ、その様子から翌日の天候を占った（北見一九八六）。初代広重の版画には焼火山は描かれていないが、二代目広重や葛飾北斎による『北斎漫画』の版画には焼火山と思われる山体が背景に描かれている（図33—2・図34）。信仰の対象が「名所図会」として描かれていたわけで、中世・近世における山岳の図像研究は興味ある課題だろう。葛飾北斎と歌川広重による富士山の浮世絵については、第6章で取り上げよう。

図33-2　二代歌川広重『諸国名所百景』による「隠岐焚火社」
安政6年（1859）～文久元年（1861）の作。

図33-1　初代歌川広重の『六十余州名所図会』『隠岐　焚火の社』で、日本海西回り航路の船上から焼火山雲上寺（焼火権現）を拝み、航海安全を祈る。

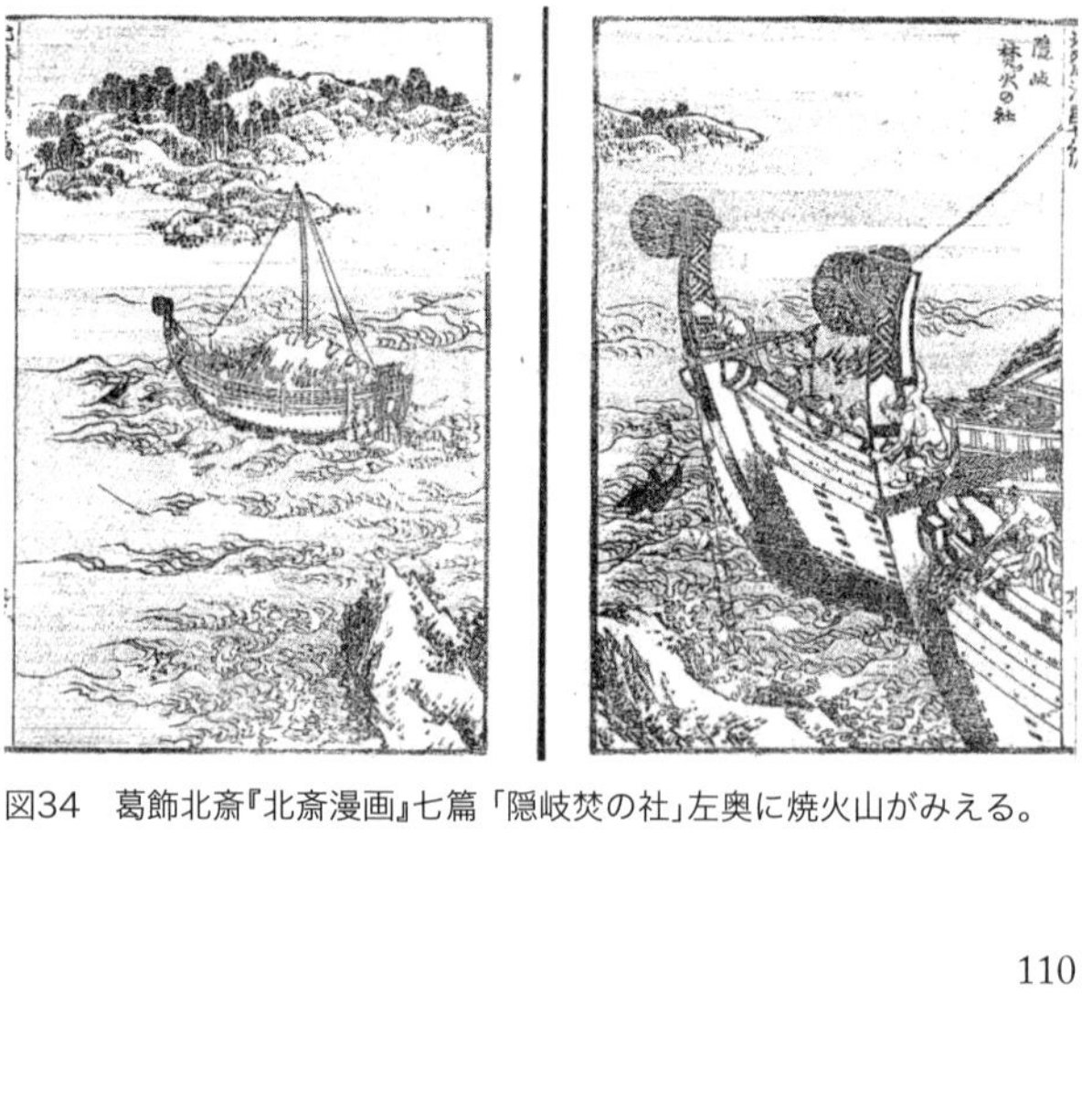

図34　葛飾北斎『北斎漫画』七篇「隠岐焚の社」左奥に焼火山がみえる。

須須《すず》神社

能登半島先端部にある禄剛崎《ろっこうざき》は石川県珠洲市にあるが、この珠洲の地名は古くは「須須美」、つまり「のろし」を意味した。現在もすぐ近くに狼煙《のろし》の地名がある。須須神社は崇神天皇の時代に能登半島最東北端の山伏山（一八四m）山頂部に創建され、奥宮とされた。標高は低いが鈴をさかさにしたような山塊で鈴ケ嶽とも呼ばれる。のち、天平勝宝年間（七四九～七五七年）に現在の地（寺家《じけ》）に遷座した。遷座した須須神社は高座宮と金文宮を祀り、祭神は主神高倉彦神《たかくらひこのかみ》と山伏山山頂の奥宮にも祀られている美穂須須美命《みほすすみのみこと》である。ただし、高倉彦神社が珠洲市内の蛸島の海岸部にあり、スダジイ・タブノキの見事な社叢林がある。また須須神社から奥宮の山伏山は遥拝できる位置にはない。むしろ、現在の狼煙は奥宮を遥拝できる位置にある。

平安時代の中期には海上警戒の必要から烽火《のろし》をあげて異変を京の都まで伝達したとされている。元禄年間には、奥宮の中腹に大燈明堂が建造され、毎夜に献燈し、沖を航海する船を守る灯台の役をになった。輪島には高洲山《こうしゅうざん》（五六七m）があり、航海の目安とされた。山麓の高州《こうのす》神社の奥宮が山頂部にあり、かつては雨乞い神事がおこなわれた。

高爪山《たかつめやま》と能登富士

能登半島中西部にある高爪山（標高三四一m）は、能登富士と呼ばれる秀麗な山塊をもつ。航海民からはランドマークとなる重要な山とされ、古くから麓の住民により神体山とされてきた。山頂に高爪神社の奥宮があり、御祭神は日本武尊である。高爪山を発する酒見川は南流し、富木《とぎ》港に至る。神社由緒書では『内宮・外宮・末社八あり、内宮を六社宮と称し、日本武尊・菊理比媛命《くくりひめのみこと》他四柱の神を祀り、外宮を高爪神社と称し、櫛稲田姫命《くしなだひめのみこと》・事代主命・日本武尊の三柱の神を祀るものにして、七院あり』とある。最盛期には、数十人の神官・僧官が山麓に寺坊を建て、山頂での祭祀が山麓南の別当、蓮華光院大福寺によりおこなわれた。加賀藩の前田利家をはじめ、歴代の藩主の崇敬が厚かったとされている。高爪神社には、建治元年（一二七五）と記した円形木版彩画の「六神宮懸仏」がある。神社の前身は大明神で、本地は十一面観音であり、能登国三三番観音霊所の第二六番札所として、観音講の信者の参詣がおこなわれている。また、内宮に祀る菊理媛命は白山信仰の白山比咩神《しらやまひめのかみ》でもある。

中能登の石動山《せきどうさん》

石川県中能登の富山県との県境近くにある石動山（五六四ｍ）は富山湾から眺望することができる。古来から富山湾内を行きかう船にとり航海や漁業の神として崇められてきた。また、石動山から流れ出る水は能登の穀倉地帯である邑知潟平野に水をもたらしてきた。航海神や漁業神としては、志賀島神・住吉神・宗像神がよく知られているが、古代の能登は日本海を通じた大陸や九州との交流があったにせよ、こうした神がみの名は登場しない。

由緒では、主祭神の伊須流岐比古神《いするぎひこのかみ》の「伊須流岐」は天からの流星が落ちて石（動字石）となり、鳴動して神威を顕したのでこの石を祀ることで創建されたとされている。その時代は崇神天皇の御代ともされるが、僧泰澄《たいちょう》が養老元年（七一八）に開山したとされている。

伊須流岐比古神社は石動山の山頂部にあり、相殿神として白山比咩神を祀っている。中世期には白山天台宗系の仏教集団として隆盛し、そのことで僧兵を中心とした武力勢力に伸展した。だが、周辺地域の政治勢力との対立が生じ、戦いに敗れて石動山全山の伽藍・僧坊が焼き打ちで消滅し、その後、戦国時代にも地元の畠山氏と上杉謙信・織田信長・豊臣秀吉らの武将勢力間の対立に巻き込まれ、幾多の困難を経た。江戸時代には加賀藩の前田家の庇護のもとに繁栄したが、明治の廃仏毀釈令により石動山を含め、北陸の仏教勢力は壊滅的な打撃を受けた（http://www.pepulab.mydns.jp/main/sekidousanjyo.htm）。なお、石動山における近世修験については、「別当である天台真言僧、その配下の衆徒、また場合によっては社家あるいは在俗の者とも連携しながら、自らの出自に即した手法によって霊山と同一視される権現を奉斎した」と由谷が指摘している（由谷　二〇一八）。

能登半島では、神体山への信仰から、航海民の信仰、アエノコト神事、寺社による信仰や戦国時代の政治権力との抗争、近世期の加賀藩による庇護など、能登の地勢もあって、山岳信仰の地域史・文化史をみる上で重要な地域であろう。

烽火と情報伝達

古代において焼火山で篝火《かがりび》が焚かれたかはわからないが、天平六年（七三四）に、新羅との関係が緊張したことで三月三日に京の兵部省から出雲国に烽《とぶひ》の設置を指令している。おそらくその烽は隠岐国の大山（焼火山）に置かれたのであろうか。のちに江戸幕府の巡見使が隠岐に来島したさいは、巡見使を二〇〇人以上が集まって饗応した。その連絡のため、知夫里島から焼火山へ、焼火山から別府《べっぷ》（現西ノ島町別府）へと狼煙が上げられた（北見　一九七九）。

先述の後鳥羽上皇と神火の話は一三世紀のことであるが、古代にも同様な事例が隠岐にある。それがおなじ島前・西ノ島に伝わる。『日本後記』の延暦一八年（七九九）五月丙辰の条に以下の記載がある。

「前遣渤海使外従五位下内蔵宿禰賀茂麻呂等言。帰郷之日、海中夜暗、東西掣曳、不識所着。干時遠有火光。尋遂其光。匆至嶋濱。訪之是隠岐國智夫郡。其處無有人居。或云。比奈麻治比賣神有霊験、商賈輩、漂宕海中、必揚火光。頼之得全者、不可勝數。神之祐助、良可嘉報。伏望奉預幣例、許之。」

内蔵宿禰賀茂麻呂《くらのすくねかもまろ》などが渤海国から帰国したさいに、（嵐のため）昼間でも暗い海で遭難したが、海に火光がさし無事に知夫郡の浜にたどり着いた。そこは無人の浜でこれは比奈麻治比賣神《ひなまじひめのみこと》の霊験によるものである。比奈麻治比賣神を祀る神社は西ノ島北部の伊賀に鎮座している。旧社は島の北端の濟《すん》にあり、濟神社と呼ばれた。参拝に遠いということで、安政二年（一八七五）に峠越に遷座されたが、氏子のあいだで災いがおこったので元社地に移ったが、昭和三年（一九二八）、再移転した経緯がある。現在は海士町《あまちょう》のある中ノ島に面する場所にある（図32を参照）。島後の伊勢命《いせみこと》神社（島根県隠岐郡隠岐の島町）にも、神火の伝承がある。毎夜、海上を照らしながら到来する神火が仮屋という場所にとどまるので、小さな祠を建て、伊勢明神を勧請したところ、神火が消えたという。その祠を現在地に遷座した。

富士山と志摩の漁民

三重の志摩各地では近世期に富士信仰が伝承されてきた。志摩半島南部の漁村である志島《しじま》（志摩市阿児町《あごちょう》）

では、漁民による富士山参詣がおこなわれてきた。かつては志島から櫓漕ぎの船で駿河湾内の富士川河口まで移動し、そこから富士川を遡り、さらに陸路で村山口から富士山に登拝した。志島の漁民はカツオ漁に従事し、和具沖から渥美半島沖で漁をした。江戸時代、海上からみえる富士山は海上安全を願って信仰の山とされたことが考えられる。広重の富士三十六景にも、伊勢二見が浦から遥拝できる富士山とご来光直前の雄姿を見事に描いている（図35）。志島では正月と七月一八日、「富士日待ち」と呼ばれる男性だけの富士山を遥拝する祭事がおこなわれ、このなかで漁業における航海安全や大漁祈願を念じた。志島では過去に海難事故があり、遭難による悲劇の回避は漁民に取り大きな願いであった（荻野　二〇二〇）。さらに、静岡県の焼津でもカツオ漁に従事する漁民が富士山を信仰し、代参による共同祈願をおこなっていたことが報告されている（荻野　二〇〇六）。焼津市海岸部にある那閉《なへ》神社では虚空蔵菩薩を祀る。背景にある当目山《とうもくさん》ないし虚空蔵山《こくぞうさん》（一二六m）を神奈備山とする。前浜の海中にある神岩に海を越えて神が至り、海岸の断崖にある御座穴に坐したとされている。

図35　歌川広重「富士三十六景　伊勢二見ケ浦」
遠景にご来光前の富士山が見える。

志摩の方座浦《ほうざうら》

方座浦《ほうざうら》（度会《わたらい》郡南伊勢町）では、毎年七月に近くにある浅間山《せんげんさん》（一八二m）の山開きに富士山から浅間神を招いて二つの山を一体化する浅間祭の儀礼をおこなう。二本の巨大や竹棒を大幣、小幣として山頂にかつぎあげ、竹棒の先端には日の丸扇を取り付け、浅間神の依り代とする。同様な浅間祭は南伊勢町の贄浦《にえうら》や古和浦《こわうら》でもおこなわれている。いずれも浅間山へと祭が進められる。贄浦の浅間山は六三m、古和浦では一九〇mである。用いられる奉納竹の本数や長さ、紙垂《しで》飾り（贄浦）、梵天飾り（古和浦）などは多様である。とくに古和浦の梵天は、『続日本後記』の承和五年（八三八）の伊豆神津島噴火の記事にある火山噴火そのものを表し、祭りに参加する稚児は火山噴火を鎮める火山童子として登場するとの推測もなされている。いずれの浦でも浅間祭で用いられる竹の先端部には日の丸の扇が取り付けられている。

瀬戸内海の山・海浜・島

瀬戸内海の例では、讃岐国の飯野山《いいのやま》（標高四二一・九mで、通称讃岐富士）は神奈備山であり、麓にある飯神社の主祭神は飯依比古神《いいよりひこのかみ》と少彦名命《すくなひこなのみこと》である。航海神を祀るわけではないが、円錐形の山は航海者にとり重要なランドマークとされた。

おなじ讃岐国西部の象頭《ぞうず》山（五三八m）は山容が象の頭に似ている（北半分は大麻《おおさ》山）。象頭山松尾寺普門院の縁起によると、大宝年間に修験道の役小角が象頭山に登ったさい、天竺毘比羅霊鷲山《りょうじゅせん》に住む護法善神金毘羅（クンビーラ）の神験に遭ったのが開山の由来であり、神仏習合の過程でこれが象頭山金毘羅大権現に、本地仏は不動明王とされた。インドにも山容が象頭に似た伽耶山（ガヤーシールシャ）がある。クンビーラはガンジス川の女神ガンガーの乗り物とされ、日本では海運に従事する船乗りの信仰をえた。香川県の金刀比羅神社は全国に約六〇〇社ある金比羅神社の総本山である。この現象は、航海の守護となる山への信仰が航

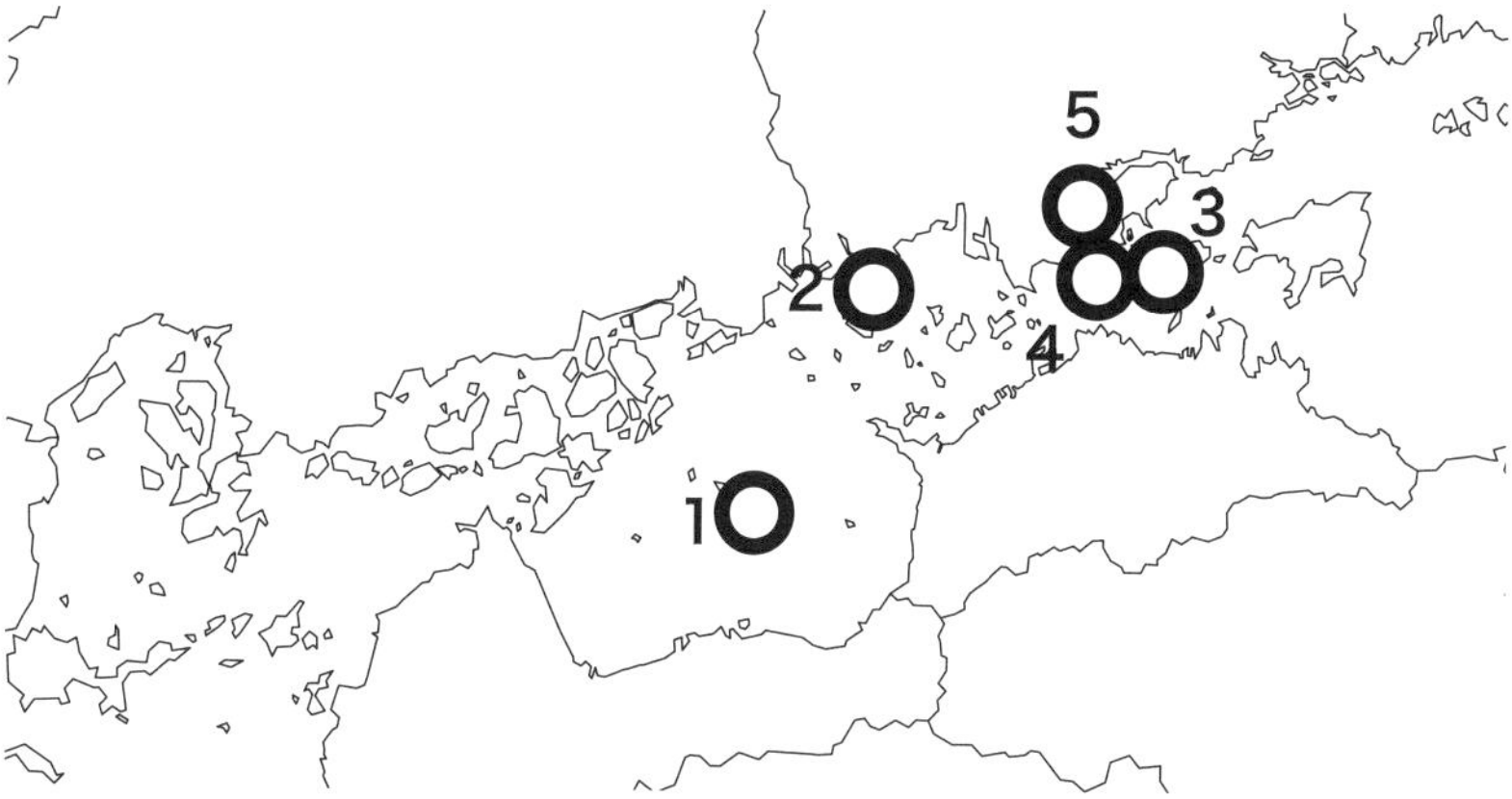

図36　瀬戸内海中央部における祭祀遺跡
1愛媛県上島町　魚島・大木遺跡、2 岡山県笠岡市　荒神山遺跡、3 香川県直島町　直島・高島遺跡、4 直島・葛島遺跡、5 岡山県岡山市　高島遺跡/天狗山遺跡

海ネットワークを通じて拡散した聖山の「ディアスポラ現象」と見なすことができる。

　愛媛県燧灘の中央部に位置する魚島の海浜部にある大木遺跡からは、土師器・鉄鋌・鉄版・玉類・鏡・石製模造品などが出土した。香川県・直島諸島にある荒神島の山頂部には磐座があり、島内に古墳時代中期から奈良時代初期の祭祀遺跡が見つかっている。おなじく直島諸島の葛《かつら》島では五〇基もの古墳と内部の箱式石棺や製塩遺跡が発見されている。岡山県笠岡市の飛島《ひしま》諸島の大飛島《おおびしま》からは奈良時代から平安時代にかけての銅鏡・銅鈴・銅銭・奈良三彩小壺などの祭祀物が見つかっている。島には荒神山（一五一・八m）がある。岡山県岡山市の高島では、島の北側の高島遺跡と南側の天狗山遺跡がある。北側の岩盤山《いわさかやま》山頂部（三一・五m）では、縄文土器、弥生土器とともに、古墳時代の鏡・鉄刀・鉄鍬・甲冑の断片・勾玉などが見つかっている。一方、天狗山山頂部には周囲に配石し、中央に高さ三・五mの磐座をもつ祭祀遺跡がある。周辺から土師器・鏡・勾玉などが見つかっている。高島の祭祀遺跡は五世紀前半から中葉とおもわれる（野島・脇山・谷岡二〇一一）。飛島周辺は瀬戸内海でも潮流の変化が著しい。この島で潮待ちをすることを含めて、海上安全を含む祭祀がおこなわれたとおもわれる。瀬戸内海では低い島であっても、いわば低い山を擁するわけで、海の世界における山と島の信仰に光を当てるものであろう（図36）。

伯耆大山・三瓶山

鳥取県にそびえる標高一七二九mの伯耆大山《ほうきだいせん》は秀麗な山塊をもつ。日本海沖にある隠岐諸島からも遠望することのできる山で、古代の『出雲国風土記』にあるとおり、古くから大神岳《おおかみのたけ》として山岳信仰の対象とされてきた。大山の御祭神は、本社の大穴牟遅神《おおなむちのかみ》と奥宮の大己貴神《おおなむちのかみ》で、ともに大国主命の別名である。八世紀前半に編纂された『出雲国風土記』の「国引き」の条に「國に固堅め立てし加志は、伯耆国なる大神岳是なり」とあり、国を引き寄せる綱（弓ヶ浜半島）をつなぎ止める杭として、伯耆国の「大神岳（火神岳）」が初出である。三瓶山《さんべさん》も国引きの杭として位置づけられている。三瓶山はかつて佐比売《さひめ》山と称された。火山カルデラのなかに男《お》三瓶山（一一二六m）・女《め》三瓶山（九五七m）・子三瓶山（九六一m）・孫三瓶山（九〇七m）・大平山（八五四m）・日影山（七一八m）の六峰からなる。なお、大山の名は平安時代以降とされている。

大山を祀る社殿は江戸時代の一八世紀以降に建造されたが、奥宮社殿も寛政八年（一七九六）に火災により消失し、文化二年（一八〇五）に再建された。古代における祭祀は遥拝所でなされる場合が多く、大山の場合どこで遥拝がおこなわれたかは不明であるが、大山山麓の大山寺《だいせんじ》と大神山《おおがみやま》神社の中間にある金門《きんもん》と呼ばれる磐座の可能性が指摘されている（薬師寺　二〇〇六）。金門は両側が急峻な岩壁で「賽の河原」もある。金門からは大山の北壁を望むことができる。薬師寺によれば、『大山寺縁起』には以下のようにある。

第八代孝元天皇の御世、八大龍王が至り、瞬時に巌を打ち砕いて開くと、金剛鳥が以下の偈《げ》（仏の教えを韻文形式で述べたもの）を告げた。

「大山多寶仏。開鑰《かいやく》御金門。応化身垂迹。釈迦両足尊。」

開鑰は「鍵を開けること」、釈迦両足尊は「もっとも尊い仏」のことである。金門にある賽の河原は、この世と黄泉の国の境界にあることを示しており、大山が死者の眠る場所と考えられていたことを示すものであろう。また、大山は農耕開始後、豊かな水を平野部にもたらす水分の神としても信仰された。大山は航海安全のための標識としてだけでなく、祖霊の住む山、水をもたらす豊穣の神の鎮座する山として多様な側面をもっていた。

須佐高山

山口県東部の須佐町《すさちょう》にある須佐高山《こうやま》（神山）は、日本海に接した山である（五三二・八m）。麓にある神山神社の主祭神は須佐之男命《すさのおのみこと》であり、伊邪那美命と市杵嶋姫神を配祀する。神話では、高山山頂で須佐之男命が新羅の国に行くさいの海路を眺望したとされている。高山は日本海における航海の目印とされてきた。須佐町は現在、萩市に合併された。須佐の名の由来は、須佐之男命の伝説にちなんでいる。

高山は、北前船の船乗りにとって航海の目印だけでなく、航海者の聖地とされてきた。江戸期の天保年間に長州藩編纂による『防長風土注進案《ぼうちょうふうどちゅうしんあん》』に、高山の「沖を行く船は帆を下げて敬拝」とする作法があったとの記載がある。当時、沖合を往来した北前船の船主や船乗りが神山を信仰した。高山中腹にある宝泉寺とその境内鎮守である黄帝社《こうていしゃ》に奉納された絵馬が六七点残されている。そのうちの四九点が船絵馬で、初出は享和四年（一八〇四）で、明治期以降まである（図37）。

注目すべきは奉納者が長門・石見などの地元出身者だけでなく、能登・越中・越前・丹後・出雲・隠岐の船主・船頭にまで広がっていたことで、江崎港、須佐港に停泊した船の船頭や船主を含む信仰の広がりを示している。なお、黄帝は中国古代の神話的な五帝の一人で『史記』では最初の帝《みかど》とされており、現地では造船にまつわる神、航海安全を祈念する神として信仰されてきた。高山神社は、のちの元禄一三年（一七〇〇）、益田家第二六代当主長州藩永代家老・須佐領主益田家七代の益田就賢《ますだなりたか》公により祭神、社殿を須佐湾の中嶋に遷座された。

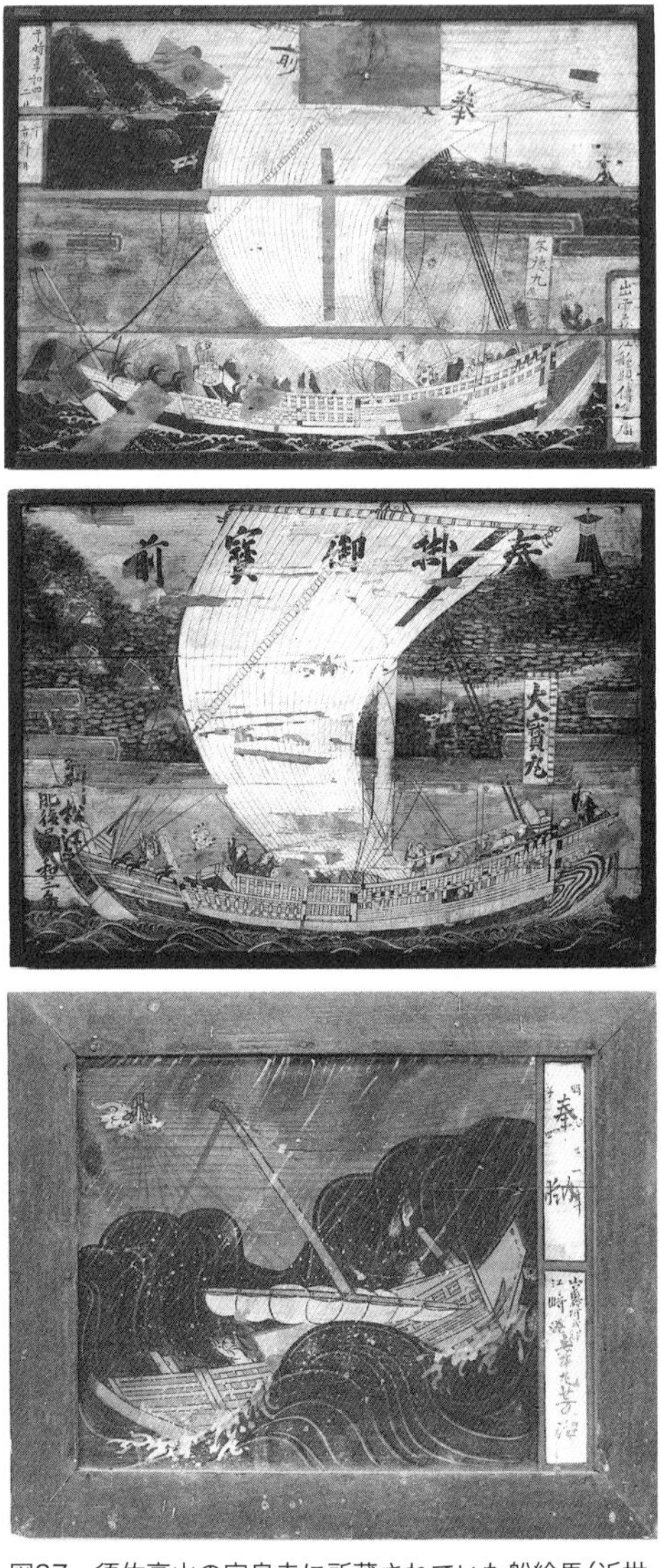

図37　須佐高山の宝泉寺に所蔵されていた船絵馬（近世期から明治期まで）
49点の船絵馬がある。北前船の交易時代以降、全国の船乗りや船主の航海安全を願う篤い信仰をえて、その広がりは日本海一円に達していた。

大宰府と宝満山《ほうまんざん》

宝満山（八二九・六m）は筑前国御笠《みかさ》郡中央にある。古代の天武三年（六七四）、玉依姫命《たまよりひめのみこと》が心蓮上人《しんれんしょうにん》の前に現れ、その由緒で開祖されたとされる。宝満山は、竈門《かまど》神社を中心に霊峰とされてきた。山頂には磐座がある。宝満山は大宰府の鬼門（北東）にあり、竈門神社は大宰府鎮護の神を祀る神社であった。平安時代以降は神仏習合が進み、竈門神社と一体化した竈門山寺（大門寺）は、西国の天台宗寺院として名をはせた。宝満山は修験道で著名な場であった。最澄や空海をはじめ、遣隋使や遣唐使として大陸へ渡る人びとが渡航前に登拝して航海の安全とともに自らが担う入唐求法《にっとうぐほう》の成功を祈願した。中世の蒙古襲来を契機として修験道がさかんとなった。大（太）宰府と宝満山をめぐる修験については、『山岳修験』五四号で特集が組まれ、東アジア的視点（西谷正）や日韓の山岳信仰と女神信仰（須永敬）など興味ある論考がある（日本山岳修験学会編二〇一四）。

最近、宝満山麓の池からヒキガエルが山頂に向かって二km移動することがメディアでも報道されている（朝日新聞・二〇二一年五月二五日夕刊）。人間のみならず、カエルが宝満山を目指すわけはわかっていないが、山を目指すのは人間だけでないことを示す面白い例である。

航海安全の神――宗像三女神・綿津見神・住吉神

海から見た山やまは、航海安全と目的地に到達するための祈りの対象とされた。この点で注目すべきが玄界灘沿岸部である。とくに宗像三女神を祀る沖ノ島・宗像大島は世界遺産でもあり、重要な祭祀遺跡で知られている。沖津宮のある沖ノ島に田心姫《たごりひめ》神、中津宮のある宗像大島に湍津姫《たぎつひめ》神、宗像市の本社である辺津宮の市杵島姫《いちきしまひめ》神の宗像三神が祀られている。この三女神は航海安全の神としてあがめられてきた（服部　二〇一一）。

　全国で宗像神を祀る神社は二九二五社ある。しかし、三女神をそろって祀る神社は八一四（約二八％）で、西日本に顕著で山口県で多い（全体の七九％）。ついで、広島県・愛媛県・三重県・福岡県・兵庫県・大分県とつづく。ただし、関東の内陸県である群馬や栃木でも大分と同等の数がある。また、三女神個別にみると、いちきしまひめのみを祀る神社が一七五五社（全体の六〇％）、たごりひめのみの神社が一五一社、たぎつひめのみが六九社となっている。三女神がセットで祀られる神社は三割以下で、しかもそれぞれの女神のみの神社もばらついており、独自の信仰が全国で育まれてきたといえる（矢田　二〇一六、二〇一七a、二〇一七b、二〇一八、二〇一九）。

　沖ノ島、宗像大島以外に玄界灘にある島じまや九州本土の山に注目すると、航海安全や海・漁撈に関連した神がみが祀られている。たとえば、志賀島の志賀海《しかのうみ》神社は、全国の綿津見神社・海神社の総本社である。志賀海神社では、住吉三神とともに出生された底津綿津見神《そこつわたつみのかみ》・仲津綿津見神《なかつわたつみのかみ》・表津綿津見神《うはつわたつみのかみ》の綿津見三神が祀られている。住吉三神は、『日本書紀』には底筒男命《そこつつのおのみこと》・中筒男命《なかつつのおのみこと》・表筒男命《うわつつのおのみこと》とある。いずれも海に関連した神がみである。

　古代の北部九州では、海人を司る安曇（阿曇）氏が海上を支配していた。志賀島は海上交通の要衝にあり、ここを安曇氏が本拠地として朝鮮や中国との交流をおこなった。安曇氏の氏神は綿津見神であるが、安曇族の始祖である安曇磯良《あずみのいそら》神（阿度部磯良）とする説もある。志賀島神社の社伝によると、「神功皇后が三韓出兵のさいに海路の安全を願い、阿曇磯良《あずみのいそら》に協力を求めた。阿曇磯良は熟考の上で承諾して皇后を庇護した」とある。『太平記』によると、阿度部磯良は龍宮から潮の満ち引きを自由に差配できる潮盈珠《しおみつたま》・潮乾珠《しおふるたま》を皇后に献上した。そのおかげで神功皇后は三韓出兵に成功したとされている。

ただし、綿津見神社と安曇氏との関係は不明確な面がある。綿津見神社は全国に八五二社あり、福岡県（一三〇）・佐賀県（六一）・静岡県（五六）・熊本県（五三）・高知県（四六）・愛媛県（四四）・岡山県（三九）・長崎県（三六）と西日本に多い。福岡県では、御祭神を綿津見神とする場合は多いが、神社名は綿津見神社のほかにも和多津美神社、海童《わたつみ》神社のほか、志賀海神社、志賀神社などがある。また、安曇氏の氏神である綿津見神を祀るのか、海上安全・大漁祈願を祈るためなのか明確でない場合がある。

ここで再度、注目すべきは海と山のつながりである。志賀海神社では、毎年春と秋に「山誉め祭」という神事があり、海を守るためにも山を尊重する意味が込められている。ここで玄界灘の神社に注目しておきたい。

玄界灘に面する渡半島《わたり》北西部の海岸部に祀られる楯崎《たてざき》神社がある（福岡県福津市）。御祭神は大己貴神・綿津見神・少彦名神であり、社名は海外からの異族が来襲したおり、大己貴神とその妃の宗像大神が楯を立て、鼓を打ち鳴らして敵を破ったことに由来する。裏山にある奥の院である薬師神社には巨大な神体石がある。下部に洞窟の祠があり、この岩陰で祭祀がおこなわれたとされている。この山は薬師岳で、かつて楯崎山と呼ばれた（一〇八m）。山頂からは沖ノ島をのぞむこともできる。『宗像社記』には、神功皇后が三韓より帰り、船が着いたのが渡半島北部の東側にある京泊《きょうどまり》海岸であり、楯と弦のない弓を蔵められた場所が楯崎山であるとしている。楯崎神社の相殿に飛龍権現（神功皇后）を祀る由縁である。平安時代、唐に赴く最澄が薬師阿弥陀観音像を寄進したとされ、古代には重要な神社であった。

神功皇后が三韓征伐に向かうさい、船の帆柱に用いる木を伐ったとされるのが標高四八八mの帆柱山（福

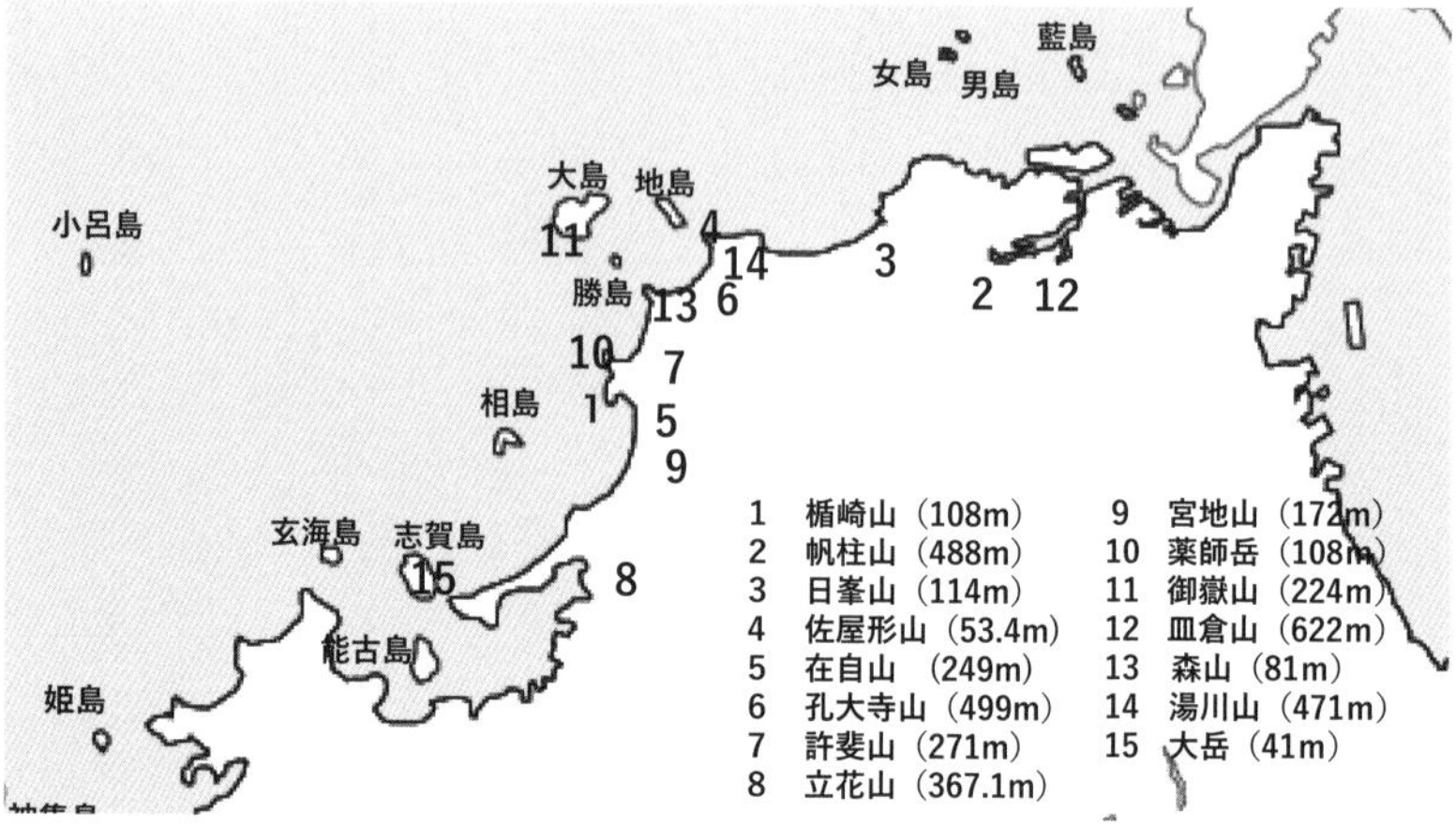

図38　玄界灘における海岸部の山地

岡県北九州市八幡）である。山の九合目で熊野神を祀り、高見ノ宮と称せられ、戦勝を祈願された。のち遷座され、名称も鷹見神社となった。隣接する皿倉山（六二二m）も神功皇后とゆかりがあり、皇后が山に登られ眺望をご覧になり、下山するさいに「更に暮れたり」といわれたことが皿倉山の名の由緒とされている（図38）。

帆柱山の海側にある日峯山《ひのみねやま》（一一四m）の日峯神社は、社記によると貞観二年（八六〇）九月、隠岐島・焼火山神社の祭神である大日霊貴命《おおひるめのむちのみこと》を日峯山山上に勧請し、彦火々出見命《ひこほほでみのみこと》と火酢芹命《ほすせりのみこと》の二柱の神を御鎮斎《いわひ》したのがはじまりである。焼火神社の項で述べたように、大日霊貴命は海上交通の安全を祈願する神として祀られている。

玄界灘のヤマタテと航海

海岸部の岬や島にある神社は海と山に関連する信仰がセットになっている点に注目しておきたい。海上から陸地の二、三方向にある目標を見て自船の位置を探るヤマタテ・ヤマアテの慣行について、宗像大島における例が明治期の専用漁業漁場図にある。明治四二年（一九〇九）一〇月三〇日登録の慣行専用漁業漁場図には、宗像大島（福岡県宗像郡大島村）の周辺海域に九地点を決め、それらの点を結んだ領域を外縁とし、大島の最大満潮時における海岸線とで囲まれる範囲が漁場となる（図39—1、2）（秋道二〇二一a、二〇二一b）。大島を取り巻く漁場の基点（図39—1の九地点、図39—2の一四地点）はすべてヤマタテによって決められたもので、二方向ないし三方向のヤマタテにおける山岳の形状と山名が「対景」として記載されている。山以外には、島の中央部、岩礁の端などが目安とされている。表3に、宗像大島の専用漁業漁場をきめるさいに使われた山を示した。たとえば、現在は無人島の勝島（鐘崎は草崎半島の根元にあり、半島の北西沖にある）と織幡山の重なりが図にある。この織幡山は織幡神社のある佐屋形（小屋形）山（五三・四m）のことである（図40）。

漁業権漁場の範囲は明治以降の取り決めであるが、全国的に見て宗像大島における漁場の設定について、ヤマタテの情報が記載されている例は福岡県以外になく、異例である。つまり、「神の島」宗像大島周辺の

表3　明治期の宗像大島における漁業権漁場図の範囲で示されている「山」と「島」
漁場からの「ヤマタテ」による。

帆柱山（488m）	金比羅山（125m）
在自山 (249m)	樽見山 (垂水峠：110 m)
丸山（75m）	野北の彦山（231.5m）
宮地岳（172m）	湯川山（471m）
孔大寺山（499m）	田島の深田山（104.5 m ?）
薬師岳（108m）	志賀島大岳（41 m）
立花山（367.1m）	島
許斐山（271m）	相島
佐屋形山（織幡山）（53.4m）	大島
大岳（41m）	地島
小岳（21m）	勝島
赤間の城山（369 m）	向島
四塚山（連山）（m）	玄海島
御嶽山（224 m）	彦島南風泊
梅津の森山（81.5 m）	彦島大瀬
津屋崎の森山（81 m）	
津屋崎の丸山（75 m）	

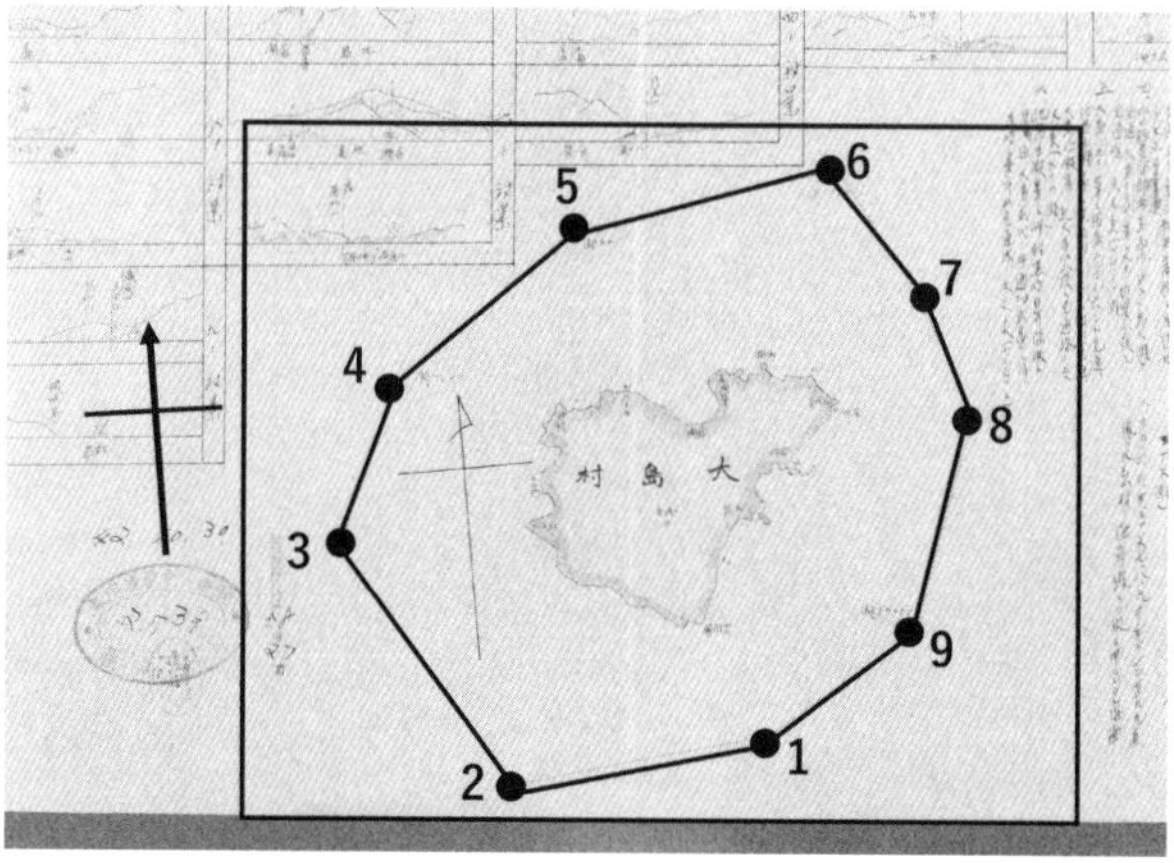

図39-1　宗像大島の慣行漁業漁場図（秋道　2011 a：図G2　福岡県宗像郡大島村・大島浦漁業協同組合における専用漁業漁場図（C2739）を元に作成）
基点（1～9）はすべて「ヤマタテ」で決められている。

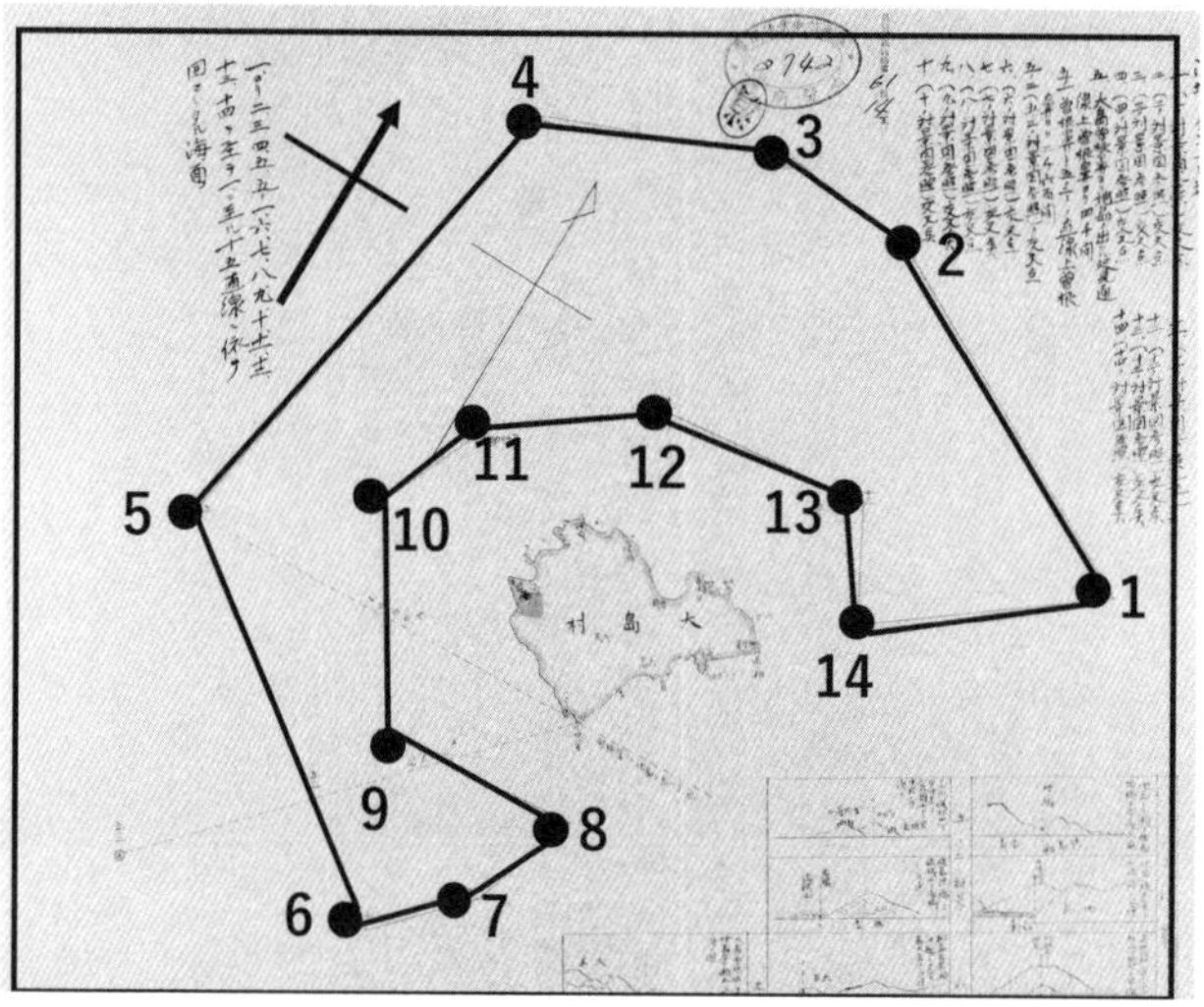

図39-2　宗像大島の慣行漁業漁場図（秋道　2011 b：図G2　福岡県宗像郡大島村・大島浦漁業協同組合外6組合における専用漁業漁場図（C2742）を元に作成）
基点（1～14）はすべて「ヤマタテ」で決められている。

漁場に特別の注意が払われていたことを示唆している。しかも、図39―2の基盤となる山は広域におよんでおり、聖域となる宗像大島周辺の漁業に対して厳格な取り決めのあったことが推定される。

宗像大島に近接する鐘崎は、漁業のさかんな土地である。当地の鐘ノ岬に織幡神社があり、貝原益軒の『筑前國続風土記』巻之十七によると、武内大臣《おおおみ》（武内宿禰《たけうちのすくね》）・住吉大神・志賀大神《しかおおかみ》の三神を祭神とするとある。武内大臣は中座、住吉大神は西座、志賀大神は東座に鎮座する。織幡神社は佐屋形山の中腹にある。境内の展望台から天気次第で、地島や宗像大島は当然として沖ノ島や小呂《おろの》島が見える。古代にも海を監視する場であっただろう。佐屋形山は低山であるが、海に突き出した位置にあり、海からもヤマタテの目安とされることは前述した。

図40　織幡宮の「一の鳥居」と後方の佐屋形山（53.4m）（筆者撮影）

『筑前國続風土記』付録巻之（三十二）の宗像郡（上）には織幡神社の図があり、佐屋形山の山容がよくわかる（加藤・鷹取・川添　一九七七）。

織幡神社の由来については、諸説ある。一五世紀中葉のものとされる『宗像大菩薩御縁起』には、神功皇后の三韓征伐のさい、宗大臣（宗像大社の神）が「御手長《おてなが》」という旗竿に武内大臣

図41　織幡宮の扁額(筆者撮影)

の織った紅白二本の旗をつけて戦い、勝利をおさめたのちに旗竿を「息御嶋（＝沖ノ島）」に立てた。武内大臣の神霊は異賊の襲来する海路を守護するため海辺に鎮座し、神名は「織旗（織幡）」とある（図41）。

織幡神社の七祭神のひとつである壱岐真根子臣《いきのまねこのおみ》はかつての社家である壱岐氏の祖とされる。また、壱岐島には天手長男《あまのたながお》神社・天手長比売《あまのたながひめ》神社があり、織幡神社の祭祀との関係が想定されている。天手長男神社は壱岐の郷ノ浦にあるが、本来の神社は蘆辺町湯岳《ゆたけ》興触《こうふれ》にある興《こう》神社（壱岐国の一宮）とする説が有力である。興神社では、足仲彦命《たらしなかつひこのみこと》（仲哀天皇）と息長足姫命《おきながたらしひめのみこと》（神功皇后）を祀っている。

鐘崎周辺と地島のあいだの海域には浅瀬が多い。干潮時には水深が一m未満になるところがあり、座礁する危険性が高い。海上保安庁は宗像大島と九州本土との間の倉良《くらら》瀬戸を通るように指導している。『万葉集』にもこの海域が危険であることが謳われている。「ちはやぶる　金の岬を過ぎぬとも　我れは忘れじ　志賀の皇神《すめかみ》」（『万葉集』巻七　一二三〇番）。

一方、『和名類聚抄』の巻九・国郡部第一二・筑前国第一二五には、怡土《いと》郡（一〇丁表八行目）、那珂郡（一〇丁裏七行目）、宗像郡（一一丁表七行目）に「海部《あまべ》」が明記されている。それぞれ、糸島半島の二丈深江の福《ふく》吉《よし》村、福岡市博多区住吉、玄海町神湊《こうのみなと》に比定されている（谷川　二〇一〇）。筑前国の海部は、綿津海神を祀る安曇系集団の拠点で、儺県《なのあがた》の志賀島を根拠地としていた。

神湊は名前から「神の湊」であり、草崎半島の根元に位置する。この地の津加計志《つかけし》神社の旧地は綱掛神社（現在、宗像大社頓宮祭祀）にあり、神湊のフェリー乗り場の後方から勝浦漁港に抜ける道ぞいにある。祭神は当初、辺津宮の市杵島姫命で、相殿に宗像大宮司の遠祖である吾田片隅命《あたかたすみのみこと》を祀るとある。津加計志は「綱掛」（つかけし）のことで、神が至る船を湊に繋ぎおく場所に鎮座する意味をもつ神社である。また、海に関連した住吉三神を祭神とする記録もある。

先述した「御手長」に関連して、玄界灘を望む背振山地についてふれておこう。背振山地は東西約五〇㎞にわたる山地でほぼ筑前国と肥前国の境界をなす。主峰の背振山（一〇五五ｍ）は背振山地東部にある最高峰で、背振山地のほぼ中央にある雷山（九五五・三ｍ）を代表として雷山地とも称する。背振山地は古来より修験の山として知られる。また、神功皇后にまつわる伝承が知られている。たとえば、雷山の山頂すぐ下に神功皇后と金毘羅神を祀る石祠がある。さらに、山中には旗竿山があり、『筑前國続風土記』には「神功皇后の御旗竿をとらせ玉いし所」とあり、皇后が蹲った方六尺ほどの石があったとされている。さらに、雷山の北西側の尾根は飯原山で、別名「旗振山」と呼ばれる。旗竿や旗振は、神功皇后の三韓征伐のさいにおける「御手長」に通じると考えられる（吉田　二〇一四）。

なお、先述したヤマタテと関連して、津屋崎大字渡（旧筑前国宗像郡渡村梅津）では江戸初期の寛永一七年（一六四〇）、東側に隣接する勝浦との間で漁場境界争いが絶えなかった。黒田藩の浦奉行が、三百貫の大石を梅津の漁民六人に担がせ、綱が切れた所か、力尽きた所を境界とすると言い渡したが、六人は必死で勝浦浜まで約一〇町（約一㎞）歩き続けた。たまりかねた浦奉行が刀で綱を切って制止した所が境界となった。

しかし、黒田藩浦奉行に直訴したことで浦庄屋佐兵衛ら六人は断罪となる。この六人を祀るのが六社《ろくし》宮であり、この地点から西側が輪内《わうち》と呼ばれる梅津の漁場となった（津屋崎町史編集委員会　一九九八）。沖出しの線が沖合の小呂島を見通した線として江戸当時決められたのかについての文献はみていない。明治期における津屋崎の慣行漁業漁場図（慣行二七三三番）には、六社宮を基点として小呂島見通し線が記述されている。奈多浦の奈多漁業協同組合に残されている古文書では、白石浜（津屋崎側）と勝浦浜における漁場争いは戦国期にさかのぼる（桑田　二〇一六）。

冠島

冠島（雄島）と沓島《くつじま》（雌島）は若狭湾西部の舞鶴市にある島で、面積はそれぞれ〇・二二㎢、九七〇〇㎡の島である。島の最高点は一六九・七m、八九mである。冠島には宮津市の天橋立近くに鎮座する籠《この》神社の奥宮がある。付近は釣り漁業の好漁場であり、冠島は嵐のさいの避難場所としても利用されてきた。毎年六月一日、冠島では雄島参り（老人嶋《おいと》祭礼）が挙行され、多くの漁船が大漁旗を立てて島に集結し、大漁祈願・航海安全を祈る（図42）。

籠神社は、丹後国一宮であり（京都府宮津市大垣）、もとは匏宮《よさのみや》と称した。奥宮に真名井神社があり、その裏には磐座が祀られている。社殿の創建される前は、この磐座で祭祀がおこなわれたとおもわれる。籠神社はもともと伊勢にあったことから、「元伊勢籠神社」とか「元伊勢根本宮」「内宮元宮」「籠守大権現」「籠宮大明神」などとも称される。現在まで海部《まべ》氏《うじ》が宮司を世襲してきたユニークな神社である。主祭神は、彦日明命《ひこほあかりのみこと》で、別名を天照国照彦火明命ともいい天孫邇邇藝命《てんそんににぎのみこと》の兄弟神である。天祖から息津鏡・邊津鏡を賜り、海の奥宮である冠島に降臨された。

冠島には老人嶋神社がある。江戸期作の『丹後風土記残欠』には凡海坐息津島社《おおしあまにますおきつしま》とある。若狭湾沿岸の漁民の信仰が厚く、野原・小橋《おばせ》・三浜三村の氏神として祀られてきた。祭神は天日明命《あまのほあかりみこと》・日小郎女命《ひこいらつめのみこと》と伝えられている。なお、籠神社の由緒では、彦火明命《ほあかりのみこと》と、市杵嶋姫命《いちきしまひめのみこと》が天降って夫婦となったとされている。宮津市の傘松公園には冠島・沓島の遥拝所がある。市杵嶋姫命は宗像三女神の一人であり、航海安全を司る点で納得がいく。

図42　冠島（京都府舞鶴市）における雄島参り（老人嶋神社祭礼）（筆者撮影）

さらに、前述の『丹後国風土記残欠』には以下のようにある。

「凡海郷。凡海郷は、往昔、此田造郷万代浜を去ること四拾三里。□□を去ること三拾五里二歩。四面皆海に属す壱之大島也。其凡海と称する所以は、古老伝えて曰く、往昔、天下治しし大己貴命と少彦名命が此地に至り坐せし時に当たり、海中所在之小島を引き集めるときに、潮が凡く枯れて以て壱島に成る。故に凡海と云う。ときに大宝元年三月己亥、地震三日やまず、此里一夜にして蒼海と為る。漸くわずかに郷中の高山二峯と立神岩、海上に出たり、今号つけて常世嶋と云う。亦俗に男嶋女嶋と称す。嶋毎に祠有り。祭る所は、天火明神と日子郎女神也。是れは海部直並びに凡海連等が祖神と斎所以也。」

簡約すると以下のようになる。

凡海《おおしあま》郷は、ここの田造郷万代浜から四三里、□□から三五里二歩の距離にあり、周囲を海で囲まれた一つの大きな島を指した。凡海と称するわけは、古老の伝承でつぎのようにあるからだ。大昔、天下を治めた大己貴重《おおあなむちのみこと》と少彦名命《すくなひこなのみこと》がこの地に至って鎮座した。そのさい、海中の小島を引き集めたときに、潮が凡《おおよそ》引いて枯れ、一つの島になった。だから、凡海《おおよそのうみ》という。ところが、大宝元年（七〇一）三月己亥に大地震が起こり、三日続いた。浜辺の里は海に消え、わずかに郷中の高山二峯と立神岩が海上に島として残った。そこで、これらを常世嶋と名付け、俗に男嶋女嶋と呼んでいる。嶋ごとに祠があって、祭神を天火明神《あめのほあかりのかみ》と日子郎女神《ひこいらつめのかみ》として奉っている。海部直《あまべのあたい》および凡海連《おおしあまのむらじ》などの集団が祖神として祭祀を執りおこなった。

七〇一年の大宝地震で周囲の里が水没し、男嶋すなわち冠島と女嶋すなわち沓島とその横にある立神岩が残ったとするものである。じっさい、『続日本紀』巻二には、「大寶元年三月甲戌朔、己亥（二六日）丹波國地震三日」とあり、歴史地震として『続日本紀』に記載された最古の地震記録である。震源地は不明であるが、日本海の若狭湾沖である可能性がある。また、若狭湾西部の沿岸部、とくに現在の京都府宮津市・京丹後市には津波の伝承が残されている。宮津湾の東側にある栗田《くんだ》半島の先端に近い田井では集落が全滅したとの伝承がある。宮津市字大垣にある籠神社の奥宮である真名井神社では津波が参道のある標高四〇mまで押し寄せたとされている。京丹後市大宮町にある荒潮神社では標高六〇m（海岸から一二・八㎞）、同町の鯨で標高四〇m（海岸から一四・七㎞）、おなじく干潮稲荷《ひしおいなり》神社で七〇m（海岸から一三・四㎞）とされている。冒頭で述べた凡海郷は冠島だけを指すのではなく、宮津から栗田半島、由良川下流部を指すと考えたい。それにしても、津波高が六〇mとは考えにくく、六〇mは津波遡上高ならば二〇一一年の東日本大震災の津波で四〇m以上の記録があるのでまだしも納得がいく。海岸線からの距離が一〇㎞以上の地点にまで津波が到達したとすれば、海岸線からの勾配がきわめて低い地域で起こったと想定できる。また、地殻変動で大きな島が冠島と沓島、立神島だけになったとする伝承は信じがたい。

飛島と鳥海山

江戸時代の旧藩時代における漁業史料にヤマタテに関する情報がある。日本海の飛島《とびしま》（山形県、旧庄内藩）周辺沖合におけるタラ漁場の漁場をめぐり村間での漁場紛争があった。本土側の鳥海山や周辺の山やまや海岸部のランドマーク、島影などをみて決められた漁場図がそうである（農林省水産局編纂　一九三四）。この場合は、鳥海山が重要な指標とされている（図43）。

飛島には神社が二社ある。中村にある小物忌神社は鳥海山の大物忌神社（出羽一宮）と対をなす。祭神は級長津彦命《しなつひこのみこと》と級長戸邊命《しなとべのみこと》でともに風神である。島南部の勝浦にある遠賀美《おがみ》神社の祭神は大海津見命《おおわたつみのみこと》と月読命《つくよみのみこと》である。これとは別に「龗《おかみ》神社」とあり、龗は雷を指す。高龗神《たかおかみのかみ》を祀る京都の貴船神社では「水の

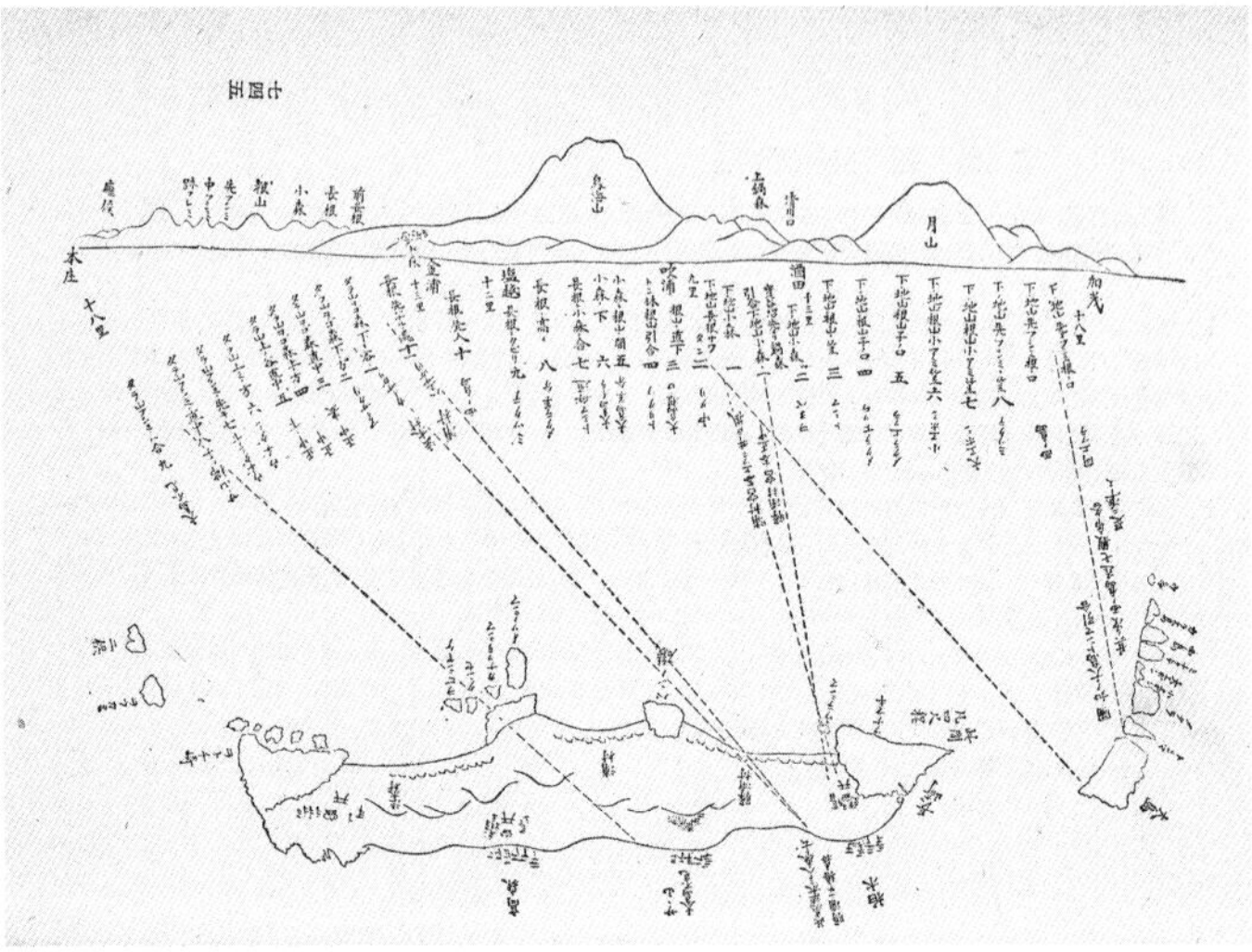

図43　飛島における鱈漁場境界図（『旧藩時代における漁業制度調査資料』1934）

神」とされている。飛島の西沖にある御積島《おしゃくじま》は内部に洞窟があり、龍の鱗のような黄金色に輝く岩壁があり、地元や航海者から海神である龍の棲む場として信仰されている。龍の鱗状の部分はウミネコの糞に由来する。飛島は鳥海山の噴火物が海を越えてできたとする伝承があり、火山を連想させるとともに、風神、水神、海神が鎮座する海洋的な信仰がみられる特異な島といえる。平成二八年（二〇一六）九月には「鳥海山・飛島」は日本ジオパークとして認定されている。

開聞岳

薩摩半島南端の開聞岳は秀麗な三角形状の山で薩摩富士とも称される火山である（標高九二四m）（図44）。もとは神体山とみなされたが、山麓の枚聞《ひらきき》神社は薩摩国一宮で、祭神は大日孁貴命《おおひるめのむちのみこと》である。古代の貞観一六年（八七四）に開聞岳は噴火を起こしており、元慶六年（八八二）一〇月九日には従四位上から正四位下に位階が上がっている。当時、開聞岳の神は開聞神と称されていた。また後鳥羽天皇の文治時代（一一八五〜一一九〇）から後陽成天皇の時代（一五八六〜一六一一）ころまでは和田津美神社とも呼ばれていた。和田津美は綿津見である。開聞岳は地理的な位置からしても、錦江湾から大陸や琉球をつなぐ航路の出入り口にあり、航海の神、漁業の神とされたことがわかる。とくに江戸期に琉球王国からの交易船の人びとに信仰された。ただし、おなじ薩摩国では川内《せんだい》にある新田八幡宮と位階をめぐる相克があった。新田八幡宮は平安中期の承平天慶《じょうへいてんぎょう》の乱（平将門・藤原純友の乱）のさい、国家鎮護を祈願し、石清水八幡宮から勧請された八幡五所別宮の一つであり、古くは天津日高彦火瓊瓊杵尊（ニニギノミコト）を祀る山陵にある。新田神社は神亀山《しんきさん》（標高約七〇m）の山頂部にあり、可愛山陵《えのみささぎ》とも称される。なお、大分八幡宮はかつて背後の山頂部に嶽宮《だけのみや》（元宮）があり、神奈備とされていた。宇佐八幡宮の御許山は後述する。

図44　開聞岳（924m）

恵山

北海道アイヌの例であるが、道南部の亀田半島先端部にある恵山について、松前武（竹）四郎は『東蝦夷日誌八篇』のなかで以下のように記述している（松浦　一九八四）。

「エサン　夷語エシヤニなり。山のなだれと譯す。亦高山名山等をエシヤニといふ。此山高山なれは・「東」奥蝦夷地往返の諸廻船見当になす・「也」。尤、是より奥地エリモ崎江舟走るには卯辰針筋を舟走るといへとも、風筋汐地差引勘弁あるべきなり。」

東蝦夷地と（内地を）往復する廻船がランドマークとする山であることがわかる（上原　一九八八）。なお、卯辰は東と東南東のあいだの方位を指し、たしかに恵山と襟裳岬はほぼ同緯度にある。武四郎は、恵山は「山なだれ」ないし「高山や名山」を意味するとしている。ただし、バチェラーは恵山（ESAN）は、E-san-not、「突き出た岬」の意味であると記述している（バチェラー　一九八八）。たしかに津軽海峡をはさんだ下北半島先端部の大間から恵山をみると、海に突き出たようにみえた記憶がある。

南方熊楠《みなかたくまぐす》と神林

明治三九年（一九〇六）に施行された一町村一社を原則とする「神社合祀令」に反対した南方熊楠は神社を囲む社叢林を「神林」と呼び、合祀令への反対意見書のなかで、「従来地方の諸神社は、社殿と社地また多くはこれに伴う神林あり」と記している（南方　二〇一五）。東京帝国大学農学部教授の白井光太郎に宛てた書簡のなかで、南方はつぎのようにも述べている。

「神林は欧米の高塔と等しくその村落の目標となる、と言えり。漁夫など一丁字なき者は海図など見るも分からず不断山頂の木また神社の森のみを目標として航海す。洪水また難破船の節、神林目的に泳ぎ助かり、洪水海嘯（筆者註：津波のこと）の後に神林を標準として他処の境界を定むる例多し。（中略）わが邦幸いに従来大字ごとに神社あり仏閣ありて人民の労働を慰め、信仰の念を高むると同時に、一挙して和楽慰安の所を与えつつ、また地震、火難等の折に臨んで避難の地を準備したるなり」。

南方は、神林が森林生態系におけるさまざまなサービスを提供するとしてその保全を訴えているなかで、寺社が信仰の中核となっている点を看破したといってよい。

日和山と海況

航海の指針となる山は信仰の対象とされる一方、航海者が港に停泊し、つぎの航海における天候や風向きなどを知ることは大きな関心であった。江戸時代、西廻り・東廻りの海運を担った船乗りは港にある丘や小高い場所から天候を予知するための日和山《ひよりやま》を多く利用した。それらの山や丘は聖なる場ではなく、現実に即した海況観測の実利的な場であった。江戸と大坂をつなぐ東廻り・西廻り航路上の寄港地には数多くの日和山がある。西廻りと東廻りとでは日和山の数は三八、四〇で両者の差はない。また、日和山の標高も一〇〇mまでで多くは港に近接した場所にある（南波　一九八八）。

海から見た山が航海にとり重要な指針であることから信仰されたとして、山は民俗知識や航海者固有の想いに反映されている。山岳信仰は、修験者や僧侶だけが独占してその世界観なり宗教観を元に実践してきたのではない。沖ノ島の宗像三女神の例のように、国家的祭祀に組み込まれる例もあり、海と山にかかわる信仰の多様な展開が以上の諸点から明らかになるのではないだろうか。

第4章　修験道と山

本章では、日本で独自の歴史的展開を遂げた山岳信仰である修験道について考えてみたい（鈴木　二〇二五）。飛鳥時代に仏教が伝来し、聖徳太子が「一七条憲法」の第二条に「篤敬三寳 三寳者佛法僧也」と明記し、三寶として佛《ほとけ》・法《のり》・僧《ほうし》を受容し、敬うべきとしたのが推古一二年（六〇四）である。この時代以降、受容された仏教を信奉する僧のなかから山岳において難行・苦行の修行により仏の超能力を感得し、悟りの境地を希求する人びとを輩出した。

修験は、修行することでその徳を験《あら》わすことに由来し、修験の実践者は山伏（山臥）とも呼ばれた。山伏の語は、「山に伏して修行する」ことによる。修験には、出家僧以外にも在家信者の優婆塞《うばそく》がいた。修験道は古来の神体山への信仰（神道に通じる）が仏教や道教の影響を受けて、さらには密教・陰陽道思想の影響のもとに実践的な信仰へと結実することとなった。日本の修験道は山岳を志向する信仰であり、外来の仏教や道教の影響を受けた点から習合（シンクレティズム：syncretism）したものと考える立場が一般とされるが、中牧弘允が指摘するように、シンクレティズムは厳密な意味で日本に浸透しなかったと主張する堀一郎や高取正男の説を紹介し、仏教や儒教と対抗しながら質的変化を遂げたとし、それを宗教的土着主義と位置づけている（中牧　一九八三）。修験道の研究は数多いが（五来　一九七〇、和歌森　一九七二、五来　一九八〇、鈴木　一九九

一、宮家編　一九八六、和歌森・村山・五来　二〇〇一）、現場に即して「峯入修行」の実態を浮き彫りにした宮家準の功績に注目しておきたい。近世後期、吉野から熊野に至る大峰山での修行では七五靡《なびき》とよばれる霊場があった。現在、奥駈《おくがけ》と呼ばれる峯入修行のことが詳しくふれられている（宮家　二〇二一）。

修験では、山全体を「曼荼羅」と見なして可視化した図像に表し、修行の支えとされた。真言密教では、空海が『金剛頂経《こんごうちょうぎょう》』に基づく金剛界と『大日経』に基づく胎蔵界の教えが伝授され、金剛界の「智」と胎蔵界の「理」が一体となる、「金胎不二《こんたいふに》」となる境地を目指した（鈴木　二〇一九）。

1　修験道と役小角・最澄・空海

奈良県南部の大峰山脈や金剛山（大阪府南河内郡千早赤阪村と奈良県御所市）は、古代から霊山とされてきた。飛鳥時代の七世紀に生きた役小角《えんのおづぬ》ないし役行者《えんのぎょうじゃ》は、日本における修験道の開祖とされる実在の人物である。若くして葛城山（現在の金剛山・葛城山）で修行を重ね、のち大峰山で修験道をきわめ、吉野の金峯山寺《きんぷせんじ》（奈良県吉野郡吉野町）で金剛蔵《こんごうざ》王大権現《おうだいごんげん》を感得した（図45）。本寺は金峯山修験本宗の総本山であり、本尊は金剛蔵王大権現である。金峯山は吉野山から南の山上ケ岳（一七一九ｍ）（奈良県吉野郡天川村）を含む山岳修験場の包括名である。吉野の大峯山は古代から山岳信仰の聖地であり、平安時代以降は霊場として多くの参詣人を集めてきた。大峯山の霊場は、和歌山県の高野山と熊野三山、およびこれらの霊場を結ぶ巡礼路とともに平成一六年（二〇〇四）七月、世界遺産「紀伊山地の霊場と参詣道」の構成資産となっている。

役小角は山に霊的な存在が宿ることを自らの修行を通じて感得したわけで、神が降臨したとされる上賀茂神社、宇佐神宮、厳島神社などの例とはちがう。つまり、呪術者として山に霊性を賦与した点で、第3章で述べた火・水・祖霊との関係で山を聖なるものとする信仰とは明らかに異なっている。むしろ、山自体を神聖視する神奈備や神体山に関する神道の考えに通底するといえるだろう。また、前述したボイヤーの説にあるように、行者が山に霊性を認める能力を体得していたとすれば、修行による役小角の慧眼と体験は十分に評価されるべきであろう。修験者にとり、峯入りの「行」は実体験による霊性の感得にある。

図45　金峯山寺金剛蔵王大権現

役小角は出家僧の身ではなく在家の宗教者、つまり優婆塞《うばそく》であった。出家僧は、僧尼令《そうにりょう》（『養老令』にある僧尼統制のための法典で、二七条からなる）第一三条に基づき、許可を得て山地で修行をおこなった。日本では中国の道教における道士・女冠《おんなこうぶり》（女道士《どうし》）の法規（道僧格《どうそうきゃく》）にならい、山中で生活し（山居《さんきょ》）、服脱穀（ないし辟穀《へきこく》）により、穀物を食べず、仙薬となる野生の草木や果実を食した。また、道教での教えによる不老不死の丹薬《たんやく》を服用した（和田　二〇〇〇）。

役小角を開祖とする修験道は、のちの一〇世紀後半～一一世紀にかけての平安時代末期に確立する。修験道では修験者、すなわち験者《げんざ》（のちの山伏）が修行をおこない、神秘的で呪術的な霊威を獲得することを目指した（和田　一九八八a）。
五～六世紀に中国から陰陽道の考え方が伝来した。古代律令制下では中務省《なかつかさしょう》陰陽寮《おんようりょう》に属し、吉凶や災禍の占いをおこなった。一方、在野にも非公認の陰陽師がおり、仏教や神道の集団にいわば寄生する形で活動を続け、疫病退散や厄除けの祈禱をおこなった。こうした活動は仏僧や修験者の活動とも通底するものであり、教団に吸収、受容されていった（木場　一九七二―一九七三）。

最澄と空海

平安京の桓武天皇時代に中国に渡り、密教を学んだ最澄や空海は、若いころから山に籠って修行していた。最澄は比叡山で、空海は室戸岬、石鎚山、舎心《しゃしん》ケ《が》嶽《たけ》（徳島県阿南市）などで修行した。のち、最澄は比叡山で天台宗、空海は熊野山で真言宗の開祖となり、壮大な山岳寺院が建立された。日本ではインド佛教の佛が神として現れるとする本地垂迹《ほんちすいじゃく》説、ないし神本仏迹《しんぽんぶつじゃく》説が広く受容された。天台宗では山王神道《さんのうしんとう》が、真言宗では両部神道《りょうぶしんとう》に基づく。前者では日枝山（比叡山）権現が、後者の熊野三山（熊野本宮大社・熊野速玉大社・熊野那智大社）では、熊野三所権現が主祭神とされた。

寛治四年（一〇九〇）に白河院が熊野行幸のさい、三井寺の増誉《ぞうよ》が先達を務め、増誉はその功により熊野三山検校《けんぎょう》（三山の統領）に任ぜられ、京都の聖護院を賜った。聖護院はその後、室町期に天台修験の本寺としての地位を確立し、本山派を名乗った。本山とは熊野を指す。

一方、真言宗派では平安時代、理源大師聖宝《しょうぼう》が醍醐寺を開山した。醍醐寺の由緒によると、吉野の金峯《きんぷ》山《せん》を中心とする山岳信仰の修験の場は役小角が開いたが、大蛇が棲みついて修験者を寄せつけなかった。しかし、聖宝が退治したのちに修行が可能となったとされている。聖宝の死後もその弟子によって真言宗醍醐寺は大きく発展し、永禄年間ころより当山派と呼ばれるようになった。当山とは、金峯山を指す。また、上醍醐を開いた聖宝が勝地《しょうち》（仏菩薩の坐す、現世の浄土）としたのが醍醐山、すなわち笠取山《かさとりやま》（標高四五二m）である。空海が修行した阿波国の舎心ケ嶽について付言しておこう。ここにある寺院は舎心山常住院太龍寺《たいりゅうじ》で、その山号は舎心山《しゃしんざん》である。空海が一〇〇日間、修行をした舎心ケ嶽は標高五三〇m、太龍寺は五〇〇・一mにある。かつては東西南北に四つの舎心ケ嶽があった。真言宗の聖地であり、「西の高野」とも呼ばれる。このあたりの山地は大竜寺《たいりゅうじ》（太龍寺）山《やま》と呼ばれ、補陀落山（六一八m）と太龍寺のある弥山（六〇〇・一m）の二峰（座）がある。なお、鳴門市にある大麻山《おおあさやま》は標高五三八mの阿波国一之宮の大麻比古神社があり、別名で弥山《みせん》と呼ばれる。

修験者の装束のコスモロジー

修験者（山伏）の身に着ける法衣と法具は修験道の信仰を具現する意義をもち、しかもけわしい山岳部を踏破（抖擻《とそう》）するうえでたいへん合理的であった。高尾山薬王院の解説を元に表4と図46、47に整理しておこう（https：//www.takaosan.or.jp/about/syugen_dougu.html）。

富士山での修行は「浄土」への旅とも考えられ、行者は死への旅立ちとおなじ白の行衣《ぎょうえ》を身に着け、死装束とおなじ左前とし、頭のかぶりものや帯は縦結びとした。山伏の修験でもふつう、鈴懸《すずかけ》や結袈裟《ゆいげさ》などの法衣は金剛界と胎蔵界を、頭巾は大日如来、念珠・法螺貝・錫杖《しゃくじょう》・引敷《ひっしき》（腰当て）・脚半などは修験者の成仏過程、斑蓋《はんがい》（頭のかぶりもの）・笈《おい》（背負いの箱）・肩箱（背負いの小箱）・螺緒《かいのお》（ザイル）は修験者の仏としての再

表4　山伏の法衣・法具

1	頭襟(ときん)　頭襟を着けることにより煩悩から悟りへとの意味がある
2	斑蓋(はんがい)　円形は金剛界の月輪を、頂上の三角は胎蔵界の八葉蓮華を表す
3	鈴懸(すずかけ)　上着は九枚の布で金剛界九界を、下の袴は八枚の布で胎蔵界の八葉を表す
4	結袈裟(ゆいげさ)　九界の衆生を結んで仏である修行者に懸けることで十界具足の結袈裟となる
5	法螺(ほら)　法螺の音を聞くものは煩悩を滅し悟りを得る
6	最多角念珠(いらたかねんじゅ)　多くの煩悩を打ち砕くことで法界に通じる
7	錫杖(しゃくじょう)　衆生が悟りの道に赴くさいの智慧の杖
8	笈(おい)　法具箱で、行者(胎児)を抱く母の母胎に住することを示す
9	肩箱(かたばこ)長さ1.8尺は行者の十八界、横6寸は六大、高さ5寸は金剛会の五智を表す
10	金剛杖(こんごうづえ)　大日如来を表すと共に行者の法身を表す
11	引敷(ひっしき)　腰当てで、獅子(鹿)と観念し、畜類の王の上に座すとみなす
12	脚半(きゃはん)　春・夏・秋の峰入りで脚半の種類や結び方が異なる
13	桧扇(ひせん)　願文を読むさい、腰に差し、その扇の上に包み紙や念珠等を掛ける
14	柴打(しばうち)　悪魔降伏の作法に用いる剣
15	走縄(はしりなわ)　不動明王の剣索
16	草鞋(八目草鞋)(そうかい)　八葉蓮華の台に乗って修行に赴く
17	螺緒(かいのお)　腰の右に巻く16尺の緒を貝の緒、左に巻く21尺の緒を曳周(ひきまわし)と呼び、両者を結ぶことで金剛界と胎蔵界を合一させる

1　頭襟(ときん)
2　斑蓋(はんがい)
3　鈴懸(すずかけ)
4　結袈裟(ゆいげさ)
5　法螺(ほら)
6　最多角念珠(いらたかねんじゅ)
7　錫杖(しゃくじょう)
8　笈(おい)
9　肩箱(かたばこ)
10　金剛杖(こんごうづえ)
11　引敷(ひっしき)
12　脚半(きゃはん)
13　桧扇(ひせん)
14　柴打(しばうち)
15　走縄(はしりなわ)
16　草鞋(八目草鞋)(そうかい)
17　螺緒(かいのお)

図46　修験道の山伏の装束

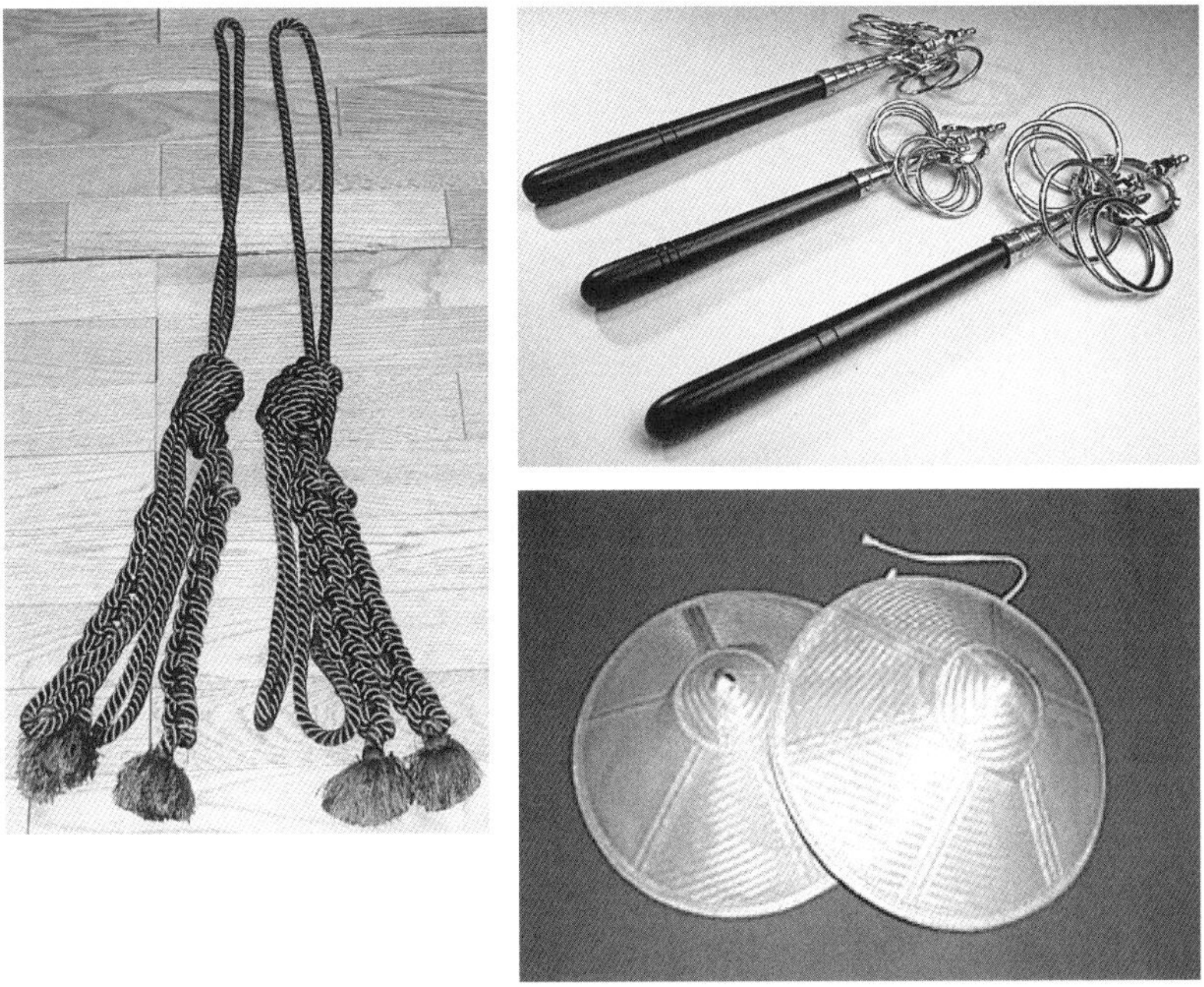

図47　山伏の法具（一部）

生というように、山伏が仏として入峰する過程を象徴するものであり、その装束は修験道をまさに可視化したものでその奥深さに驚異をおぼえる。

　奥深い山で修行した修験者は、山での霊験を俗人に語るとともに、山の自然に精通して薬草類の知識も豊富であり、加持祈禱や護符ばかりではなく自家製の薬で病気の治癒にも貢献した。前述した役行者は葛城山での修行のさいに見出した陀羅尼助《だらにすけ》は、ミカン科の木肌の樹皮を使った「ウバク・延命草・ゲンノショウコ・センブリなどから作られ、現在も健胃・消化不良・胃弱の生薬として愛用されている。

　江戸時代には全国各地で講組織が作られ、拠出金を貯めて集団的に登拝する慣行が流布した。麓の宿泊場を提供し、山の霊験について講義し、山案内を務める人びとは御師《おし》と呼ばれた。その代表例が富士講である。盛期には吉田に一〇〇軒もの宿泊所があった。参拝客を泊める御師旧戸川家住宅（山梨県富士吉田市）は富士山世界遺産の構成資産ともなっている。

神仏分離令と修験道の衰退

明治維新になると、修験道は大きく変容する。明治政府は慶応四年三月一三日（一八六八年四月五日）から明治元年一〇月一八日（一八六八年一二月一日）にかけて一連の太政官布告、神祇官事務局達、太政官達などにより「神仏判然令」（神仏分離令）を告示した。ついで、明治五年（一八七二）に神仏習合の修験宗廃止令で修験道の拠点霊山は急激に衰退した。

明治三九年（一九〇六）に施行された一町村一社を原則とする神社合祀令（神社を整理・統合して合祀する）にたいして、とくに和歌山県は強制的な合祀政策を進めようとした。明治三七年（一九〇四）より田辺に移住していた民俗学・博物学の南方熊楠は合祀の結果、多くの森や社叢林が失われ、生物の多様性や貴重な自然の破壊になるとして猛反対を書面を通じて各界に訴えた。民俗学者の柳田国男も熊楠を後押ししている。そして、ついに大正九年（一九二〇）、貴族院で「神社合祀無益」と決議され、合祀が反エコロジー的な宗教政策であることを国に認めさせている。

2　熊野三山

最澄・空海の時代から二〇〇年後の院政時代、神仙思想と神仏融合思想が山岳信仰として結実し、修験道の隆盛期を向かえる。典型的な例が「熊野詣」であり、敬虔あらたかな山岳での体験を目指す信仰者が熊野三山に至った（和田　一九八八b）。

新宮の熊野速玉大神の主神は、熊野《くまの》速玉大神《はやたまのおおかみ》と熊野《くまの》夫須美大神《ふすみのおおかみ》の二神である。新宮のある熊野川河口部の右岸に神倉《かみくら》山（一二〇m）がある。古くから神奈備山とみなされ、山腹にあるゴトビキ岩はヒキガエルの形をした丸い巨岩で、古代から磐座として信仰されてきた。

飛鳥時代の第三〇代敏達天皇三年の御代（五七四年）に「神倉山が火を放った。翌年一月六日より神倉火祭はじまる」と『熊野風土記』にある。これより、毎年二月六日の夜、神倉山頂部の神倉山神社から白装束の「上り子」の男性約二〇〇〇人が松明を手に山をかけ下り、民家に火を届ける神事がおこなわれる。神倉山の「御燈祭」として、国の無形民俗文化財とされている。

熊野那智大社の主神は、熊野夫須美大神《ふすみのおおかみ》である。ここにある那智瀧は落差一三三mの日本一の大瀧であり、那智大社の別宮、飛瀧《ひろう》神社が鎮座する。この場合、瀧自体の御祭神は大己貴神である。滝が御神体となるのではなく、瀧水とともに降臨される飛瀧神（飛瀧権現）が対象となる（橋本　二〇一二）。このため、本殿や拝殿はない。飛瀧神は、「水の姫神」とされている。

鎌倉期の正安元年（一二九九）の『一遍上人聖絵《いっぺんしょうにんひじりえ》』の絵図には、瀧を遥拝する瀧壺に拝殿があり、瀧の落ち口左には一頭の白馬が描かれている（図48）。馬は千手千眼観音菩薩の本地仏とされている。また、「熊野三山参詣」の図には三頭のイノシシが描かれており、熊野三山の大神とされている。七月一六日に挙行される那智の扇祭（御火祭の正式名）では、大型の馬扇《うまおうぎ》をもつ神官が先導する。扇には馬の絵がある。そのあと、一二柱の扇神輿が本殿から那智の滝まで進む。そのさい大きな松明を燃やす勇壮な場面がある。扇は風をもたらし、あるいは風を遠ざける役割をもつ。災禍を退け、吉兆を招来する霊的な道具と考えられたようだ。第1章でふれた風の思想と通底するものがある。

明治期の神仏分離令ののち、熊野那智大社と横の那智山青岸渡寺《せいがんとじ》に分かれた。青岸渡寺には三重塔があり、一層目に飛瀧権現と不動明王、二層目に尼子十勇士と阿弥陀如来像、三層目に千手観音菩薩が祀られている。

このように、当初は熊野那智大社と熊野速玉大社の二社体制であったが、のち、平安後期の一一世紀後半の時期

図48　那智の滝と『一遍上人聖絵』
下は詳細図で、1頭の白馬が描かれている。

に熊野那智大社を加えて「熊野三山」信仰へと発展した。熊野の祭神については、「三所」の時代から遅くとも一一世紀末ごろまでに、若宮・中四社・下四社を加えた「十二所権現」へと発展し、那智山へも勧請されていた（橋本　二〇一二）。そして、寛治四年（一〇九〇）における白河上皇の熊野参詣前後が画期となった。

那智参詣曼荼羅

熊野に伝わる『那智参詣曼荼羅』は近世初期、熊野那智への神社・仏閣への参詣を勧誘するため、「絵解き」用に作成された曼荼羅図で、霊場や宗教的な施設だけでなく、文化習俗や名所旧跡なども描き込んだものので、熊野比丘尼《びくに》と呼ばれる女性たちが全国を行脚し、「絵解き」を通じて参詣を勧誘した。この種の『参詣曼荼羅図』は折りたたんで携行し、各地では上から吊るして絵解きがおこなわれた。全国各地にのこる一五〇あまりのなかで三六点が確認されてもっとも多い。

『那智参詣曼荼羅』の最下部には「補陀落渡海《ふだらくとかい》」の様子が描かれている。これは、生者の僧が入母屋造りの屋形船（渡海船）に乗り、浄土の世界にあるとされる補陀落山へと旅立つ捨て身の行を指す。那智湾には、渡海船が帆を立てた場所にある帆立島、金光上人が途中で逃げてたどり着いた金光坊《こんこぶ》島、渡海船を綱でついで誘導した二艘の曳航船が綱を切った場所の綱切島なども描かれている。補陀落渡海の沿革は補陀落山寺（和歌山県東牟婁郡那智勝浦町）にあり、元は浜近くにあった。補陀落渡海は、平安時代からおこなわれ、那智勝浦の浜から出立した例が全国である四〇数件（足摺岬、室戸岬、那珂湊など）のうちの二五件ともっとも多い。（第5章の普陀山を参照）。

熊野信仰と『長寛勘文《ちょうかんかんもん》』

熊野権現はインドに発して中国の天台山に移り、海を越えて九州の彦山、伊予の石鎚山、淡路の論鶴羽山《ゆづるはさん》をへて、紀淡海峡を渡り、熊野に至った。大陸系の熊野信仰が瀬戸内海を通じて熊野まで伝わったことを公的に認める長寛元年（一一六三）の『長寛勘文《ちょうかんかんもん》』が残されている。これは甲斐国の甲斐守藤原忠重らが熊野権現社領である甲斐国八代荘《やつしろのしょう》を侵犯したことに端を発する訴訟にほかならず、熊野信仰の正統性を訴えたものである。一二世紀当時、律令制の揺らぎのなかで寺院や神社は全国に荘園を設けて経済基盤を拡大する傾向にあり、所領の占有をめぐり国衙の国司勢力と対立する状況にあった。以下では、熊野信仰に関連する筑前の英彦山、伊予の石鎚山、淡路の論鶴羽山について確認しておこう。

英彦山《ひこさん》

英彦山は、九州における山岳霊場の山である（福岡県田川郡添田町と大分県中津市山国町）。熊野の大峰山、山形の羽黒山とともに日本の三大修験場に数えられる。英彦山は、北岳・中岳・南岳の三峰からなり、南岳が最高峰で一一九九mある。御祭神は天忍穂耳命《あめのおしほみみのみこと》で、天照大神の御子である。この点から、「日の子の山」、「日子山」と呼ばれ、弘仁一〇年（八一九）、嵯峨天皇の詔《みことのり》により「日子」を「彦」とし、彦山と呼ばれた。享保一四年（一七二九）以降は英彦山と改名された。

英彦山には江戸期に多くの修験者が訪れ、宿坊に滞在して修行を重ねた。このことが「彦山三千八百坊」の名にある。添田町《そえだまち》（福岡県田川郡）は平成二七年、英彦山山頂から中腹までの約六・九㎢について上空から四〇㎝四方ごとのレーザー照射により地表の高低差を測定し、住居址や仏堂などの場所に八〇〇あまり、およそ三〇〇〇人規模の集落のあったことが確認されている。地上部では柱穴の配置から間取りが復元されるとともに、周辺には「窟」と呼ばれる岩穴が多数あり、修行の場とされている。英彦山に三〇〇〇人もの山伏が逗留したとすれば、全国一の修験の地ということになる。英彦山の北側には岩石山《がんじゃくさん》（田川郡添田町と赤村の境界にあり、標高四五四m）が位置し、豊前佐々木氏が居城とした山城がある。

石鎚山《いしづちさん》

石鎚山は、愛媛県西条市と上浮名郡《かみうけな》久万《くま》高原町の境にある標高一九八二mの西日本最高峰である。ここに鎮座する石鎚神社は石鎚山（石鉄山）を神体山とし、山麓の石鎚神社本社（口之宮）、山腹の成就社《じょうじゅしゃ》（中宮）と土小屋《つちごや》遥拝殿《ようはいでん》、山頂の頂上社からなる。御祭神は石鎚毘古神《いわつちびこのかみ》で、伊弉諾・伊弉冉が最初に産んだ子であり、紀元前六三年、第一〇代崇神天皇の三五年、石鎚の峯に神を勧請した（『長寛勘文』による）。

平安時代初期の『日本霊異記《にほんりょういき》』には、「伊与の国神野の郡の部内に山有り。名を石鎚山と号く。是れ即ち彼の山に石槌の神ありての名なり。其の山高くさかしくして、凡夫は登り到ることを得ず。但浄行の人のみ登り到りて居住す」とある。おなじく『日本霊異記』では、石鎚山ゆかりの前神寺《まえがみじ》や横峰寺《よこみねじ》で寂仙《じゃくせん》（灼然・石仙）を石鎚山の開祖としている。ただし、伝承では飛鳥時代の天武一四年（六八五）に役小角が石鎚山に登り、下山途中、釈迦如来と阿弥陀如来が衆生の苦しみを救済するため合体し石鉄蔵王権現となって現れたことを感得した。それを元に尊像を彫り、前神寺（山号は石鈇山《いしづちさん》）を開基したとされる。石鎚山では山そのものが石鎚蔵王権現であり、明治の神仏分離以前は石鉄山・石鉄蔵王権現と称された。

石鎚信仰は現在の石鎚山だけでなく、石鎚山脈に連なる笹ケ峰（一八五九・四m）、瓶ケ森《かめがもり》（一八九七m）、さらには子持権現山（一六七七m）を含む連山が信仰の対象とされていた。当初は東側の笹ケ峰と瓶ケ森を祀るのと、西側の石鉄山を祀る二つの流れがあった。東部では天河寺《てんがじ》が石鉄蔵王権現を祀り、西部の前神寺で前述のように阿弥陀如来を、中山川下流沿いにある法安寺は推古四年（五九六）、聖徳太子の伊予行啓《ぎょうけい》のさい、太子の命により国司の越智益躬《おちのますみ》が建立したとの伝承がある。のち、東部の笹ケ峰と瓶ケ森側における信仰は衰微していった。

その後、空海の『三教指帰《さんごうしき》』に「或ときには石峯に跨りて」とあり、空海も二五歳の若いころにこの地で修行した。近世には石鎚山への信仰は領主らによる篤い保護を受け、神仏習合の信仰は石鎚山における講の発達がみられた。その後、明治二年（一八六九）の神仏分離令により、明治八年（一八七五）、前神寺と横峰寺は廃仏となったがのちに再興された。

論鶴羽山《ゆづるはさん》

論鶴羽山は淡路島の南東端にある標高六〇七・九mの山であり、論鶴羽山地の最高峰である。論鶴羽神社は山頂の南側約四〇〇mに鎮座する。創建は第九代開化天皇の御代（崇仁天皇は第一〇代）とされる。御祭神は伊弉冉尊《いざなみのみこと》・速玉男命《はやたまのおのみこと》・事解男命《ことさかのおのみこと》である。社の由緒によると、「伊弉諾尊と伊弉冉尊が鶴の羽に乗られて、この山で舞い遊ばれていた。一人の狩人が掟を破って山に入り、鶴に矢を放った。羽に傷を負った鶴は頂上のカヤの大樹にとまり、人のお姿となり狩人に自分は伊弉諾・伊弉冉である。国家安全・五穀豊穣成就のためにこの山に留まり、これより論鶴羽大神となる、と告げた。二柱の神は陳謝する狩人を許し、お社を建てることを命じた」とある。

のちの平安時代には修験道がさかんとなり、おおくの修験者が来山した。論鶴羽山の修験は九州の英彦山、四国の石鎚山を経て伝わり、ここから紀淡海峡を越え、紀ノ川をさかのぼるルートで熊野に至った。論鶴羽山は熊野権現元宮として京にも名を知られ、長保三年（一〇〇一）ころに成立した清少納言の『枕草子』にも、「峰は ゆずるはの峰 あみだの峰 いや高の峰」とある。

瀬戸内海経由で熊野信仰が伝わったことは、長寛元年（一一六三）の『長寛勘文』の「熊野権現御垂迹縁起伝」に記載されている。「ゆづるは参り」の参道は論鶴羽古道と称され、表参道と裏参道がある。起点から一町（一〇九m）ごとに町石《ちょういし》が設置されている。これは熊野古道でもおなじで、論鶴羽神社はそれだけの財力を背景としていた。論鶴羽古道からは建武元（一三三四）年銘の町石が出土している。戦国時代、戦乱で全山焼失し、江戸時代に再興されるがふたたび焼失・再建を繰り返し、明治期の神仏分離令を経て現代に至る。

3　立山と白山

立山信仰

飛騨山脈の立山連峰は雄山《おやま》（三〇〇三m）、大汝山《おおなんじやま》（三〇一五m）、富士ノ折立《ふじのおりたて》（二九九九m）の三峰からなる。立山という名前の単独峰はなく、信仰面ではふつう雄山を指す。元来、立山を神体山とする信仰があり、御祭神は伊邪那岐神（立山権現雄山神・本地阿弥陀如来）と天手力雄神《あめのたぢからおのかみ》（太刀尾天神剱岳神・本地不動明王）の二神を祀る。この二神を鎮座する雄山神社域は、富山県中新川郡《なかにいかわ》立山町《まち》の蘆峅寺《あしくらじ》、岩峅寺《いわくらじ》一帯で、広義には弥陀ケ原

図49　立山曼荼羅

や地獄谷を含む立山連峰全域に及んでいる。蘆峅寺にはのち神仏習合した前立社壇《まえだてしゃだん》があり、立山信仰のいわば里宮である。岩峅寺は標高四〇〇mにある中宮である。本殿としては山頂の峰神社が鎮座している。なお、岩峅寺・蘆峅寺の「峅」には「神の降臨する場所」の意味がある。

古代、国司として越国に赴任した大伴家持《おおとものやかもち》は立山について、以下の反歌を『万葉集』に残している。「立山《たちやま》に　降り置ける雪を　常夏《とこなつ》に　見れども飽かず　神《かむ》からならし」大伴家持（巻一七・四〇〇一）。天平一九年（七四四）四月二七日（太陽暦で六月一三日）に詠んだ「立山の賦（たちやまのふ）」で、家持は六月にも残雪があるのは「神の山」であるからに相違ないとしている。立山信仰について、環日本海文化の枠組みで考える論集がある。後述するように、山岳信仰を海と山を統合して考える視点は重要であり、安田喜憲が二〇〇六年にその考えを提起している（安田編　二〇〇六、小林　二〇〇六）。

図50　ウェストンが記載した「天然円戯場」にあたると思われる立山の室堂

雄山神社は、神仏習合が進むなかで立山修験道のメッカとされた。「立山曼荼羅」は、立山信仰の世界観が凝縮した宗教絵画である（図49）。横一・五～二・二m、幅一・五～一・九mの大きさで四幅からなる。全国で布教するために巻物とし、各地での説明のさいには掛軸として使う。最近発見された「福江家本」を含めて全国に五二点が残されている（福江 二〇一九）。絵画は、背景が左に針状に尖った劔岳、中央に雄山、右に立山連峰があり、天空右に日輪（太陽）と左に月輪（月）を配置する曼荼羅の基本構成となっている。画題には、立山地獄谷における閻魔大王・鬼・三途の川、六道《ろくどう》を構成する地獄道・餓鬼道・畜生道・阿修羅道・人間道・天道、祭神の阿弥陀如来と不動明王、二五菩薩の来迎、立山山麓・山中の名所や旧跡、蘆峅寺の布橋灌頂《ぬのばしかんちょう》会《え》の儀式などが描かれており、前述の福江は「大仙坊A本」を全体で五二の画面にわけて分析している。

立山信仰は立山を神体山とする古代の信仰に神道、

仏教が影響を及ぼす形で発達してきた。極楽と地獄を表し、蘆峅寺の布橋灌頂会におけるように女人救済とともに、布橋を現世とあの世の境界とし、山上他界観を示した。民間信仰としても立山への登拝は男子の通過儀礼としての意味をもっていた。明治期に立山に登った英国宣教師であり登山家のW・ウェストンは、立山山頂の弥陀ケ原でこれこそ「天然円戯場」と称した（図50）（ウェストン　一九九五）。

立山の薬草と採薬史

立山の亜高山地帯ではさまざまな薬草が知られていた。さらにクマ、シカなどの動物由来の産品や鉱物も薬用に利用されてきた。古代以来の修験者は修行するとともに山岳地帯の資源についても相当な知識をもっていた。修験者の知識は公開されることがなかったので全貌は不明である。ただし、江戸時代の享保年間以降、幕府はそれまで大量の薬種を中国からの輸入に依存していた体制をあらため、国内各地に「採薬使《さいやくし》」を派遣して国産の薬種の開発を進める政策をとった。立山でもさかんに薬草の採集がおこなわれた。この間の文書の分析については、富山県「立山博物館」の吉野俊哉による研究がある（吉野　一九九九、二〇一一）。また、熊胆《ゆうたん》は狩猟者にとり重要な換金源であり、東北地方から北陸における狩猟文化を探る上でクマ猟と熊胆の流通は興味ある課題である。富山は売薬で有名な土地柄であり、江戸期に由来する「反魂胆《はんごんたん》」には熊胆が使われている。

白山信仰

北陸の両白《りょうはく》山地の石川県白山市・岐阜県大野郡白川村・福井県大野市、富山県大野郡の境界領域に位置

する白山（御前峰《ごぜんがみね》）は標高二七〇二mの活火山である。隣接する剣ケ峰（二六七七m）・大汝峰《おおなんじみね》（二六八四m）・白山別山《べっさん》（二三九九m）などの白山連峰が白山信仰の聖山とされてきた。冬から早春にかけて石川県・加賀平野からみた白山は全山真白で、古名の白山《しらやま》と呼ぶにふさわしい。

火山である白山への信仰は古くからあり、山自体が神体山とされていたとおもわれる。伝承では、第一〇代崇神天皇の御代に創建され、祭神は白山比咩大神《しらやまひめのおおかみ》（＝菊理媛尊《くくりひめのみこと》）、伊弉諾尊《いざなぎのみこと》、伊弉冉尊《いざなみのみこと》の三柱である。

それ以前、縄文時代には噴火があったし、歴史時代にも慶雲三年（七〇六）八月三日越前国より「山災不止」との言上があり、山火事を鎮めるため国司奉幣使が派遣され、祈りを捧げた旨の記載が『続日本紀《しょくにほんぎ》』にある。

開山後の例であるが、『類聚国史《るいじゅこくし》』によると、仁寿三年（八五三）に白山比咩大神は従三位《じゅさんみ》に、貞観元年（八五九）には正三位《しょうさんみ》に神階が昇叙《しょうじょ》している。これは白山の噴火による結果と考えられる。『白山之記』によると、長久三年（一〇四二）、越前の僧である良勢が馬場の座主・別当（僧侶の職名）を追放し、参拝人の進物を横領するなどの狼藉が発覚したことで、加賀馬場の行人《ぎょうにん》（僧侶）数十人が良勢を焼き殺し、越前室を焼き尽くす事件を起こした。放火・殺人を犯す輩が寄宿する宿坊は不浄であるとして、白山の神が怒り、山が噴火したとされている。これにたいして、越前の牛首と加賀の尾添は山地の杣《そま》権をめぐる抗争を続けており、前記の事態が起こったのは決して最初のことでもないと位置づけている（北西　一九五四）。

白山と加賀・越前・美濃

白山信仰は平安時代に仏教の影響を受け、養老元年（七一七）、越前出身の泰澄《たいちょう》上人が弟子をともない苦難の末、白山御前峰にはじめて登拝し、白山の開山者となった。白山の山塊が分水嶺にあったことから越前国・加賀国・美濃国にそれぞれ平泉寺《へいせんじ》白山神社・白山比咩《しらやまひめ》神社・長滝《ちょうりゅう》白山神社が信仰拠点となり、のちに「白山三馬場《ばんば》」と称された。馬場は白山の山頂（禅頂《ぜんちょう》）に至る禅定道《ぜんじょうどう》、つまり山道の起点に形成された。白山には三つのルートがあったことになる（図51）。禅定については、『山岳修験』四八号の白山特集（日本山岳修験学会編　二〇一一）や同四三号で時枝務が白山禅定と男体山禅定を比較する視点を提示しており（時枝　二〇〇九）、禅定の比較研究を総合的におこなう意義が伺える。

図51　白山三馬場

白山寺白山本宮の創建は霊亀二年（七一六）で、泰澄による白山登拝の前年に当たる。平泉寺は養老元年（七一七）、長滝寺は養老二年（七一八）に勅命により泰澄が創建したとされている。のち、白山寺（神社）は文明一二年（一四八〇）の大火で消滅し、現在の場所に遷座した。白山神社古宮は創建時、近くにある舟岡山（一七八m）にあったとされ、「白山比咩神社創祀之地」の碑がある。白山から北流する手取川の中流右岸の扇状地に位置し、ここから手取川は向きを西に変えて日本海にそそぐ。

白山の開山以降、御前峰の山頂部には十一面観音（白山妙理菩薩の本地仏）、大汝峰には阿弥陀如来（大己貴命の本地仏)、別山には聖観音(大山祇神の本地仏)が祀られ、仏教と修験道の神仏習合した白山信仰は全国に広がった。

加賀・越前・美濃における白山信仰を支える寺社の僧侶勢力の動態はおなじではない。たとえば、美濃の長滝寺は郡上郡一円に大きな宗教的勢力をもつようになった。最盛期の鎌倉時代には六谷六院、神社三〇余、三六〇坊があった。のちの宝徳二年(一四五〇)、比叡山延暦寺の天台宗の末寺となるが、戦国時代に北陸からの浄土真宗派が郡上地方に進出した結果、多くの寺院が浄土真宗本願寺派に改宗した。また、越前朝倉氏による郡上への侵攻や江戸時代の郡上藩主による寺領の没収などで、長滝寺の白山信仰への影響力は凋落した。

かわって、越前の拠点である平泉寺が勢力を伸ばした。平泉寺勢は南北朝時代に南朝の後醍醐天皇の味方をしていたが、北朝の斯波高経《しばたかつね》側に寝返り、藤島城などに立て籠もったので南朝軍と合戦となった。室町時代に越前守護の斯波氏の保護を受けた。永享一二年(一四四〇)全山が炎上したが、その後復興し、全山を石垣で要塞化する寺院を建設した。最盛期には東西一・二km、南北一kmの範囲に、南谷三六〇〇坊、北谷二四〇〇坊、四八社三六堂、六〇〇〇の院坊をもち、僧兵八〇〇〇人を擁する日本でも最大級の宗教都市となった。しかし、天正二年(一五七四)に越前一向一揆勢の攻撃で全山焼失した。

加賀国では、天正一四年(一五八六)に初代加賀藩主の前田利家による白山本宮への金品の奉加《ほうか》を嚆矢として歴代藩主による奉加を介して白山神社の庇護政策があった。明和七年(一七七〇)、一〇代藩主前田重教《しげみち》により白山神社が寄進、再建された。前述したように、信仰面での対立の背景に、白山域における杣伐採権の占有をめぐる対立のあった点は注目すべきであろう(北西前掲)。

白山信仰の民俗

分水嶺に位置する白山地域では、下流域に水の恵みをもたらす神への信仰が篤く、罔象女神《みつはのめのかみ》（日本書紀）、つまり農耕を司る水神が信仰されてきた。罔象は中国の『准南子《えなんじ》』などで「龍」や「小児などの姿をした水の精」を表す。いわゆる水分《みくまり》の神が民間で広く信仰の対象とされ、白山を水源とする加賀・手取川、越前・九頭竜川、美濃・長良川の各集水域では独自の白山信仰が形成されていった。また、雨を降らせる鳴雷神《なるいかずちのかみ》や、湧水を司る御井神《みいのかみ》も水神にほかならない。

水は祭祀における「潔斎」に不可欠であるとともに、洪水や疫病の蔓延ももたらすネガティブな側面をもつ。民間信仰では、水神は女神とされ安産や子宝祈願の対象ともなった。白山の山麓部では土蔵の棟木の部分に「水」、「龍」の文字や亀・鯉などの鏝絵《こてえ》（レリーフ）をほどこし、火災除け、繁栄祈願とした。ただし、こうした水信仰に関連した民俗信仰の例は白山以外の地域にも広くみられる。さらに、白山におけるさまざまな山の恵みや養蚕の神として崇められた。そして、海上における「山だめ」（山当）の指標として、白山は航海や漁撈の守護神としても尊ばれる多様な顔をもつ存在であった（平凡社地方資料センター　一九九一）。

4　出羽三山と鳥海山

出羽三山の信仰

山形県庄内地方にある羽黒山、月山、湯殿山《ゆどのやま》は出羽三山と呼ばれる。このうち、羽黒山（四一四ｍ）は、日本で三大修験道のひとつとされている。羽黒山の祭神は伊氐波神《いではのかみ》と倉稲魂命《うかのみたまのみこと》、月山（一九八一ｍ）の祭神は月読之尊《つくよみのみこと》（ないし月読之命）、湯殿山（一五〇〇m）の祭神は大山祇命《おおやまづみのみこと》・大己貴命《おおなむちのみこと》・少彦名命《すくなひこなのみこと》である。出羽三山のうち、月山は過去、羽黒山は現在、湯殿山は未来を示すとされており、月山神社、出羽《いでは》神社、湯殿山神社が鎮座する。

羽黒山の場合、推古元年（五九三）、奈良の都から第三二代崇峻《すしゅん》天皇の第三皇子である蜂子皇子《はちのこのおうじ》が当地に至った。皇子は、羽黒山の阿古谷《あこや》で修行を積み、羽黒の大神である伊氐波神《いではのかみ》の出現を拝し、羽黒山頂に出羽神社を御鎮座奉られたとする伝承がある。開祖・蜂子皇子の修行道は羽黒派古修験道《はぐろはこしゅげんどう》として連綿として山伏による修験が継承されてきた。蜂子皇子は月山と湯殿山の開祖ともされている。

月山の祭神である月読《つくよみ》之尊（命）は、日本神話上の神であるが、神仏習合の進んだ段階で室町時代までは八幡大菩薩であり、浄土教の浸透で八幡神の本地仏である阿弥陀如来が信仰された。羽黒山とともに修験道がさかんにおこなわれた。

湯殿山は月山、羽黒山を経て最後に至る霊場で、奥宮の湯殿山神社は標高一〇〇〇mあたりに鎮座している。渓谷のなかに熱湯が溢れ出る黄褐色の巨岩は陽物であり、下に陰形の湯溜まりがある。生命の根源を象徴する自然物が御神体とされている。東南アジアのヒンドゥー寺院でみられるリンガ（男性性器）とヨニ（女性性器）と類似した点がある。

また、湯殿山を含めて山形県鶴岡市にある寺社には、即身仏（ミイラ）が四体祀られている。即身仏とは、湯殿行者が湯殿大権現（大日如来）と一体となるために自らの穢れを取り除き、山草や木の実だけで命を繋ぐ木食《もくじき》行をおこなった。断食の末、生きたまま土中に埋め、数年後に取り出す。拝観できる三体の即身仏は、湯殿山総本寺の大日坊《だいにちぼう》瀧水寺《りゅうすいじ》で真如海上人《しんにょかいしょうにん》を、湯殿山《ゆどのさん》注連寺《ちゅうれんじ》では鉄門海上人《てつもんかいしょうにん》を、修行山《しゅぎょうざん》南岳寺《なんがくじ》では鉄《てつ》竜海上人《りゅうかいしょうにん》をそれぞれ安置しており、いずれも真言宗派に属する。

出羽三山においては、羽黒山で現世利益を、月山で死後の体験をして、湯殿山で新しい生命（いのち）をいただいて生まれ変わる、という三関三度《さんかんさんど》の霊山とされてきた。出羽三山神社《でわさんやまじんじゃ》は月山神社、出羽神社、湯殿山神社を合わせて羽黒山の出羽神社に三神を合祭して三神合祭殿《さんじんさいでん》で祭祀が挙行される。これは冬季、月山と湯殿山が閉鎖されるからである。出羽三山は、祖霊を鎮魂する霊山であり、羽黒山には羽黒山霊祭殿がある。月山は庄内平野の人びとに農業のための水をもたらす水分神社の意味をもつ。また、山の神、田の神、海の神など、人びとの生業に深くかかわる神への信仰を含んでいる。しかも、古神道だけでなく、神仏習合による密教、道教、陰陽道などの要素を取り込んだ点で、山岳信仰の複合的な性格を体現する稀有な山やまといえるだろう。

鳥海山の信仰

鳥海山は秋田県・山形県の県境にある二三七六mの活火山である。その秀麗な山容から、出羽富士、秋田富士、庄内富士などの名がある。鳥海山にたいする信仰は古く、神体山とされていた。歴史によると、鳥海山における神は大物忌神《おおものいみのかみ》であり、その名は『続日本後紀《しょくにほんこうき》』の承和五年（八三八）五月一一日の条における記述が初出である。ついで、『日本三代実録』の貞観三年（八七一）五月一六日の条に大物忌神が記載されている。本社は山頂に、麓の吹浦《ふくら》と蕨岡《わらびおか》に里宮がある。大物忌神の名は、大和朝廷による蝦夷征伐の歴史と関係が深く、蝦夷の怨霊を鎮める意味があるとされる。この点に関連して、秋田県郷土史家の田牧久穂は大物忌神は大和朝廷による蝦夷征服の歴史を反映し、蝦夷の怨霊を鎮める意味の神名だと述べている（田牧　二〇二一・四・三〇閲覧)。

鳥海山の噴火

鳥海山の噴火は歴史上頻繁に起こり、『本朝世紀《ほんちょうせいき》』の天慶二年(九三九)四月一九日の条にある「大物忌明神の山が燃えた」との記述が古代最後の噴火の記録となった。しかしその後、江戸時代にも鳥海山の噴火が記録されおり、万治二年(一六五九)、元文五年(一七四〇)、寛政一二年(一八〇〇)～文政四年(一八二一)に鳥海山の噴火記録があり、とくに享和元年(一八〇一)の噴火は激烈であったとされている。ただし、富士山におけるように、噴火をもたらした神への観念は記録されていない。また、鳥海山の名の初出や由来についての定説がない。中世後期以降、修験道の場となり、山麓の吹浦・蕨岡・矢島・小滝などの登山口にある宿坊に修験者が集うようになった。江戸時代には各登山口を基盤とする修験者同士の争いが絶えず、白山修験道で述べたようにおもには山岳部における嶺境争いが発生した。鳥海山の山岳信仰については、『山岳修験』の特集としても取り上げられている(日本山岳修験学会編　二〇一五)。

神楽と山岳信仰

鳥海山を含む山麓周辺では、修験者による神楽が営まれてきた。神楽には宮中でおこなわれる御神楽と民間の里神楽がある。鳥海山では里神楽が連綿と営まれてきた。とくに、山伏による神楽である番楽《ばんがく》、獅子舞がいまでも伝統芸能として継承されている。一例が杉沢比山《ひやま》番楽(山形県遊佐町)で鎌倉時代に遡る。遊佐町比山にある熊野神社で奉納される。熊野神社は「鳥海山二之王子熊野大権現」と呼ばれ、鳥海山の修験者が入峰するさいの「二之宿」とされていた（鳥海山一合目に相当）。杉沢比山番楽は修験者によって舞われていた。現在、国重要無形民俗文化財となっている。

金峰《きんぽう》神社（秋田県にかほ市象潟町小滝）のある小滝口は鳥海山への参拝起点にあたり、修験道の役行者が小滝の少彦名神《すくなひこなのかみ》に蔵王権現を合わせ祀ったとされている。金峰神社は鳥海山大物忌神社の別当ともされるが、江戸時代には「蔵王堂」と呼ばれ、龍山寺を別当とする宮寺一体の形態で鳥海修験の中心地であった。小滝村には、一二〇〇年の伝統をもつ「延年チョウクライロ舞」（国重要無形民俗文化財）や小滝番楽《こたきばんがく》が伝承されている。明治期までは修験者が舞った。また、チョウクライロの名は、長久生容《ちょうくらいろ》、つまり「長く久しく生きる容《すがた》」の意味であるが、「鳥海」がなまったものとする考えもある。毎年六月の金峰神社の例大祭当日におこなわれる。小滝番楽も例大祭前夜に挙行される。

手長足長とタブノキ

伝説によると、延年チョウクライロ舞は鳥海山に棲む妖怪「手長足長」と関連する。手長足長は、山から山へ届く長い手をもち、一またぎで飛島に届く長い足をもっていた。この妖怪は人を食べたり、沖行く船を沈めたりした。大物忌神は三脚の烏（八咫烏）を遣わし、妖怪が出現すると「有や」、現れないときは「無や」と鳴かせて人びとに知らせるようにした。この伝承から、三崎峠（にかほ市と遊佐町の境界）を「有耶無耶の関」と呼ぶこととなった。それでも手長足長の悪行がなくなることはなかった。のち、斉衡三年（八五六）、当地に至った円仁（慈覚大師）が吹浦で一〇〇日修行をして神に祈り、手長足長を退散させた。その神威に感謝し、村人が祭で舞われたのがチョウクライロ舞の起源となった。慈覚大師は、手長足長の食料としてタブノキの実を捲いた。そのため、現在でも三崎峠にはタブノキが繁っているという。三崎峠のタブノキ林は山形県指定の天然記念物に指定されており、秋田県にかほ市周辺のタブノキ林は北限となっている。注目すべきは、修験者による獅子舞がマタギにも共有されていたことである。たとえば、秋田の阿仁根子《あにねっこ》（秋田県北秋田市阿仁町）には、山伏神楽の伝統を伝える根子番楽がおこなわれている。番楽を演じる人はマタギでもあり、根子番楽はマタギの山の神祭りの時におこなわれていた。マタギの獅子舞で使われるのは唐獅子ではなく鹿である。マタギの暮らしにとりシカは狩猟対象であり、シカの霊を弔い供養するためにシシ踊りがおこなわれたと考えられる（菊池　二〇一二）。なお、シシを獅子と書く場合は外来のライオンであるが、シシ（宍）は「肉」の意味である。日本では、イノシシ（猪）、カノシシ（鹿）、アオシシ（カモシカ）がある。

なお、阿仁のマタギ集落には、根子《ねっこ》・打当《うっとう》・比立内《ひたちない》があり、北側にそびえる火山の森吉山《もりよしざん》（一四五四・二m）に山の神が宿るとされている。森吉山は古代から知られた霊山で、創建時は不明であるが伊弉諾・伊弉冉をはじめ多くの祭神が鎮座する。また、境内社にある奇岩の冠岩を磐座として山神が祀られている。神仏習合時代、修験の山とされ、冠岩では胎内めぐりの修行がおこなわれた。江戸時代、菅江真澄は森吉山に二度登頂しており、森吉山のモロビの絵を残している（菅江　一九六五）（図52）。またこの山は日本海を行きかう北前船にとって重要な目安とされた。登拝者は森吉山のモロビ（オオシラビソ）の枝を持ち帰って神棚に供えた。モロビの香りは穢れを払い、魔除けの効力があると信じられていた。旅立ちのさいには、モロビを燻して全身を浄め、行路の安全を祈願した。これは阿仁マタギの生活の知恵でもあった（田口　一九九四）。モロビはマタギの家々の神棚に飾られた。モロビを焚くと雷鳴がなくなるとの民間伝承もある。

オオシラビソの分布は青森以南の東北、苗場、蔵王、日光、富士山、南アルプス、立山、白山などの亜高山帯にかぎられる。多雪にも強く、零下一〇度で細胞内の水分は細胞外に出て凍結するが（細胞外凍結）、細胞内はドロドロで凍ることはなく、細胞が死ぬことはない。モロビのほか、ブサマツ（新潟・苗場）、オオリュウセン（日光）、ゼンジョウマツ（富山）、トガ（加賀）などの方言がある。岩手県八幡平には諸桧岳《もろびだけ》（一五一六m）がある（図2―2、35番）。ゼンジョウマツ（禅定松）は、ハイマツを指す。

なお、「川原毛《かわらげ》地獄」は、秋田県湯沢市にある霊場で、青森県の恐山、富山県の立山に続く「日本三大霊地」の一つである。

以上のように、神楽は山岳信仰、とくに修験とのかかわりが重要である（小松　二〇〇三参照）。

図52　オオシラビソ（上）と菅江真澄の描いた森吉山のモロビ（下）

第5章　世界の霊峰をひもとく

本章では、これまでの論点を踏まえ、世界の霊峰をたどってみたい。とくに注目したのは、山岳宗教の時代的な変容である。具体的には、時代を経た山岳信仰の変容の過程で霊山の位置づけをおこなっていきたい。本章では日本以外の世界における代表的な例と、日本の富士山と世界の富士を扱う。なお、東アジアを視野においた視点からは宮家準の『霊山と日本人』があり、合わせて参照していただきたい（宮家　二〇一六）。

1　古代インド・中国・朝鮮の山岳信仰

まず、仏教・道教が日本にもたらされる元となった古代のインド・中国・朝鮮における山岳信仰について考えてみよう。

スメール山（須弥山）

古代インドの神話的世界観では、世界の中心にそびえる聖なるスメール山（Sumeruないし Meru）があるとされていた。su-は「聖なる」、meruは「山」の意味でスメールはまさに「聖山」である。その頂上にインドラ（神々の帝王で、中国の帝釈天）が王として君臨する領域がある。宇宙全体は七つの上部界（Vyahrtis）と下部界（Patalas）の領域に区分されていた。上部世界のなかの一つであるスバルガ・ロカ（svarga-loka）は「天界」を指す。

なお、スメル山（Gunung Semeru）は、インドネシアのジャワ島東部にあるジャワ島最高峰でもあり、標高は三六七六mで富士山より一〇〇m低く、山容も富士山に似ている。この山は別名でマハメル山（Gunung Mahameru）（「偉大な山」）と呼ばれる活火山である。名前は古代インドのスメール山に由来する。一九六七年以降、小噴火を繰り返していたが、二〇二一年一二月と二〇二二年三月に大噴火し、多大な被害を与えた。

インド哲学では「五大」すなわち、地・水・火・風・空が世界を構成する五大要素とされている。空はサンスクリット語のアーカーシャ（Ākāśa）の漢訳語で、「何のさまたげもない、すべてのものが存在する場」を指し、いわゆる「天空」ではない。

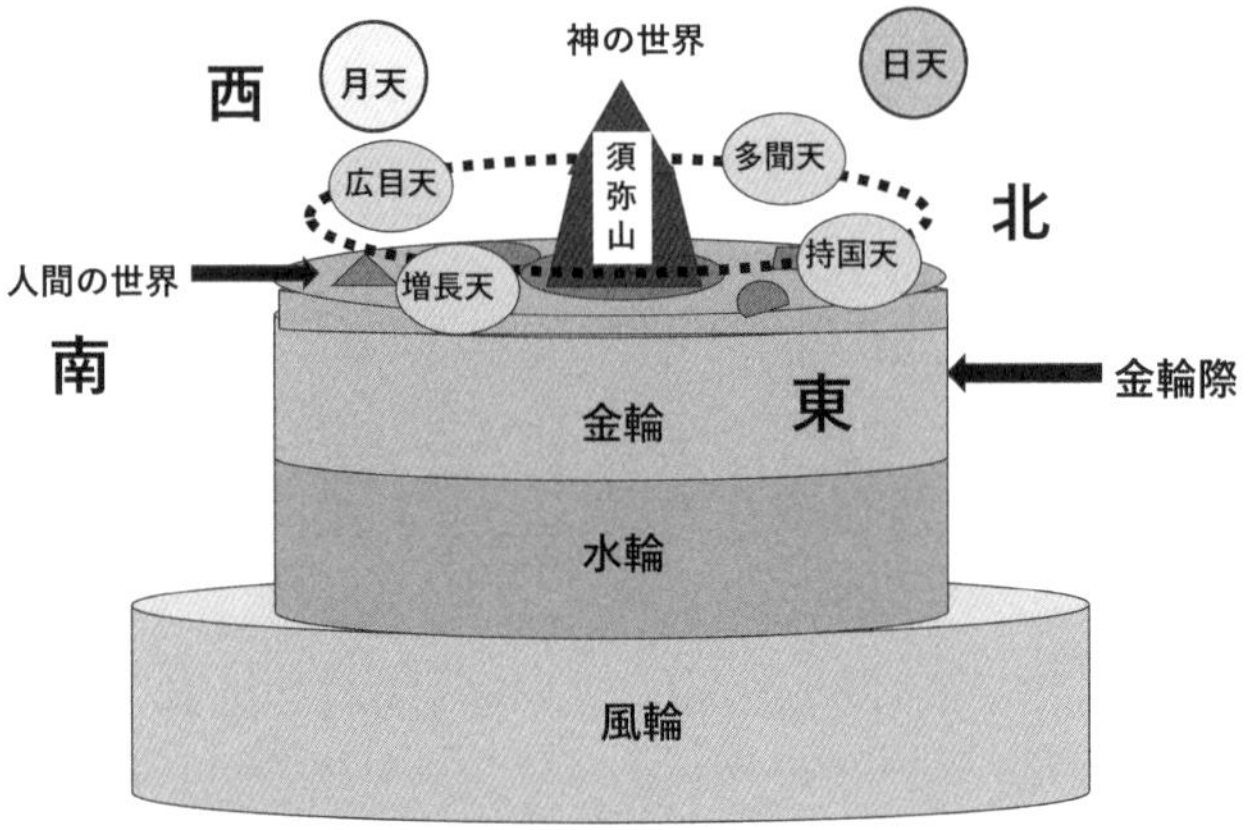

図53-1　須弥山をめぐる世界観

また、風は「成長・拡大・自由」を表す。

スメール山は中国語では須弥山《しゅみせん》と音訳された。須弥山の考えは仏教に取り込まれ、部派仏教のなかで壮大な宇宙論として構築されてきた。その内容について概観しておこう。四〜五世紀にインドの仏教僧、ヴァスバンドゥ（世親）による部派仏教の経典・解説の「論書」である『阿毘達磨倶舎論《あびだつまくしゃろん》』によると、須弥山を頂点とする宇宙は、一番下から「風輪」、「水輪」、「金輪」という三層の円盤によりささえられている。金輪の最下面は大地の底部に接する際《きわ》となっている。金輪の上部は海で真ん中に須弥山がそびえている（図53―1）。

　須弥山の周囲には方形の山脈が七つ、同心円状にあり、黄金でできていることから七金山《しちきんせん》と呼ぶ。一番外側には円周状の鉄囲山《てっちせん》があり、鉄でできている。海には四つの洲（島ないし大陸）があり、四大洲《しだいしゅう》と呼ばれる。

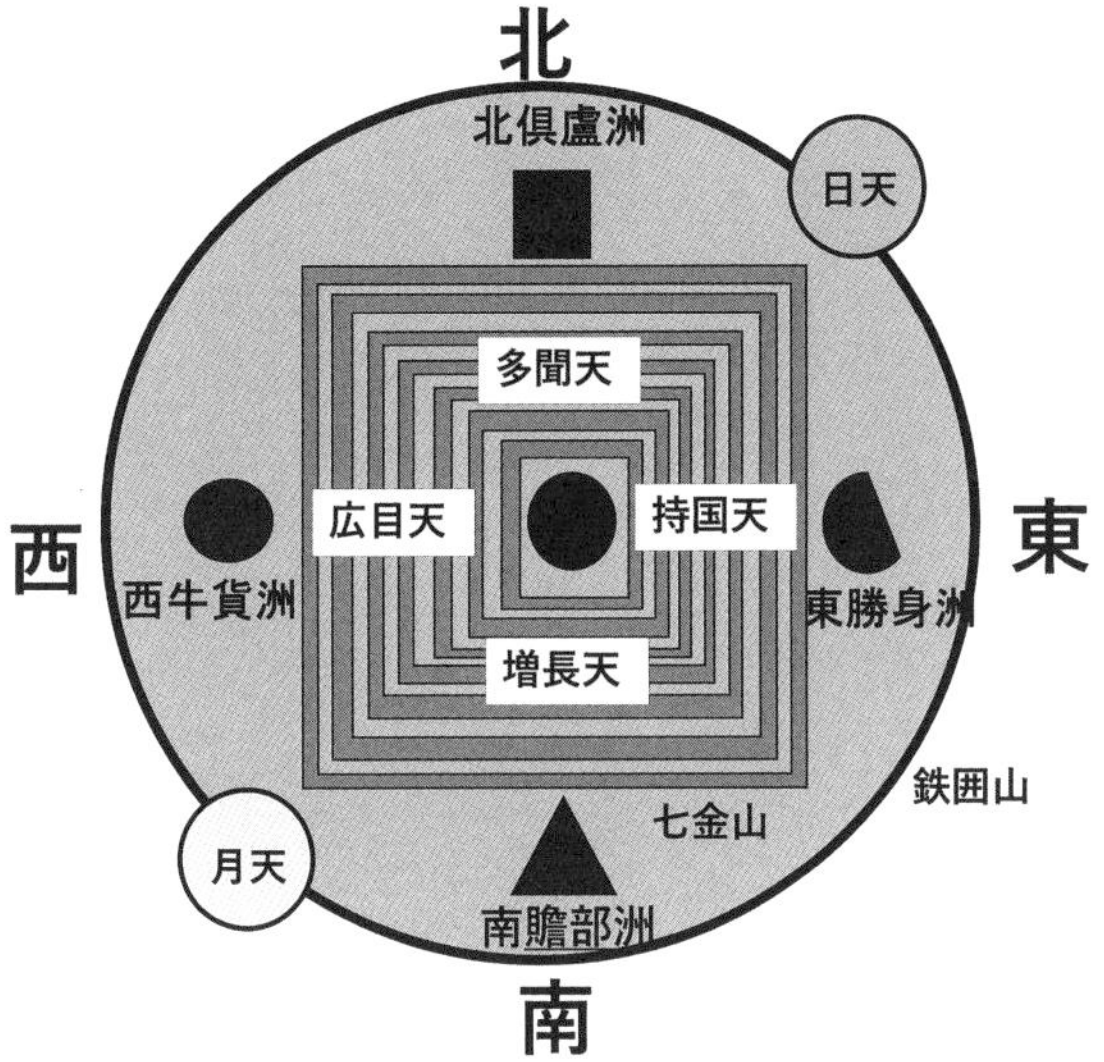

図53-2　須弥山をめぐる世界観
真ん中の黒丸部分が須弥山。周囲に方形の山が７層あり、金製である（七金山）。一番外側の円周は鉄製で鉄囲山。人間の住む四大洲は、それぞれ形状が異なる。

東には半月形の東勝身洲《とうしょうしんしゅう》、南に三角形の南贍《なんせん》部洲《ぶしゅう》、西に満月形の西牛貨洲《さいごげしゅう》、北に四角形の北《ほく》倶盧洲《くるしゅう》がある。また、須弥山の中腹部周囲には太陽と月があり、四大洲の上を循環する。たとえば、東勝身洲が日中のさい、南贍部洲は日の出となる。南贍部洲が日中のさい、西牛貨洲は日の出となる。そして、西牛貨洲が日中のさい、北倶盧洲は日の出となる。

　須弥山の中腹には四天王の神がいて、四大洲を加護する。それらは東方の持国天《じこくてん》、南方の増長天《ぞうちょうてん》、西方の広目天《こうもくてん》、北方の多聞天《たもんてん》である。以上が須弥山の概要である。古代インドの山岳信仰では、壮大な神の世界が生み出されたこと

図54　四川省広漢市・三星堆遺跡8号祭祀坑出土の青銅製神壇（祭壇）(c)Xinhua News（https://www.afpbb.com/articles/-/3365769?pno=13&pid=3365769014）

がわかる（図53—2）。

三星堆《さんせいたい》の古代文明

長江上流部の四川省・広漢市の三星堆遺跡はいまから五〇〇〇年前〜三〇〇〇年前にさかえた古代文明の遺跡で、これまで数多くの珍しい遺物が発見され、大きく注目されてきた。二〇二一年の発掘でも、黄金仮面、象牙、玉器・玉刀、青銅製の神壇（祭壇）、神樹文玉琮《ぎょくそう》（礼器）など国宝級の出土品が五〇〇点以上、報告されている（図54）。また、頭部に青銅の尊《そん》（水や酒を入れておく壺のような器）を載せた青銅頂尊人像は、中原の商との交流を示す貴重な資料となっている。眼が突き出た世界最大の青銅仮面（縦目人面像）や高さ三・九五mの青銅神樹（九羽の霊鳥と下部の龍）などが著名である。一連の宗教的な祭具や祭壇、神樹は太陽信仰に関連するものとされるとともに、天や天と地上の人間界を結ぶ神樹や山への信仰があったと推定されている。

甲骨文字と山岳信仰

古代中国の山岳思想には前述のインド起源のスメールとは異なる伝統がある。すでに紀元前一三世紀初頭以降、殷王朝では甲骨文字が使われたことはよく知られている。亀卜《きぼく》による占いの体系は甲骨文字ないし卜《ぼく》辞《じ》と称される象形文字により記述された。卜辞では殷の王である帝《みかど》とともに天、山、川などが最高位にあり、世界を差配する存在と考えられていた。
　図55―1には、山、峰、雷の甲骨文字を示した。山は三つの山塊を表しており、これが「山」の字となった。中国では成層火山の富士山におけるような孤峰ではなく、褶曲活動による連山が多く、山は連なったものとして表現されている。山頂部は峰《みね》と称されるが（英語のピーク）、この語を分解すると山偏に旁《つくり》の夆《ほう》からなる。夆は、「鉾杉・神杉」のようなまっすぐ伸びた杉の木の上方の枝に神が降臨する意味で、「丰」「秀《ほ》つ枝《え》」、「夂」は「上から降りるときの後足の形」を示す。そうした木のある山を「峯」、山で神に遭遇することを「逢う」と呼ぶ。なお、山を表す「岳」（旧字は嶽）は山の上に「羊」の頭部を加えた甲骨文字が元となっている。高山に棲む野生羊をイメージしたのだろう。これにはヒツジのアルガリ種（*Ovis ammon*）が想定できる。なお、中国で峰（峯）は狭義には嵩山《すうざん》（河南省登封市、最高峰は一四四〇m）を指す。嵩山は後述するように、中国の道教、仏教における「五岳」の一つとされる霊峰である。

山　夆　雷

図55-1　甲骨文字の山・峰・雷

　甲骨文字の「雷」は稲光が天から地上に走るさまを示している。稲光は天の神の怒りが地上に現れたものとされた。この字は「申」であり、「もうす、のびる」の意味でも使われる。また、「かみ」の意味を表すため、神を祀る時に使う祭卓（お供え物を置く高い台）の形である「示《じ》」を加えて「神」「神」の字となった（図55―2下）。

　白川静は甲骨文字の𠙵（さい）は「口」ではなく、「神に祝詞を捧げるさい

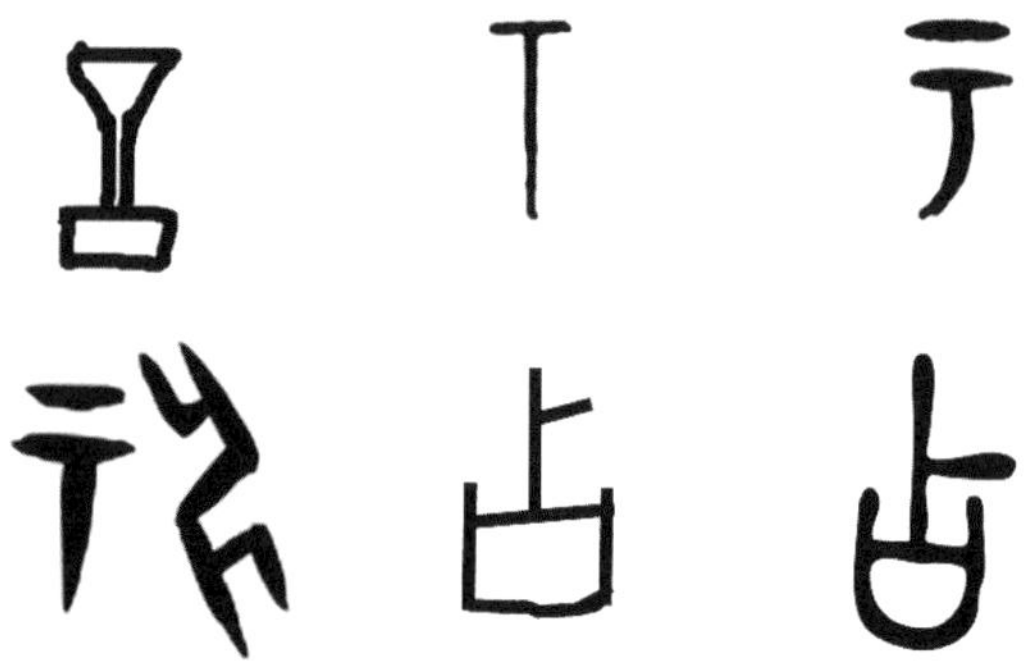

図55-2　甲骨文字・金文の「示」(上)と甲骨文字の「神」(左下)(「示す偏」に「申の旁」)、「占」の甲骨文字(中下)と篆文(右下)

の文《ふみ》を入れておく器」とし、古代中国における神との交流を示すさまざまな営みにかかわる文字の意味を解釈した（白川　二〇〇七）。しかし、𠙵に入れる文の意味は不明である。甲骨文字自体は占いをした結果を刻んだものであり、紙がなかった時代に亀の腹甲や獣の肩甲骨以外に文字を刻んだものは発見されていない。占い（＝卜占）の目的や結果は口頭で卜辞《ぼくじ》として発せられ、記録としての卜文《ぼくぶん》が刻まれた。甲骨文字や篆書《てんしょ》（図55―2中・右下）にある（占）は卜という「占い行為」を表す象形文字であり、「口」と「卜」とで占いがおこなわれたことを指すと考えたい。占いを記した祝詞を器に入れて、木につるすようなことはなかったのではないか。

　殷代には、卜辞を通じて山や河川の神を祀る祭事の執行は、国家、あるいは国家の長たる皇帝にとり最重要の祭事であった。農業生産の豊凶や洪水・干害を掌握する神がみを祀ることで国家の安寧と永続性を保証することは絶対的な命題であった。雷鳴、大雨、大風など、天と山のもたらす異変や川の氾濫は神の怒りにふれたためとして、鎮魂の祈りが捧げられた。川の異常洪水を引き起こした龍（竜）はもともと雲に潜む存在とみなされていた。とくに皇帝は祀りの対象とする山を支配領域のなかで決め、鎮めの祭事をおこなうようになったのである。

図56　『山海経』「西山経」の西次三経にある「陸吾《りくご》」天帝の下界の都である崑崙山の丘に棲むとされ、人面で体躯は虎で尾は9本ある。

『山海経』の山と神

古代中国の『山海経《せんがいきょう》』は中国最古の地理書である。なかでも『五《ご》蔵山経《ぞうさんけい》』は古く、原始的な山岳信仰を知る上で貴重な史料である（下西　二〇一二）。成立時期は春秋時代の東周（紀元前七七〇～二五六年）時代とされている。『五蔵山経』には『山経』と附属する『海経』がある。前者には、「南山経」・「西山経」・「北山経」・「東山経」・「中山経」が含まれ、東西南北と中の五方それぞれの山やまにいるとされている神がみについての詳細な解説がある。後者には、「海外南経」（西南～東南）・「海外西経」（西南～西北）・「海外北経」（西北～東北）・「海外東経」（東南～東北）・「海内南経」（東南～西）・「海内西経」（西南～北）・「海内北経」（西北～東）・「海内東経」（東北～南）など、東西南北の「海外経」と「海内経」がまずある。ついで、「大荒東経」（東海の海や日月）・「大荒南経」（南の海）・「大荒西経」（西北の海や日月）・「大荒北経」（東北の海の外）が含まれる。

前述した「西山経」の西次三経には「西南四百里、曰崑崙之丘、是實惟帝之下都、神陸吾司之。其神状虎身而九尾、人面而虎爪。是神也、司天之九部及帝之囿時。」とある。

天帝が地に達した崑崙の丘にいる陸吾《りくご》神は虎の体で尾は九本、人面で虎の爪をもつ神である（図56）。ここで、人面虎身の神に関する記述において、西次三経とともに大荒西経でも類似した表現（「人面虎身、有文有尾」）を共有することや、「帝之下都」という表現は、海内西経と西次三経とで共有されている点に注目し、五蔵三経の成立時期を論じた研究があるがここでは深く立ち入らない（臼倉　二〇〇八）。

『五蔵山経』には、半人半獣の存在が数多く記述されている。とくに、人面鳥身・人面魚身・人面獣身・人面龍身などが顕著にみられる（松浦　二〇一九）。松浦は人面鳥に言及し、山経では「凶鳥」として記載されるが、海経では「神がみ」と見なされていると指摘した。漢代の著名な馬王堆漢墓帛画《はくが》に描かれた人面鳥、洛陽の卜千秋壁画、山東省微山県北部の宋山から出土した画像石などにある人面鳥身の図像は、晋代の葛洪《かっこう》による神仙書の集大成『抱朴子《ほうぼくし》』には長寿のものとして「千秋之鳥、萬歳之禽、皆人面鳥身、寿亦如其名」とある。千秋萬歳《せんしゅうばんざい》は人面鳥であり、寿命は千年、万年で寿の意味があるとしている。千秋は獣の足であり、萬歳は鳥の足をもつ。さらに、郭璞《かくはく》は『山海経』の吉祥にかかわる異形の存在を詳細な註記を元に位置づけた（松浦　二〇一二）。千秋萬歳の人面鳥身像は北朝鮮の高句麗遺跡の装飾古墳である徳興里古墳《とくこうり》（北朝鮮・黄海南道南浦市江西区域徳興里）からもみつかっている（林　一九八九、南　二〇〇七）。

『山海経』の「西山経」にある崑崙山は、インド由来の伝統とは異なるが、山界に聖なる存在がいたとする発想では須弥山の例とはつながっている。崑崙山伝説では、最高位の女神である西王母《せいおうぼ》が住む場所とされた。このことは『山海経』の「大荒西経」に、西王母が西王母之山あるいは玉山と呼ばれる山のある崑崙の丘に住んでいたとされている記載と一致する。「大荒西経」には、山に神人が住むとする記載がいくつもある。たとえば、「有寒荒之国。有二人女祭、女薎」とある。つまり、「寒荒国があり、そこには女祭と女薎と言う二柱の神人がいた」。

高山に聖なる存在が住むとする発想の事例はインド・中国にかぎらない。西方の例であるが、ギリシャの最高峰であるオリュンポス山（二九一七m）にはギリシャの神がみが住むとされていた。つまり、最高神であるゼウスをはじめ六人の男神と六人の女神がいた。そのなかには、アポローン（太陽の男神）、アフロディーテー（愛と美の女神）、アルテミア（狩猟・森林・純潔の女神）、ポセイドーン（海洋の男神）、ディオニューソス（豊穣・葡萄酒の男神）など、日本でもよく知られ神がみがいた。神がみが山上や天界に住むとする発想は広く見られる。

なぜ、古代インドの哲学で、世界の中心に高い山が想定されたのか。高い山に聖性が与えられた背景にはいろいろな説明があるだろう。下よりも上の優位性を考える発想には、人間の頭部（目線）より上にある天界にたいする思いが根底にあったのではないか。その典型が「高山」であり、山や天界を「見上げる」動作は、尊敬とあこがれを凝縮したものではないだろうか。ぎゃくに、地にふれふす動作は服従と敬虔のおもいを慣習化したものとおもわれる。天と地は自己の身体にとり、聖性を考える媒介となったことは間違いない。

中国宗教学、とりわけ道教に詳しい窪徳忠《くぼのりただ》は、泰山に関する書のなかの「中国の山々とその信仰」と題する論考の冒頭で、ローマからパリに移動する機中で、ふだん飛ばない航路を飛ぶというのでマッターホルン山をコックピットから見下ろす幸運にめぐまれた。だが、感動はすぐ消え失せ、拍子抜けの思いに至った。富士山を機内から見ても、おなじような思いをもったという。これは、山を下から見上げるからこそ、山にたいして畏敬や霊験あらたかな思いをもつのだと述懐している（窪　一九八二）。バーズ・アイ（鳥瞰）から、山への霊性は生まれないのであろうか（図57）。ここからさらに山の聖性・霊性について思考をめぐらそう。

図57　空から見た富士山

図58　徐福伝説を示す野外展示（浙江省寧波・慈渓市）（筆者撮影）

すくなくとも、天空から山を見下ろす視点は古代にはなかったのではないか。地上から山を見上げて祈ることは遥拝と呼ばれる。遥拝は、遠くに坐す神への祈りでもあったことが、『延喜式』延長五年（九二七）に、「凡斎内親王在レ京潔斎三年、即毎朔日、著二木綿蘰一、参二入斎殿一、遙二拝太神一」とある。斎内親王《さいないしんのう》が、京で毎月一日に木《ゆ》綿《い》蘰《かずら》（楮の樹皮繊維からつくられたかずら）を付けて、斎殿《わいでん》で太神《おおみかみ》に遠くから遥拝した。

神仙思想と聖山

インド起源の聖山についての思想が中国へと広まる一方、注目すべきは仏教を起源とする思想とは異なる神仙思想とのちの道教思想における山岳信仰が中国で勃興していたことである。中国思想学者の宮澤正順によると、中国・戦国時代の列禦寇《れつぎょこう》による『列子』湯問篇《とうもん》には、「渤海の東、幾万里もの遠くに、岱輿《たいよ》、員嶠《いんきょう》、方壺《ほうこ》（方丈）、瀛州《えいしゅう》、蓬萊《ほうらい》の五山があり、そこには、不老不死の食べ物があり、不老不死の仙人が空を飛んでその間を往来している」とある（宮澤 一九八九、福永 一九九一）。秦の始皇帝は、徐市《じょふつ》（徐福）らに命じて、仙人が住み、不老不死の薬のあるとされる蓬萊山へ派遣した。東方の蓬萊山のある場所は海を越えた日本とされた。じっさい、徐福伝説が日本各地に残されている。ちなみに徐福の出発したのは浙江省の寧波市とされている（図58）。東シナ海を東に向かえば、太平洋側であっても日本海側にしろ、徐福の到達した場所の可能性がある。のち、前漢時代の司馬遷による『史記』にも、「蓬萊、方丈、瀛州の三神山があり、風波が荒く近づきにくい所である。そこには仙人が住み、不老不死の薬がある」とされている。

封禅の山

時代はさかのぼるが、戦国時代（紀元前四七五〜二二一年）、鄒衍《すうえん》が提唱した五行思想に依拠して、五岳が決められた。五行思想では、火・水・木・金・土の五つの要素（五大）を元にした世界認識論があり、時間・季節・方位・色などが相互に連関し、影響を及ぼしあうとする。時代にもよるが、華北を中心として五岳は図59に示したように、東西南北と中央部に決められている。東嶽が泰山《たいざん》（山東省泰安市、一五四五ｍ）、西嶽が華山《かざん》（陝西省華陰市、二一五四ｍ）、南嶽が衡山《こうざん》（湖南省衡陽市、一三〇〇・二ｍ）、北嶽が恒山《こうざん》（山西省大同市、二〇一

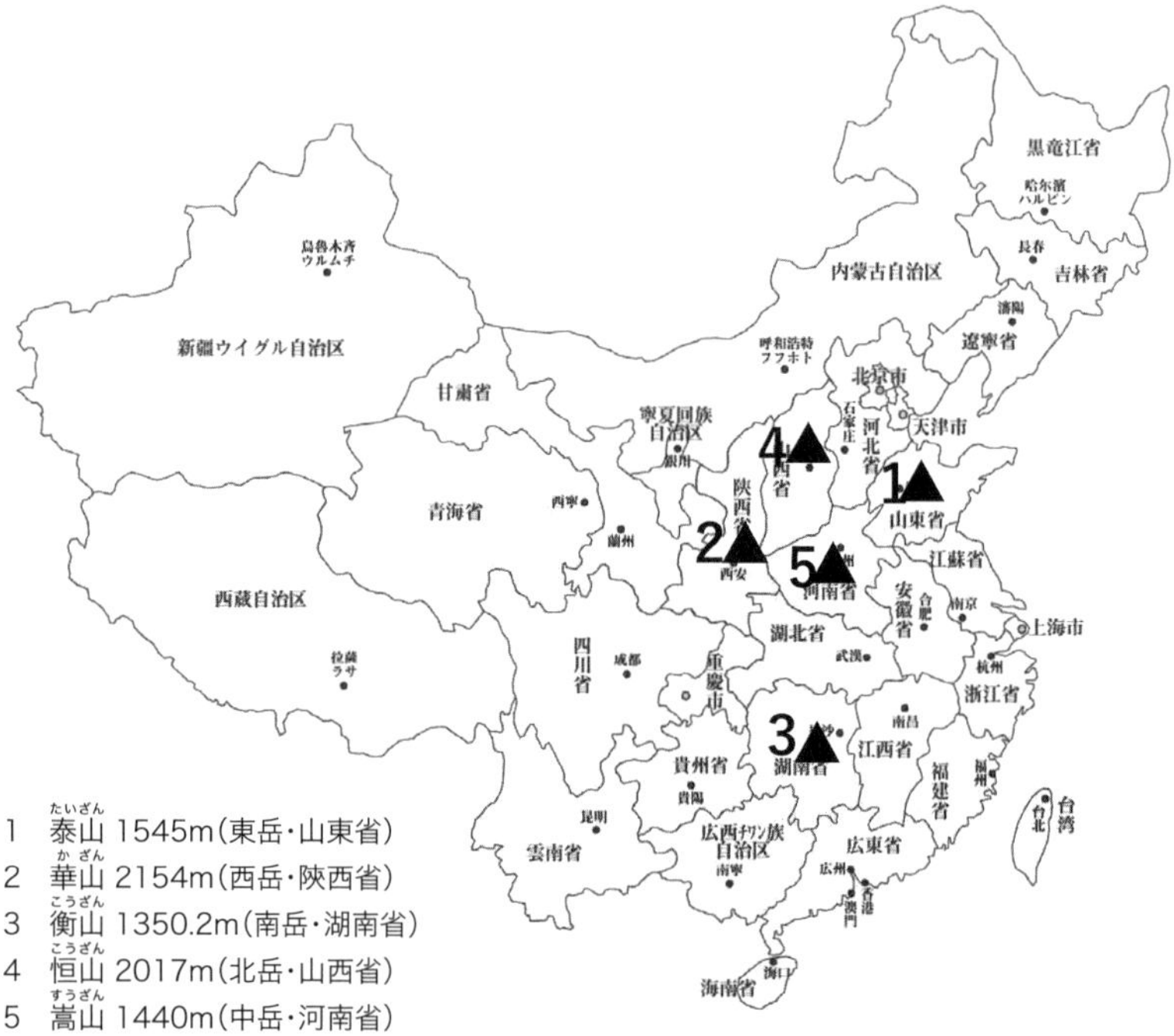

1　泰山《たいざん》 1545m（東岳・山東省）
2　華山《かざん》 2154m（西岳・陝西省）
3　衡山《こうざん》 1350.2m（南岳・湖南省）
4　恒山《こうざん》 2017m（北岳・山西省）
5　嵩山《すうざん》 1440m（中岳・河南省）

図59　中国の五岳

七ｍ）、中嶽が嵩山《すうざん》（河南省登封市、一四四〇ｍ）である。五岳のほとんどが道教の霊場とされるが、仏経寺院のところもある。

　このうち泰山は太陽の登る東方にあり、五岳として祀られる以前からも重視されてきたもっとも格の高い霊山である（図60）。じっさい、秦の始皇帝は紀元前二一九年に泰山で自らが皇帝に即位していること、天下安寧であることを天と地に告げる封禅《ほうぜん》の儀式を挙行した。封禅の儀式は「封」と「禅」に分かれる。前者は山上に土を盛った祭壇で天を祀るもので、後者は地をならして山川を祀るもので、多くの供物を準備する必要があった。始皇帝の時代、秦代以前におこなわれていた儀式の詳細が失われており、手探りで儀式がおこなわれたようだ。始皇帝の

図60　泰山(1545m)の全景

場合、封の儀式は泰山山頂でおこなわれ、「登封」ないし「上封」と呼ばれた。山頂では土を盛りあげ高さ一丈ほどの円形の壇が造られ、そこで祭祀がいとなまれた（澤田　一九八二）。一方、禅の儀式は泰山の南麓にある梁父山《りょうほ》（山東省泰安市、標高二八八ｍ）（別名、映佛山、迎福山）でおこなわれ、「降禅」と呼ばれた。封と禅で二つの山がセットで指定された点は注目してよい。「封禅」は、天界への儀式と山川を含む地上での儀式を統合したものとして考えられていたからである。

それゆえ、「封禅」は天子として功と徳を積んだ王にしかできなかった。秦以前にも封禅をおこなった一二人の皇帝が伝承されている。すなわち、無懐《むかい》・伏羲《ふっき》・神農《しんのう》・炎帝・黄帝・顓頊《せんぎょく》・帝嚳《こく》・尭・舜・禹（夏王朝の始祖）・湯《たん》（殷王朝の始祖）・成王《せいおう》（周の二代目）である。

誰もが封禅の儀式をおこなえなかった点についての逸話が司馬遷による『史記』にある（司馬遷　一九七八、竹内　一九七五）。斉の桓公（在位紀元前六八五～六四三年）が葵丘《ききゅう》の会を開いて自らが「覇者」となった（紀元前六五一年）のち、封禅をおこないたいので宰相の管仲《かんちゅう》（管夷吾《かんいご》）に意見を求めた。

「既覇、会諸侯於葵丘、而欲封禅」

しかし、「覇者」は天王ではないうえ、儀式を挙行する上で必要な供物はほとんど手元にないと、管仲は諭した。

「今鳳凰麒麟不来、嘉穀不生。而蓬蒿藜莠茂、鴟梟数至。」

鳳凰《ほうおう》や麒麟《きりん》は来ないし、嘉穀《かこく》（イネ）は生えない。（かわりに）蓬《ほう》（ヨモギ）・蒿《こう》（ヨモギ）・藜《れい》（アカザ）・莠《しゅう》（エノコログサなど）などの雑草が茂り、鴟《し》・梟《きゅう》（トンビやフクロウ）が飛び交っている。

「而欲封禅、毋乃不可乎。於是桓公乃止。」

だから、封禅の儀式は無理と上申した。桓公は封禅を止めた。考えようによっては、厳しい査定であったというべきだろう。

始皇帝以後、封禅をおこなった歴代の上帝の場合、封は泰山でなされたが、禅の場所は少しずつ異なる。そのなかには前述した梁父山以外に、いくつかの山がある。蒿里《こうり》山は泰山の南麓にあり、鬼神の住む黄泉の「死の世界」でもあるとされる。この点について前述の澤田は、仏教伝来初期に「泰山地獄」、「泰山の鬼」などの用語が使われており、仏教における地獄の観念の影響があるとしている（澤田　一九八二）。

このほか、石閭《せきろ》山は泰山の南四五里にある。粛然《しゅくぜん》山は梁父山、社首山は蒿里山の東側にあるとされている（「社首山　今泰安城蒿里山東側」）。また、「封泰山、祠明堂」とあるうちの「祠明堂」は明堂《めいどう》のことで、泰山の麓に建てられた。明堂として『史記　封禅集』には「泰山东北址有古明堂处　齐有泰山之明堂」とある。以上の五岳は黄河以南、長江（揚子江）以北の洛陽を中心として河北・山東地域における広がりにある。この点では、北京・西安・南京・上海など、歴代の主要な都邑は領域外にあった。

2　中国・朝鮮の霊峰

五岳以外にも聖なる山は広大な中国には数多く知られている。しかも、道教的な神仙思想だけでなく、仏教の隆盛とともに多くの仏教関連の霊山・名山が各地に輩出した。じっさい、中国には三大霊山、四大仏教名山、さらに中国十仏教名山がある。三大霊山には、五台山・天台山・峨眉山《がびさん》が、四大仏教名山には五台山・九華山《きゅうかざん》・普陀山《ふださん》・峨眉山が含まれる。つまり、五台山（山西省五台県、三〇五八m）と峨眉山（四川省峨眉山市、三〇九九m）はまさに著名な霊山といえる。両者ともに標高が三〇〇〇m以上と高い。

五台山は別名で清涼山《せいりょうざん》と呼ばれ、二〇〇九年、世界（文化）遺産に、峨眉山は一九九六年、複合遺産として登録された。いずれも仏教の霊山であり、前者は文殊菩薩が、後者では普賢菩薩が信仰の中心とされている。なお、普陀山では観音菩薩が、九華山では地蔵菩薩が祀られている。五台山は、中国内地（漢民族の地域）では唯一、チベット仏教の聖地でもある。中国の霊山は道教や仏教における「聖なる山」であったが、聖性があたえられた背景はそれぞれにちがう。

九華山《きゅうかざん》・天台山

九華山（安徽省池州市、一三四二m）では、八世紀に新羅から金喬覚《きんきょうかく》（地蔵僧）が唐代の開元七年（七一九）に本地に至り、洞窟で修行をおこなったことから「洞僧」と呼ばれた（鎌田　一九八七）。金喬覚和尚は九九歳で入滅した。死後、三年目に棺を開いたところ、生前とおなじような姿・形であったことから和尚を地蔵菩薩とする信仰が生まれた。その後、道教思想と習合した十王《じゅうおう》思想の影響から地蔵王閻魔王菩薩信仰の聖地となり、明・清時代には四〇〇〇以上もの山が開設され、一大聖地となった。九華山の中腹に肉身宝殿があり、地蔵僧のミイラを安置するとされている。ただし、肉という言葉が忌避され、肉月偏の漢字で「月見宝殿」と表示されている。肉身仏の慣行はその後もあり、九華山の百歳宮には明の無瑕《むか》和尚の肉身仏、清代では甘露寺の常思和尚、祇園寺の隆山和尚の肉身仏があった。すべてで一四体あった肉身仏の大半は文化大革命のさいに破壊されたが、一九八〇年代以降に肉身仏の伝統は復活した。現時点では無瑕和尚のほかに、大興《たいこう》和尚（一九八五年）、慈明和尚・明浄和尚・仁義比丘尼（一九九〇年代）の四体の肉身仏がある。聖地が聖地として存続するうえで、肉身仏の存在は肉身菩薩信仰を支える僧侶の崇高な使命感にも似た生きざまが感じられる（二階堂 二〇〇六）。

天台山（浙江省天台県、一一三八m）では、日本の最澄が修行し、帰国後、比叡山で天台密教の本山延暦寺を創建したことは有名で、最澄は留学先とおなじ天台宗と名付けた。終南山《しゅうなんざん》（陝西省、二六〇四m）には、数多くの仏典を翻訳した新疆ウイグル出身の鳩摩羅什《くまらじゅう》の墓がある。

峨眉山《がびさん》

峨眉山は崑崙《こんろん》山系にある。山頂は大峨《ターガー》と呼ばれ、さらに金頂・万仏頂・千仏頂の三峰からなる。このうち、万仏頂が三〇九九mともっとも高い。別名、光明山で金頂には華厳寺がある。峨眉山は一九九六年に世界遺産（複合遺産）となってから観光客も多い。山頂部には高さ四八m、重さ六六〇tの四面十方普賢菩薩の金色をした巨大な像がある（図61右）。晋代（二六五〜四二〇年）から仏教でも普賢菩薩の霊場とされてきた。もっとも唐代までは道教が中心であったが、その後仏教の勢力が増し、仏教の聖地とされるようになった。

図61　四川省の峨眉山・万年寺の白象に乗る普賢菩薩像（左）と峨眉山の山頂部・金頂(3079m)にある巨大な四面十方普賢金仏（右）で、高さは48m、重さは660t。

麓の報国寺から一五㎞ほどに万年寺がある。峨眉山でもっとも重要な寺院で、晋代の創建当時は普賢寺と呼ばれ、宋代に白水普賢寺、明代には聖寿万年寺と改名されて現在に至る。

万年寺にある磚殿《せんでん》は円筒形の独創的な形式の寺院で、なかには足を組んで蓮華座に座している（結跏趺坐《けっかふざ》）普賢菩薩が六牙をもつ白象に騎乗している大きな像がある。白象は高さ三・三m、普賢菩薩は四・〇五mある（図61左）。普賢菩薩乗象図は日本の普賢菩薩像の絵画にも描かれており、東京国立博物館蔵と豊乗寺《ぶじょうじ》蔵（鳥取県八頭郡智頭町）は国宝である。ちなみに、文殊菩薩は立像《りゅうぞう》、坐像のほか、奈良国立博物館に文殊菩薩乗獅子の木彫像が安置されている。また、先述の豊乗寺は高野山真言宗の密教寺院で、本尊は阿弥陀如来である。

峨眉山が複合遺産となった背景には、豊かな生物多様性がある。麓の報国寺は標高が五五〇mで、山頂は三〇九九mであるから、高度差はおよそ二五五〇mある。温度は零下一五・七度（一月）～一一・六度（七月）と年較差が大きい。降水量は夏に多く、冬に少ない。降水の七割は六～九月に集中する。

植物相はおよそ五層にわかれ、下から亜熱帯性常緑広葉樹林（一〇〇〇mまで）、常緑・落葉広葉樹の混交林、針葉樹・落葉広葉樹の混交林、亜高山の針葉樹林、亜高山の灌木林（二八〇〇m以上）の垂直分布を示す。植物種は約三二〇〇種あり、四川省全体の三分の一が分布する（中国全体の一〇分の一）。薬用植物は一六〇〇種、経済植物も六〇〇種で、峨眉山の固有種も一〇〇種以上ある。珙桐《ゴントン》（*Davidia involucrata*）は落葉性の喬木で英語名、ハンカチーフ・ツリーと呼ばれ、白いハンカチをつけたような花が咲く。標高一五〇〇～二〇〇〇mあたりに分布する。四川省では峨眉山や宝興県、天全県、峨眉、馬辺彝《イ》族自治県、峨辺彝族自治県などでみられる（図62上）。現在は日本でも移植されており、弘前などで見ることができる。

図62　ハンカチ・ツリーの花（珙桐花：*Davidia involucrata*）とジャイアント・パンダ（大熊猫）

一方、動物種は約二三〇〇種が生息する。霊長類では、ニホンザルとおなじマカク属（*Macaca*）の藏猕猴

（チベットモンキー：*M. thibetana*）と短尾猴（ベニガオザル：*M. arctoides*）が生息している。観光客から食べ物を取るなど、人間との接触による問題が起こっている。小熊猫（レッサー・パンダ）は万仏頂、千仏頂などに近い竹林やモスフォレスト（苔鮮林）を楽園として生息している。大熊猫（ジャイアント・パンダ）も峨眉山に生息している。三国時代の文献には、以下のようにある。「大熊猫〝出蜀中　今蜀人云　峨眉山多有之〟。峨眉山古称〝貔貅〟」。すなわち、蜀の国に大熊猫が出る。蜀の人によると、大熊猫は峨眉山に多くいるという（図62下）。

峨眉山では古くは貔貅《ひきゅう》と呼ばれ、「風水」では四霊とされる竜・鳳凰・亀・麒麟にならぶ瑞獣として扱われている。また、「自木皮殿以上林间有之。形类犬　黄质白章　庞赘迟钝　见人不惊　群犬常侮之　声訇訇似念〝陀佛〟……古老传名皮裘」とある。峨眉山の中腹にある木皮殿（大乗寺のこと）より上部の林間に生息し、外形はイヌに似て、体色は黄色と白色で、動作は鈍い。人間を見ても驚くことはなく、イヌの群れも無視している。声は「ゴーゴー」の音がする。お経を読む時の声に似ている。古老は「僧侶」（皮裘）と名付けている。ジャイアント・パンダは仏教の聖山にふさわしい捉えられ方をしている。

普陀山《ふださん》

普陀山は浙江省の舟山列島・普陀山島にある仏教の聖地である（舟山市普陀区）。四大名山のうち、唯一、東シナ海に面する島嶼にあり、「海天佛国」の名がある（図63）。開祖は日本の僧、恵萼《えがく》で、平安時代前期に何度も入唐した。恵萼は前述の五台山に至っており、大中一二年（八五八）、寧波を出て五台山から招来した観音像を日本に持ち帰ろうとしたが、普陀山のすぐ沖の新羅瀬で行く手を阻まれた。この出来事は、観音が日本に行くことを拒んだものとされる。恵蕚は潮音洞（後述）から普陀山に上陸し、島に観音像を安置した。これを契機として観音は「不肯去」観音と呼ばれ、普陀山に多くの信者を集めるようになった。

恵蕚が安置した観音像は現存しない。恵蕚以前にも、天平勝宝四年（七五二）に入唐した第一二次遣唐使船が翌年に帰国するさい、浙江省明州（寧波）から途上、普陀山に立ち寄っている。この船には鑑真が同乗していた。

現在、普陀山は年間三六〇万人以上の参詣客があるというが、そのすべてが聖地巡礼者ではないだろう。普陀山を目指す僧侶は歴史上多かった。元代にモンゴル勢力が舟山列島に至り、朱元璋（明の創始者、洪武帝）を悩ませることもあった。その後も明国の海禁政策下、舟山列島一帯はとくに一六世紀中葉以降、後期倭寇による密貿易が蔓延した。舟山島の南側にある双嶼《そうしょ》はその拠点であった（図64）。普陀山でも倭寇による攻撃は絶えず、明国は島に来る僧侶を排除し、仏像も寧波方面

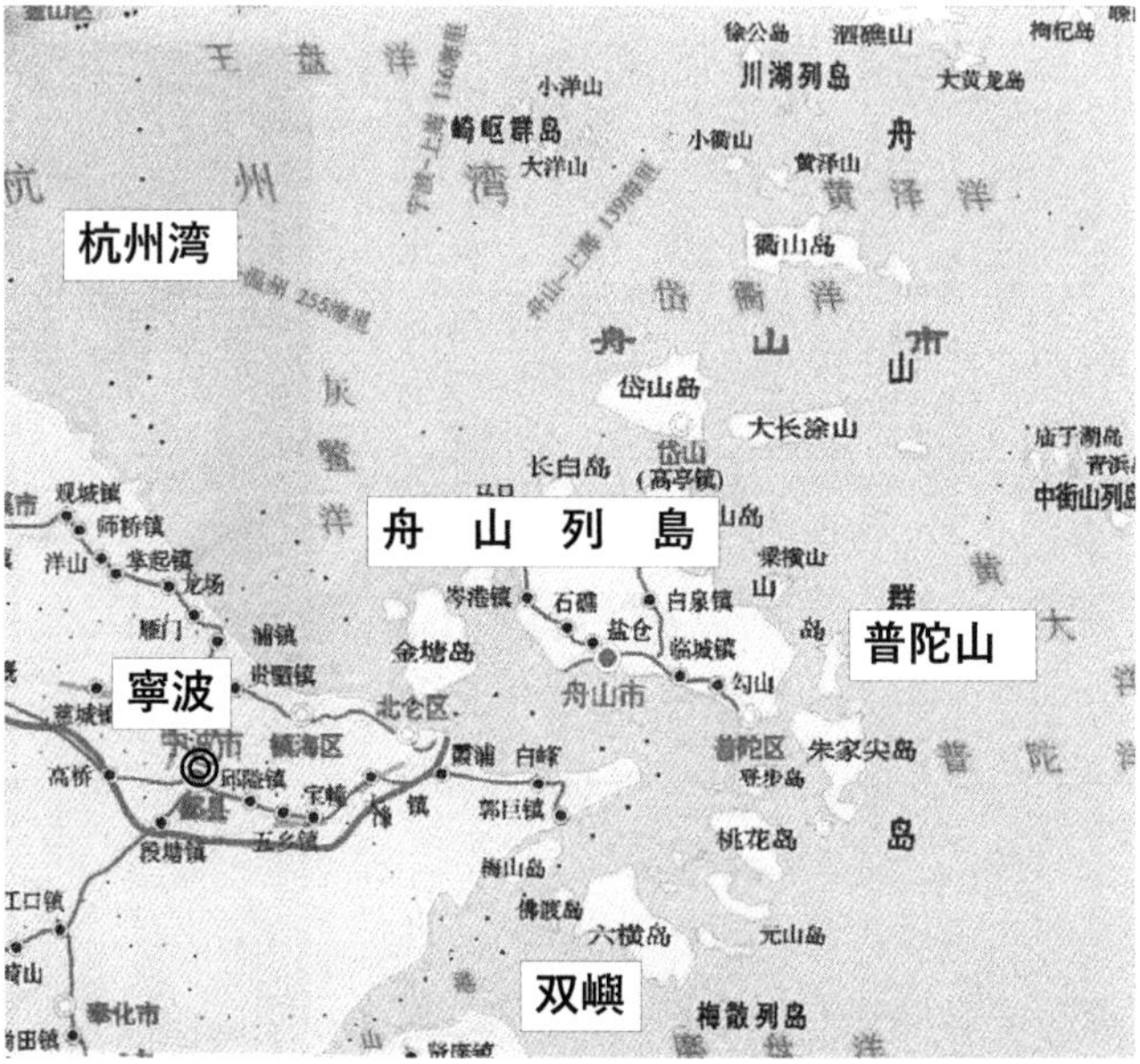

図63　舟山列島と普陀山
普陀山は寧波に至る前の寄港地。舟山島南部にある双嶼は、16世紀、東アジアの密貿易で繁栄した。

図64　浙江省舟山列島・普陀山の仏頂山寺にある観音菩薩像（18m）（左）。右下は潮音洞の遠景、右上は「不肯去観音院」の掛軸。（筆者撮影）

に移していた。それでも、僧侶たちは全国から普陀山を目指した。かれらは島の南東部にある潮音洞（海岸の修行場）で観音菩薩が出現するとして修行し、潮音洞に金銀の仏を投げ入れ、岩に血が出るまで頭を打ち付けて行を重ねた。なかには、自らのいのちを絶つ「捨身」をおこなう僧もいた（石野　二〇〇五）（図64）。捨身は、生きながら成仏する補陀落渡海の思想を体現したものであったのだろうか。現在も潮音洞の危険場所には網が張られ落下を防いでいるが、これは単なる危険回避のものであろう。

倭寇が普陀山によく来ていたことは石野一晴が指摘している。石野によると、『雨樹海防類考』には「普陀山は首衝である。倭夷はここを経由し必ず登って焼香する」とある。『補陀洛伽山志』の序文にも、「私は定海知牒となり常に普陀山に朝躍する者を見ているが、中国の人々は言うまでもなく、遺島の夷曾もここに踊順しないものはいない。」とある（石野 二〇〇五）。舟山列島は、倭夷だけでなく、中国商人、ヨーロッパ商人が集まる国際貿易センターでもあり、信仰の地だけでない性格をもっていた。

観音信仰は中国本土の人びとだけでなく、明代、倭寇と呼ばれた海に生きる人びとにとっても信仰の対象とされていたことがわかる。山岳信仰と海の世界とのかかわりは以上のことからも明らかで、海に生きる人びとの山岳信仰の広がりを歴史的にも探ることができる。海の倭寇が山に登った話は歴史の教科書でもふれられていない。

普陀山の名は、補陀落《ふだらく》に依る。元はサンスクリット語のポータラカ（Potalaka）の音訳である。補陀落の思想はチベットから日本にまで展開していた。普陀山の観音信仰は日本でも熊野や日光でみられた。中世には熊野や四国の足摺岬から生きたまま舟に乗り、浄土への旅に出る補陀落渡海がおこなわれた。チベット・ラサにあるチベット仏教の聖地であるポタラ宮殿のポタラもサンスクリット語のポータラカに由来する。

唐代の九世紀中葉、武帝は仏教の隆盛を嫌い、道教の道士を重用し、廃仏令を出して道教を保護した。これが「会昌の廃仏」である。普陀山の寺も焼き払われた。仏教と道教との対立はその前後にもあった。出家した僧侶が無税対象であったことや、仏像や仏具のために大量の銅を使用し、国が銅不足に陥っていたことも廃仏政策の要因となった。なお、武帝は道教で用いられた丹薬のために若くして崩御した。丹薬は不老長寿のために服用されたもので、水銀や鉛の化合物を素材とする毒性の強いものであった。とくに赤い色は古来より吉祥、魔除け、生命力を表すものとされた。辰砂《しんしゃ》（硫化水銀）は赤色をしており、「血」に通じるものとされていた。

五台山

山西省東北部の五台県にあり、文殊菩薩の聖地とされてきた。五台山は、望海峰（東台）、挂月峰（西台）、錦綉峰（南台）、葉頭峰（北台）、翠岩峰（中台）の五台からなることに由来する。最高峰は北台で海抜は三〇五八mある。中国内地では、漢伝仏教とチベット仏教との唯一の共通の聖地となっている。夏でも雪が降ることから「清涼山」とも呼ばれた。

五台山は唐代の開成五年（八四〇）、日本の慈覚大師円仁《えんにん》も留学したことのある仏教の聖地である。円仁は一〇年間、唐に滞在し、仏教を学ぶなかで四巻の日誌を残し、『入唐求法巡礼行記《にっとうぐほうじゅんれいぎょうき》』として目にすることができる（円仁　一九九〇）。

宋代には天台宗の僧成尋《じょうじん》が延久四年（一〇七二）、日本から杭州経由で開封に至り、五台山に巡礼をおこなっている。成尋は高僧であり、時の後三条天皇は成尋の渡航を許さなかったので、宋船で密航の形で宋に至った。平安時代の円仁の場合とは異なり、仏教を学ぶために入唐するのではなく、末法思想の隆盛していた当時、成尋は文殊菩薩の慈悲をえて、自らの罪を消滅させ、来世に浄土に至る想いを抱いていた。宋の神宗も成尋の高徳にふれ、帰国を願わなかった（高橋　二〇〇一）。几帳面に書きためた日誌を帰国する僧にゆだねた。膨大な資料からなる成尋の日誌は『参天台五台山記《さんてんだいごだいさんき》』として残され、発刊されている（成尋　二〇一一）。多くの研究者がその資料を活用し、多くの研究がなされている（藤善　二〇〇三、二〇〇六、森　二〇一三、井上　二〇〇二、二〇〇四、二〇〇八、二〇一二、手島　二〇一四）。

莫高窟と五台山

敦煌《とんこう》は別名で莫高窟《ばっこうくつ》（甘粛省敦煌市）と称され、四世紀から元代までに残された壮大な仏教遺跡である。莫高石窟は全部で四九二窟あり、一九六一年に世界遺産となった。雲崗石窟、龍門石窟とともに中国三大石窟のひとつに数えられる。

莫高石窟六一窟には五代十国時代の五台山の壁画『五台山化現図』があり、莫高石窟でも最大の仏教聖跡図である。文殊菩薩が座している台の上に中台の山頂があり、菩薩はその近くに鎮座していることがわかる。

ここには、五台山の周囲数百華里内の魔訶不思議な天界、神と人間の接触する仏教聖跡、現実世界の町の関

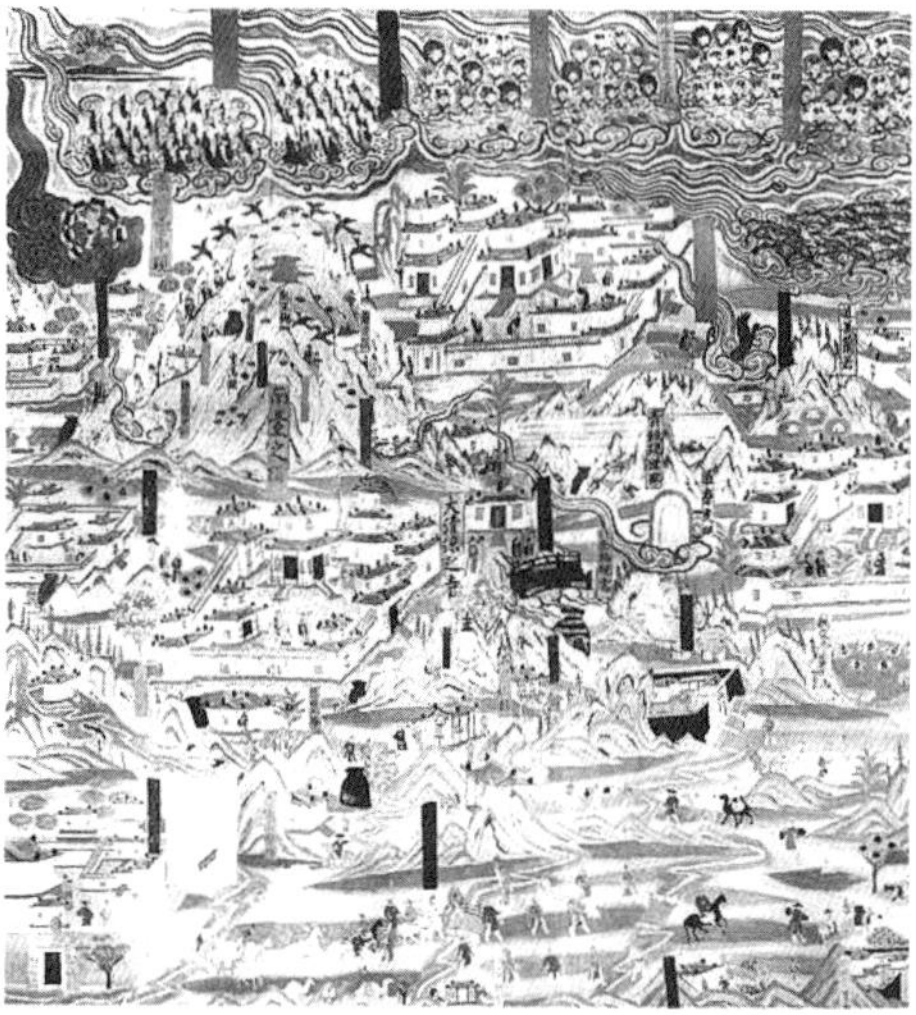

図65-1　莫高石窟第61窟にある五台山の壁画

図65-2　莫高石窟第61窟にある五台山の壁画
中台の頂の下に文殊菩薩が描かれている。

所・店舗・道などが描かれている。五台山には峨眉山のような奇岩、奇勝があるわけではないが、神仙思想のいわばメッカとされてきた。あざやかな色彩で描かれた石窟壁画の仔細から、当時の人びとの山岳信仰への思いを感じ取ることができる貴重な山水画である（図65―1、2）。

黄山《こうざん》

広大な中国に名山は数多い。黄山は安徽省にあり、その名称は黄帝がこの山で不老不死の霊薬を飲んで仙人になったとする神仙思想の伝説に由来する。かつて秦代には黟山《いざん》と呼ばれていたが、唐代に黄山と改称された。黄山の周辺には、道教や仏教の修行の場として多くの寺院が建てられている。黄山の北にある九華山《きゅうかざん》は、先に述べたとおり地蔵菩薩信仰の総本山である。黄山には三つの主峰の蓮花峰（一八六四m）、光明頂（一八六〇m）、天都峰《てんとほう》（一八三〇m）があり、そのほかにも七〇近い峰がそびえている。黄山は一九九〇年に世界遺産（複合遺産）として登録された（図66）。

図66　黄山

黄山は奇岩・名松・雲海・温泉で知られ、まさに仙境の感のある連山からなる。山水画の対象となり、多くの画家や流派が生まれた。とくに水墨画による山水の表現は、奇岩の多い黄山をほうふつとさせる。ただし、黄山が常に山水画のモデルとなったわけではなく、その中心的なモチーフが継承されたのであろう。山水画は深山幽谷、仙人の住む霊界をイメージさせる。日本の山水画ではのちに雪舟を輩出したが、本来、関係のない禅宗と山水画は渾然一体化したものとして日本にもたらされた。その基盤に聖山があり、現代でも山水画と聖山のイメージを重複して抱く日本人が多いのではないだろうか。つまり、神仙思想や仏教思想とは異質の聖山観が、日本で醸成されたひとつの根拠となっている。山水画については後述する。

図67　廬山

廬山《ろざん》

廬山は江西省九江《きゅうこう》市南部にあり、山塊は秀麗・奇勝・険しさなどの多様な山容をもつ。主峰の大漢陽峰は標高一四七四mで、断崖絶壁・雲海・瀑布の壮大な景観をもつとともに、仏教・道教の融合した山岳信仰が醸成されてきた（図67）。古くは後漢時代、安息国の安世高《あんせいこう》が渡来し、部派仏教を中国語に翻訳する仕事に貢献したことで知られている。のち、紀元三九一年、東晋の慧遠《えおん》による東林寺の建立以来、浄土宗の中心となった。多い時代には五〇〇ケ所あまりの寺院・廟が建立された。その後、仏教以外の宗教のセンターともなり、山頂には仏教、道教、イスラーム教、カトリックの寺院、廟、教会などがある。山岳信仰のメッカとして興味ある事例となっている。

前漢時代、司馬遷が廬山に登っている。のちの唐代、杜甫、白易居、陶淵明などによっても謳われた名山であり、皇帝の避暑地としても活用されてきた。

また、中国には山岳や瀧を水墨画として描く山水画が四世紀ころより発達してきた歴史がある。山水画では実際の山やまを写実的に描くのではなく、屹立する山塊と岩、樹木、滝、雲などの諸要素を独特の画法で再構成した作品であることが多く、いくつもの流派が時代を経て登場した。

とくに、唐代以降から明代までの時代、山水画には五つの大きな流れがあるとされている。その画期となるのは、唐代の李思訓《りしくん》と息子の李昭道、五代十国の荊浩《けいこう》・関同《かんどう》・董源《とうげん》・巨然《きょねん》、北宋の李成・范寛《はんかん》、宋の李唐・劉松年《りゅうしょうねん》・馬遠《ばえん》・夏珪《かけい》、元末の黄公望《こうこうぼう》と王蒙《おうもう》である。

廬山については、董源とその弟子の巨然らの江南山水画派が描いた画風の成立やのちの明代に沈周の描いた「廬山高図」（一四六七年）へと展開する事情を竹浪遠が論じている（竹浪　二〇一八）（図68）。このように、廬山は聖山というだけでなく、文学・絵画・詩などの芸術文化面で多くの著名な文人が関わった山であることを記憶にとどめておきたい。

図68　沈周による「廬山高図」(1467年)

神農架《しんのうか》林区と武当山《ぶとうさん》

湖北省中西部にある中国唯一の林区である神農架は二〇一六年世界自然遺産として登録された。自然が豊かで幻想的な奇岩の山やまがある。二〇一三年一二月に現地を訪れ、飼育されている金絲猴を

図69　金絲猴（筆者撮影）

見た。清代から金絲猴の毛皮は皇帝への献上品とされ、敷物や寝具として利用された。狩猟によって毛皮をはぎ、肉は狩猟者が食した。金絲猴が孫悟空のモデルとされることはよく知られている（図69）。野人が棲むとされる伝承があるが、文化的な聖地はない。

湖北省北東部の十堰《じゅうえん》市にある武当山《ぶとうさん》は武当派道教や太極拳発祥の聖地とされている。七二峰からなる連山の主峰は天柱峰（一六一二m）である。武当山の開祖とされる張三豊《ちょうさんぽう》は南北朝期に生まれ、三〇〇年以上を生きた仙人とされている。のちの明代に永楽帝から不死長寿の秘訣を聞かれ、その助言の功により九宮殿、七二寺院、三六修道所の建設を賜ったとする伝承がある。武当山は中国道教の聖地となったことは疑うべきでなく、仏教とは異なる聖山となった。

梵浄山《ぼんじょうさん》

梵浄山は貴州省銅仁《どうじん》市にある。武陵山脈の主峰鳳凰山は標高二五七二mである。梵浄山は「貴州第一名山」とされ、二〇一八年に世界自然遺産に登録された。梵浄山には多くの貴重な動植物が分布しており、とくに金絲猴やハンカチーフ・ツリーは貴重な生き物である（図62、図69参照）。また梵浄山は中国十仏教名山の一つになっている。明清時代から弥勒菩薩の聖地とされ、山頂部の新金頂（二三三六m）、老金頂（二四九三m）の周辺では摩訶不思議な光と影が見られ、弥勒菩薩の出現する霊山としての価値を高めている。新金頂

図70　梵淨山の老金頂　金絲猴は、新金頂（右）に坐す弥勒菩薩像を崇める姿とされている（左）。

は弥勒菩薩像の坐像とされ、老金頂は金絲猴が弥勒菩薩像を崇める姿を表しているという（図70）。

朝鮮の霊峰

古朝鮮の檀君《だんくん》神話（仮想の檀国の君子に関する神話）によると、天帝である桓因《かんいん》の子桓雄《かんゆう》が地上の太白山《テベクサン》（太伯山）の山頂に三〇〇〇人を従え、天降ったことが『三国遺事』に記されている。この山は北朝鮮の妙香山《ミョヒャンサン》（一九〇九m）とされており、後述する韓国の太白山とは異なる。桓雄は「桓雄天王」と称され、風伯（風の神）・雨師（雨の神）・雲師（雲の神）を従え、穀物・生命・病気・刑罰・善悪など人間の所業を差配した。この神話は日本の天孫降臨神話と似た王権起源神話といえる。

古代の朝鮮では、天を絶対神として祀る天神（祭天）儀礼がもっとも重要な国家の実践であった。祭天儀礼は高句麗、百済、扶余、新羅などに広くみられることが『三国遺事』、『三国史記』などの記載からわかる（岩本　一九九七）。新羅では、祭祀の重要度に応じて、大祀（奈歴山・骨火山・穴礼山）・中祀（五岳・四鎮・四海・四瀆）・小祀（岳・山・城など二四ケ所）

図71　朝鮮の五台山最高峰の毘盧峰《ビロボン》(1563m)

図72　太白山(1567m)

が区別されており、祭祀のおこなわれる場所の多くが霊山にあったことがわかる。天への神聖観念は山にたいする観念とは同一ではない。しかし、天への祭祀が山でおこなわれたことは、山が天界に通じる場所と見なされていたことを暗示している。

朝鮮半島にも五台山《オデサン》がある。韓国北東部の江原道にあり、太白山脈に属する。中国の五台山とおなじ名称であるのは、新羅の時代、慈蔵大師が六四三年に唐へ渡り、山西省の五台山で修行を積み、仏頂骨舎利《ぶっちょうこくしゃり》（釈迦の遺骨や灰）を持ち帰った。慈蔵法師は、帰国後、中国の五台山にちなんで入唐前に修行していた山を「五台山」と改めたのが由緒である。五台山には、満月台、長嶺台、麒麟台、象三台、知工台の五台がある。最高峰は毘盧峰《ビロボン》（一五六三m）であり（図71）、このほか虎嶺峰、象王峰、頭老峰、東台山、小台山、小桂芳山、上王峰などの一〇〇〇m級の連山がある。月精寺《ウォルジョンサ》は慈蔵大師時代に建立された古い歴史のある寺院である。

新羅五岳には東に吐含山《トハムサン》（七四五m）、南に智異山《チリサン》（一九一五m）、西に鶏龍山《ケリョンサン》（八四五m）、北に太白山《テペクサン》（一五六七m）（図72）、中に八公山《パルコンザン》（一一九三m）がある。また、朝鮮で一般に五岳といえば、新羅五岳とは異なり、智異山のほかは金剛山《クムガンサン》（一六三八m）・妙香山《ミョヒャンサン》（一九〇九m）・白頭山《ペクトサン》（二七四四m）・北漢山《プカンサン》（八三六m）を指す。智異山と北漢山は大韓民国、そのほかは朝鮮民主主義人民共和国（北朝鮮）にある。このうち太白山や智異山は山岳信仰の聖地とされている。太白山は古代の新羅時代からの聖山である。

天への祭祀は山頂部に石組の祭壇をもうけておこなわれた。太白山（江原道太白市）では、最高所（一五六七m）に将軍壇（方形）、南方三〇〇mにある一五六〇m地点に天王壇（楕円形）、さらに南方三〇〇mの標高一五〇〇mの地点に下壇（方形）が造られた。これらの祭壇は磐座の上に石を積み上げて造成されたものである。

前述した智異山の最高峰は天王峰であり、山頂の磐座の前面に祭壇遺構があり、また智異山の山中にある窟に祭祀をおこなった形跡がある。これらの特徴は北部九州の英彦山における山岳信仰と類似する面があるとされており、興味深い（山本　二〇〇一）。

注目すべきは、新羅時代以来、朝鮮半島には山神信仰、独尊信仰（単独で山地で修行し、その後仙人となった存在への信仰）、七星信仰（北斗七星を神とする信仰）があり、多くの寺院では前記の三神が祀られているところが多いことである。このうち、山神への信仰は、智異山を例とした古代朝鮮における広義のシャーマニズムである。朝鮮語では巫俗《ムーソク》（ふぞく）と称される。具体的には、巫堂（ムーダン）がクッ神を自らに憑依させ、託宣をのべる儀礼をおこなう。クッはそのさいの祭儀で、個人の幸福、病気の治癒、死者の供養、村神への祀りなどさまざまな種類がある。李氏朝鮮時代、朱子学（儒教）が重んじられ、廃仏政策とともに巫俗は賤民の宗教と蔑視されたが、現在では朝鮮における伝統宗教として復活している。

以前、済州島で二〇〇六年六月に「済州海女博物館」の開館式典と講演に参加したさい、屋外では女性の巫堂たちが踊りを演じていた。済州島ではムーダンではなくシンバンと称するうえ、クッにもいろいろとちがう点があるようだがここではふれない（丹羽　一九八八）。

『三国史記』によれば、仏教は高句麗には小獣林王五年（三七五）、百済には枕流王元年（三八四）に東晋より、新羅へは法興王一五年（五二八）に伝来したとされている。その後、仏教が浸透するものの、朝鮮王朝（一三九二〜一九一〇年）による廃仏政策があり、信仰面では中国や日本とは異なった歴史を歩んできた。もっとも大きなちがいは、日本で「本地垂迹説」が主流となり、神仏習合が進んだが、朝鮮半島では神と仏は別物として扱われてきた点である。

全羅北道にある馬耳山《マイサン》は雄馬耳山（六七八m）と雌馬耳山（六八五m）の二峰からなる。朝鮮時代末の一八八八年に李甲童《イ・カプドン》という僧が二峰ではさまれた場所にある馬耳塔寺の周囲に一〇年以上をかけて一〇八基の石像を建造した。どんな強風でも倒れることがなく存続しているのは馬耳山の「気」によるとして、霊山扱いされている。

3　世界の七大霊峰

世界には霊山、霊峰が各地に存在する。ふつう、世界の七大霊峰とされているのは、世界最高峰のエヴェレスト山、ケニヤ・タンザニアにあるキリマンジャロ山、ペルーのマチュ・ピチュ、エジプトのシナイ山、アメリカのシャスタ山（カリフォルニア州）とサンフランシスコ・ピークス（アリゾナ州）、そして日本の富士山である。場合により、シナイ山やマチュ・ピチュの代わりに、チベットのカイラス山やアメリカのセドナ山を入れることがある。いずれにせよ、霊峰と見なされるわけや歴史的背景はさまざまである。以下、富士山は次節でふれるとして、七大霊峰のうちの六霊峰について述べる。

図73　世界最高峰のエヴェレスト山(8846.86m)

エヴェレスト

エヴェレストは海抜高度が八八四八・八六メートルの世界最高峰である（図73）。チベット語でチョモランマ（Chomolungma：大地の女神）、ネパール語でサガルマータ（Sagarmatha：世界の頂き）と称される。エヴェレストを含むサガルマータ国立公園は一九七九年、世界遺産となった。ネパールのシェルパの人びとは自然信仰の対象としてサガルマータ山を崇拝している。エヴェレスト山の登山がさかんとなり、シェルパは山岳案内人として活動するようになるが、かれらはもともとエヴェレストに信仰のため登攀してきたわけではない。聖なる山に登る人間の手助けをすることでかれらの山岳信仰にどうしうた変化が起こったのか、あるいは起こらなかったのか。かつてなら遭難や事故で死ぬ恐怖はなかったが、案内業は経済的な利益にもつながるメリットもあった。この問題は梅里雪山の遭難事故に関連して後述しよう。

キリマンジャロ山

アフリカのタンザニア北東部にあるキリマンジャロ山は海抜高度五八九五mの独立峰として世界最高峰で、富士山よりも二二〇〇mほど高い。牧畜民のマーサイの人びとは、この山にエンカイ（Enkai）と呼ばれる神がいるとして崇拝している。エンカイは元々地上にウシとともに住んでいたが、大きな災害が起こった。そこでエンカイはウシを引き連れて天に逃れた。しかし、天界にはウシの食べる草がない。そこでエンカイは人間を創ってウシの世話をさせた。ウシを飼う牧畜生活を送るマーサイの人びとにとり、エンカイは自分たちを創造した神なのであり、キリマンジャロの山頂に座していると考えるわけだ（図74）。

図74　キリマンジャロ山（5895m）

ケニヤ南部に住むキクユの人びとは農耕民であり、ケニヤ山（五一九九m）の山頂にンガイ（Ngai）と呼ばれる神が黄金の玉座に座っているとの信仰をもつ。ケニヤ山は後世のヨーロッパ人による命名であるが、マーサイやキクユの人びとは、ケニヤ山を「神の山」を意味するキリニャガ（Kirinyaga）と称している。マーサイのエンカイとキクユのンガイはおなじルーツの神とみなせる。

マチュ・ピチュ

南米ペルーの山岳部にあるマチュ・ピチュ（老いた峰）の切り立った崖の上に石造りの神殿や寺院、居住地、段々畑からなる壮大なインカ文明の遺跡が発見された。マチュ・ピチュは宗教的な祭祀場として一九八三年に世界遺産となった。海抜高度は二四三〇mあり、マチュ・ピチュの背後にある尖塔状の山はワイナ・ピチュ（若い峰）と呼ばれ、海抜高度は二七二〇mある。インカの人びとにとり、太陽とともに月は信仰の対象となる神であり、マチュ・ピチュには太陽神殿が、背後のワイナ・ピチュ山腹の洞窟内に月神殿が建造されている。より高い場所は太陽や月への信仰を具現する場所であり、山が聖地とされた。マチュ・ピチュにおける太陽信仰は、アジアにおける天への信仰とは顕著に異なっている。

シナイ山

シナイ山は紅海最奥部のシナイ半島にあるとされ、アラビア語ではジェベル・ムーサー（Jabal Mūsā）と称される。モーゼが十戒（神から与えられた一〇の戒律）を授かった聖地とされる。シナイ半島南部の山（海抜高度は二二八五m）が比定されているが、「出エジプト」とするには距離が南に寄りすぎており、シナイ半島の北側に聖書のシナイ山を想定する考えもある。いずれにせよ、シナイ山はキリスト教、イスラーム教、ヘブライ教の聖地となっている。

シャスタ山

シャスタ山は米国・オレゴン州からカリフォルニア州北部に南北に連なるカスケード山脈の南端部にあり、海抜高度は四三二一・八mの火山である。シャスタ山はこの地域に住むシャスタの人びとにとり、大いなる精霊（Great Spirit）によりこの世界に最初に創られた山とされている。シャスタとともにカルーク、ウィンツなど多くの先住民が生活してきた場所であり、シャスタ山頂には人びとの聖域が残されている。カリフォルニアの先住民はドングリなどのナッツ類のデンプン利用、サケやマスの漁撈、シカの狩猟などを組み合わせた自給的な生活を営んできた。シャスタ山の中腹二〇〇〇mにあるパンサー・メドウズでは雪解けを待って夏に山開きの儀式がおこなわれ、先住民の人びとが参加する。創成神話を元にした人びとの生きざまはこの地域におけるあらゆる権利やその正統性に関する議論にとってはもっとも重要である。こうした権利や主張が経済や開発で損なわれようとするさい、環境倫理の原点に立って先住民の文化をないがしろにするようなことがあってはならないだろう（福永 二〇〇七）。シャスタ山に関して、一九二〇年代にサンフランシスコに滞在した登山家の小島烏井は、シャスタ山に登り、富士山との類似点について以下のように述べている（小島 一九七五）。

「シャスタに就いて言うと、氷河地形などは、我が富士山とは似ない方面だが、その他に於て、多くの似顔は、合せ鏡をしている姉妹でもあるかの如くに感じられる、そう思うとき、我々日本人に取って、シャスタ山は、もう錠前を卸《おろ》した山ではなくなった。」

ここでいう姉妹は、シャスタ山とシャスチナ山（三六九〇m）を指し、小島は「シャスタとシャスチナと、二人の容姿端麗なる姉妹が、見る角度に依《よ》っては、並んで手を繋《つな》ぎ合ってもいるし、また背中合せに丈《たけ》くらべをしているようでもあり、何となく人懐《なつ》かしい山に見えるからである。」と述べている。

サンフランシスコ・ピークス

サンフランシスコ・ピークスはアリゾナ州にある火山で、海抜高度は三八五一mある。周辺に住む先住民のホピ（Hopi）の人びとは、「雪を頂く山」と称する。ただ、この地域に来たスペイン人が山の名前を現地人に聞いたところ、現地人は「雨をもたらしてくれる神が住む山だ」と答えると、「雨をもたらしてくれるのは聖サンフランシスコだ」として、スペイン人がサンフランシスコ山と名づけた経緯がある。聖フランチェスコはイタリアのアッシジのカトリック教の修道士であり、数々のエピソードをもつ偉大な聖者である。そのひとつに、水飢饉のさい聖フランチェスコが杖で岩をたたくと水があふれ出たとする逸話がある。サンフランシスコ・ピークスの名前は、それにちなんだものである。

先住民にとって豊饒の水をもたらす聖山は、ホピ族だけでなく文化的に近縁のズニやラグナなどの民族集団でも同様の信仰がある。問題であったのは、二〇世紀以来、この地域においてウラニウム鉱発掘と精錬が先住民の許可を得ずに米国のウラン開発会社により進められたことである。この地域はアリゾナ州、ユタ州、コロラド州、ニューメキシコ州が十字形で接する「フォー・コーナーズ」と呼ばれ、コロラド高原の乾燥地に当たる。サンフランシスコ・ピークス以外に、ブランカ山、テーラー山、ヘスペラス山の四聖山がある。

ホピの予言に「米国は灰のつまったヒョウタン（gourds of ashes）によって破滅する。川は煮えたぎり、大地を焼き尽くす。長い時間、草も生えない。そして、どんな薬も効かない病気がはやる。これは核爆弾のなせる結果にほかならない」（http://www.alamongordo.com/tag/gourds-of-ashes/）。また、核シェルターなど意味がなく、心に安寧をもつ人びとは生命《いのち》の偉大なシェルターのなかにいるのだとも語られる。ウラニウムによる被ばくが起こっており、広島と長崎の惨劇や第五福竜丸の被ばくを体験している日本人にとり、ホピの人びとの予言を他人事として片づけるわけには決していかない。聖なる山を守ることは核爆弾を生み出した人類への挑戦にほかならない。

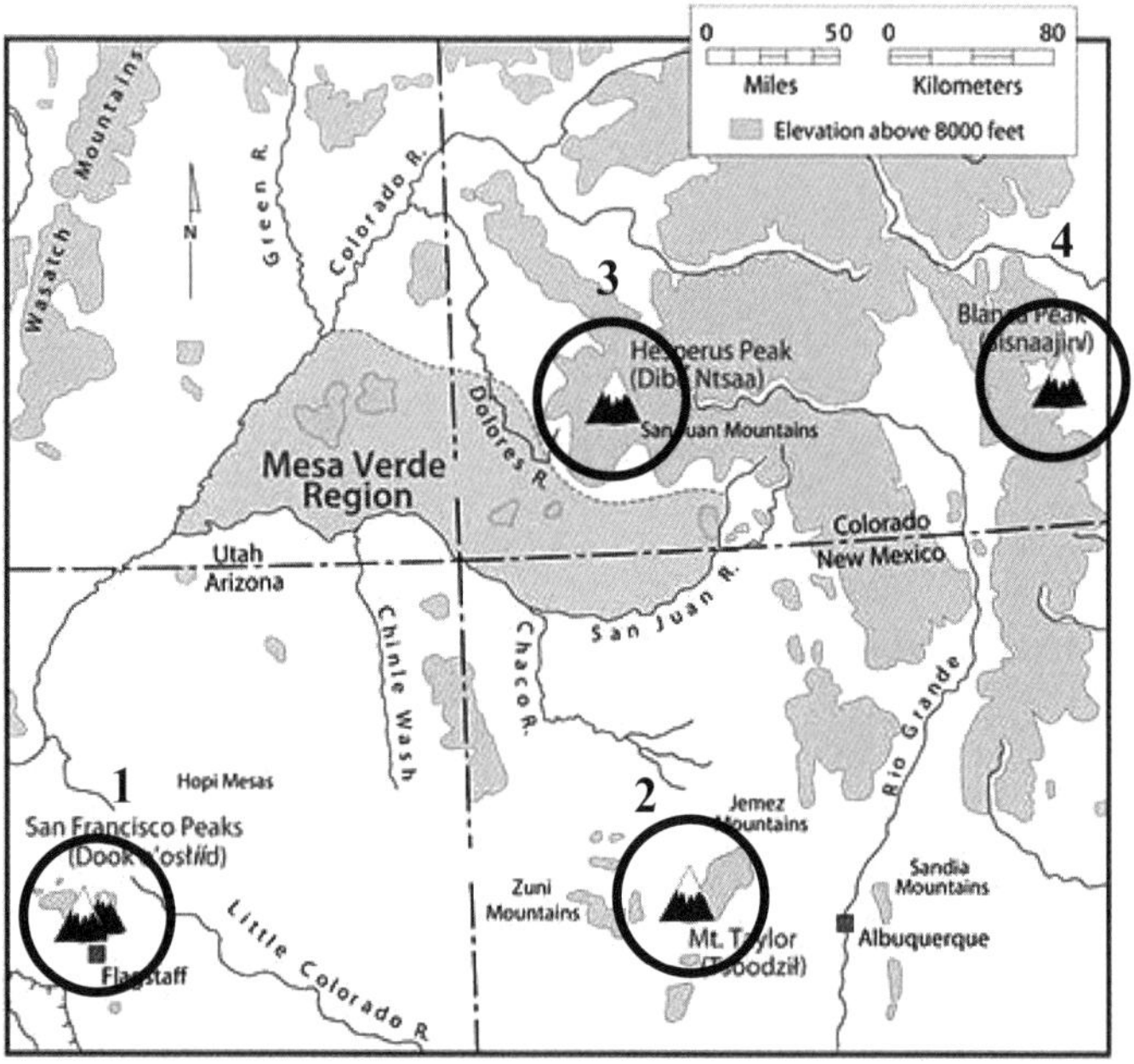

図75　ナバホの山とシンボリズム
1　サンフランシスコ・ピークス（西・黄）、2　マウント・テーラー（南・青）
3　ヘスペラス・ピークス（北・黒）、4　ブランカ・ピークス（東・白）

ナバホの領域と方位・色連関

ナバホ語のディネター（*Dinétah*）は、「ナバホの人びと」（*diné*）の「土地〜を通じて」（*tah*）を意味する語で、ナバホの祖先の住む故地を指す。ニューメキシコ州北西部、コロラド州南西部、アリゾナ州北東部、ユタ州南東部に相当する。領域は明確ではないが、前述した四つの聖山は方位と色の連関が示されている。

すなわち、サンフランシスコ・ピークスはナバホ語で*Dook'o'oosłííd*と称され、位置は西、色は黄色である。ヘスペラス山はロッキー山脈のラプラタ山塊の最高峰で、ナバホ語で*Dibé Ntsaa*と呼ばれる海抜高度二一〇〇mの山である。位置は北、色は黒である。テイラー山は*Tsoodził*（トルコ石の山）と呼ばれ、四〇三五mの山である。その位置は南で色は青である。ブランカ・ピークスはナバホ語で*Sisnaajiní*（ないし*Tsisnaasjini*）と呼ばれ、位置は東で色は白である（図75）。

4　富士山と世界の富士

富士山

富士山は標高三七七六mの日本最高峰である。世界の七大霊峰のなかでは標高はなかほどにある。他の霊峰は大陸部にあるが、列島にあるのは富士山だけである。周知のとおり、富士山は孤立峰の成層火山であり、なだらかで長い裾野をもつ点で、その秀麗さが人びとの関心を惹いてきた。

山岳信仰の観点からすると、富士山への信仰は時代とともに大きく変容してきた。多くの研究の蓄積と論述がこれまでにある。世界遺産との関連で筆者もいくつかの論考を提示してきた（秋道　二〇一八b・二〇一九b・二〇一九c・二〇二〇b・二〇二〇c）。

以下、富士山の信仰を歴史を追って概観してみよう。千居《せんご》遺跡は静岡県富士宮市にある縄文時代中期〜後期の集落跡である。二一戸ほどの竪穴住居のほかに、環状列石《かんじょうれっせき》や帯状列石《たいじょうれっせき》などの配石遺構が一二ケ所出土している。山梨県都留市にある縄文中期末の牛石《うしいし》遺跡からも大型の環状列石や配石遺構がみつかっている。千居遺跡、牛石遺跡ともに富士山を望む位置にあり、標高はそれぞれ三九八m、四六一mである。推測の域を出ないが、これらの場所では富士山への何らかの祭祀がおこなわれたであろう。

貞観の大噴火と浅間神社

古代における富士山の噴火についてはさまざまな記録がある。平安時代の貞観六年（八六四）五月二五日、富士山は溶岩流をともなうマグマ噴火を起こしたことが『日本三代実録』に記載されている。これがいわゆる「貞観の大噴火」である。その前には延暦噴火（延暦一九年（八〇〇））があった。「貞観の大噴火」には以下の記載がある。

「駿河国の富士大山《ふじのおほやま》、突然に暴火あり、崗巒《かうらん》［丘と山］を焼砕し、草木を焦殺す。土鑠《しゃく》石流し［土は融け石は流れる］、八代郡の本栖ならびに剗《せ》の両水海を埋めた、水は熱して湯のごとし、魚鼈《ぎょべつ》［魚と亀］皆死す、百姓《ひゃくせい》の居宅は海と共に埋まった、或いは宅有りて人無し、その数記し難し。両海の東、また水海あり、名づけて曰く河口海《かわぐちのうみ》、火焔は河口海に向かって赴いた。本栖と剗の海が未だ焼け埋む前に、地は大震動、雷電暴雨、雲霧晦冥《かいめい》、山野　弁へ難し、然る後、この災異ありき。」（八六四年七月一七日の記録）

簡約すると以下のようになる。突然、富士山が噴火し、丘と山を焼き、草木は燃えてしまった。（溶岩による）土石流が発生し、本栖海（湖）と剗の海を埋めた。その熱で水は湯のようになり、魚や亀は死に絶えた。人家は水面下に沈み、残った家に人影はなく、その数は計り知れない。溶岩流は東側の河口海にも向かった。大地が大きく揺れ、雷雨が発生し、雲と霧とで暗がりとなり、山野の区別もできずにこの災禍が起こった。すさまじい噴火の状況を京に伝えるものであるが、『日本文徳天皇実録』仁寿三年（八五三）（旧暦七月一三日の条）に「特加駿河國浅間大神従三位」、『日本三代実録』の貞観元年（八〇九）（正月二七日条）に「駿河國従三位浅間神正三位」とあり、浅間神を祀る浅間神社が神格化されていた。朝廷は富士山の噴火を「託宣」により、人災と捉えた。富士河口湖町教育委員会の杉本悠樹によるとおり、富士山の噴火は駿河国浅間明神の禰宜《ねぎ》・祝《はふり》などの祭祀怠慢によるとする占いの結果があった（杉本　二〇一二）。

すなわち、「近ごろ、国史が誤ったことをして、そのために百姓が多く病死しているのに、そのことに全く気付いていないので、この噴火を起したのである。早く神社を造って祝・禰宜を任じ、（私を）祀りなさい」との託宣がでた。貞観六年八月五日（八六四年九月九日）に朝廷は甲斐国にたいして浅間名神を奉り陳謝するよう命じている（小山　二〇〇七、杉本　二〇一三）。翌年の貞観七年（八六五）十二月二十日（八六六年一月一〇日）、『日本三代実録』にあるように、甲斐国山梨郡にも八代郡とおなじように浅間明神の祭礼をするよう指令が下っている。こうした背景からも、浅間大神への信仰が拡散していったことがわかる。浅間神社は富士山の遥拝所でもあった。歴史上は富士信仰の第1期ともいえる時代で、噴火と国家の緊張関係があった。

富士山登拝

富士山への信仰は山麓から遥拝する形式であったが、古代にも山頂を目指した人は皆無ではなかった。平安時代、菅原道真と同時代人であり従五位下《じゅごいげ》の官位をもつ都良香《みやこのよしか》による「富士山記」（『本朝文粋』巻第十二）には、「山名富士。取郡名也。山有神。名淺間大神。此山高。極雲表。不知幾丈。頂上有平地。廣一許里。其頂中央窪下。以下略」とあり、富士山頂部の様子が詳述されている。貞観の噴火後に都良香自身が登頂したか、登頂した人の話を元にしたかいずれかとおもわれる。

近年見いだされた『浅間大菩薩縁起』（神奈川県立金沢文庫蔵）によると、後述する末代上人《まつだいしょうにん》以前にも富士山登頂を果たした宗教者のいたことがあきらかになった（西岡　二〇〇三、二〇〇四、二〇〇六）。それによると、金時上人《きんときしょうにん》（登頂年代は不詳）、覧薩上人《らんさつ》（天元六年（九八三）六月二八日に登山）、日代上人《にちだい》（天喜五年（一〇五七）に登山）がいたという。

『浅間大菩薩縁起』によると、修験道の祖とされてきた末代上人は長承元年（一一三二）四月一九日に仲間らと四度目の登頂をしており、そのさい先人である上人が残した仏具を見つけている。時代からすると、日代上人登頂から七五年が経過している。初期の遥拝を基調とする富士山信仰から、登拝による山岳信仰への移行期が一〇世紀後半から一一世紀までさかのぼることになる。いずれにせよ一二世紀以降、富士山の噴火も沈静化し、山岳信仰と密教・道教とが習合した修験道がさかんとなる。つまり、山に登って霊力を獲得する修験道が展開し、富士山を修業の場として仏の世界を具現する登拝へと転換した。

久安五年（一一四九）、末代上人は富士山頂上に大日寺を建立し、如法大般若経《にょほうだいはんにゃきょう》を埋教した。大日寺建立は日本固有のカミである浅間大神の本地仏が大日如来であるとする神仏習合の思想によるものである。大日寺はその後衰えるがのち再興される。富士山における修験道が西日本の大峰山や金剛山における修験道に後発となったのは、富士山噴火が浅間大神の怒りによるものとされ、その沈静を待たなければならなかったと考える上垣外憲一の指摘がある（上垣外　二〇〇九）。

『駿河国新風土記』にあるように、南北朝期になると、末代上人の流れをくむ頼尊《らいそん》（般若上人）が村山（静岡県富士宮市村山）に修験道を中心とする村山修験を創始し、村山は修験者の聖地となる。村山修験による富士峯修行は山伏になるための通過儀礼であり、村山三坊（大鏡坊《だいきょうぼう》・池西坊《ちせいぼう》・辻之坊《つじのぼう》）が中心となって修行活動をおこなっていた。富士峯修行は旧暦の七月二三日に村山を出立し、富士山中で修行を積み、八月三日に頂上から須山口経由で、現在の御殿場市・裾野市・三島市・沼津市・富士市に含まれる村むらで布教などの宗教活動をおこない、八月一六日に村山にもどった。富士峯修行は中世期から昭和初期までおこなわれてきた長い伝統をもち、遠藤秀男による詳細な聞き取り調査が実施された。これを受けて、大高康正が富士峯修行の歴史について詳細に報告している。富士峯修行の回数が大きな意味をもっていたことや、法会などのさいに前述した三坊間で座席順がきまっていたなど興味ある史実が明らかになった（大高　二〇〇九）。

応永五年（一三九八）の「伊豆走湯山密厳院領関東知行地注文案」（醍醐寺文書）には「一、駿州富士村山寺」とあり、当初村山修験は伊豆走湯山《そうとうざん》密厳院の末寺として存在していた。この走湯山はのちの伊豆山《いずさん》神社となる。

室町時代以降は富士山における修験道が盛行するようになり、のちにふれる角行《かくぎょう》が登場する。室町時代作

図76　絹本《けんぽん》著色《ちゃくしょく》富士《ふじ》曼荼羅図《まんだらず》
1.富士山本宮浅間大社　2.湧玉池（水垢離をとる場）
3.富士山興法寺（こうぼうじ）　4.巫女　5.竜頭の滝
6.白装束の道者　7.御室大日堂　8.清見寺　9.三保松原
10.駿河湾　11.日輪　12.月輪

図77　「富士参詣曼荼羅」詳細図　湧玉池（水垢離の場）（上）とここより上は女人禁制（下）

の「富士参詣曼荼羅図」には、当時の富士信仰の様子が詳細に描かれている（図76）。富士山本宮浅間大社に二幅所蔵されるものの一点は国指定重要文化財で、狩野元信の壺型朱印をもつ絹本であり、富士登山信仰を中心に据えた構図となっている（大高　二〇〇四）。たとえば、富士山本宮浅間大社内の湧玉池《わくたまいけ》で富士山登拝のために禊《みそぎ》をする男性が描かれている。上部の富士山興法寺《こうぼうじ》は頼尊が村山に開いた寺で、神仏習合により村山修験の中心地村《むら》山浅間神社《やませんげんじんじゃ》となった。また、図のなかに登場する女性が興法寺より上部の山域では見られないことや、富士登山を目指す道者がすべて白装束を身にまとっていることから、女人禁制と山頂の聖所に向かう富士山登拝の宗教観を表していると遠藤秀男が指摘している（遠藤　一九七八）（図77）。「富士参詣曼荼羅図」は中世における富士山信仰の極致を表しており、この時代は富士山信仰の第2期にあたる。

鎌倉末期〜南北朝時代の各種の縁起物では、富士山の祭神として「赫夜姫《かぐや》」「赫野妃」「赫野姫」「賀久夜姫」などと「かぐや姫」を当てている。富士山の祭神を木花開耶姫《このはなさくやひめ》とするようになったのは幕末以降のことであり、初出は林羅山の『丙辰紀行《へいしん》』(元和二年(一六一六)である。

富士講

江戸時代には、富士講が民間宗教として関東地方から全国一円に流布する。そのさきがけは長谷川角行《かくぎょう》という名の行者である。角行は戦国期から江戸期にかけて活躍した修験道の行者であり、富士講の開祖とされる。各地での修行ののち、富士山麓の人穴《ひとあな》(静岡県富士宮市)で難行・苦行した。角行は自己の鍛錬だけでなく、カミのお告げによって三六〇文字を作り、「風先侎《ふせぎ》」と呼ばれる護符や「御身抜《おみぬき》」と呼ばれる軸装巻物を造って自分の信徒に「御文《おふみ》」としてあたえた。

これらは、富士講の教義となるとともに、護符は江戸時代に流行した病を治癒するうえで霊験あらたかなものとして爆発的な人気を得た。角行の後継者は数多く、富士講の流布に貢献した。なかでも享保年間以降、村上光清《こうせい》と食行身禄《じきぎょうみろく》が講社の発展を図り、江戸を中心に町人や農民に広く普及活動をおこなった。村上は北口本宮富士浅間神社を復興させ、大名などからの支持を得た。

一方、後者は江戸の町衆に大きな支持を得た。食行身禄が富士山に入定後、弟子たちが江戸で富士講を布教した。江戸時代後期には「江戸八百八講、講中八万人」といわれるまでに講は隆盛した。また、富士講の活動として関東地方に富士山のミニチュアとでもいえる「富士塚」を造成し、富士登山をしない江戸の人びとの信仰対象となった。現在も東京を中心としてとして富士塚が多く残されている。都内では最古のものが鳩森《はとのもり》八幡神社にある千駄ヶ谷富士である（有坂　二〇〇八、二〇一二）。

富士信仰と世界遺産

江戸で隆盛した富士講は一方で世俗化の傾向が顕著になり、小谷三志《こたにさんし》は本来の富士山信仰に立ち戻る必要を感じ、富士山信仰に加えて相互扶助や夫婦和合などの実践道徳をあわせて主張する「不二道」を新たに提案した（岡本　二〇一四a、二〇一四b、二〇一六）。小谷の高弟に当たるのが明治期に全国各地で植林運動を主導した本多静六の祖父に当たる折原友右衛門であり、折原は富士山に六七度も登頂している。富士登山を目指す道者に登山口での宿や食料を提供し、登山に関する情報や装備を提供する御師集団が富士吉田を中心として重要な役割を果たした。北口本宮冨士浅間神社は吉田口登山道の起点であり、神社の門前には南北の道路沿い左右に間口の狭い短冊状の御師住宅が多い時には一〇〇軒近くあった。

信仰の形態は全国的にみても多様な形態を産みだしたが、聖域としての富士をめぐる宗教的な分派や多様性は他の宗教でもみられる。ただし、世界遺産となった現在でも富士山の山頂部の聖域のうち、噴火口は「内院《ないいん》」と位置づけられ、鎮座する浅間大神とその本地仏である大日如来を拝する行為は持続されている。火口壁をめぐる「お鉢めぐり」では、湧出する湧水を小さな祠に安置された仏像にかけて参拝がおこなわれている。火口壁を巡ることは、仏教の曼荼羅世界をたどることとされ、「内院」を望むいくつもの拝所（村山大宮拝所、須山拝所、吉田須走拝所）には鳥居が建立されている。明治期以降、富士山をめぐる信仰に森林保全を基調とする本多静六の思想が導入された。森林保全は明治期に西洋から導入されたものであるが、岡本喜久子は本多が「不二道」と密接な思想的なかかわりをもっていたことを指摘した（岡本　二〇一四a、二〇一四b、二〇一六）。

富士山を聖域として崇拝する富士山信仰は古代以来、紆余曲折の変化を経てきた。富士山のふもとから遥拝し、浅間大神として位置付けられた古代から、中世以降は密教との習合を通じた修験道へと発展する。富士登山によって目指す富士山頂は仏の曼荼羅世界を表象するものとみなされた。ふもとの登山口の浅間神社は信者の集う聖所でもあり、日常と非日常を区別する境界領域ともなった。江戸時代に隆盛した富士講は信者を多く増やすことに成功したが、世俗化と現代におけるような観光としての登山へと変質していく。世界遺産として登録された構成遺産は時代を超えて聖なる場とされてきた箇所を含んでおり、聖域の歴史的な変容を理解することなく、一面的な捉え方をすることはできない。世界遺産自体の性格が歴史と文化の複合的な価値をもつものである以上、世界遺産の保全とその意義の啓発に複眼的な対応が必要となるだろう。世界遺産である富士山はその歴史的な重層性を理解することでその意義を評価することができる（秋道　二〇一八b）。

富士山と傾斜角度

日本と世界には富士山の名をもつ山が数多くある。山容が富士山に似ていることから〇〇富士と呼ばれる山は国内に二二〇ほどある。ただし、本家本元の富士山と共通する山岳信仰が存在するとはかぎらない。まして海外での分布はかぎられるうえ、信仰面では日本の文化とはまったく異なる。

日本の活火山のなかでは富士山とおなじような成層火山は七七、世界には約一五〇〇の活火山がある（成層火山は七四八）。その多くは、日本と同様にプレートの沈み込み帯にできた火山である。富士山と形の似た

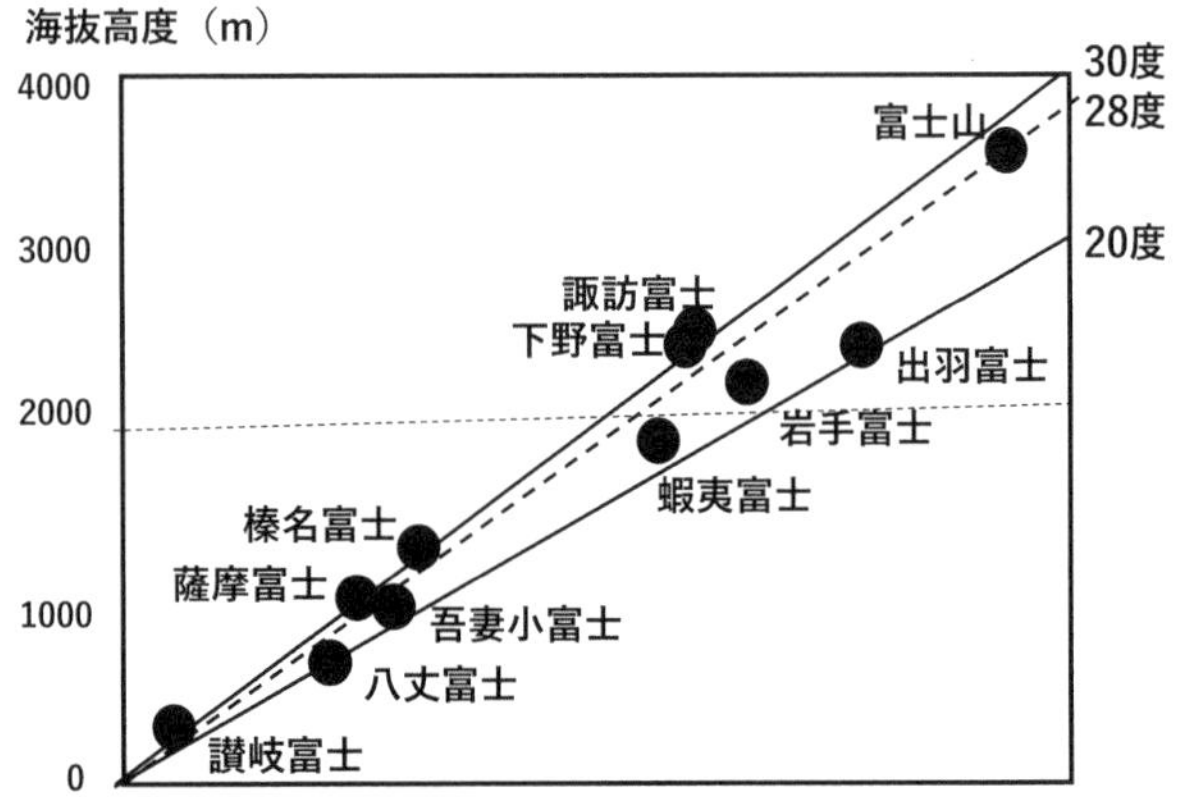

図78　富士山と富士の名前をもつ山の傾斜角度と標高

山の特徴は稜線から山頂にいたる傾斜角度によることを指摘したのは田代博（田代　二〇〇九、www.fujisanpo.com/data/data_room/gradient.html）である。図78には、富士の名をもつ山の標高と傾斜角度を上位一〇位で示した。傾斜角度はおよそ二〇～三〇度であることがわかる。富士山の傾斜角度は二八度である。標高は讃岐富士（飯野山）で四二二mと低いが、たいていは一〇〇〇～二〇〇〇m級の山である。なお、最北の富士は利尻富士（一七二一m）、最南端の富士は沖縄島の本部《もとぶ》富士（目良森《ミラムイ》：二五〇m）である。北方四島の国後島にはアイヌ語のチャチャヌプリ（爺爺岳）がある（一八二二m）。これは二重になった火山で、山頂部に小富士が乗った山容の山である。

江戸時代、富士山は江戸の町からよく見えた（西野　二〇一二）。富士山の版画として葛飾北斎の『冨嶽三十六景』（天保二～五年〔一八三一～三四〕）や歌川広重の『不二三十六景』（嘉永五年〔一八五二〕）・『富二三十六景』（安政六年〔一八五九〕）がつとに知られている。いずれも江戸後期の作品で、当時富士講が隆盛した時代であった。それ以前にも河村岷雪《みんせつ》による『百富士』がある（明和四年〔一七六七〕）。図79にあるように、裾野からの傾斜角度は三〇度程度であるが、山頂近くで四〇度くらいになっており、じっさいよりも尖っている。北斎と広重の版画をみると、計測誤差もあって遠景のものと近景のもので有意な差異が

図79　富士山の浮世絵
左「凱風快晴」（葛飾北斎）、右「駿河三保之松原」（歌川広重）

あるとは断定できないが、傾斜が二五度程度から四〇度近いものまでがある。なお、北斎の『富嶽三十六景』には、三十六景（表富士）に一〇景（裏富士）を加えた四六景がある。

5　アジア・オセアニアの霊峰

本節では前記の七大霊峰以外のアジア・オセアニアの例について検討してみたい。

玉龍雪山

中国雲南省の麗江《れいこう》市玉龍納西族自治県にある玉龍雪山（標高五五九六m）はチベット・ビルマ語族である納西《ナシ》の人びとが信仰する山である。麗江の旧市街（古城）は一九九七年に世界遺産になった。天気が良ければ市街から玉龍雪山を望むことができる。納西の人びとは自然崇拝と善悪二元論を基調とする東巴《トンパ》教を信仰する。経典は独特の絵文字である東巴文字で記されている。図80に、山、天、雨、水の絵文字を示した。山は円錐形に近い形で、上部に二本の線が取り巻いている。高い山（左）には鏃状のもの

図80　東巴《トンバ》文字

図81　高い山･雪山･玉龍雪山を表す東巴文字（王 1996, 2007, 越 2006）を元に作成。

が、雪山には三つの丸い形が、玉龍雪山にはさらに山頂上部に雲が描かれている（図81）。聖性に関連した表現はなされていないが、一段と高い山であることを示したものであろう（王　一九九六、二〇〇七、越　二〇〇六）。これとは別に、神山、神樹を表す絵文字、さまざまな神を表す絵文字もある。見ていても興味をそそられる絵文字は納西の人びとと山とのかかわりを示すものとして貴重である。

梅里雪山

麗江市の北側にある迪庆藏族自治州（デチェン・チベット族自治州）にはチベットの人びとが三割以上、居住している。中心は香格里拉《シャングリラ》で、このほか徳欽県と維西リス族自治県がある。迪庆藏族自治州は山岳地帯にあり、チベット高原（青蔵高原）の南東部で南北に横断山脈が幅広くそびえている。そのもっとも西側の怒山山脈にあるのが「梅里雪山」である。これは単体の山ではなく、卡瓦格博《カワクボ》（六七四〇ｍ）、緬茨姆《メツモ》（六〇五四ｍ）、五冠神山《ジャワリンガ》（五四七〇ｍ）、斯古都《スグドン》（六三七九ｍ）、馬兵扎堆五学《マーベンゼンデウーショ》（六〇〇〇ｍ）、チョタマ（六五〇九ｍ）、戈大尼《コワテニー》（六一〇八ｍ）などの連山の総称である。主峰は卡瓦格博で、雲南省の最高峰である（図82）。

図82　梅里雪山（最高峰は太子峰／卡瓦格博《カワクボ》で6740m）

梅里雪山はチベット仏教における聖山とされており、信者はふつう「太子雪山十三峰」と呼び、一三が運のよい数字とされている。これはキリスト教圏で一三が忌み嫌われるのと好対照である。漢語の意味は「雪山之神」でチベット仏教の聖地（朝拝圣地）として毎年、秋から初冬にかけての時期、西蔵（チベット）、青海、四川、甘粛などから巡礼者（大批香客）が押し寄せる。一二八ケ所の大聖地と一〇二二ケ所の小聖地に守護神がチベット暦の水羊年に降臨し、梅里雪山に安住する年は六〇年周期でやってくる（来源网络　二〇一七）。巡礼は梅里雪山の外周をめぐるルートと東部の聖地を内転するルートがある。前者には一三日、後者には四、五日を要する。

一九九一年一月四日、日中合同学術登山隊一七名（日本側一一名、中国側六名）が梅里雪山の五一〇〇m付近のキャンプ地で雪崩により全員が死亡する事故が発生した。聖なる山を登攀することに反対していたチベット仏教信者のなかには、遭難事故を当然の報いと考える人もあった。結局、二〇〇〇年における迪庆藏族自治州徳欽県人民大会において、梅里雪山の主要峰はチベット仏教の巡礼地であり、信仰と文化を尊重するため登山活動の禁止が正式に法令化された。その後、二〇〇三年がチベット暦で六〇年に一度やってくる水羊年であり、卡瓦格博峰の本命年にあたる。このことから巡礼者は一〇万人以上に達した。六月当初は、巡礼者はおもに德钦県の藏族であったが、七月以降には西藏・青海・四川省に住む藏族の参詣者が増え、巡礼者数は最高峰に達した（来源网络　二〇一七）。

冈仁波齐峰《カンボリボク》

冈仁波齐峰（カングリボク：Kangrinboqê）は西藏自治区西藏普兰県にある山で冈底斯《カンティス》山脈（後述するカイラス山脈）の主峰であり、標高は六六三八ｍある。この山も聖地であるが、ジャイナ教（耆那教）、チベット仏教、ヒンドゥー教（印度教）、ポン教（苯教）などの諸宗教の信者が四方八方からこの山にやってくる「多重宗教聖地」となっている。冈仁波齐峰は、チベット暦では马年（酉）に当たる六〇年ごとにやってくる。干支の年に聖山が対応している例はほかにもある。西藏自治区山南地区隆子県東南部にある扎日《ザジナ》神山は主峰が瓜达西热（チベット語でDakpa Sheri　純粋結晶の山）で標高は五七三五ｍあり、猴年（申）に吉祥年とされるチベットの人びとの聖地であるが、中印国境紛争のため巡礼は一九五六年に中止された。

なお、チベットには西藏三大圣湖（聖湖）（羊卓雍湖、玛旁雍湖、纳木湖）がある。羊卓雍湖（ヤムドク湖）はチベット自治区山南市ナンカルツェ県にある湖である。ヤムドク湖の湖面は四四四一ｍ、面積は六三八㎢である。ナムツォ（納木錯）またはナム（納木）湖の標高は四七一八ｍ、面積一九二〇㎢である。玛旁雍湖（マーナサローヴァル湖）はチベット自治区ガリ地区プラン県にある湖で、マーナサローヴァル湖、マナサロワル湖とも呼ばれ、面積は四一〇㎢である。冈仁波齐峰とおなじように、ジャイナ教・ヒンドゥー教・仏教・ポン教の四宗教の聖地とされている。

カイラス山

同様に複数の宗教にとっての聖地とされるのがチベット自治区西部にあるカイラス山（Kailash）である。海抜高度は六六五六mの未踏峰であり、信仰上の理由から登攀は禁じられている。中国語で岡仁波斉峰、チベット語でカン・リンポチェ（「尊い山」の意味）と称され、前述の冈仁波斉峰や玛旁雍湖とおなじく、チベット仏教、ポン教、ジャイナ教、ヒンドゥー教の聖地とされている。ヒンドゥー教ではカイラス山をリンガ（男性性器）として崇拝し、精霊信仰を基調とするポン教では開祖のシェーンラップ・ミヨが降臨した地としている。ただし、ポン教は九世紀以降、チベットに仏教がもたらされてからは仏教と習合し、教義も変わっていった。古代のヒンドゥー教宗派であるタントラ教（シヴァ神の妃カーリーを崇拝し、カーリーの性力（シャクティ）を重視し、現世の快楽や愛欲を肯定する）の影響を受けたタントラ仏教の聖地でもある。

「カイラス」は、サンスクリット語で「水晶」（quartz）を意味する「ケーラーサ」に由来する。じっさい、カイラス山には大型の水晶を産し、修行僧がカイラス山に登り、水晶をもって下山する修業がおこなわれたようだ。カイラス山が男性性器として崇拝されることと、山に産出する水晶の形態上の類似性が関連するのであろう（図83）。

図83　カイラス山（冈仁波斉峰）　海抜6656mの未踏峰の聖山。

カイラス山の周囲の巡礼路を、チベット仏教徒は右回りに、ボン教徒は左回りに巡礼する。ふつう、巡礼の行為一般はコルラ（kor ra）と称される。ジャイナ教と安息教の信徒たちは反時計回りに山をめぐりながら歩く。巡礼路は一周約五二㎞ある。多くの巡礼者はコルラを一三回おこなう。チベット仏教では、一〇八回の巡礼であらゆる苦悩から解放されると信じられている。巡礼は徒歩でおこなわれるが、敬虔なチベット仏教徒は「五体投地」、つまり全身を投げ出してひれ伏して祈る行為を繰り返しながら巡礼をおこなう。

図84　タルチョ　青（天）・白（風）・赤（火）・緑（水）・黄（地）の順に結ばれている。（筆者撮影）

図85　羊卓雍（ヤムドク）湖　後方のピークはチョモランマ（8868m）。（筆者撮影）

五体とは、両手、両膝、額の五つの身体部位を意味し、五体を地面に投げ出して仏や高僧に祈りをささげることを指す。中国人監督チャン・ヤン制作の『ラサへの歩き方〜祈りの二四〇〇km』を映像で見たが、チベットの小さな村に暮らす一一人の村人たちが、聖地ラサと聖山カイラスを目指してひもの付いた板を両手にはめ、すべるようにして前にひれふす五体投地を一年間かけて続けて祈りをささげる難行は壮絶である。

チベットの巡礼路や峠、山頂には五色の鮮やかなタルチョに出くわす。五色の旗は青・白・赤・緑・黄の順に結ばれており、青は天、白は風、赤は火、緑は水、黄は地を表している。旗には経文が記されている（図84）。図85はラサ周辺の羊卓雍湖（ヤムドク湖）の直上にあるカムパ・ラ峠（四七五〇m）から見たヤムドク湖である。後方にひときわ高く見える三角形状の山がチョモランマである。この峠のタルチョは規模も大きく、ひときわ目を惹く。

アダムスピーク

スリランカ中央高原にある二二三八mの山で、現地ではスリー・パーダ（Sri Pada）とかサマナラ・カンダと称される。頂上部にある大きな岩に穴があり、人間の足跡に形が似ている。そのことから、仏教徒は釈迦の足跡、ヒンドゥー教徒はシヴァ神の足跡、イスラーム教徒は人類の始祖であるアダムの足跡、キリスト教徒は聖トーマス（イエス・キリストの一二使徒のひとり）の足跡と見なしている。アダムスピークという名前は英語であるが、イスラーム教徒の主張に基づいている。スリランカでは、国民の約七割が仏教徒のシンハラ人、一二・六%がヒンドゥー教徒のタミール人、九・七一%がイスラーム教徒のムーア人、七・四五%が欧米人との混血のバーガー人ほかとなっており、多民族・多宗教国家の特徴をよく示している。

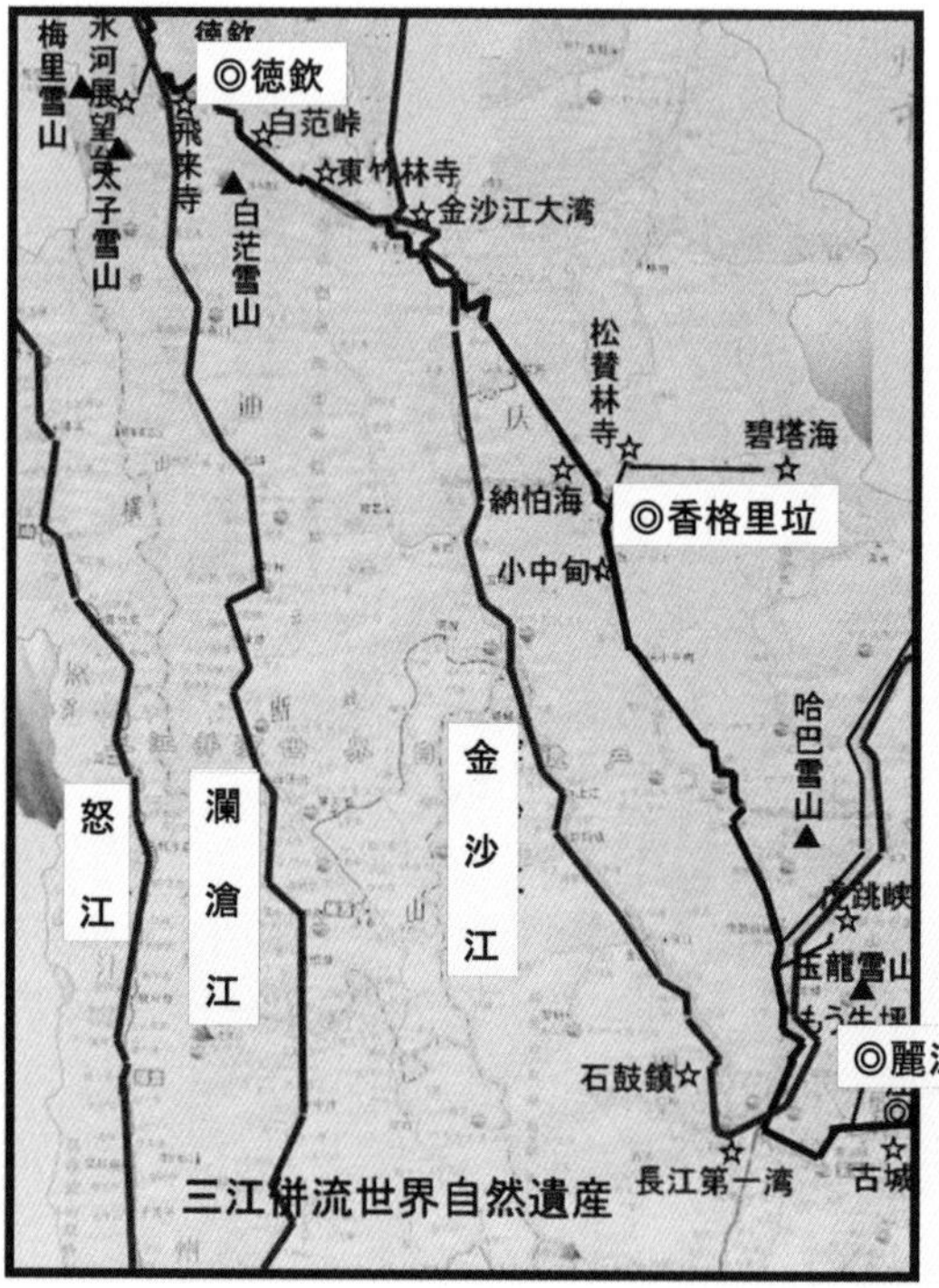

図86　三江併流地域
怒江（サルウィン川）・瀾滄江（メコン川）・金沙江（長江）が南北に併流する地域で、雲南省西北部に位置する。

ワット・プー

中国雲南省の迪庆《デチェン》藏族自治州内にはチベット高原に源を発する三本の大河が流れている。いずれも高山にはさまれたV字峡谷を縫うように南北に併行している。それらが金沙江《きんさこう》（長江源流）・瀾滄江《らんそうこう》（メコン川源流）・怒江《どこう》（サルウィン川源流）である。両岸は険しく切り立っている。これらの大河が併行する地域は「三江併流」と呼ばれ、世界遺産となっている（図86）（秋道二〇〇七）。そのなかには、梅里雪山をはじめ、高黎貢山《カオリーコンシャン》、白馬雪山《はくばせつざん》、哈巴雪山《ハバシュエシャン》、千湖山、紅山雪山、雲嶺《うんれい》、老君山、老窩山など秀麗な山岳地域が含まれる。なお、老君山は河南省欒川県東区に同名の山があり、東周時代に老子が修行をおこなった場所とされ、標高は二二一七ｍある。

雲南省の三江併流地域の瀾滄江（メコン川）は、タイ、ラオス、ベトナムを貫流して南シナ海に注ぐ。ラオス南部のチャンパサーク郡チャンパサークにヒンドゥー教と仏教の聖地、ワット・プー（Wat Phu）がある。

この遺跡は聖なる山プー・カオ（Phou Khao）（一四一六m）の麓にある。ワットは「寺院」、プーは「山」を意味する。ワット・プーの寺院と二つの人工池（バライ：baray）、周辺の土塁を含む遺跡群（三九〇㎢）は二〇〇一年一二月、世界遺産に登録された。八世紀初頭、ラオス南部はクメール人の「陸真臘《りくしんろう》」が支配し、メコンデルタと海岸部では「水真臘《すいしんろう》」が勢力をもっていた。八〇二年ころ以降はクメール王朝（アンコール王朝）に組み込まれる。ヒンドゥー教を信奉したクメール人はプー・カオの山頂部にある突起をシヴァ神のリンガ（男性性器）に見立てて崇拝した（図87）。

ワット・プーはメコン川の右岸側にある。メコン川沿いの低地は一面の水田となっているが、そこからつづく参道の両側にはリンガの石柱がならんでいる（図88）。丘の木立ちに寺院がある。そこから急坂を登ると大きな仏像を安置した祠堂《しどう》

図87　ワット・プー寺院と後方の聖山プー・カオ

図88　ワット・プー寺院に至る参道　両側にはリンガの石柱がならぶ。後方の中腹に世界遺産となったワット・プー遺跡がある。（筆者撮影）

があり、多くの人がここで祈りをささげる。祠堂の横奥は大きな岸壁があり、岩から染み出る湧き水が「とゆ」で集められ、溝のある大きな四角形の石製トレイに流れ込んでいる。これはリンガとヨニ（女性性器）に相当する。チャンパサークの博物館に石製のリンガとヨニの祭祀物が展示されている（図89）。リンガの上部から水をたらし、その水が下のヨニを通過し、ヨニから外に出ていく。その水は聖水であり、人間世界に生命と豊饒をもたらすと考えられていた。神聖な山塊に発する水が人間社会に豊潤をもたらすとする信仰は数千年を超えて現代まで生き続けてきた。ワット・プーは当初、ヒンドゥー教の祭祀場であったが、一三世紀以降には上座部仏教を信奉するラオ・ルム（低地ラオ）の人びとが勢力を広げた。現に、祠堂内部には黄金の大きな仏像が安置されている。インド、チベット、東南アジアの山岳信仰では、ヒンドゥー教の神がみと仏教の菩薩が同居している例を数多く見出すことができる。

図89　リンガとヨニを表す石製の祭祀物（ラオス・チャンパサーク郡チャンパサーク博物館蔵）　中央の突起上部から水を垂らし、手前の溝からしたたり落ちる水を人間が使う。（筆者撮影）

エアーズ・ロック

世界には、先住民の聖地・聖山として狩猟採集民の例はほとんどない。しかし、例外もある。それがオーストラリアの先住民、アボリジニの場合である。ノーザンテリトリーの南部、オーストラリア中央部に高さ三四八m、周囲九kmの一枚岩、エアーズ・ロック（Ayers Rock）がある。現地のオーストラリア先住民はウルル（Uluru）と呼んでいる（図90）。この巨大な岩の三〇kmほど南側にはカタ・ジュタ（Kata Tjuta）と呼ばれる別の巨大な岩群がある。両方でウルル―カタ・ジュタ国立公園となっている。当初、一九八七年に世界自然遺産として登録されたが、ウルル周辺にアボリジニの祖先が残した岩絵が数多く見つかり、彼らの神話的な世界が明らかとなった。このことで一九九四年に自然と文化の両方の普遍的な価値をもつ複合遺産として再登録されている。

図90　エアーズ・ロック　現地の先住民はウルル（Uluru）と呼ぶ。神話的な世界から伝承されたさまざまな物語は現在も岩絵を教材として伝承されている。

ウルルで見つかった岩絵（ロックアート）は岩面に染料でさまざまな形象物を描いたもので、正確にはわからないが少なくとも三万年前から継続して人びとはウルルの岩場を使ってきたようだ。面白いのは岩絵が学校の教育現場におけるように、アボリジニの神話的世界を次世代に伝えるための教材として使われてきたことである。

世界にはラスコー、アルタミラ、タッシリナジェールなど著名な岩絵が知られているが、明確に宗教的な意味が刻まれたものは限定される。調査によると、岩絵を描いたのはアナング（Anangu）と呼ばれる部族の人びとである。岩絵や砂絵とともに現在ではキャンバス上に人びとの創成神話を描き、伝承する文化的ないとなみを続けている。岩絵の原料となる染料は鉱物や灰で、平らな岩の上で叩き砕き、水（kapi）や動物の脂と混ぜて絵具として使われた。赤色、黄色、橙色、白色、灰色、黒色などさまざまな色がある。黄色の染料となる土は貴重品であり、交易によりもたらされた。砂漠に生えるカシの木は焼いて、白と黒の灰を作るのに使われた。

ニュージーランドの聖山

ニュージーランド北島の中央部にルアペフ山（二七九七m）、ナウルホエ山（二二九一m）、トンガリロ山（一九六七m）の三つの火山がある。氷河地形と火山の併存する地域で、一九九〇年に自然遺産に、一九九三年に文化遺産ともなり、複合遺産となった。とりわけ、トンガリロ山はニュージーランドの先住民であるマオリにとり、移住の歴史にかかわる神話上の山として信仰されている。ニュージーランドへのマオリの移住はポリネシア東部から一一世紀に達成された。故地はハワイキ、新しい島はアオテアロアと呼ばれる。カヌー船団でニュージーランドに到着した人びとのなかで、神官のナトロイラギら一行が国土を見渡そうとトンガリロ山に登ったところ、吹雪に見舞われて凍死しそうになった。そこで、ナトロイラギは故地のハワイキにいる妹らに火を送るように頼んだ。その願いは南の風に乗ってハワイキまで届いた。トンガリロのトンガは「南」、リロは「届く」意味である。火柱は海底をつたってナトロイラギのいる場所まで届き、その熱で山やまは噴火を起こした。ナトロイラギは火山の熱で凍死を免れた（岡橋　二〇一八）。トンガリロ山にはマオリの祖先が葬られた場所があり、人びとが祖先との霊的なつながりを体現できる場であり、自然遺産としてだけでなくマオリの文化伝統を伝承する遺産でもある。本書の冒頭でふれたマウント・スケープの典型例であり、国連では「連想的な文化景観」（associative landscape）と呼ばれている。

トンガリロ山のすぐ北側にピーハガ火山（一三二六m）がある。マオリの神話によると、かつて北島の中央

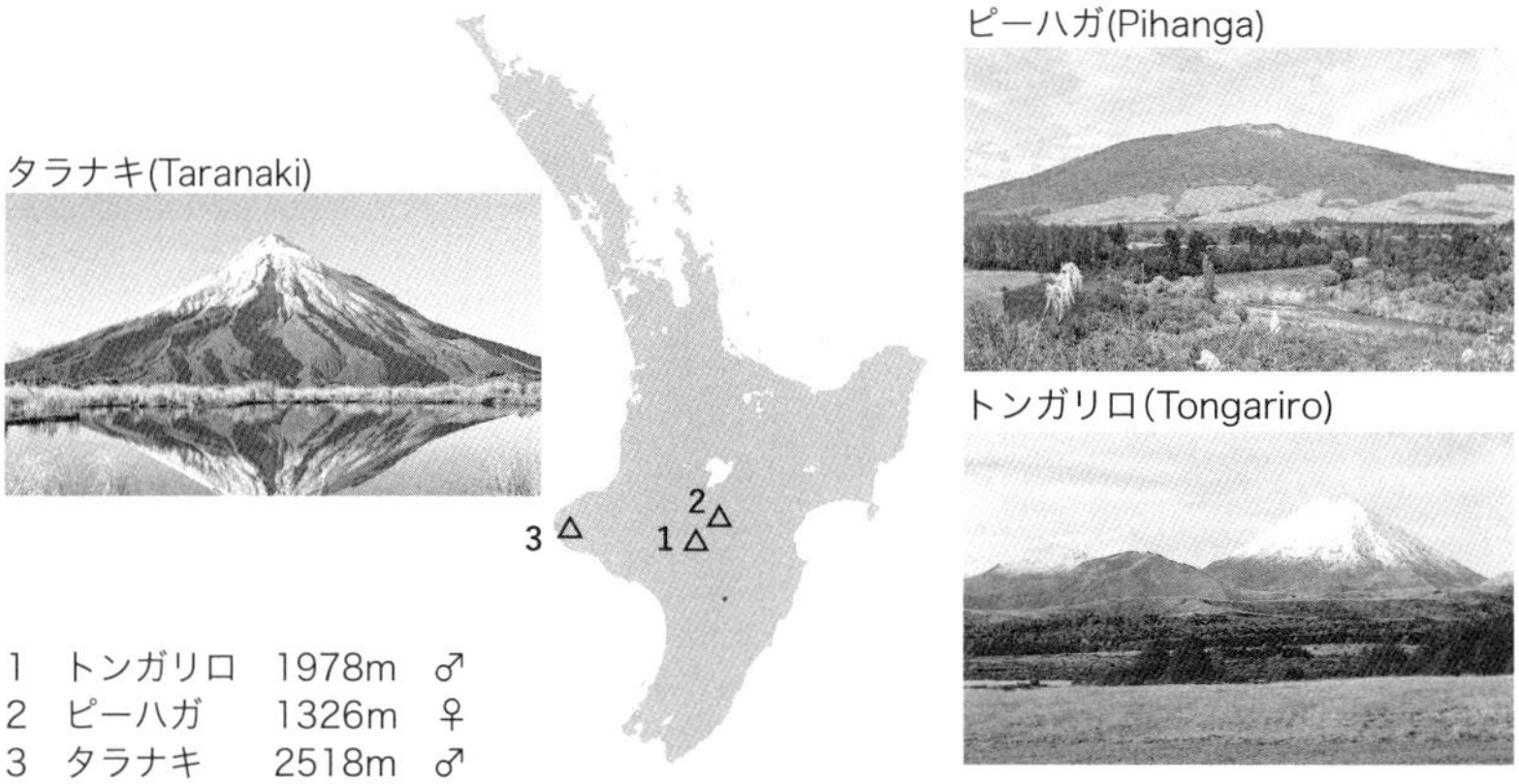

図91　ニュージーランド北島における山の愛憎神話　ピーハガをめぐる争いでトンガリロに敗れたタラナキは島の西端まで逃げた。山容としてはトンガリロとタラナキは富士山に似て秀麗である。

部に山やまが集まっていた。ピーハガは美しい女性で、トンガリロとタラナキ（後述）は自分のものにしたいとおもい、たがいにピーハガをめぐって争うことになった。戦いの末、トンガリロが勝利し、タラナキは西の方に逃げていった。タラナキ山は二五一八mの火山で、形が富士山に似ている。タラナキは「輝く山」の意味で冬季の冠雪で光って見えることに由来する。タラナキは西海岸近くにあり、トンガリロに負けて這う這うの体で西端にまで至り、そこで鎮座したわけだ。なお、ピーハガ山の集水域は水源を涵養する重要な地域で、地元のマオリ人が集団的に水管理をおこなっている。ピーハガはいわゆる水分神にも相当することになる（図91）。

ハワイの霊峰

ハワイ諸島にはポリネシアの神話的な世界を表出する神がみが息づいている。主神として、カーネ・クー（クーカーイリモク）・カナロア・ロノの四神と女神のヒナが知られている。カーネは世界の創成にかかわる最高神で暗黒と無（ポー：Po）からあらゆるものを創造した。カナロアはカーネと対をなす神で、カーネとは身近な例では道教の陰陽説に類する関係にある。クーは男神、ヒナは女神で、それぞれ天と地を支配する。ロノは農耕と平和を司る神で、毎年一一月から四ヶ月間、農耕・漁撈・戦争などをおこなわずに、遊びやゲームに興ずるマカヒキの時期に中心的な役割を果たす。

こうした主神とは別に、ハワイにはさまざまな神がいた。山やまの神のなかで、ハワイ島のマウナケア山は四二〇七mのハワイ諸島最高峰の火山で、ポリ・アフと呼ばれる絶世の美女の女神が住み、雪を差配した。マウナケアは冬季に冠雪することから「白い山」の名前に由来する。マウナケアには、多くのカフナ(アリイにつぐ地位の神官や専門家集団)が葬られている。マウイ島最高峰のハレアカラ山(三〇五五m)は世界最大の火口をもつ。ハワイ語で「太陽の家」の意味で、ヒナの息子である英雄マウイがハレアカラ山頂でロープによって太陽を引っ張り、昼間の時間を長くした神話がある。

火山を司る女神ペレは南の島(タヒチか?)から兄妹とともにハワイに至る。ペレは嫉妬深い女神で、怒ったさい溶岩を流して相手を焼き殺した。ペレらがカウアイ島、オアフ島、マウイ島を経て、ハワイ島のキラウエア火山のハレマウマウ火口にようやく落ち着いた。別の神話では、ペレの姉である水の女神ナマカオカハイが先に旅立ったペレらを追いかけ、ペレが島じまで掘った穴(火口)を水浸しにして、火口を無力化した。姉妹での直接対決でペレは死に至るが、その魂はハワイ島に至った。別のエピソードでは、ハワイ島の雪の女神ポリアフとペレは対立関係にあり、ペレが溶岩を流すと、ポリアフは雪を降らせて溶岩の勢いを鎮静化した。ハワイ島でペレはカマプアアと呼ばれる半人半神の男神と出会い結婚するが、争いが絶えず、ペレは溶岩を流した。カマプアアはブタの神で海の神でもあり、洪水を起こして溶岩の勢いを封じることがあった。結局、ペレとカマプアアは仲裁で仲直りし、ハワイ島の乾燥地帯はペレが、湿潤地域はカマプアア

図92　ハワイ諸島の火山

が分割した。このようにハワイの神話では火山が中心として語られ、火山の女神ペレや雪の女神ポリアフなどが特徴となっている。日本の富士山における火山噴火と雪や雨、あるいは水神信仰との関係をほうふつとさせる（図92）。

フィリピンの霊峰

日本の南に位置するフィリピンは環太平洋造山帯にあり、火山が多い。ルソン島南東部ビコル地方アルバイ州にあるマヨン山（二四六三ｍ）は秀麗な山容をもち、富士山にも似た姿からルソン富士とも呼ばれる（図93）。一八一四年二月一日に大爆発を起こし、一二〇〇名以上の人命が失われた。マヨン山は「美しい山」の意味で、悲哀の伝説がある。マガヨン（Magayon：美）という美しい王女が別の部族のパグトゥガ（Pagtuga：噴火）に見初められたが、マガヨンは心を許さなかった。ある日、マガヨンは別の部族から来たパンギノロン

図93　フィリピン・ルソン島南東部にあるマヨン山（1463m）。ルソン富士とも呼ばれる。

（Panginoron：雲）に出会う。二人は恋に落ち、結婚の約束をするが、嫉妬に狂ったパグトゥガは、マガヨンの父親を幽閉し、二人の結婚を阻止しようとした。これを知ったパンギロノンはパグトゥガと戦い、打ちのめした。朗報を知って駆け付けたマガヨンは途中、弓矢で命を落とす。これに激怒したパンギロノンもパグトゥガの部下が射た矢で命を落とした。悲劇の結末で三人の遺体は埋葬された。すると、その場所から美しい山塊の山が盛り上がってできた。それがマヨン山である。山に雲がかかると、それはパンギロノンとマガヨンが愛し合っているとし、火山の噴火があるとパグトゥガが怒り狂ったと人びとは考えた。

フィリピン中部のビサヤ諸島にあるネグロス島にカンラオン山（二四六五m）がある。ビサヤ諸島の最高峰で、この火山にはララホンと呼ばれる神が住むとされている。山麓には肥沃な土地があり、ララホンは収穫の神として尊敬されるとともに、野火・地震・噴火を制御する重要な役割を果たすと考えられている。ララホンはカンラオン山の守護神といえる存在である。

ルソン島南部のバナハウ山（二一七七m）では、山を聖地として巡礼をおこなう慣行が知られている。これはフィリピンにスペインにより持ち込まれたカトリック教の影響があり、前述のマヨン山やカンラオン山の場合とは異なった脈絡で考える必要がある（寺田　一九八九）。

インドネシアのバリ島には、グヌン・アグンと呼ばれる活火山がある（標高三〇一四m）。形は富士山に似ているが東西のすそ野が広い。バリ島の最高峰であり、「最高の山」と称されるバリ・ヒンドゥー教の聖山である。冒頭でふれたとおり、インドネシア語ではグヌン・ケラマットないしグヌン・サクラール、つまり「聖なる山」である。海抜九〇〇mにあるブサキ寺院（Puta Besakih）はバリ・ヒンドゥーの総本山である。ブサキは、古代サンスクリット語のワスキ（Wasuki）、つまり「救済」に由来する。アグン山の山頂にはナーガ（蛇）神が住むと考えられている。一九六三〜六四年に大噴火を起こし、一〇〇〇名以上が犠牲となった。噴煙は二〇㎞以上も上空に達し、この影響で北半球の大気温が〇・五度低下した。最近では、二〇一七〜一八年にも噴火を起こしている。火山西側は雨が多く肥沃な土地を生み出したが、東側は乾燥気味で土地も痩せている。

最後に、ヴァヌアツ南部のタンナ島のヤスール活火山（三六一m）についてふれておこう。ヤスールは、「神のすむ聖なる」の意味がある。ただし、島ではカーゴカルト運動としてのジョン・フラム運動が広く知られている。これは第二次隊大戦中、ヴァヌアツに進駐した米軍の圧倒的な物資力を知ったメラネシア人が、カーゴ（積荷）を満載した船や航空機が自分たちの島に豊かさをもたらすと希求するため、ブッシュを拓いて飛行場を造成するとか、軍隊組織を編成して豊かな資源の到来を願う運動としてメラネシア地域で広まった。ヴァヌアツのタンナ島におけるジョン・フラム運動では、米国由来のジョン・フラムはヤスール火山に住むと考えられた（秋道　一九七七）。ジョン・フラムは神ではないが、現地で火山に住むと考えられていた点は重要で、いわば現人神についての論考に一石を投じるものであろう。

第6章　日本の霊峰と山岳信仰の多様性

本章では、日本の北から南に展開する山岳信仰について記述したい。山岳信仰といっても山ごとに独自の歴史がある。これまでふれた山岳信仰の諸相と重複する面もあるが、日本全国の主要な事例を俯瞰し、霊峰の多様性と時代変化を文化史として明らかにするのが本章のねらいである。

1　アイヌの山岳信仰と神送り

アイヌの世界で「神」はカムィ（kamuy）、「世界」はモシㇼ（mosir）と呼ばれる。カムィの住む世界はカムィ・モシリ、人間界はアイヌ・モシリである。カムィはカムィ・モシリから遣わされるサケ・クジラ・クマ・シマフクロウなどをはじめとするさまざまな生き物の神（霊魂）がアイヌの人びとに食料・道具・衣服などの幸をもたらす。アイヌはそれらを利用したあと、生き物の霊魂を元のカムィの国に送り返す「送りの儀礼」をおこなう。この儀礼はふつうイオマンテと呼ばれる。このさい、神（の霊）を神の国にもどすことをカムィホプニレ（kamuy-ho-puni-re）と称する。ホは「尻」、プニは「起こす」、レは「させる」（使役動詞）である。カムィは神とともに、熊（ヒグマ）を指すことがある。カムィオポイシオン（子熊）、カムィコイプニ

（熊送りのさい、熊神に食べ物を出す）、カムィチセ（熊の穴）などの用法がある（萱野　一九九六）。イオマンテはクマのカムィ・モシリに霊を送るさいだけでなく、シャチやシマフクロウの霊を送る場合も指した。シャチはカムィフンペ（クジラの神）、シマフクロウはカムィチカップ（鳥の神）である。サケはカムィチェプ（魚の神）と呼ばれる。シャチは大型のクジラ（フンペ）を沿岸に追い込んでくれるのでアイヌの人びとは特別の思いを抱いている。噴火湾アイヌにおける捕鯨の実態にもそのことが記述されている（名取　一九九七）。

アイヌの霊峰

アイヌの人びとは、山や川、湖にも神が宿っていると考えている。神の宿ることは「カームィラン」（神の降臨する）、神の宿る山は「イワ」と呼ばれる。これには「藻岩」、「神居岩」、「恵庭」などの地名が現存する。藻岩については後述するが、恵庭はアイヌ語のエ・エン・イワ（e-en-iwa）つまり「頭が尖っている山」である。じっさい、恵庭岳（一三二〇ｍ）の山頂部は尖塔状になっており、遠方からも確認することができる。イワ以外に、アイヌ語では山を表す言葉に、「ヌプリ」（高くそびえた山）、「シリ」（目立つ山）、「タㇷ゚コㇷ゚」・「エプイ」・「トコム」（タンコブ状の山）、「キム」（里にたいする山で、里山に相当か）、「ワルウェル」（丘）、「ニナㇽ」（山の下が広い台地の丘）「ピラ」・「ペㇱ」（崖）、「ニセイ」（峡谷・断崖）、ウエイシリ（落石などのある悪い崖）など、自然的な条件のちがいによりさまざまな語彙がある（山田　一九九五）。

神に関連するのは「イワ」である。イワは日本語の「岩」と類似するが、意味の異なる点に注意を要する。カムィという名前を付けた山もある。カムィヌプリやカムィシリは各地にある。アイヌの神がみは山だけでなく、さまざまな居場所があると考えられていた。通称、これをカムィコタン（神の居所：神居古潭）と称した。古潭の潭は「河川の淵、深み」を意味するが、神居古潭の場合は河川の幅が狭く急流になった個所を指し、シュポロ（「激潭」）と呼ばれた。石狩川水系にはいくつもの神居古潭がある。上川、夕張川、空知川、雨竜川で、両岸が崖で狭く急流となっている場所はいずれもシュポロと称され、そこに神の居所があると人びとは考えた。神の居所は、目立つ山や丘、激流、断崖、巨岩などの地形に特徴的にみられると山田修三は指摘している（山田　一九九五：一九八―二〇六）。

藻岩山

藻岩山は、現在、札幌市のほぼ中央に位置する標高五三一ｍの山で、札幌市民にもリクリエーションの場として親しみがある（札幌市教育委員会文化資料室編　一九八〇）。ただし、この山はもともとアイヌ語では「インカルシペ」（いつも登って見張りをするところ）と称されていた。山鳴りがするような場合は、大吹雪や天然痘の流行の兆しとして警戒された。天然痘の流行が始まればアイヌの人びとはこの山に避難し、神の加護を願った。アイヌにとり、インカルシペは聖なる山であった。疫病（天然痘）の流行のさい、アイヌの人びとが山に逃げたことは江戸期にも知られており、山が避難場と考えられていた（永野　二〇一二）。

アイヌの聖地であるインカルシペは現在、モイワと呼ばれる。もともとのモイワは、いまでは円山（二二五ｍ）と呼ばれる山で、その意味は「小さな山」である。アイヌの聖なる山が明治期以降に混同されて使われてきた。現在の円山が江戸時代以前に聖なる山であったわけではない。その証拠として、江戸時代末期、松浦武（竹）四郎は安政六年（一八五九）の『後方羊蹄《シリベシ》日誌』において、「エンガルシベ」（前述のインカルシベ）は往古より深く信仰される山であり、ここに「蝦夷総鎮守の宮」を建てるよう意見を記している（松浦　一九二九a）。ただし、松浦武（竹）四郎はモイワの用語に言及しているわけではない。

モイワは先述したように「小さな山」の意味で、形状は円頂丘か三角山であり、その地域の祭壇のような感じの山とある（山田　一九九五）。モイワは札幌以外にも、藻岩（北見市にあり、標高は三〇一m）、茂（藻）岩（十勝市豊頃町の山で、標高は六三六m）などがある。

筒井功の近著『アイヌ語地名の南限を探る』における議論にしたがえば（筒井　二〇二〇）、後述する「モヤ」はモイワ（小さな山）に由来することになる。そこで、アイヌにおける聖なる山を海抜高度から区分してみた（表5）。モイワやポロイワは、それぞれ「小さな山」、「大きな山」の意味であるが、表にあるように海抜高度は五三～八三九mとバラついている。虻田《あぶた》郡ニセコ町のニセコモイワ（八三九m）は例外的に高い山である。冬季の積雪は四mに達し、上質のパウダースノーを楽しめるスキー場がある。

カムィヌプリ・神威岳などは七五〇～二〇〇〇m級までである。カムィの名前がついていない大雪連峰でも山頂部にはカムィミンタラ（神の遊ぶ場）の名前がある。雌阿寒岳はマチネシリで「女の山」の意味である。表には示していないが、斜里岳には「年寄りの山」の名がある。アイヌの人びとは斜里岳の西方にある清里町の神威から斜里岳を遥拝した。同様に、上川アイヌの人びとは嵐山でチノミシリ（送りの儀礼）をおこなったが、特定の山が意識されていたわけではなかった。

標高二〇〇～三〇〇mの身近な小山と、一〇〇〇～三〇〇〇m級の威風堂々とした高山とをおなじ目線で人間が考えてきたわけではないだろう。アイヌ世界においても、標高が数百mの山はいわば平地や里から見る「近い山」である。しかし、遠い向こうにそびえる高山は趣きを異にしている。畏敬の念や恐れ、近づきがたさにおいても「遠い山」であった。その中間に、神の住む山を遥拝し、神がみの霊を神の国に送り返す

表5　北海道アイヌにおける例を中心とした「神の山」の海抜高度と内地の霊峰

現地名称	日本語名	海抜高度（m）	市町村
モイワ	円山	225	札幌市
インカルシペ	藻岩山	531	札幌市
ニセコモイワ		839	虻田郡ニセコ町
モイワ		185	広尾郡大樹町
ポロイワ		372	浦河郡浦河町
モイワ	弁天島	53	古宇郡泊村
ポロィワ	幌岩山	376	常呂郡佐呂間町
カムィヌプリ		750	登別市
カムィヌプリ		857	川上郡弟子屈町
カムィヌプリ	神威岳	983	札幌市
カムィシリ	神威尻山	947	石狩郡当別町
ヌタプカウシペ*	旭岳	2291	上川郡東出町
カムィ・メトッ・ヌプリ	十勝岳	2077	空知郡上富良野町・上川郡美幌町／新得町
カムィヌプリ	神威岳	1600	浦河郡浦河町・広尾郡大樹町
マチネシリ	雌阿寒岳	1499	釧路市・足寄郡足寄町
	富士山	3776	静岡県・山梨県
	立山	3015	富山県中新川郡立山町
	白山	2702	石川県白山市・岐阜県大野郡白川村
	石鎚山	1982	愛媛県西条市・久万高原町

*:大雪山の総称で旭岳ではない。

儀礼や、人間が山に入るさいの安全を祈る祭祀場があった。

斜里岳

斜里岳（斜里郡斜里町・清里町、標津郡標津町）は、知床半島の根元にある海別《うなべつ》岳の南西部に位置する標高一五四七mの成層火山である。アイヌの人びとは「オンネヌプリ」（年寄りの山・大きな山）と呼んでいる。斜里はアイヌ語の「サル」（葦の生えているところ）に由来する（図94）。斜里岳の西、釧網本線の札弦《さっつる》駅周辺に神威《かもい》という地名の場所がある。神威はもともとアイヌ語で「カムィ・ノミ・ウシ・イ・ピラ」（いつでもそこで神に祈りを捧げるところ）と呼ばれており、東方にある斜里岳に祈りを捧げた場所であった。ただし、和名の神威は大正三年（一九一七）、アイヌ語にちなんで命名されたものである。

ヒラメの棲む神の山

松浦武（竹）四郎は近世後期の弘化二年（一八四五）以来、通算六年にわたり蝦夷地を探検し、多くの貴重な記録・図・日誌を残した。『多気志楼蝦夷日誌集』がそうである。そのなかの『東蝦夷日誌　初篇』に、「昔し神有て此處の海に釣し大比目魚を得給ひ、土人に教へ曰く。此魚は神也、我是を山に祭らん、巳後春毎に諸山雪消て後、此山に此形したる残雪有べしと、其時汝等此海にでて漁せば多くの比目魚を得んと教へ給ひしと。今に至て其数の如く、山の端に夏迄魚の形に雪残れりと、依て雪比目魚《ウパシシャマンベ》と云よし（蝦夷奇観）伝ふ。」とある（松浦　一九二八：三二）。神の魚としての比目魚（ヒラメ）が夏まで山の「雪形」として残るとするもので、この山は長万部にある写万部山《しゃまんべやま》（四九九m）に当たる。なお、ヒラメのアイヌ語にはいろいろとあるが、そのうちの「シャマンベ」に相当する。ウパシ（upas）は「雪」を意味する。アイヌはサケをカムィチェプ、つまり「神の魚」とするが、ヒラメも写万部山に宿る「神の魚」とされている点がおもしろい。また、ヒラメの雪形がポジ（雪の部分）なのかネガ（山肌の部分）なのかは資料不足でわからない。

図94　斜里岳(1547m)

雪形については、田淵行男の著がよく知られている（田淵　一九八一）。内地でも豊かな民俗事例がある。野本寛一は合計で七一例の雪形と農民の農事暦を中心とした季節認識について報告している。雪形は牛・馬・ウサギ・鳥類などの生き物、人間の作業姿、農具・民具など多様だが、アイヌにおけるヒラメのような魚の例はない（野本　二〇二二）。

イナウをめぐって

松浦竹四郎の『西蝦夷日誌巻之四編』に、「土人等必ず爰《ここ》にて木幣《エナヲ》を作り、山神に手向、無事を祈て行に」、「左りエナヲ岳赤岩岳につゞく。此處エナヲ多く立た故に如此号し。此處を今境目とすよし也」などとある（松浦　一九二九b：一六六、一七五）。『東蝦夷日誌初篇』で松浦竹四郎が詠んだ歌にも、「えなをたて手向けよくせよ何神とみなこそしらねあやに尊とし」、「たびとの手ばなふれそ岩床に神いませりとえな立てたり」とある（松浦　一九二八：一七、一九）。おなじ『東蝦夷日誌二篇』では、有珠岳周辺で「土人等エナヲ奉りて南無阿彌陀〳〵と合掌稱名しける故、予も牛に曳れて念佛し、按るに流石善光寺近邊の土人成る故也と、門前の子供習はぬ経を読との譬如何もと感じたり。」とある（松浦　一九二八：七二）。また、『東蝦夷日誌八篇』根諸《ネモロ》（根室）には、「イナウは木幣、ウシは多しとて、此境目にて旅行者は皆イナヲ削りて、其地の神に手向《たむけ》立置たるが多く有りし故に號《なづけ》しとかや。」とある（松浦　一九八四：三三四）。アイヌがエナヲ（木幣）を奉納する様子がわかる。

このエナヲ（えなを）は、イナウ（inaw）のことであり、ヤナギ（スス）、ミズキ（ウトゥカンニ）、キハダ（シケレペニ）などの内皮を削り、撚りあわせて編みあげたものであり、アイヌの儀礼では「神の依り代」とな

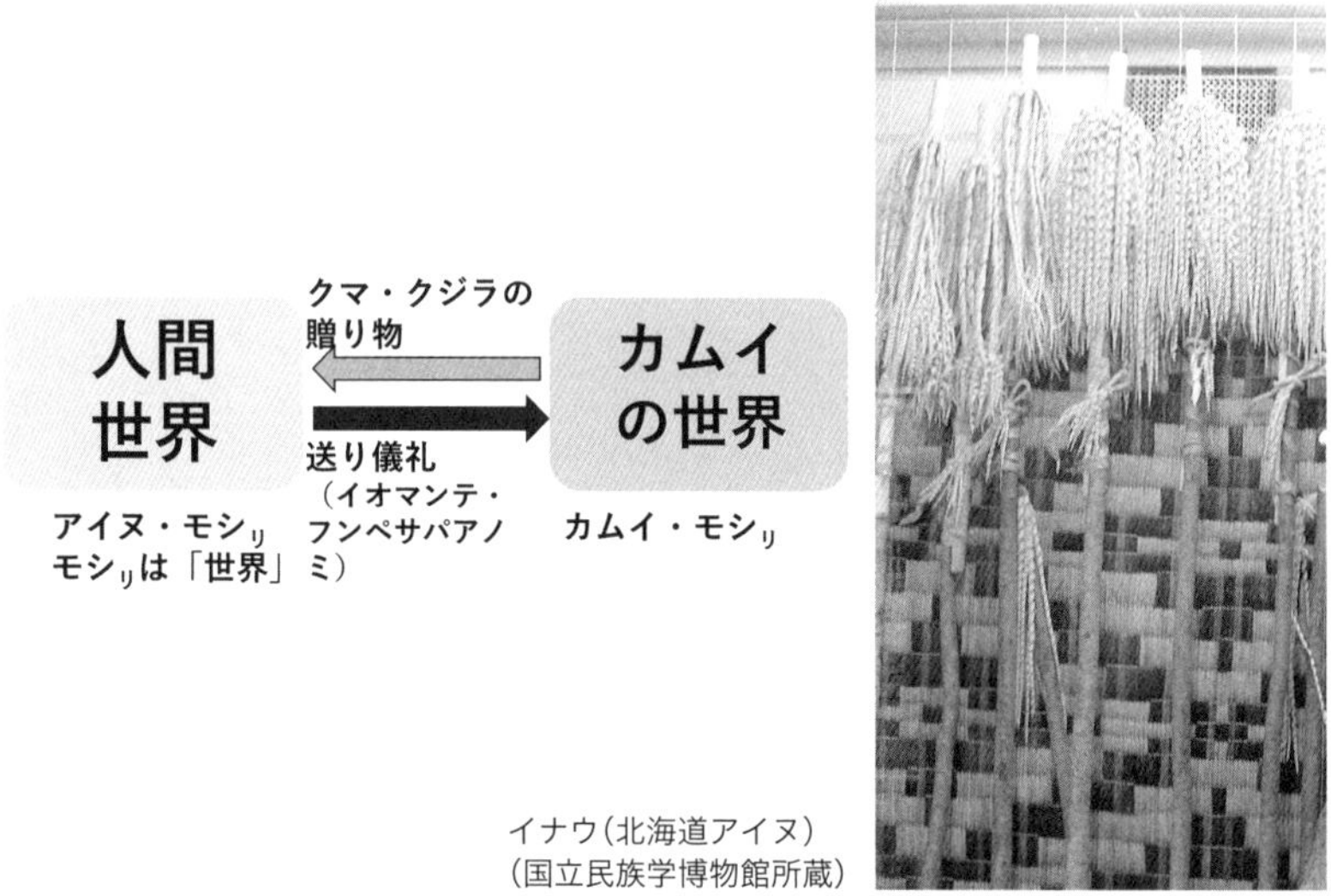

イナウ（北海道アイヌ）
（国立民族学博物館所蔵）

図95　イナウとアイヌ－カムィの世界
　アイヌの世界と神の世界をつなぐメッセンジャーの役割をになう。

る重要な祭具として使われた（山田　一九九四）。「手《た》向《む》のエナヲ」は、「イナウを捧げる」ことを指している。松浦武四郎筆画による『蝦夷風俗画誌』には、熊送りの儀礼（イオマンテ）に使われるイナウの図がある（大塚　一九八七）（図95）。

有珠山の噴火とアイヌの神

噴火湾奥にある有珠山（七三二ｍ）（伊達市・虻田町・壮瞥町）は活火山である。記録ではこれまで江戸時代の寛文三年（一六六三）以来、二〇〇〇年度までに八度の噴火が起こった。寛文三年夏の大噴火により、周囲のコタン（集落）は火山灰に埋まってしまった。降灰や軽石まじりの噴出物は噴火湾の五㎞沖までに達して海を埋めた。海を越えた津軽でも火山灰により空は暗黒となり、鳴動は山形の庄内地方でも響いた。有珠山は、アイヌ語で「入江」を表す「ウス」に由来するが、ウフイヌプリ（焼け山）とも称されてきた。寛文の噴火から約一〇〇年後の明和五年（一七六九）の噴火により小有珠溶岩ドームが形成されたとされている。このカルデラはアイヌ語で「フシコヌプリ」（古い山）と呼ばれる（小田　二〇〇三）。これにたいして大有珠溶岩ドームはアシリヌプリ（新しい山）と呼ばれ、時代的に小有珠溶岩ドームが古いことがわかる。有珠山は近年も一九七七年、二〇〇〇年に噴火を起こしている（図96）。

図96　有珠山の噴火（1977年8月7日）

有珠山の噴火はアイヌの人びとにとり死と自然破壊の元凶となる恐ろしいもので、そこに神の怒りを感じたのだろうか。火山にたいする観念や信仰を示す史料はあまりない。虻田町には、アイヌの創成神話に関わる「モシㇼカㇻカムィ」（国土を造った神）が海岸部の「イコリ」（ikori）と呼ばれる岬に座っているとする伝承がある。これがイコリカムィである。具体的には海中の立岩を指すというが、内地の磐座に似た発想が根底にある。また、沖合における海獣やマンボウ（虻田ではアイヌ語でキナポ）などの狩猟・漁撈のさい、イコリカムィは陸上のランドマークであり、海が荒れたさいの鎮めの祈りを捧げる対象でもあった。これは海との関係で捉えるべき神観念といえるが、これとは別に火山と関連する伝承がある。有珠山の神が噴火を起こしたので、イコリの神やレブンの神（海神で最高神）、ウェンシリの神（洞爺の町外れの崖）、ベンベシレトゥの神（豊浦のベベシレト岬）などが救援に駆けつけ、刀で神々が斬り合った。そのさいに、イコリの神はとくにまぶしく光っていた。やがて、有珠山の神が負け、噴火は収まった。アイヌにとり、火山の噴火は山の神が引き起こしたもので、それを鎮めるために神がみが集結して戦った末に、山の神が負けたので噴火が収まる。イコリの出す光は噴火時に発生する雷光ではないだろうか。

アイヌの世界観では、火山の噴火は悪神が引き起こし、それを鎮めるのが善神であるとする観念がある（バチェラー 一九二五）。噴火だけでなく津波や強風、大雨などの災害をもたらすのも悪神のなせることと認識し、アイヌの長老は善神に災禍を鎮静してくれるよう祈りをささげた。人類学・民俗学ではこうした神観念はふつうのことと考えるが、いわゆる「科学的思考」からは迷信として退けられる。有珠山の噴火後の歴史史料と火山噴火による堆積物や地形などを調査した遠藤は、アイヌの認識や行動は独自の判断を踏まえたものでけっして否定されるべきものではない点を強調している（遠藤 二〇二〇）。

上川アイヌとチノミシリ

上川盆地と大雪山連峰をふくむ地域に住む上川アイヌとカムィの世界とのかかわりは当該地域の歴史・民俗・文化に深く根ざしている。この点が評価され、平成三〇年（二〇一八）五月二四日に『カムィと共に生きる上川アイヌ〜大雪山のふところに伝承される神々の世界〜』として日本遺産に認定された。これには二市（旭川市、富良野市）と一〇町（上川町、愛別町、上士幌町、上富良野町、鹿追町、士幌町、新得町、当麻町、東川町、比布町）が含まれる。この日本遺産には二一の日本遺産文化財が指定されており、ここで紹介するのは上川アイヌの人びとが聖地としているチノミシリである。その意味はチ（私たち）、ノミ（祈る）、シリ（山）である。チノミシリは上川町の嵐山（海抜高度は二五三m）と呼ばれる丘陵地にあり、ここでカムィに捧げるイナウやアイヌの利用した動物の骨、漆塗りの椀などが出土しているという。

図97　大雪山連峰（カムィミンタラ）

上川アイヌにとり、「ヌタフカムィシㇼ」または「ヌタフカウシペ（広い湿地の上につくもの）」と呼ぶ大雪山連峰は畏敬と崇拝の対象である。最高峰の旭岳は二二九一mあり、頂上部からは万年雪と高山植物、勇壮な連山の景観が見られる。上川アイヌの人びとは大雪山連峰を「カムィミンタラ」（神々の遊ぶ庭）と称し、さまざまな神のいる神聖な空間と見なしていた。そして、旭岳、黒岳などに個別の名前を与えていたわけではない（図97）。

カムィミンタラは日高山脈にある幌尻岳（二〇五二m）でも見られる（図98）。日高アイヌの人びとはポロシㇼ（大きい山）と呼び、またピリカノカ（美しいところ）と称した。これは幌尻岳にある圏谷《けんこく》（氷河によるカール地形）で夏季、融解した雪で七つの沼ができ、素晴らしい景観が見られることによる。アイヌの人びとはこの地でヒグマの霊をカムィの国に送るイオマンテの儀式をおこなった。

明治・大正期の詩人・随筆家である大町桂月は大正一〇年（一九二一）八月二二〜二六日にかけて層雲峡から大雪山連峰の縦走を果たしている。『層雲峡から大雪山へ』の冒頭で大町桂月はつぎのように語ってい

図98　幌尻岳(2052m)

る。「富士山に登って　大雪山に登って　山嶽の高さを語れ　山嶽の大（おおい）さを語れ」（大町　二〇〇三）。ともに信仰の山である富士山と大雪山にはそれぞれ登攀ルートが四ケ所と一一ケ所ある。大町桂月は富士山には五度登っているが、大雪山は一度だけである。なお、大雪山連峰には大町桂月にちなんで、桂月岳（海抜高度は一九三八ｍ）がある。このほか、松浦武四郎にちなんだ松浦岳（緑岳）（二〇一九・九ｍ）、間宮林蔵にちなんだ間宮岳（二一八五ｍ）、近藤重蔵にちなんだ近藤岳（二一八三ｍ）（大正一五年以降は荒井岳）、松田市太郎にちなんだ松田岳（二一三六ｍ）などがあり、いずれも大雪山を踏破した江戸期の著名な人物で、荒井初一は大正から昭和にかけて層雲峡温泉の開発に尽くした人物である。

　アイヌの人びとは大雪山の山麓でアイヌの神霊を神の国に送る儀礼をおこなった。それがイオマンテの儀礼であり、もっとも格式の高かったコタンコロ、ないしモシリコロカムィと呼ばれるシマフクロウ（カムィ・チカップ）をカムィの世界に送る儀礼をおこなった。ふつう「フクロウ神事」として知られる儀礼は、黒岳の麓にある石狩川畔の層雲峡谷で数日に渡っておこなわれた（上川町にあり、標高は六三〇ｍ）。

　さらにもっとも神の世界に近いとされる旭岳の麓でも、山に入る者の安全を神に祈る「ヌプリコロカムィノミ」がおこなわれた（東川町で旭岳のロープウェー乗り場近くで、標高は旭岳温泉で一一〇〇ｍである）。ヌプリは「山」、カムィノミは「神への祈り」、コロは「〜をもつ」の意味である。

イウォル（iwor）としての山

アイヌの人びとにとって、山は信仰の対象であることはまちがいない。しかし、山はアイヌにとりさまざまな幸をもたらす豊かな生業の場でもある。上川アイヌの場合、食料や生活のために多様な資源が獲得された。そのなかには、オオウバユリの鱗茎や山菜、オヒョウの樹皮、矢毒とするトリカブトの採集、山間を流れる河川におけるシロザケ・サクラマス・ヤツメウナギがあった。また山にはヒグマ・エゾジカ・エゾクロテン・エゾオコジョ・キタキツネ・エゾタヌキ、ニホンカワウソ（北海道産の亜種）などが狩猟（アイヌ語のモユク）の対象とされた。ユクはふつうエゾシカを指す。エゾタヌキはモユク（小さな獲物）と呼ばれる。

アイヌの生活はコタン（村）を中心として営まれる。村の周辺にある山、河川、海などの領域は

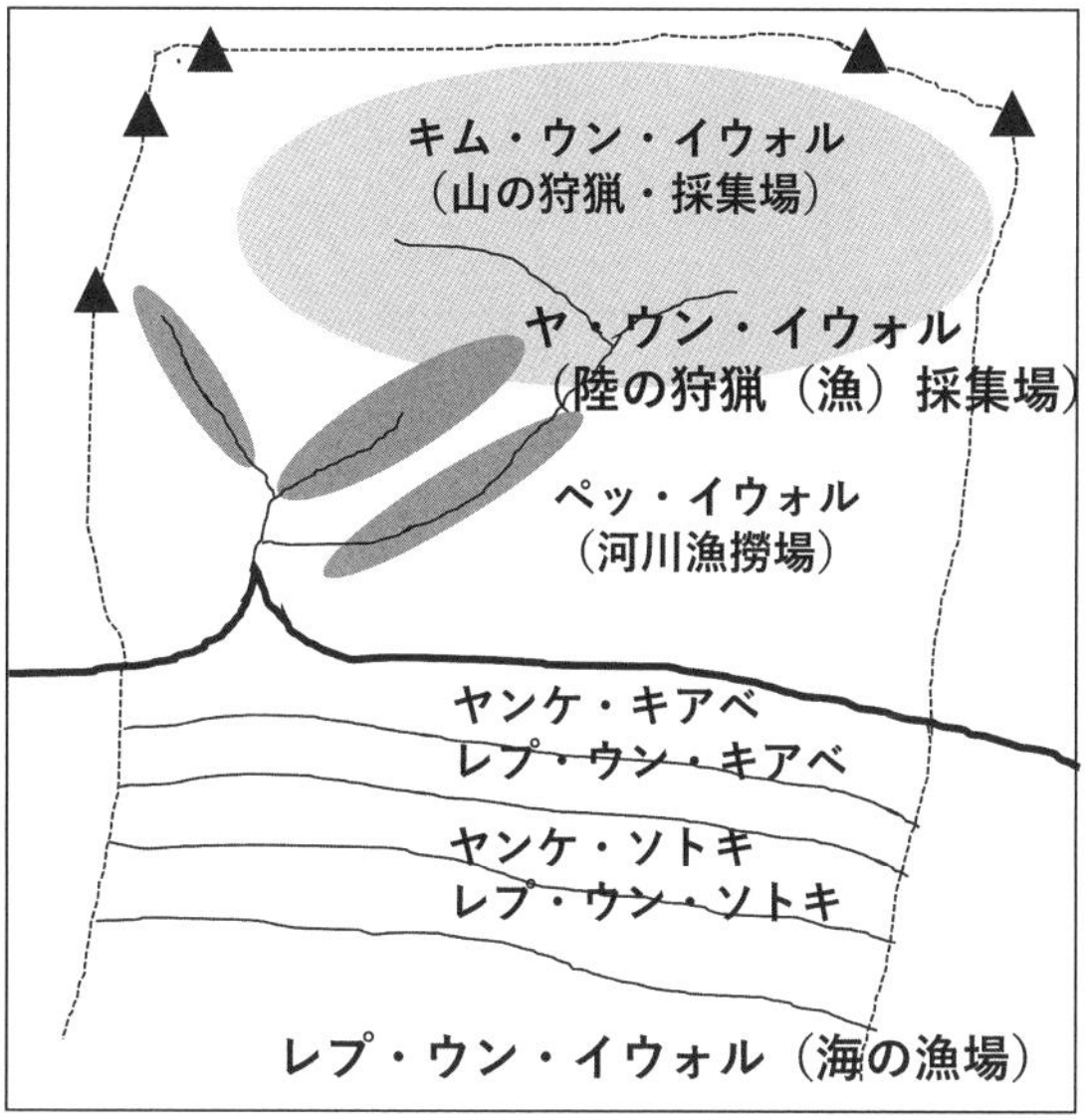

図99　アイヌのイウォルとなわばり（泉1952）を元に筆者作成。

イウォルと称され（泉　一九五二）、コタンごとに決められた「テリトリー」とでもいえるもので、他のコタンの成員が利用することは原則できなかった。ただし、山野における植物採集は自由で、オヒョウやトリカブトなどは他のコタン成員と入会で採集がおこなわれた。海でも、沿岸域はいくつかのコタンによる入会慣行があったが、沖合の海は誰もが利用できるオープン・アクセスの領域であった（秋道　二〇一六）（図99）。

摩周岳

北海道東部の阿寒国立公園（弟子屈町《てしかがちょう》）の摩周湖南東部にある摩周岳は火山で海抜高度は八五七ｍである。アイヌ語名でカムィヌプリ、つまり「神の山」と呼ばれる。アイヌの伝説によると、屈斜路湖の北岸にある藻《も》琴山《ことやま》（トーエトコウッペ：一〇〇〇ｍ）は火や灰を噴き上げる悪さをする火山であった。一方、屈斜路湖からの水が釧路川に流れ落ちる場所近くにある「ピンネシリ山」がトーエトコウッペを懲らしめるため、決闘を挑んだ。ピンネシリの投げた槍がトーエトコウッペに刺さり、噴き出た血が屈斜路湖の岸の岩を真っ赤に染めた。トーエトコウッペは痛がりながら、投げ返した槍が的を外れ、はるか向こうの摩周湖にある摩周岳のカムィヌプリの足に刺さった。カムィヌプリは腹をたて、はるか遠い国後島へと飛んでいき、島の東部にある爺爺岳（チャチャヌプリ）（一八二二ｍ）に身を潜めた。国後島からでも好天の日には藻琴山が苦しむ姿が見えるので、カムィヌプリはさらにエトロフ島まで飛んでいった。爺爺岳は国後富士とも称される。

この民話には山が神として登場し、たがいに争ったり、逃げたりするのが特徴である。藻琴山の標高は一〇〇〇ｍであり、屈斜路湖のカルデラ外輪山の最高峰である。なお、ピンネシリ（男山）は道内に同名の山がいくつもある。屈斜路湖の近くにある山としては、アイヌ語名でピンネシリとされている雄阿寒岳（一三七〇・五m）に比定できる。

チトカニウシ

前述の大雪山連峰の北東部にあって、石狩川とオホーツク海に注ぐ網走川の分水嶺に位置するのがチトカニウシ（標高は一四四六m）である。

アイヌの伝説では、山の神がみがカムィシリ（神居尻山で、標高九四六・七m）に集まり、どの山が高いかを話し合った。意見が食い違うので、そこから大雪山（ヌタクカムシュペ：川がめぐる上への山の意味）とチトカニウシをめがけて矢をはなった。すると、矢は大雪山をかすめてチトカニウシの胸あたりに刺さった。ということで、チトカニウシのほうが高いこととなった。じっさいは、大雪山の最高峰は二二九一mの旭岳で、チトカニウシの方が低い。チトカニウシは聖なる山で、人間がそばを通るだけで雨が降り、山に登ると神罰で大荒れになるという伝説がある（更科　一九八一「川村ムイサシマツフチ伝」）。

駒ケ岳・樽前山《たるまえさん》

寛永一七年（一六四〇）の夏、噴火湾南岸にある駒ヶ岳の大噴火が起こった。山頂が崩壊して、土石流が湾内に押し寄せ、津波が発生した。推定で七〇〇人の犠牲者が出た。対岸の有珠を襲った津波はやはり悪神によるものとアイヌの人びとは考えた。噴火による降灰は八〇km以上離れた松前にも達し、その厚さは一m近くに達した。その後、先述した有珠山の大噴火が寛文三年（一六六三）にあり、さらに寛文七年（一六六七）

図100　太田山神社本殿　太田山（485m）の上部に鎮座する。急坂を登攀するため危険度は非常に大きい。

に樽前山が大噴火を起こした。この噴火でも海を越えた津軽地方まで爆発音が届いた。火山灰は十勝・釧路方面までに達した。現在の駒ケ岳は一一三一mで、通称、渡島富士、樽前山は一〇四一mである。

時代は下るが、樽前山の山麓に明治初年に樽前山神社が創建され、大山津見神《おおやまつみのかみ》を祀った。明治八年（一八七五）には、久久能智神《くくのちのかみ》（樹木神）、鹿屋野比賣神《かやのひめのかみ》（草原神）を合祀して、樽前村から苫小牧市に遷座された。明治期以降には神道の影響がいち早く北海道に達したことがわかる。

恵山

渡島半島の先端部に活火山の恵山（標高六一八m）がある。噴煙が立ち上る様子はまさに「死の世界」と呼ぶにふさわしく、中腹に荒涼とした「賽の河原」がある。恵山はアイヌ語でイエサンヌプリ（火を噴き溶岩が流れ出る山）、ないしエ・サン（「頭が前に出る」の意味）とされている。恵庭岳も、アイヌ語でエ・エン・イワ、つまり「頭の尖った山」の意味である。津軽海峡をはさんだ下北半島にある恐山とともに、霊山とされてきた。ただし、アイヌのカムイが坐す山と考えられてきたのではない。

江戸後期の文化六年（一八〇九）、豪商で知られた高田屋嘉兵衛の船が幌泉《ほろいずみ》（現、えりも町）へと航海中、船が水無海岸《みずなし》（恵山麓にある椴法華村《とどほっけ》）で航行不能となった。それを受け、嘉兵衛は航海安全を祈願し、恵山の火口原に十一面観音像を建立している。なお、恵山の麓にある椴法華は、アイヌ語のトゥポクケ（山の走り根・の下・の所）に由来する。

道南には恵山すぐ近くの海向山《かいこうざん》（五六九・四m）を含めて五大聖地がある。このなかで、聖地とされているのは恵山のような火山の例を別として、神がみへの自然信仰や神道思想が仏教や修験道に取り込まれ、本地垂迹思想に基づいて権現の神号が多く用いられた。日本海側にある太田山神社は一五世紀中葉に創設された（久遠郡《くどう》せたな町）。御祭神は航海の安全を祈るため「猿田彦大神」を祀っている。この神社は太田山（標高四八五m）中腹の断崖絶壁にあり、岩窟内に本殿がある。北海道最古の山岳霊場となっている（図100）。松前藩の始祖の竹田信広はここで太田大権現の尊敬号を賜っている。のち、江戸時代には円空や菅江真澄、松浦武（竹）四郎なども太田神社を訪れている。

2　琉球列島の神と御嶽・グスク

九州南端から八重山諸島の与那国島までに花綵《はなずな》のように島じまが点在している。種子島・屋久島などの北琉球の島じまでは本土の文化の影響が濃密であるが、奄美以南の中・南琉球では聖山や聖所についての位置づけは本土と大きく異なる。

北琉球の聖山・聖所

九州に近い屋久島と種子島の例を検討しよう。屋久島の宮之浦集落にある益救《やく》神社は「救いの宮」に由来し、主祭神は天津日高彦火火出見尊《あまつひこひこほほでみのみこと》、つまり「山幸彦」で、宮之浦岳（一九三六m）の山頂に奥宮が、益救神社に里宮が鎮座する。益救神社は『延喜式』神名帳に記載された官社で、日本での最南端に位置する。

益救神社は屋久島の三岳である宮之浦岳・永田岳（一八八六m）・栗生岳《くりおだけ》（一八六七m）を信仰するもので、山麓には多くの遥拝所があった。

牛床詣所《うしどこもいしょ》は宮之浦集落にあり、春と秋におこなわれる岳参《たけまい》りの拠点である。祭神は大山祇尊、つまり「山の神」であり、屋久島には大山祇尊を祀る神社が多い。

屋久島西部にある永田には永田嶽神社があり、御祭神は天津日高彦火火出見命《あまつひこひこほほでみのみこと》である。永田には、御神体に二つの巨岩（陰石）を祀る小山《おやま》神社がある。御祭神は、玉依姫尊と綿津見尊で山岳信仰とのかかわりは不明である。ここから永田岳を望むことができる。

種子島

王之山神社は安徳天皇を祀った由緒があり、西之表市海泊《あまどまり》の氏神である。伝説では安徳帝を信仰する漁民が周辺に住んでいたという。権現山（九〇・六m）は中種子町にあり、熊野神社の神山とされている。御祭神は伊弉諾命と伊弉冉命である。

西之表市国上《くにがみ》にある浦田神社は創建が応仁元年（一四六七）とされる。縁起によると、伊弉諾尊が島に至ったのが国造りの起源とされ、のち日向国より当地に至った鵜葺草葺不合命《うがやふきあえずのみこと》が農耕を始めたとされる。社殿南側には径約三m、高さ三mの「御種蒔石」があり、御祭神はこの石の上から初めて稲の種子を蒔いたと伝えられている。この稲は白米であり、玉依姫を祭る神社で大宰府宝満宮を勧請した宝満神社（南種子町茎《くき》永《なが》）では赤米が蒔かれたとされている。

徳之島

徳之島では、北琉球のなかでも南の琉球文化の影響が色濃くある。それほど高くはない山、石灰岩の洞窟、ガジュマルやアコウの大木、海岸部のビーチロックやアダン（タコノキ）やハマスーキ（モンパノキ）の繁る海岸に聖なる意味が見いだされた。徳和瀬《とくわせ》集落（現地名はワシ）の例では、奥からアークントー、ティラ山、チンシ（積石）山の三山がある。チンシ山の南麓にイビガナシ（聖所）が祀られている。イビは「神」（沖縄ではイベ）、カナシ（加那志）は尊称である。イビガナシの前を流れるカマミゴー（神浴び川）でノロたちが禊をした。カマミゴーはノロたちが身を清めた川であり、産湯にもこの川水が使われた。

チンシ（積石）山は祖霊が祀られる墓場であった。年月を経て神となりティラ山に宿るとされた。一番上のアークントーはティラ山の奥の院にあたり、雨乞いの儀礼や、家屋の建築にさいして山の神を迎え、送る儀礼がおこなわれた。墓場から祖霊の山、山の神のいる奥の山まで、集落を中心に山と海を含む民俗信仰を基盤とする小宇宙が形成されていたことが地元の徳之島町徳和瀬出身の松山光秀の著作からよくわかる（松山　二〇〇九）。

亀徳《かめとく》（現地語ではアキチュ）集落にある秋津神社は集落の高台にある。もともと、斉部加那支《いびがなし》をウシク（クワ科アコウの木）の根に宿る神とされていた。明治期に秋津神社が建立されたが、祀られているのは神道の神ではなく、社殿後方のウシクの木に宿るイビガナシである。もっとも社殿内には三つの自然石が安置されている。中央に村の創世神、左にノロ神、右に農耕神が祀られている。なお集落後方にあるティラ山中腹にはトゥール（洞穴墓）がある。

奄美諸島では聖なる山（神山）を表す民俗語彙として、ティラ山とともにカミヤマ・モリヤマ・オガミヤマ・ゴンゲンヤマなどがある（小野　一九八二）。奄美大島の龍郷町大勝《おおがち》にある大木山《おおぎやま》神社は市杵嶋姫命を祀るもので、背後の山はウギ山と称される。このウギ山は「拝み山」の意味である。昭和一六年（一九四一）に移転し、平家伝説にちなんで厳島神社となった。奄美諸島南部の加計呂麻島でも、テラ山、オボツ山、モリ山、権現山《グンギン》などにおける祭祀の報告がある。江戸期に島津氏が旧来の祝女や巫女《ユタ》の信仰を禁止し、神社を建設した経緯がある。しかし、須古《すこ》（子）茂《も》の例にあるように、厳島神社が建てられているが、従来からのテラ山信仰が色濃く、グンギン祭（権現）をおこなう。俵でも集落西に男神を祀るテラ山と、集落東部に女神を祀る権現山があり、いずれも山頂に自然石の祭祀空間がある（伊藤　一九八〇）。

石垣島中央部にある於茂登岳《おもとだけ》は、沖縄県の最高峰である（五二六m）。於茂登（ウムトゥ）は「大本《おおもと》」の意味である。康熙五二年（一七一三）に成立（和暦で正徳三年）した琉球王国の地誌『琉球国由来記』によると、於茂登岳の神（ウムトゥテラシィ）の遥拝所が島西部の名蔵村の名蔵御嶽《ナグラオン》にあるとしている。

ここでいう御嶽《ウタキ》は琉球王国における聖所を表す公用語である。琉球列島（沖縄・奄美）では、ふつう拝所《ウガンジュ》は祭祀のおこなわれる場所を一般に指し、御嶽よりも規模は小さい。なによりも、琉球列島でさまざまな祭祀を司るのは女性である。女性は神女あるいはノロとして信仰の中心的な役割を担ってきた。

拝所は、「オガミ（拝み）」が原語とされ、沖縄本島北部では「ウガミ」、奄美諸島では「ウガミヤマ・ウギヤマ（拝み山）」と称される。八重山列島の石垣島・西表島・竹富島では「オン」、新城島・西表島では「ウガン」、小浜島・黒島・新城島で「ワン」、波照間島で「ワー」、沖縄本島とその周辺離島では「ウタキ」、宮古諸島では「スク」、ないし個人ごとの守護神を祀る拝所「マウガン」がある。

御嶽や拝所は村落ごとに一ヶ所以上あり、村落における祭祀の中心の場である。祀られる神は、村落ごと、拝む場所により多様であり、森（ムイ）のなか、クワ科イチジク属の常緑高木であるガジュマル（*Ficus microcarpa*）やアコウ（*Ficus superba*）、ヤシ科のビロウ（*Livistona chinensis*：沖縄でクバ）の生えている村落内の木立、来訪神を迎えるような祭祀をおこなう場合、山上や海岸部の岬や岩礁部にある。たとえば、奄美大島の秋名《あきな》では、稲魂を招く「平瀬マンカイ」の儀礼は海岸部の二つの岩上でおこなわれる。また、洞窟（ガマ）の場合もある。八重山の御嶽における植物についてまとめた記載があり参考になる（李　二〇一九）。

『琉球国由来記』（一七一三年）には、御嶽の嶽名と神名に、クバウノ嶽やコバノ森、コバツカサノオイベ、コバウノオイベなど、ビロウを表す名称が六九ヶ所ある。オイベは「神」を指す。ビロウは古代における大嘗祭の儀礼で天皇が禊をおこなう百子帳《ひゃくしちょう》の屋根材でもあった。日本古代の宗教を考察する上で、ビロウの重要性は明らかであろう（吉野　一九八四：谷川　二〇一二）。なお、ビロウの北限は玄界灘にある沖ノ島である。島にビロウの木は数少ないが、西側の小呂島《おのろ》では七社《ななしゃ》神社の境内に繁茂している（図101）。一方、太平洋岸では青島神社（宮崎県宮崎市青島）にビロウの社叢林がある。青島神社は彦火火出見命《ひこほほでみのみこと》、その妃神豊玉姫命《とよたまひめのみこと》、塩筒大神《しおづつのおおかみ》を祀る。

図101　小呂島における七社神社のビロウ（筆者撮影）

琉球神話と御嶽

日本の伊弉諾・伊弉冉神話にあるように、琉球世界では開《かい》闢《びゃく》神話がある。両者で共通するのは天孫降臨の世界観である。琉球では、アマミキヨ（アマミク）神がニライカナイ（ニラーハラー：神の世界）から降臨して国造りをする神話がその典型である。琉球王国初の正史であり、羽地朝秀《はねじちょうしゅう》が編纂した『中山世鑑《ちゅうざんせいかん》』（一六五〇年成立）によると、アマミキヨは島じまをつくり、のちに一組の男女を住まわせ、二人の間からは三男二女が生まれた。こうして琉球における人間世界がはじまったとされる。

　アマミキヨが降臨したのが久高島である。島の中央部東海岸にはニラーハラーの神である東リ大主《アガリウプヌシ》を祀る聖所、つまり御嶽《ウガン》の伊敷泊《いしきどまり》がある。その前浜の伊敷浜には、五穀の入った壺が流れ寄り、なかの五穀の種子が久高島や沖縄本島に広まったとされる。これが沖縄における穀物起源の神話となった。

　神がみの降臨した聖地の中心には、「イビ」ないし「イベ」と一般に称される神が鎮座し、御嶽ごとに降臨した神の名は異なる。たとえば、久高島のクボー御嶽における神名は、「ヤハラヅカサ潮バナツカサノ御イベ」と称される。神名に「御イベ」と称されるのが特徴である。イビ（イベ）の坐す聖所には自然石や大

表6　琉球の開闢神話にかかわる七御嶽

御嶽の名称	神名	住所	御嶽の標高（m）
●安須森御嶽（アシムリウタキ）	カンナカノ御イベ	国頭村辺土：辺戸御嶽	248
●今帰仁グスクの上之嶽		今帰仁村今帰仁グスク内	200
●今帰仁グスク（カナヒヤブ）	テンツギカナヒヤブノ御イベ	今帰仁村今帰仁グスク内	200
●クボウ御嶽	ワカツカサノ御イベ		
●斎場御嶽（セーファウタキ）	君ガ嶽、主ガ嶽ノイビ	南城市知念	70
●知念森御嶽	知念森添森ノ御イベ	南城市知念	100
●薮薩御嶽（ヤブサツウタキ）	ムメギヨラタチナリの御イベ	南城市玉城	40～50
●雨つづ天つぎ御嶽（アマツテンツギウタキ）	アガル御イベ、ツレル御イベ	南城市玉城・玉城グスク内	181
●フボー御嶽	ヤハラヅカサ潮バナツカサの御イベ	南城市知念・久高島	17 >
●首里真玉森御嶽（シュイマダムイウタキ）	キヤウノ内ノ前ノ御ミヤ首里ノ御イベ	首里城内	100～130
●首里森御嶽（シュイムイウタキ）	真玉城ノ玉ノミヤノ御イベ	首里城内	100～130

型の貝殻（シャコガイ・トウカムリガイなど）と香炉がおかれている。

開闢神話にかかわる御嶽については、二つの説がある。ひとつは、羽地朝秀による琉球国の正史『中山世鑑』（一六五〇年）で、琉球開闢で創生されたのは九御嶽である。もうひとつは、『聞得大君御殿《きこえおおぎみうどぅん》 并《ならびに》御城御規式之御次第《おぐすくおぎしきのおんしだい》』（一八七五年）（伊波普猷文庫IH033（琉球大学附属図書館所蔵 https://doi.org/10.24564/ih03301）によるもので七御嶽が挙げられている。

重複を含めて二つの文献における開闢神話の御嶽を表6に示した。地理的にみると、御嶽の分布は北の辺土《へど》岬から南の久高島や首里までに及んでいる。安須森御嶽《アシムリウタキ》と三つのグスク（今帰仁・玉城・首里城）にある御嶽は標高一〇〇～二五〇mに立地しているが、そのほかは海抜高度も低く、久高島の

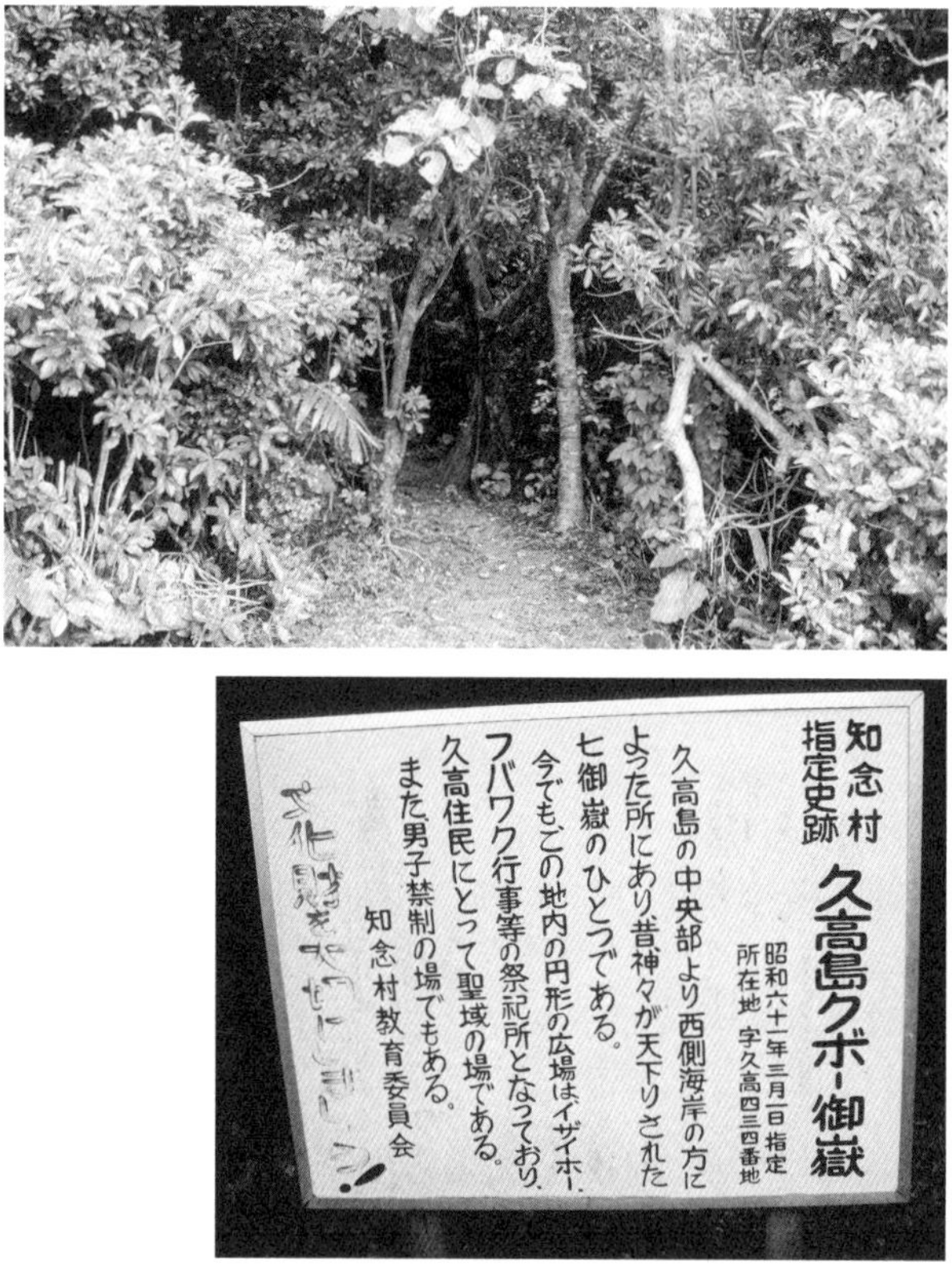

図102　久高島クボー御嶽
男性は入ることが出来ない。聖なる空間が奥にある。（筆者撮影）

クボー御嶽は海岸に近接している（図102）。琉球列島の聖山は「低い島」に立地していることは明らかだろう。ただし、記載されている御嶽は二つの文献でおなじではない。

『中世世鑑』における九御嶽は以下の通りである。安須森《アスムイ》（安須森御嶽）、カナヒヤブ（今帰仁グスクの上之嶽）、知念森（知念グスクの友利之嶽《トムイヌタキ》）、斉場《セーファー》御嶽、藪薩《やぶさつ》の浦原（藪薩御嶽）、玉城アマツヅ（玉城グスクの雨粒天次御嶽《あまつづてんつぎ》）、久高コバウ森（久高島のクボー御嶽）、首里森《シュイムイ》（首里城の首里森御嶽）、真玉森《マダムイ》（首里城の真玉城嶽）。

一方、『聞得大君御殿并御城御規式之御次第』にある七御嶽は以下の通りである。国頭間切あおひ之御嶽（安須森御嶽）、今帰仁こはおの御嶽（今帰仁村のクバの御嶽）、首里森之御嶽、そやはの御嶽（斉場御嶽）、弁之御嶽（弁ヶ嶽）、久高こはおの御嶽（久高島のクボー御嶽）、玉城雨辻（玉城城の雨粒天次御嶽）。つまり、九御嶽では、七御嶽に知念グスクの友利之嶽と首里城の首里森が加わっている。両者のちがいは琉球の神話を考える上でそれほど根本的なちがいとはいえない、との印象がある。

海の聖地と神話

開闢神話と関連して、ニライカナイから降臨した島が沖縄にある。それが沖縄本島中部の太平洋側にある浜比嘉島《はまひが》である。『琉球国由来記』によると、ニライカナイから浜比嘉島にアマミキヨ（アマミチュー：女神）とシネリキヨ（シルミチュー：男神）が降臨した。二神は洞窟に住み、子を授かった。その子が人間社会をつくることになった。洞窟は浜比嘉島の南南東端の小高い丘の上にあり、シルミチュー聖地として知られる。旧暦年頭には比嘉集落のノロ（祝女）により子宝祈願・安産祈願の祈りが捧げられる。そのさい、海浜で拾った一個の小石を洞窟内に安置されている壺に入れる。この石は海からもたらされる生命（子の誕生）を意味しているのではないか。また、アマミキヨとシネリキヨは島の北東端にある小島のアマンジにある墓に祀られており、年頭の祀りにはノロをはじめ多くの人びとが集まり、五穀豊穣・無病息災・子孫繁栄の祈りが捧げられる。

浜比嘉島には東の御嶽《アガリヌウガン》（神名はイシヅカサノ御イベ）と西の御嶽《イリヌウガン》（神名はイシヅカサノ御イベ）がある（大城　一九九八）。東の御嶽では旧暦の六月二八日と八月二八日に「シヌグ祭り」がおこなわれる。これはかつて三山間（北山・中山・南山）の抗争時代、敗退した南山の平良忠臣らが浜比嘉島に逃れてここで身を隠して難を逃れた。追手がこないように海で時化が起こるよう祈願したことに由来する。

ただし、奄美諸島から沖縄本島北部には豊穣儀礼としてのシヌグ、ウンジャミが色濃く分布しており、とくにウンジャミは山地から麓に神が幸をもたらすとする民間信仰が顕著にみられる。シヌグは逆に海からもたらされる幸にかかわっている（小野　一九九三）。西の御嶽は、現地でシリギチャー御嶽と呼ばれているが、もとは勝連間切の聖地「マサゴロヨリアゲ嶽」である（大城　一九九八）。

八重山の聖所

沖縄本島には琉球王国の国家祭祀と関連する御嶽の存在が大きな特徴である。しかし、民間では聖所や聖なる存在は琉球王国の枠組みだけで理解できるわけではない。たとえば、八重山諸島・竹富島にある国仲御嶽《フイナーオン》は、沖縄本島の園比屋武《ソノヒャン》御嶽から勧請された八重山で唯一の王府関連の御嶽である。それ以外は、地元固有の祭祀とかかわる聖所と考えてよい。

石垣市にある群星御嶽《ンニブシオン》は奇祭「マユンガナシ」の中心になる御嶽であり、五穀豊穣を神に感謝する豊年祭で使われる。西塘御嶽《ニシトウオン》は竹富島（竹富町）にあり、一六世紀、首里城城壁の修復や園比屋武御嶽の石門建造に尽力し、竹富島に戻り島の発展に尽力し「御西塘《おにしとう》様」として尊敬されている島の偉人を祀る。三離御嶽《ミチャーリオン》は西表島東部・古見の前良《まいら》川の河口右岸にある。請原御嶽《ウカウッカン》とともに、「アカマタ・クロマタ・シロマタ祭」がおこなわれる。三離は、大枝村・花城村・半西村の三村を指し、のち古見となった。

大石林山

大石林山（旧名：金剛石林山）は、国頭郡国頭村にある切立った岩山（熱帯カルストの最北端）である。ここは琉球の開闢神話でアマミキヨが降臨した最初の聖地、安須杜《アシムイ》にほかならない。ここで王家の繁栄、五穀豊穣、航海安全が祈られた。四〇ケ所以上の拝所がある。ただ、現在は山原《ヤンバル》の観光地となっている面もある。安須杜の四峰は、シノクセ、アフリ、シジャラ、イヘヤと呼ばれ、ほぼ二五〇m前後である（図103）。

図103　沖縄島北端の辺土にある大石林山（248m）。山中に安須杜《アスムイ》御嶽がある。

伊江島

沖縄島本島中部の本部半島沖に伊江島がある。島の中央やや東寄りに尖塔状の城山《グスクヤマ》がある（一七二m）。現地ではイージマタッチュー（伊江島の塔柱）とも呼ばれる。目立った山容から、航海者・漁民にとり重要な目安とされた。麓には城山御嶽があり、本土の神社におけるように主祭神として天照皇大神を祀り、あわせて八幡大神と春日大神を祀るようだ。第二次大戦中、日本軍が駐留していたさいの名残りであろうか。しかし、伊江島の人びとはここで自分たちの祖霊を祀り、毎年旧暦の七月に五穀豊穣の祈りを捧げた。『琉球国由来記』（一七一三年）には、翌年の豊作を祈願する大折目《ウユイミ》の予祝儀礼がおこなわれていた（伊江村史編集委員会編　二〇〇八）。島の南西部海岸に大きなニャティィヤ洞《ガマ》があり、戦時中は防空壕となったが、古来から拝所であった。

3　東北の霊峰

アイヌのモヤ（聖山）

東北地方で特筆すべきは、かつてアイヌの人びとが居住しており、この地域にアイヌの文化伝統である地名が色濃く残されている点である。筒井功は近著『アイヌ語地名の南限を探る』で、青森・秋田・岩手・宮城の各県に聖なる山や地域についてのアイヌ語地名が残存していることを明らかにしている（筒井　二〇二〇）。とくに霊山、聖なる山に関連するのが「モヤ」と「タッコ」である。山田秀三はアイヌ言語学者の知里真志保に尋ね、「モヤ」はアイヌ語の「モイワ」（小さな岩山）がなまったものであるとした。山田は『東北・アイヌ語地名の研究』のなかで、青森県から秋田県にかけていくつかの「モヤ山」に出会ったとしている（山田　一九九三）。たしかに、モヤ山は青森、秋田両県に多い。秋田県山本郡八峰町《はっぽうちょう》にある母谷《もや》山は、海抜高度が二七六ｍの独立した小山である。青森県能代市の茂谷山（二四七・八ｍ）、十三湖と小湊町の間にある靄山（一五二ｍ）、藤里町の茂谷山（四五〇ｍ）、八甲田北部にある雲谷山（モヤトンゲ）（五五三ｍ）、大館市の靄森（三六五ｍ）、鹿角《かづの》市に茂谷山（三六二ｍ）がある。秋田県では田沢湖の南にあって湖に突き出す形になっている靄森《もやもり》山（三七三ｍ）がある。

岩手県岩泉町の長内《おさない》沢の下流は、「オサナイ」＝「オサッナイ」（川尻が乾いた川）の語意の通り、伏流水となって水がなかった。同県一関市の旧大字達古袋《たっこだい》のある地点からは、宮城県境の栗駒山（一六二六ｍ）が遠望できた。「タッコ」は「タプコプ」で、聖山の遥拝所の意味である。

恐山

青森県下北半島むつ市にある恐山はカルデラ湖の宇曾利山湖（宇曾利湖）を取り囲む外輪山の総称で、海抜高度は八七八・六mの釜臥山《かまぶせやま》、大尽山《おおづくしやま》、小尽山《こづくしやま》、北国山《ほっこくざん》、屏風山《びょうぶやま》、剣の山《つるぎやま》、地蔵山《じぞうやま》、鶏頭山《けいとうざん》からなっている。カルデラを取り巻く八峰の景観は、花開く八葉の蓮華にたとえられている。

恐山は平安時代の貞観四年（八六二）、天台宗の慈覚大師円仁《じかくだいしえんにん》が開山した。諸国を行脚してこの地に至り、仏教的な死者の世界に思いをはせ、ここで地蔵菩薩一体を彫刻し、本尊として奉献された。この意味で、恐山は仏教的な世界観による霊山とされてきたことはまちがいなく、「人は死ねばお山に行く」という祖霊他界の信仰と祈りが伝承されてきた。時をおなじくして、甲斐・駿河国では富士山が大噴火を起こす時代であり、おなじ火山でも異なった信仰が育まれていたことがわかる。

恐山はいまから一万年以上前に噴火した火山で、噴出する火山性ガスと硫黄泉からの温泉沈殿物などが地獄にも似た荒涼とした景観を作り出す。現に宇曾利湖から流れ出す正津川《しょうずがわ》が死者の魂の到達する「三途の川（葬頭河）」とされている。三途は仏教用語で、餓鬼道・畜生道・地獄道を指す。宇曾利湖に流入する河川は一部をのぞき中性であるが、pH 3以下の流入河川もあり、湖底から硫化水素が湧出している。このため、湖全体では強酸性である。宇曾利湖には魚類は棲まないとされてきたが、ウグイの生息が確認されており、さらに強酸性に適応した生理的な機構があるとされている（広瀬・金子 二〇〇三）。さらに強酸性の湖として宮城県大崎市鳴子温泉にあるカルデラ湖の潟沼《かたぬま》が知られており、pHはかつて1・4であった。

恐山には活火山特有のガス噴出口や熱水の泉があり、地獄を彷彿とさせる風景が広がっている。無間地獄、金堀り地獄、賭博地獄、血の池地獄などをはじめ、一四〇近くもの地獄がある。地獄巡りを抜ける途中に賽の河原がある。ここには石を積み上げた石塔がいくつもあり、水子供養がおこなわれる。そして、砂浜の極楽浜に出ると、一転して浄土の世界に至る。極楽と地獄の二つの世界を疑似体験できる恐山は霊場として人びとの信仰心を集めてきた。恐山と宇曾利湖がもともとアイヌ語に由来するとの説がある。アイヌ語でウショロは「湾・入り江」を表す。あるいは、オシルコッ（オソルは「尻」、コッは「くぼみ」）、ウサツオロスプリ（灰が多く降る山）という言葉に由来する。北海道の小樽市には忍路《オショロ》の地名がある。

岩木山《いわきさん》と岩手山《いわてさん》

岩木山は青森県西部、岩手山は岩手県西部にある。名前を混同しやすいが、前者は青森県弘前市と西津軽郡鰺ヶ沢町にまたがる独立峰の火山で、標高は一六二五m、津軽富士とも呼ばれる。後者の岩手山は岩手県八幡平市・滝沢市・雫石町にある火山で標高は二〇三七・九五mであり、独立峰にちかい成層火山である。それぞれ青森県、岩手県の最高峰である。両者に共通するのは「岩」である。イワキとイワテのイワがアイヌ語である可能性は大きく、岩木山、岩手山ともに山岳信仰の対象とされてきた。ただし、どのような信仰があったのかについてはアイヌ文化の文脈で探ることはむつかしい。以下、歴史・民俗の面から岩木山と岩手山の山岳信仰について検討しよう。

岩木山

岩木山は有史以来から自然崇拝の対象とされてきた。岩木山への畏敬と感謝の念がいかなるものかを探るヒントが、縄文時代後期前半における環状列石の遺跡にある。たとえば、青森県平賀町（二〇〇六年平川市に合併）新屋遠手沢《あらやとおてさわ》に太師森《たいしもり》遺跡がある。遺跡は標高二六〇mの台地上にあり、すぐ上は太師森（二九〇m）山頂となっている。山頂から環状列石を見下ろすことができる。縄文時代、この遺跡から岩木山をのぞむことができたはずだ。

青森県には太師森遺跡のほか、青森市野沢字小牧野に小牧野遺跡（標高一四〇m）がある。ここは青森空港の東側にあり、環径三五mの大型環状列石の遺構が出土している。列石は直径三五mの外帯、二九mの内帯、二・五mの中央帯の三重構造からなっている（図104）。発掘により、環状列石の横からは竪穴住居跡、土器棺墓、土坑墓群、貯蔵穴群、湧水遺構などがみつかっている。環状列石はここで死者を弔うだけでなく、多目的な祭祀がいとなまれた場であることを強く示唆している（児玉・蛯名　二〇〇二）。青森市文化財課の児玉大成は、小牧野の環状列石が方位や季節を知る装置であったこと、周囲に特徴的な山として東の八甲田山（一五八五m）、その手前の雲谷山《もややま》（五五三m）、西の岩木山（一六二五m）、北西の馬ノ神山（五四九m）があると指摘している（児玉　二〇〇四、二〇〇九、二〇一三、児玉　http://www.komakino.jp/komakino-land/komakino-land.html）。雲谷山の「もや」はアイヌ語に由来することは先述した。考古学におけるランドスケープ論は小林達夫により提唱されている（小林編　二〇〇五）。青森・秋田・岩手・道南部における縄文遺跡群は二〇二一年七月二七日、

図104　小牧野遺跡の環状列石（ストーン・サークル）

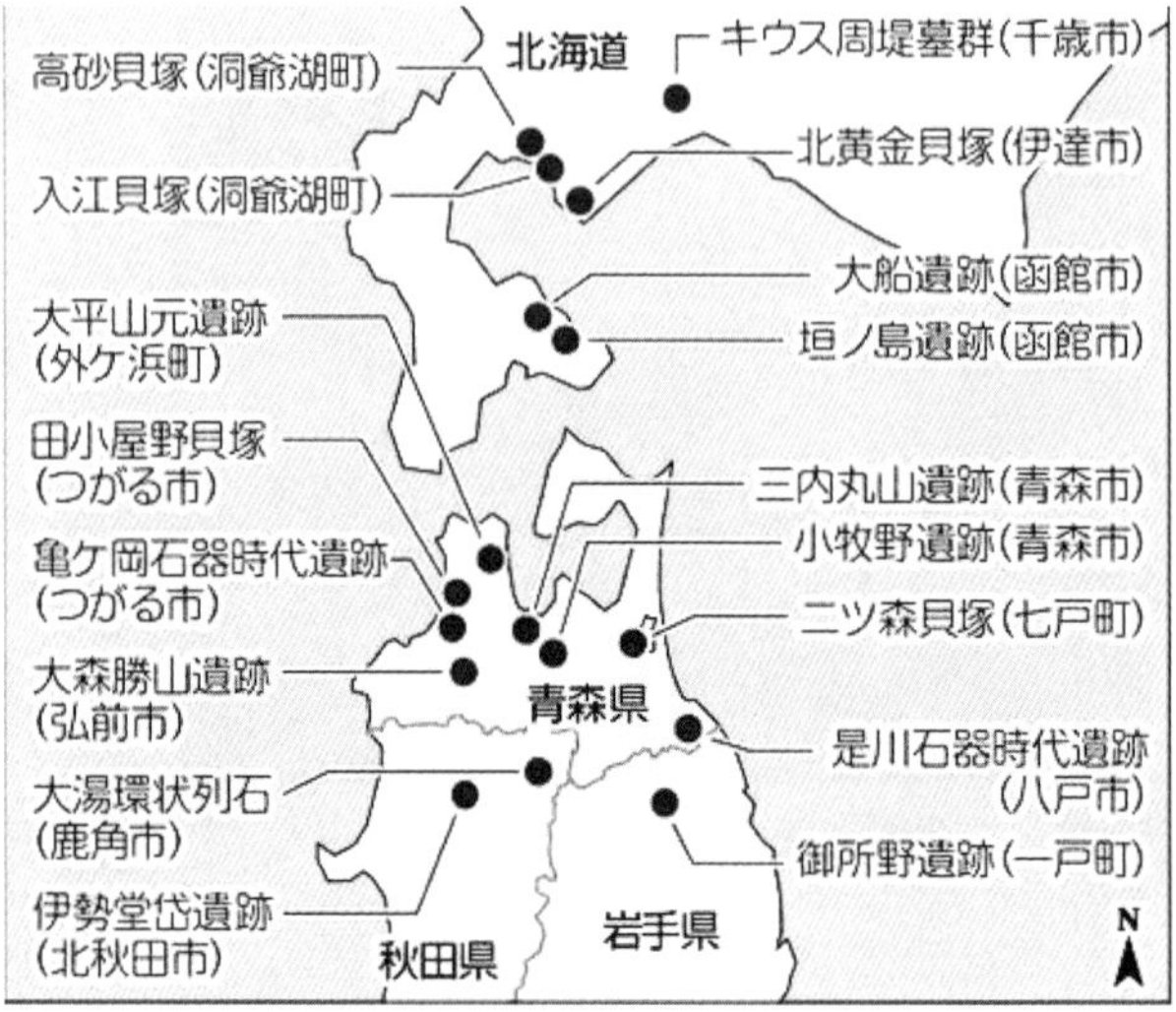

図105　北海道・北東北の縄文遺跡群（2021年7月世界遺産登録）

「北海道・北東北の縄文遺跡群」（一七ケ所）が世界遺産として登録された（図105）。本書でも扱っている遺跡が多くある。登録前から、世界遺産にとっての中核エリア・緩衝エリア・移行帯エリアの考え方に環状列石から望む周囲の山やまを組み込んで考える発想がなされており、注目に値する（児玉　二〇一二）。

さらに秋田県鹿角市の大湯環状列石遺跡、北秋田市の伊勢堂岱《いせどうたい》遺跡、南北海道では茅部郡森町の鷲ノ木《わしのき》遺跡（鷲ノ木5遺跡）などの縄文時代後期前半の環状列石遺跡が知られている。鷲ノ木遺跡の環状列石の外環は三六・九m×三三・八mである。

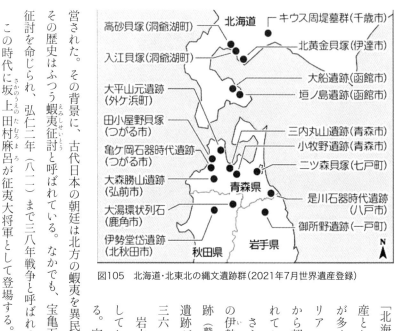

岩木山への信仰について、古代以降の事例をおさらいしておこう。岩木山の山頂には岩木山神社の奥宮がある。宝亀一一年（七八〇）に、岩木山の山頂に社殿が造営された。その背景に、古代日本の朝廷は北方の蝦夷を異民族として服従させるとする国家史観をもっていた。その歴史はふつう蝦夷征討《えみしせいとう》と呼ばれている。なかでも、宝亀五年（七七四）に陸奥按察使《むつあぜち》の大伴駿河麻呂《おおとものするがまろ》が蝦狄征討を命じられ、弘仁二年（八一一）まで三八年戦争と呼ばれる蝦夷征討がおこなわれた。

この時代に坂上田村麻呂《さかのうえのたむらまろ》が征夷大将軍として登場する。坂上田村麻呂は、桓武天皇時代に実行された第三次蝦夷征討（延暦二〇年（八〇一））の前年の延暦一九年（八〇〇）、岩木山頂に社殿を再建した。これは東北平定が岩木山大神の加護によるものとの祈りがこめられていた。のちに、弘前の十腰内《とこしない》地区に下居宮《おりいのみや》（里宮、現在の厳鬼山《がんきさん》神社）が建立され、山頂の社は奥宮とされた。その後、寛治五年（一〇九一）に、神宣により下居宮を十腰内地区から岩木山の東南麓にある百沢《ひゃくたく》に遷座し、百沢寺と称したのが現在の岩木山神社である。神社では、顕国魂神《うつしくにたまのかみ》（大国主神）、多都比姫神《たつびひめのかみ》、宇賀能売神《うかのめのかみ》、大山祇神《おおやまつみのかみ》、坂上刈田麿命《さかのうえのかりたまろのみこと》の五神を祀り、岩《いわ》木山大神《きやまおおかみ》と称する。

古代以来の神仏習合により、岩木山山頂には阿弥陀如来、薬師如来、観音菩薩の三つの堂が創建され、真言宗百沢寺岩木山三所大権現として信仰された。のち、天正一七年（一五八九）の岩木山の噴火によって百沢寺は全焼したが、江戸時代に再建が進められた。岩木山では旧暦八月一日に御山参詣として庶民が登拝する習俗がある。五穀豊穣や祖霊への祈りのためであるが、近世期の津軽藩主はそうした民間の信仰を公権力が自らの正統性の根拠として利用した。岩木山の例から、民俗学の赤坂憲雄は聖山信仰には光と影があると指摘している（赤坂　一九九一：一一七—一一八）。

注目すべきは岩木山から離れた五所川原市の市浦《しうら》で、近くにある靄山《もややま》（一五二m）を岩木山に見立てて参詣する習俗が江戸時代からあった。靄山には岩木山神社があり、別名「靄山脇元岩木山《もややまわきもといわきさん》」、「津軽岩木」と呼ばれている。これは江戸時代に広まった富士講における富士塚の事例と類似している。なお、明治の神仏分離により寺院は廃止され、津軽総鎮守・岩木山神社とされ、明治六年（一八七三）に国幣小社に列格された。

岩木山のエピソードとして、岩城判官正氏《いはきはんぐわんまさうぢ》を陰謀で九州に左遷させられ、そのあとを追って旅した妻と娘安寿と息子厨子王丸がたどった悲劇がある。岩木山の神は岩城家を不幸に陥れた丹後国の郎党大江時廉《ときかど》や安寿と厨子王を酷使した丹後由良の山椒大夫などの丹後国の住人を忌み嫌うとされている。江戸期には丹後からの人を排除する触れが出されている。一方、岩木山神社では「お山参詣」の神事が三日にわたっておこなわれ、五穀豊穣と家内安全を祈る。三日目には山頂へ前夜からの集団登拝がおこなわれる。

図106　岩木山（上）と岩手山（中）。岩手山の雪形で、ワシの姿になぞらえ、岩鷲山と称した（下）。

岩手山

岩手山は、もともと「いわわしやま」と呼ばれ、春、山頂部の雪形（山肌の黒い部分の形を指すネガ型）が飛来するワシに見えることに関連する（図106）。巌鷲山《がんじゅさん》ないし岩鷲山と漢字で表記する。巌鷲山（岩鷲山）の記載は中世以降の文書にある。菅江真澄は本来、「おいわわし」というべきところ、岩手の音読みが「がんしゅ」であることによって、「いわてやま」となったとした（菅江 一九七八：八九―九〇）。岩木山とともに「岩」の字があり、アイヌ語のモイワ（霊山）の可能性も残されているが、東北ではモイワではなく、モヤが一般的である。

岩手県の環状列石

ここで岩木山の例を踏まえて、縄文時代の環状列石をともなう遺跡について岩手県の例を挙げておこう。岩手県内で環状列石を出土する遺跡には、縄文中期の樺山《かばやま》遺跡（北上市稲瀬村）、縄文後期の湯舟沢《ゆぶねざわ》遺跡（岩手郡滝沢市字湯船沢）、縄文中期後半の御所野《ごしょの》縄文公園（二戸郡一戸町）、縄文末期の松尾釜石遺跡（八幡平市柏台：旧・松尾村寄木《よりき》字畑、通称釜石地区）、縄文前期の鵜飼諸葛《うかいもろくず》川右岸の仏沢Ⅲ遺跡（滝沢市）などがある。

注目すべきは湯舟沢遺跡と松尾釜石遺跡の環状列石である。湯舟沢遺跡の環状列石の外環は南北径二〇m、東西径一五mである。合計で一〇〇〇個もの大小の組石から構成されている。組石の下部からは土坑が多数発見され、この場所が共同墓地と祭祀場として使われたことがわかった。この遺跡の西方に谷地山《やちやま》（五二八m）がある。春分の日、環状列石の中央に立ち、西方の谷地山を望むと、山頂に太陽が沈むことがわかっている。すなわち、谷地山は西を指す。反対側が東となり、縄文時代の人びとが死者の赴く位置と生命の再生をこの環状列石の装置（コンパス）を使い、何らかの祭祀をおこなったであろう。谷地山は神奈備山の意味があったとして、遺跡から北西の方位には岩手山が屹立している。

松尾釜石遺跡は八幡平市にあり、この遺跡の環状列石群のうち中央のものは外環が一二mある。その中心部には火を使ったとおもわれる直径一・五mほどの石囲いがある。北側には環状列石の外延に張り出して石を敷き詰めた祭壇状の構造物が検出された（縦横は二m）。中央の環状列石の周囲には外環三m程度の小型の環状列石が七ケ所ある。この環状列石の祭壇部から中央部の石囲いをはさんだ南をのぞむと、岩手山がそびえているのを確認できる。ここには神奈備山に相当する小山は見当たらない。岩木山と岩手山で、ともに麓に環状列石があること、遺跡の近くに神奈備山のある点も共通しており、興味深い。

秋田の環状列石の例を挙げておこう。黒又山《くろまたやま》（二八〇・六m）は、秋田県鹿角市十和田大湯にある円錐形の山である。その南西部二kmに縄文後期の大湯環状列石遺跡（万座と野中遺跡）がある。いわゆるストーンサークルで、環状に配列した二重の配石遺構の直径は四六mある（国内最大）。この遺跡から北東部にある黒又山をのぞむことができる。

古代以降の岩手山と神道との関係を見ておこう。明治七年刊の「岩手山神社考証書」（小原文書）によると、岩手山は「上古此処磐提之里トモ云、里人ニ吹落ト云者有テ始メテ此山ヲ開ク、祭神大穴牟遅命《おおあなむちのみこと》ヲ勧請シ岩手山ト唱フ」とあり、上古の時代に磐提《いわて》と呼ばれ、吹落という人物が開山したこと、大国主命を神として祀っているとしている。のち、坂上田村麻呂が第三次の蝦夷征伐のため平安京より出征した。『日本紀略』には延暦二〇年九月二七日（八〇一年一一月六日）「夷賊を討伏する」とある。東北平定兵営国家鎮護のために三尊の阿弥陀を安置して本地とし、その後麓の六天が奉仕したという。翌延暦二一年一月七日（八〇二年二月一二日)、坂上田村麻呂は霊験のあったことを奏上した陸奥国の三神に位階が加えられた。ただし、「陸奥州岩手郡岩鷲山縁起」(建久元年(一一九〇))に、「桓武天皇の時代、坂上田村麿が奥州霧山嶽の高丸・大嶽丸・吹落征伐のさい、行基作の阿弥陀・薬師・観音を祀って三神を勧進し、国土の守護神とした」とあり、吹落は征伐の対象とされている。

岩手山の信仰は山そのものを神体山とする自然崇拝に、阿弥陀・薬師・観音信仰などの要素が加わって岩鷲山大権現となり、人びとの信仰を集めるようになった。さらに、修験道の影響も受け、近世期には盛岡藩の加護の元、祭礼が五月二四〜二八日に実施され、山頂における参詣のための代参行列がおこなわれた。これには別当となる天台宗・曹洞宗の寺院僧侶、本山派や羽黒派の山伏などが参加し、国家安泰や五穀豊穣を祈願した。また、麓では干ばつ時の雨乞いや疫病退散の祈りが捧げられた。寛永二一年(一六四四)の例では、五月に岩鷲参詣がおこなわれ、六月二日に山頂部の松葉、当帰(セリ科トウキ属の根で薬草となる)、硫黄が盛岡藩に献上されている。なお、松葉は稲の苗を模したもので豊穣を祈る御田植神事として各地にある。鬼屋神社(石川県輪島市)の「ぞんべら祭」もその例で六〇〇年の歴史をもち、二月六日に神事がおこなわれる。

早池峰山《はやちね》

早池峰山(一九一四m)は北上山地の最高峰で、その東に剣ケ峰(一八二七m)、西に中岳(一六七九m)、鶏頭山(一四四五m)、毛無森《けなしもり》(一四二七m)が並ぶ。その南には薬師岳(一六四五m)を主峰として、西に小白森山《こしろもりやま》(一三五〇m)、白森山(一三三九m)、土倉山(一〇八四m)などが北の連峰と対称形に弧状をなして並んでいる。

伝承によると、岩手山は妻の姫神山《ひめかみさん》(一一二四m)と別れて、早池峰山に恋慕の想いを寄せていた。そこで送瀬《おくりせん》に頼んで妻を目の届かないところへ送るように命じた。しかし、送瀬は姫神山の岩手山への想いを知り、岩手山の命にしたがわなかった。これに激怒した岩手山は火を噴いて、送瀬の首を剣で刎ねた。このことをのちに悔い改めた岩手山は、送瀬の首を手元に置いた。胴体はそのすぐ横にある。首となったのが鞍掛《くらかけ》山《やま》（八九七m）、胴体部分が送仙山《おくりせんやま》（四七二・四m）である。送仙山は山頂部が平らで台形の山容をもつ。見方によっては頂上部を切り落としたようだ。また、姫神山は一一二四mのピラミッド型をした孤峰で秀麗な姿をしている。この姫神山は古代、坂上田村麻呂の東征のさい、この地に立烏帽子神女《たてえぼしのしんにょ》を祀った由緒がある。立烏帽子神女は、京の都で狼藉を繰り返す鬼を坂上田村麻呂が退治したさい、その守護となった姫神である。立烏帽子神女についてはさまざまな逸話や位置づけがあり、鈴鹿御前とも称される。

『遠野物語』には、女神が三人の娘を連れて伊豆権現社（遠野市上郷町来内《らいない》村の伊豆神社）に宿泊し、いい夢を見た娘にいい山を与えるとした。末の三女が夜中に目覚め、姉の胸に降臨した霊華をこっそり取り、自分の胸の上に載せ、もっとも美しい早池峰を得た。二人の姉は六角牛山《ろっこうしさん》（一二九三m）と石上山《いしかみやま》（一〇三七m）を得た話がある。「若き三人の女神おのおの三の山に住し今もこれを領したもう故に、遠野の女どもはその妬を畏れて今もこの山には遊ばずといえり」（柳田　一九七八：一五―一六、石井　二〇〇九）。『遠野物語』では、早池峰山は女人禁制の山であることが語られている。早池峰山をめぐるこの二つの伝承では、山が人間に擬人化されており、愛憎のドラマを演じている点がおもしろい。

早池峰山は古くからの山岳信仰の山で、西側山麓の大迫町岳《おおはさままちたけ》に早池峰神社、山頂にはその奥宮がある。神社に奉納される岳神楽は大迫町大償《おおつぐない》の大償神楽とともに早池峰神楽座を構成し、平成二一年（二〇〇九）にはユネスコの無形文化遺産に登録された。早池峰神楽は中世の南北朝時代に遡る六〇〇年以上の長い歴史

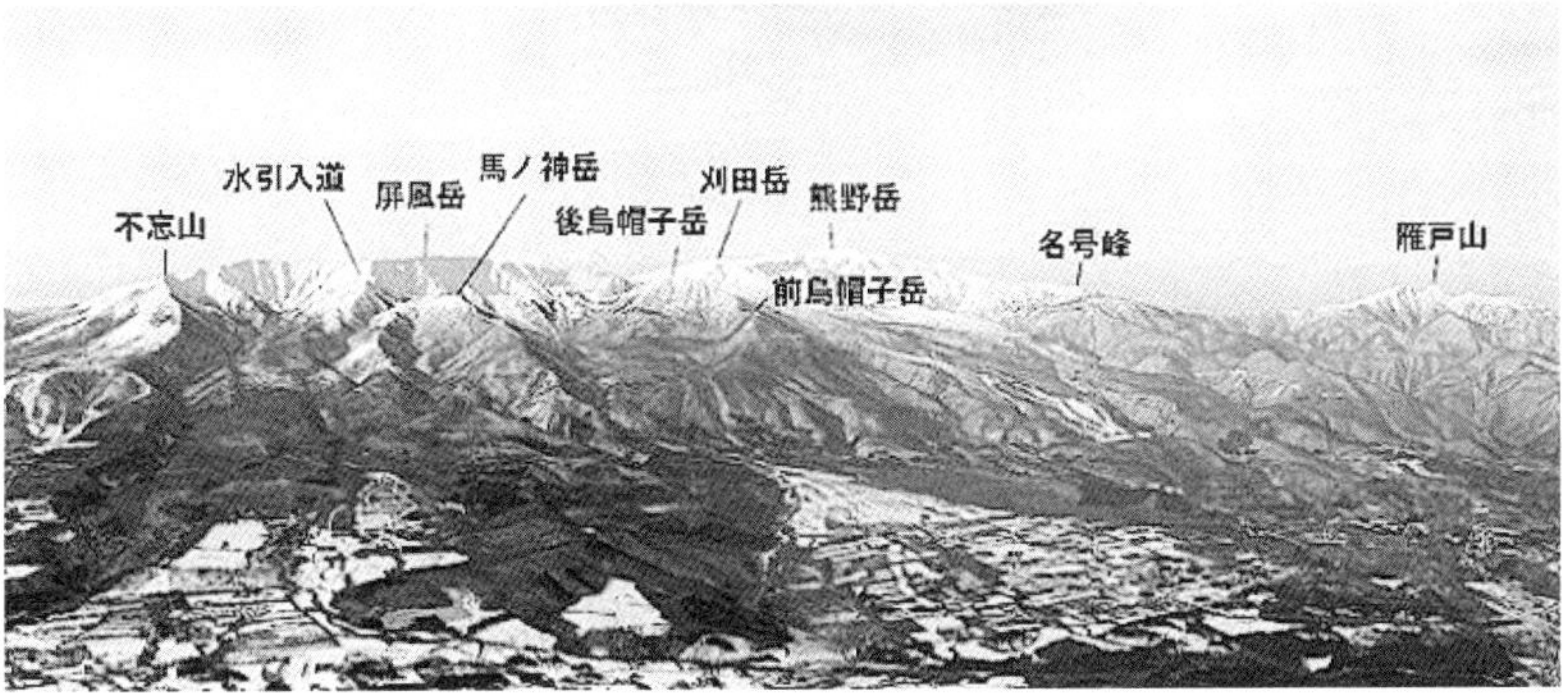

図107　蔵王連峰

をもち、修験道の山伏により伝承されてきたとされる。また、早池峰山は遠野の人びとにとり、田畑に水をもたらしてくれる水分の神として祀られた。

蔵王山

山形県と宮城県の県境にある蔵王連峰（蔵王山）には、主要なものだけでも一〇峰以上がある。一五〇〇m以上の山には、五色岳（一六七二m）・杉ヶ峰（一七四五m）・刈田《かった》岳（一七五七・八m）・熊野岳（一八四一m）・屏風岳（一八二五m）・不忘山《ふぼうさん》（一七〇五m）・地蔵山（一七三六m）・三宝荒神山《さんぼうこうじんさん》（一七〇三m）・後《うしろ》烏帽子岳（一六八一m）・馬ノ神《まのかみ》岳（一五五一m）などがある（図107）。最高峰は熊野岳で「火の山」として恐れられてきた。蔵王のシンボルとなるエメラルドグリーンの御釜は火口湖である。

かつては刈田嶺《かったみね》とか不忘山《わすれずのやま》と称された。奈良の吉野金峯寺から蔵王権現が勧請され、平安時代以降に修験者が修行するようになった。このために蔵王山とも称された。刈田岳（一七五八m）の山頂に鎮座する刈田嶺神社の「蔵王大権現社」は平安時代末期の藤原秀衡《ふじわらのひでひら》の時代には、四八坊の院があるほどに勢力を拡大している。

しかし、応仁の乱を経て衰微したが、江戸時代に「嶽之坊」は真言宗金峰山蔵王寺と称し、蔵王権現社の別当となった。嶽之坊以外に、蔵王権現社の別当として「安楽院」と「三乗院」が出羽側にあった。これらの別当は、蔵王山への登拝の登山口にあり、潔斎所・祈禱所として登拝者から銅銭四八文を徴収した。嶽之坊は遠刈田口《とおがった》（蔵王町）、三乗院は宝沢口（山形市）を仕切る当山派であった。一方、安楽院は上山口（上山市）、松尾院は半郷口（山形市）を管轄し、本山派が仕切った。登拝のルートとしては、宮城側の嶽之坊は表口、山形側の安楽院・三乗院・松尾院は裏口にあたった。

元禄八年（一六九五）、白石城（陸奥国刈田郡）の城主片倉氏が刈田岳に蔵王権現堂の造営にさいして、嶽之坊が諸事にわたりほかの別当に指図するよう指示しており、仙台藩の威勢がわかる。もっとも、蔵王山への登拝は出羽国からのほうが優勢であり、これには羽黒修験の影響があったとされている。化政期には年に一万人以上の登拝者があったようだ。

明治初年の「神仏分離令」により、蔵王権現社は水分神社に改称し、明治八年（一八七五）には刈田嶺神社（奥宮）となった。また、蔵王大権現御旅宮も刈田嶺神社の里宮となった。蔵王山の名は、江戸期の庶民によるさかんな登拝を通じて定着していった。

羽山《はやま》

第2章でふれたとおり、羽山（麓山、端山、葉山）は奥山・深山などにたいする里に近い山を指す（以下、羽山で代表する）。羽山の名のつく神社は、北東北（七）、南東北（四九）、関東（一）、中部（二）、九州（四）で、圧倒的に南東北に多く分布する（https://japanknowledge.com/articles/blogjournal/interest_chimei/entry.html?entryid=132）。羽山は現代の「里山」と概念的に異なるとはいえ、領域や性格で類似する面がある。それでは、里からみた羽山への信仰としてどのような特徴があるのだろうか。

羽山神社の祭神の多くは羽山祇神《はやまつみのかみ》、少彦名《すくなびこなの》命であり、薬師如来を本地とする。羽山信仰の特徴は農耕に関連し、豊凶を占う託宣儀礼が特徴である。したがって、神事は春の豊作祈願と秋の豊作感謝の性格をもつ。羽山信仰は地域により中身はちがう。

山形県寒河江《さがえ》市の北端、村山市・最上郡大蔵村との境界にある葉山（一四六一・七ｍ）はけっして里に近い低山ではない成層火山である。葉山は大宝二年（七〇二）、役小角の弟子、天台派の行玄《ぎょうげん》が開山し、山腹に社殿を建立したという。葉山の地主神は農耕と水利をつかさどる水分神として敬われた。人びとは旧暦六月一日の苗代祭に葉山権現別当大円院に詣でて「虫札」を受け、それを田の水口に立てて蝗害除けを祈願した。旱魃の年は雨乞いの神事がおこなわれ、水の不便な場所に葉山権現の碑が建立された。現在は山頂に葉山神社（明治一四年建立）がある。

福島県二本松市にある麓山《はやま》は独立峰で標高は八九七・一ｍである。別名で「仏山」とも呼ばれる祖霊信仰の対象でもある。麓山の信仰は出羽三山の修験道の影響があるとされており、本殿は磐座となっている。

福島市街の信夫《しのぶ》山（二七五ｍ）は西から羽山、羽黒山、熊野山の三峰を祀るので信夫三山と称される。熊野山には湯殿神社、羽黒山には羽黒神社、羽山には月山神社の出羽三山が勧請され祀られている。信夫山の奥山にあたる吾妻山《あづまやま》（連峰で、西吾妻山は二〇三五ｍ）は山神であり水神・農耕神の鎮座する奥山で、信夫山はいわゆる羽山であった。信夫山は別名で「大羽山」と呼ばれ、転じて「青葉山」とも称された。羽山の烏ケ崎は巨岩が多く、磐座として吾妻山を遥拝する修験の場であった。福島市松川町金沢にある黒沼神社の祭神は沼中倉太玉敷命《ぬなくらふとたましきのみこと》（第三〇代敏達天皇）と倭建命《やまとたけるのみこと》である。例大祭でおこなわれる「金沢の羽山ごもり」は無形民俗文化財に指定されている。旧暦一一月一六〜一八日の三日間、神事がおこなわれ、最終日早朝に羽山に登拝して一連の神事をおこなう。宮司が神降ろしをし、「ノリワラ」と呼ばれる男性に神を憑依させ、農耕の予祝・豊作・災害・天候などの託宣をおこなう。すべて村の男性のみが参加し、儀礼のなかでは女性役も演じる農耕神事が特徴である。

以上のように、羽山をめぐる信仰は地域により異なることは明らかである。ここでは、農耕や水を司る神への信仰、祖霊信仰、修験による山岳信仰が地域ごとに多様な展開をみせることがわかった。このほか、二本松市木幡《こはた》にある隠津島《おきつしま》神社では山岳信仰とは関係がないが、養蚕に関連した信仰があり、宗像三女神を祀っており、地域内での信仰の多様性にも目を配るべきであろう。

4 関東・中部の霊峰

妙高山

妙高山（二四四五・九m）は新潟県妙高市にある火山で、山頂のカルデラに中央火口丘がある。周囲の外輪山には前山・赤倉山・三原田山・大倉山など標高二〇〇〇m級の山やまがある。妙高山は別名須弥山《しゅみせん》とも呼ばれる聖山であり、国常立尊《くにのとこたちのみこと》、伊弉諾冊尊、素戔嗚尊の三神を祀る。和銅元年（七〇六）に裸行《らぎょう》上人が三神を勧請し、関山《せきやま》神社を創建したとされる。のち、空海も修行のために訪れている。関山神社の本地仏である銅造菩薩立像《どうぞうぼさつりゅうぞう》は朝鮮で製作された百済仏とされ、当時、越国（高志）では大陸との交流が頻繁におこなわれ、渡来人が来日していた証拠とされる。

八世紀以降、神仏習合が進むなかで修験道がさかんとなり、関山神社では関山三社大権現を祀り、別当は神社北側にある妙高山雲上寺宝蔵院が務めた。妙高山と外輪山、さらには妙高五山（妙高山、神奈山《かんなさん》、茶臼山、火打ち山、不動山）を含む「関の庄」は関山権現の広大な所領として勢力を広げた。のち、鎌倉時代に木曾義仲は関山に至り、妙高山頂の妙高堂に阿弥陀三尊像を奉納して戦勝祈願をした。それらは、銅造阿弥陀如来立像（中尊）・観音菩薩像（左脇侍）・勢至菩薩像（右脇侍）の三柱で、現在関山神社に奉納されている。

南北朝〜室町期に成立した『義経記《ぎけいき》』巻第七には、直江の湊（新潟県・直江津）を出発した海上にて「妙観音の嶽より下したる嵐に帆引掛けて、米山を過ぎて」とある。この「妙観音」は妙高山を指し、海から見る観音信仰の対象でもあった。ちなみに、米山《よねやま》は標高九九三mの山であり、「越後富士」とも称される秀麗な山で、海上からの目安とされるとともに田畑の豊作をもたらすとされた。名前の由来は、奈良時代の修験道の僧である泰澄《たいちょう》の弟子である沙弥《しゃみ》が日本海で名をはせた強欲な船主から米俵を取って五輪山（今の米山《よねやま》）に投げ飛ばしたという逸話があり、その米俵に由来する。

戦国武将の上杉謙信は関山権現を越後の鎮守として信仰し、元亀元年（一五七〇）、越中攻めのさい戦勝を祈願して妙高山に登ったとされる。また、謙信は金糸の龍旗を奉納している。龍旗は合戦における突撃の命を意味した。関山神社と宝蔵院は発展し、最盛期には七堂と七〇もの僧坊があった。しかし、織田信長の部下によりことごとく全山焼き打ちとなり、寺社が破壊された。江戸時代に天台宗の僧南光坊天海の弟子俊《しゅん》海《かい》（上杉謙信の甥）により再興された。現存の社殿は別当・宝蔵院一五世院主の薩海《さっかい》が一〇年をかけ、文政元年（一八一八）に完成させた。のち、明治の廃仏令により、宝蔵院は廃止された。また、宝蔵院が管理権をもっていた赤倉温泉や関温泉を高田藩が開発目的で引き込み利用するさいに、金子《きんす》をそれぞれ八〇〇両、三〇〇両支払っている。文化一一年（一八一四）のことである。

考古学的知見によると、大正五年（一九一六）、関山神社境内から経塚が発見され、銅製の経筒《きょうづつ》や珠洲壺・珠洲鉢（壺の蓋に使用）が出土した。経塚は珠洲焼の形式から一二世紀後半のものとされている（時枝　二〇一八）。

妙高山頂の遺跡は一四世紀以前にはみつかっていない。山頂部からは珠洲系の須恵器と土師器や宋銭・明銭が採集されている（小柳　二〇〇三）。これらの遺物は山上祭祀のさい、供物を入れるのに使われたと考えられる。つづく近世期になると、山頂の岩窟から銅製の水盤が出土した。この水盤に陰刻された銘文が当時における妙高山信仰の実態を示すことで注目された。すなわち、銘文には、阿弥陀如来への信仰、関山権現、山中の血の池に祀られていた勢至《せいし》菩薩などについて記述されている（時枝　二〇一八）。しかも、外輪山の前山岩陰遺跡で寛永通宝を八六％とする二〇九枚の銭貨が出土しており、修験者ではなく、一般民衆が登拝したさいに奉納したものと考えられている。明治の廃仏毀釈により、妙高信仰は衰退期に入ることはすでにふれたとおりである。

近世には六月一七〜一八日の関山三社権現の祭礼に先立ち、山頂から阿弥陀如来様を神社まで下ろす行事があり、祭が終わると六月二三日の山開行事（南方讃《なんぼいさん》）の一環として阿弥陀如来像を山頂に返した。「南方讃」は妙高山山開きの行事をいう。その語源には「南無梵天讃」「南無阿弥陀仏讃」などの語をあてる説がある。

昭和四八年（一九七三）、火打山山頂から鎌倉時代の銅造十一面観音菩薩懸仏が発掘された。関山三社権現の中尊は聖観音菩薩であり、加賀の白山妙理《みょうり》大菩薩の本地仏は十一面観音菩薩である。妙高山頂の湿地帯には、「八大竜王」が棲むという興善池《こうぜんいけ》がある。これらのことは妙高山信仰に加賀白山系の観音信仰が入っており、妙高山登山の「なんぼいさん」は、竜神信仰と結び付いていたと考えられている。以上の記述以外にも、妙高山の山岳信仰についての記述が『山岳修験』四四号にある（日本山岳修験学会編　二〇〇九）。

図108　男体山と中禅寺湖

男体山

栃木県日光市の男体山は奈良時代には観音菩薩の浄土とされるポータラカにちなんで「補陀落山」とされた。平安時代、勝道《しょうどう》上人は神護景雲元年（七六七）以来、二度登頂に失敗するものの、天応二年（七八二）に初登頂している。勝道は、初登頂を試みた神護景雲元年（七六七）、ないし一説では延暦九年（七九〇）に現在の日光山輪王寺《りんのうじ》に隣接した場所に二荒山《ふたあら》を祀る二荒山神社を創建した。二荒山の名は補陀落山によるとされている。

男体山の標高は二四八四・四mあり、中禅寺湖に面する（図108）。対となる女峰山《にょほうさん》（二四六四m）と、太郎山（二三六八m）とともに日光三山をなす。いずれも元は神体

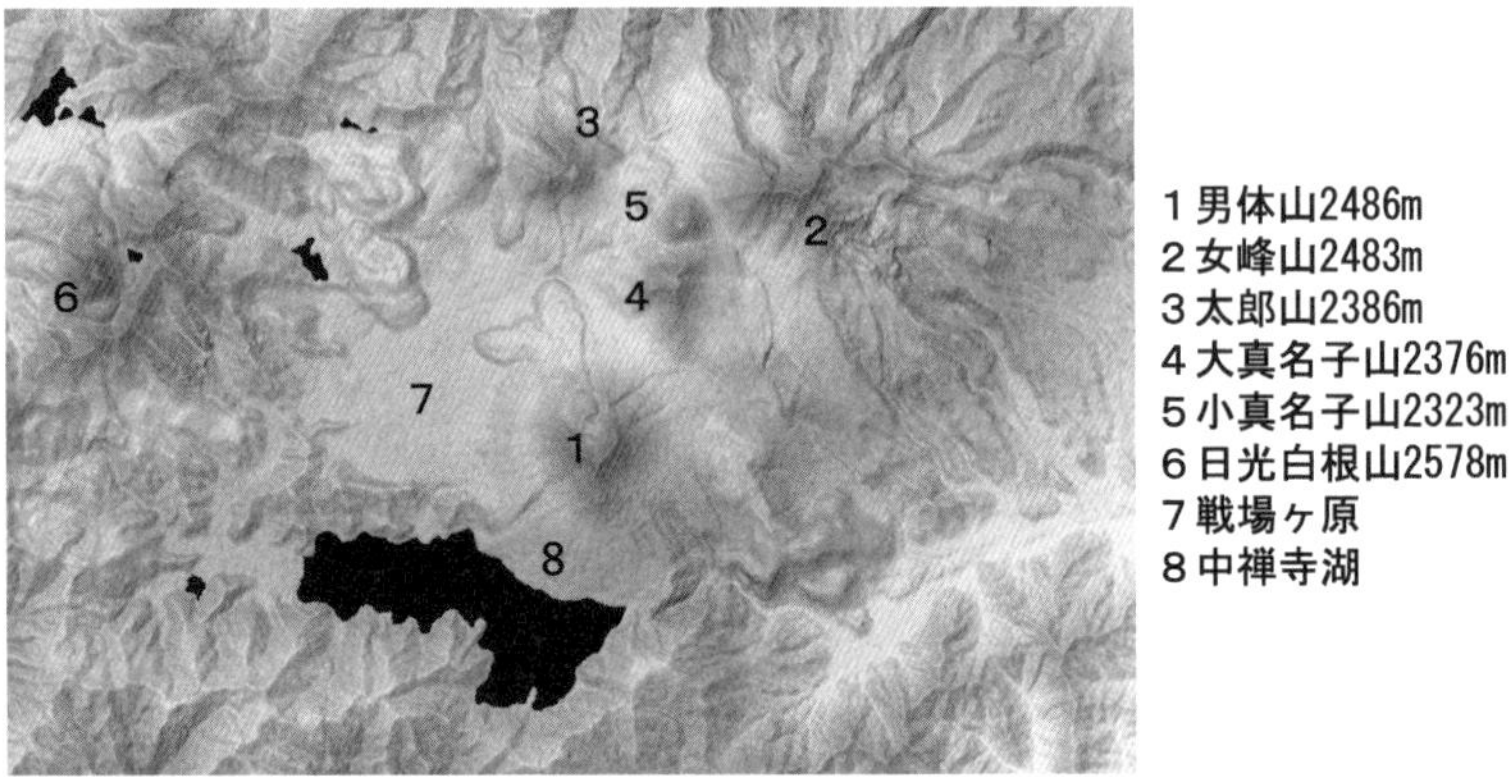

図109　日光の火山群と中禅寺湖

山と見なされた山であり、のち修験の山となる。祭神は、男体山が大己貴命《おおなむちのみこと》、女峰山が田心姫名《たごりひめのみこと》、太郎山が味耜高彦根命《あじすきたかひこねのみこと》である。それぞれ、父、母、子の関係にある。また、習合による本地仏は、それぞれ千手観音、阿弥陀如来、馬頭観音であり、「日光三所権現」と呼ばれた。明治時代まで、輪王寺、二荒山神社、東照宮をあわせて山号は日光山と称された。日光三山以外に、孫にあたる大真名子《おおまなこ》山《さん》（二三七六m）と小真名子山《こまなこさん》（二三二三m）があり、いずれも火山である（図109）。

男体山山頂の太郎山神社付近から大量の埋蔵物が発掘され、銅鏡・錫杖《しゃくじょう》・香炉・禅定札・懸仏・馬具・陶器など種類も多く、四〇〇〇点以上に達する。時代的な変化も顕著で奈良～平安前期には古密教系の仏具が、平安時代前期から後期には銅鏡がおおい。鎌倉から南北朝時代には掛仏や経筒が多くなる。おこなわれた祭祀や主体となった僧侶・修験者の集団に時代的変化がみられるという（時枝二〇一八）。

なお華厳の滝は、男体山の噴火で堰き止められた中禅寺湖から落下する（栃木県日光市）。落差は九七mで、那智の滝（和歌山県新宮市）、布引の滝（兵庫県神戸市）とともに日本の三大聖滝と呼ばれる。勝道上人によって発見されたとの伝承があり、名称は仏教経典の「華厳経」に由来する。

平安時代中期の『延喜式神名帳』には名神大社として「下野国河内郡二荒山神社」の記載があるが、その帰属を巡って日光と宇都宮とで論争がある。宇都宮二荒山神社は、宇都宮市の中心部、明神山（臼ヶ峰、標高約一三五m）山頂に鎮座する。祭神は、豊城入彦命《とよきいりひこのみこと》であり、第一〇代崇神天皇の第一皇子である。当初の鎮座地は荒尾崎（現 摂社下之宮が鎮座）であったが、承和五年（八三八）に現在地に遷座した。なお、日光山の山岳宗教に関して、シンポジウム（日光山の山岳宗教——勝道・弁覚・天海）が開催され、多くの議論がなされている（日本山岳修験学会編　二〇一七）。

草津白根山

草津白根山《しらねさん》は標高二一六〇mの活火山である（群馬県吾妻郡草津町）。白根山は近くにある本白根山（二一七一m）と逢ノ峰をあわせた総称でもある。山頂部にある火口湖は湯釜・水釜・涸釜と呼ばれ、pHが1・0の強酸性の湖である。かつては硫黄採掘がおこなわれ、湯釜の湖底から柿経《こけらきょう》が見つかった。これは月経や産褥などによる穢れから女性を救済するための経、つまり血盆経《けつぼんきょう》である（時枝　一九八四、二〇一八）。越中立山においても、血盆経信仰の事例が報告されている（高達　一九九二、一九九三、一九九七）。

榛名山

榛名山は群馬県にある火山で山頂部には一〇峰以上が連なっている。最高峰の掃部ヶ岳《かもんがたけ》（一四四九m）をはじめとして、著名な榛名富士（一三九〇m）（図110）、杏ヶ岳《すももがたけ》（一二九二m）、居鞍岳《いぐらだけ》（一三四〇m）、鬢櫛山《びんぐしやま》（一三五

図110　榛名富士(1390m)。手前は榛名湖。

〇m)、烏帽子《えぼし》ヶ岳《がたけ》(一三六三m)、蛇《じゃ》ヶ岳《がたけ》(一二二九m)、臥牛山《ねうしやま》(一二三二m)、伯耆山(一一五四m)、五万石(一〇六〇m)、水沢山(一一九四m)、二ツ岳(一三四三m)、相馬山《そうまやま》(一四一一m)、三ツ峰山(一三一五m)、天目山(一三〇三m)などがある。山頂部の榛名湖はカルデラ湖である。

　榛名神社は第三一代用明天皇元年(五八六)に創建された。明治元年に主祭神は火産霊神《かぐつちのかみ》(火の神)と埴山姫神《はにやまひめのかみ》(土の神)とされた。水分神・高龗神《たかおかみのかみ》・闇龗神《くらおかみのかみ》・大山祇神・大物主神・木花開耶姫神を合祀する。古くから神仏習合が進み、中腹にある巌山遺跡からは九〜一二世紀の土器・錫杖、施設の礎石とおもわれる石材などが見つかっており、ここに修行者が滞在した僧院の存在が推定されている(清水　一九九〇)。境内一帯には奇岩・巨大岩が多く、その多くには鞍掛岩・瓶子岩・鉾岩・大黒岩などの名前が付けられている。仏教色が強く、江戸時代に榛名山巌殿寺《がんでじ》が建立された。本殿裏には御《み》姿岩《すがたいわ》があり、磐座となっている。岩の洞窟に御神体の自然石が祀られている。

　榛名神社とともに榛名富士山神社がある。これは榛名富士山頂に富士山神社という自然石を御神体とする祠の神社で、木花開耶姫命を祭神とした。明治四二年五月二日に榛名神社に合祀せられた。その当時は間口四尺奥行五尺の木柵の中に一基の自然石が御神体として安置されていたというが、のち散逸したので再建された。江戸時代、上州（群馬県）では富士講がさかんで富士塚も残っている。

筑波山

筑波山は茨城県つくば市にある山で男体山（八七一m）と女体山（八七七m）の二峰からなる双耳峰《そうじほう》の山である。双耳峰はほかにも北海道のニセコアンヌプリ（主峰［一三〇八・二m］と南峰［一二九七m］）、谷川岳（オキの耳［一九七七m］とトマの耳［一九六三m］）、鹿島槍ヶ岳（北峰［二八四二m］と南峰［二八八九・二m］）などがある。

筑波山はいにしえより神体山とされてきた。祭神は筑波男ノ神《つくばおのかみ》（筑波男大神）と筑波女ノ神《つくばめのかみ》（筑波女大神）である。前者の人格神が伊弉諾尊《いざなぎのみこと》、後者が伊弉冊尊《いざなみのみこと》である。

筑波山の南面中腹の標高二七〇mに拝殿があり、そこから遥拝がおこなわれた。八世紀後半～九世紀前半に法相宗の僧、徳一《とくいつ》が筑波山寺を開いた。古代から神仏習合が進み、仏教的な色彩を強め、筑波山寺は筑波山知足院中禅寺と改名された。中世以降は関東における著名な修験道の山となった。関東では日光の男体山、相模の大山、伊豆の伊豆山《いずさん》が修験の山として知られている。近世に徳川家康が江戸に開城後、風水の観点から天海和尚の助言により江戸の鬼門（北東）にあたる筑波山を江戸鎮護のために手厚く遇した。その点で筑波山神社は江戸幕府にとって重要な存在と見なされた。

大山と阿夫利神社・比々多神社

大山《おおやま》は、標高一二五二mの山で（神奈川県伊勢原市）、丹沢山地にある。山岳信仰の場として天平勝宝七年（七五五）に華厳宗の良弁《ろうべん》が開祖したとされている。ただし、それ以前にも水や雨を差配する神や航海の目安となるとして信仰されていた。山頂からは縄文土器が出土しており、先史時代から祭祀がおこなわれていたことは確実である。大山山頂の大山阿夫利《おおやまあふり》神社の創建は第一〇代崇神天皇の御代とされている。祭神は、大山祇大神《おおやまつみのおおかみ》、高龗神《たかおかみのかみ》、大雷神《おおいかずちのかみ》である。大山祇大神は富士山の御祭神である木花咲耶姫の父君に当たる。このことから、「富士に登らば大山に登るべし、大山に登らば富士に登るべし」と伝えられ、大山と富士山の両山をお参りする「両詣り」も江戸時代にさかんにおこなわれた。

比々多《ひびた》神社（伊勢原市三ノ宮地区）横で縄文時代の環状列石が発見された（現在は、比々多神社裏に移転）。環状列石は大山（阿夫利山）を神体山として祭祀をおこなった場所と推定されている。大山を神奈備とする信仰は、弥生・古墳時代へと継承された。大小の古墳はかつて三〇〇基以上あったようで、有力な集団がいたことを想起させる。

奈良時代以降は神仏習合の霊山として栄え、修験の山として多くの山伏が入山した。中世以降は武家を中心に武運を祈る信仰の山とされてきた。江戸時代には幕府による寄進もあり、保護政策が山岳信仰の発展に寄与した。行者や御師による布教活動や勧誘により、全国の信者数が増えた。集団的な参詣をおこなう「講」が興隆し、「大山詣り」が広がった（のちに平成二八年四月に日本遺産として登録）。大山に登れば一人前として認められるとの伝承も一部の地域であった。

大山は別名、雨降山と称され、相模湾からの水蒸気が山塊にあたり、雨がよく降る山とされ、阿夫利山《あふりやま》の名前がある。山の神・水の神だけでなく、海上の守護神や大漁の神として多様な神を司ることや大山能・巫《み》女舞《こまい》・倭舞《やまとまい》などの芸能がおこなわれ、いわば全方位的に神事・祭事が民衆の支持を受けてきたといってよい。海から大山が目安となったとされるたしかな証拠は得ていない。しかし、相模湾東部の江ノ島から丹沢

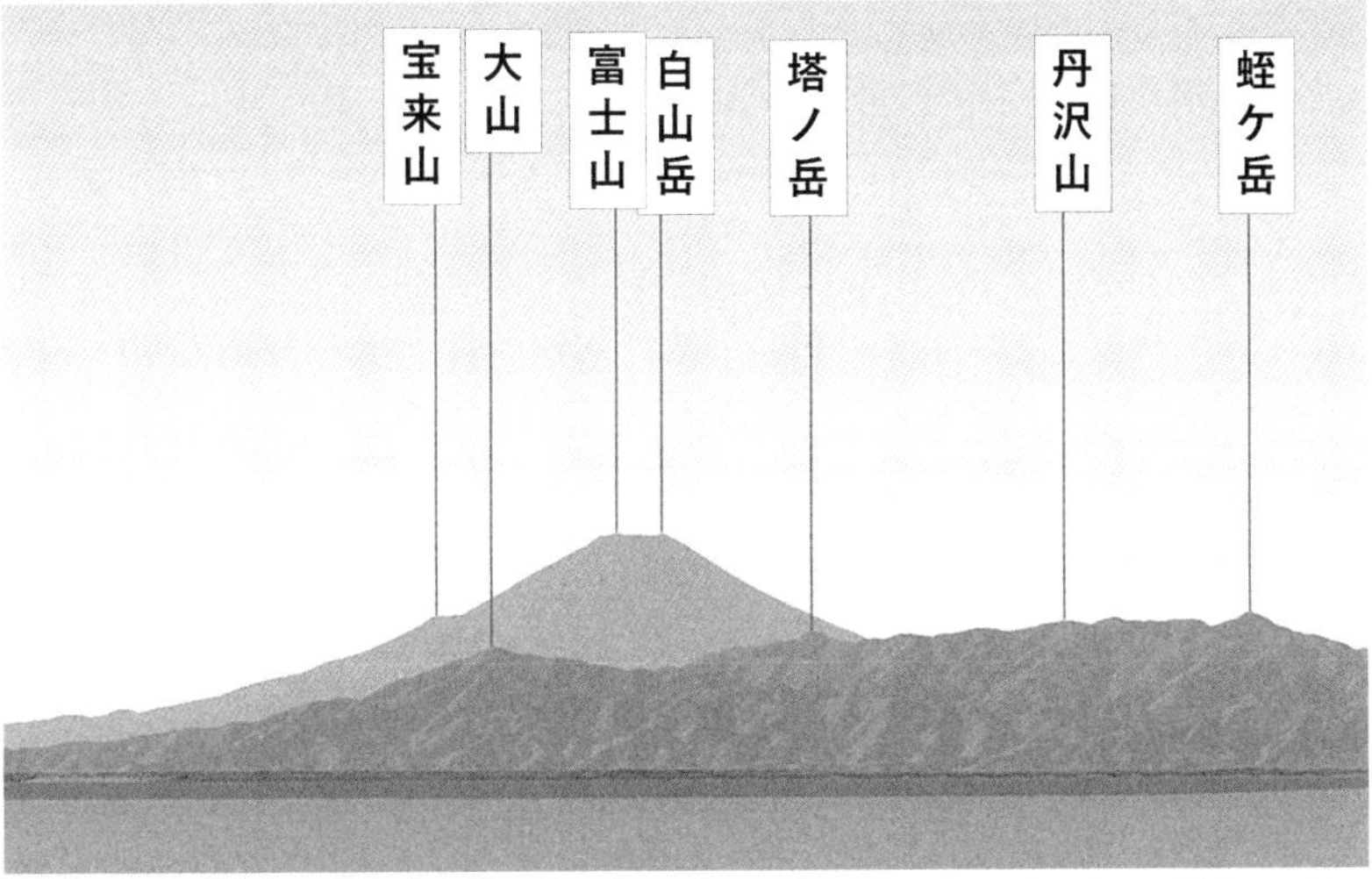

図111　江ノ島からみた遠景　宝来山・大山・富士山・白山岳（富士山火口部にある八神峰の四峰目）・塔ノ岳・丹沢山・蛭ケ岳などがみえる。

山地西端の大山の位置が確認できる（図111）。大山はピラミッド型の山で目立ちやすく、江戸時代の歌川広重の版画にも「東海道五十三次之内平塚」には手前の高《こ》麗《ま》山《やま》と奥の富士山、そして大山が描かれている（図112）。

図112　歌川広重の「東海道五十三次之内平塚　東海道八」
1 高《こ》麗《ま》山《やま》（168m）、2 富士山（3776m）、3 大山（1252m）

これ以外にも富士山と大山をセットで描いた広重の浮世絵があり、いずれも馬入川（相模川下流域）左岸での作品である。富士山は冠雪しているか白色で、大山は森を表す深緑色・黒色、ないし富士山と同系色が使われている。江戸時代の「両詣り」を意識したものでもあるのだろう。

苗敷山《なえしきさん》

苗敷山は山梨県甲府盆地の西部にある（一〇三七m）。山麓の穂見《ほみ》神社（里宮で四七九m）と山頂部の穂見神社は奥宮からなる。山頂部からは一〇～一一世紀の竪穴住居址や湿地の集石遺構、灯明皿が出土しており、何らかの山上祭祀が夜間におこなわれたことが想定されている（石神　二〇〇九、時枝　二〇一八）。苗敷山の後方にはいわゆる鳳凰三山がある。これには観音岳（二八四〇m）、地蔵ケ岳（二七六四m）、薬師岳（二七八〇m）で、いずれも信仰に関連した山名である。

七面山

七面山《しちめんさん》は山梨県南巨摩《こま》郡にある一九八九mの山である。日蓮宗の総本山である身延山の裏鬼門（南西）に位置し、七面大明神（七面天女）を祀る。日蓮の説いた法華経では「皆成仏」とされ、徳川家康の側室である「お萬」の方は白糸の滝で七日間の滝行ののち、七面山に登った。

奥の院には影嚮石《ようごうせき》という七面天女由来の磐座があり、その周りを回りながら願掛けをするとよいという。頂上には一の池、二の池、三の池がある。一の池正面の祠に水晶玉が祀られている。富士山のほぼ真西にあるため、春分・秋分の日には、富士山山頂からのご来光が望める。

守屋山と諏訪信仰

長野県の諏訪地方に伝承される諏訪信仰は、山岳信仰と密接な関係をもつ。神代の時代、大国主命の子である建御名方《たけみなかた》（健御名方神）の神は、出雲で建御雷神《たけみかづちのかみ》との戦いに敗れて諏訪の地に敗退し、そこで安座した。のちの鎌倉時代、当地で鎌倉幕府の御家人であった諏訪氏は軍神として信仰し、その神威を広めた。祭祀のなかで狩猟神事をもち、仏教の教えにある肉食禁止の教義に反して肉類摂取を提唱し、武家社会で大きな影響をもつ宗教的な勢力に発展した。諏訪大社は鹿肉免《かじきめん》を授けて狩猟を免除し、人びとは鹿箸を使って鹿肉を食した（図113）。

図113　諏訪大社による「鹿肉免」と「鹿肉箸」
日本一社とあり、日本では諏訪信仰における特殊な慣行である。

諏訪信仰をもつ社寺は合祀された神社を含めて全国に一万以上ある。山に生息する野獣は聖なる存在でも、肉食禁止の対象ともされなかった。

山岳信仰の点でいえば、諏訪信仰の背景となる守屋山は諏訪大社の上社本宮と上社前宮の背後にあり、東峰（一六三一m）と西峰（一六五〇m）からなる。この山が諏訪大社の神体山であったかどうかの議論がある。論点は、かつての山岳信仰を銘とする神社にとって、神体山は必要不可欠の存在であったのかとする議論に尽きる。奈良の三輪山を代表とする神奈備山は、山岳信仰といわばセットとされてきたが、諏訪信仰においては神体山がかならずしも必要不可欠な存在とは位置づけられなかった可能性があり、山岳信仰の多様性を考える上で慎重に扱うべき課題であろう。

諏訪大社社務所にある『諏訪大社復興記』には、「宮山神林」の名称がある。それによると、上社本宮境内は社殿などの周囲四〇〇〇坪を残し、残りの「宮山神林」三一町二反八畝余歩は境外地として上地《じょうち》（幕府に納入すること）され御料地となった。慶応四年三月一三日（一八六八年四月五日）の太政官布告はいわゆる「神仏分離令」であり、全国で廃仏毀釈の動きが広がった。浄土真宗勢力の顕著な三河や越前での廃仏運動への反発は大きかったが、明治四年（一八七一）には事態は収束した。同年、明治政府は太政官布告で寺社領上知令により、境外の領地を没収して国営地とした。

諏訪大社では、かつての聖域であった上社の宮山神林が失われることへの危機感から、境内へ復旧するよう懇願する動きがあった。諏訪大社の意義が認められ、明治一五年以降、順次、復旧し、大正一〇年（一九二一）にはすべての神林が国有境内地となった経緯がある。

木曾御嶽山

木曾御嶽山は長野・岐阜県境にある標高三〇六七mの独立峰で、複合式成層火山である。王滝御嶽神社《おうたきおんたけじんじゃ》は長野県木曾郡王滝村にあり、木曾御嶽山への山岳信仰に基づく神社である。山頂に奥社、山麓に里社がある。御嶽山は直近では平成二六年（二〇一四）九月二七日に噴火を起こし、五八名の犠牲者を出した。木曾御嶽山における山岳信仰とその歴史については、『山岳修験』四二号に特集としてまとめられている（日本山岳修験学会編　二〇〇八）。中世の木曾御嶽信仰（宮家準）、霊神信仰（伊藤良吉）、御嶽講（関敦啓・時枝務）などの論考がある。

御嶽神社の御祭神は、国常立命《くにとこたちのみこと》、大己貴命《おおなむちのみこと》、少彦名命《すくなひこなのみこと》である。御嶽山は古代以来、近世中期までの時代、登拝したのは修験道の開祖である役小角や空海などの宗教者、木曾義仲・武田勝頼《かつより》などの武将にかぎられていたとの伝承がある。しかも、登拝の条件として山麓で七五〜一〇〇日間、精進潔斎をする必要があった。したがって、民衆は入山、登拝することはできなかった。また、江戸期には尾張徳川家が木曾谷一帯を国防と山林保護、ヒノキ林独占のため御留山《おとめやま》として登山を禁じた。しかも、御嶽神社の神官（武居家）が御岳山の利権を他に譲らず、独占化していた。

元禄・享保時代以降、全国で集団的に登拝するために講社を結成し、旅と宿泊、装束などを拠出金でまかなう活動が隆盛する。伊勢神宮参拝の伊勢講以外の山岳地における講として、富士山に登拝する富士講、讃岐の金比羅講、相模国の大山講、羽前の月山講などの登山講の例がある。こうして、御嶽山への入山と登拝制限があるなかで一般庶民の信仰心の高まりが醸成されていった。

天明・寛政年間に、覚明《かくめい》と普寛《ふかん》の二人の行者により御嶽山が一般民衆へと解放されるようになったことが一大転機となった。覚明行者は現地で布教し、信者を従えて登拝を目指したが、目的を達することなく入寂した。覚明の死後、寛政四年（一七九二）、御嶽山を管理する武居家より軽精進による登拝の許可が正式に下りた。これにより御嶽信仰が全国的に展開するきっかけとなった。

一方、普寛行者は全国で難行・苦行の末、御嶽山登拝の許可のおりた寛政四年（一七九二）五月、四人の弟子とともに御岳山に登頂した。途中、霧のため道を見失ったが、一羽の雷鳥が現れて普寛らを頂上に導いたという。御嶽山のライチョウは現在、保護の対象である。ライチョウについては、頸城山塊・北アルプス・乗鞍岳・御嶽山・南アルプスの五集団が確認されており、御嶽山と北アルプス個体群はおなじとされている（図114）。

普寛行者は御嶽山座王大権現《おんたけさんざおうだいごんげん》、八海山提頭羅神王《はっかいさんだいづのらしんおう》、三《み》笠山刀利《かさやまとおり》天宮《てんぐう》の御三神を感得した。御嶽講がさかんとなるにしたがい、神社の御祭神である国常立命・大己貴命・少彦名命とは異なるこの御三神の神札が講中の人びとに配られることがあった（中山　二〇〇八）。

御嶽山を開いた覚明と普寛は、死後の安住の地を御嶽山と定め、霊魂は御嶽に帰するとしている。人の霊魂が山に宿るとする信仰はすでにふれたが、御嶽山の黒沢口、王瀧口の登山道には二万基を超える数の霊神碑が設置されていることがその証左であろう。

図114　御嶽山のライチョウ（♂）

気比《けひ》神宮

気比神宮は福井県敦賀市にある。主祭神は伊奢沙別命《いざさわけのみこと》で、気比大神（『古事記』）、あるいは笥飯大神（『日本書紀』）とも称される。あわせて第一四代の仲哀天皇とその皇后である神功皇后を祀る。

社伝によると、主祭神の伊奢沙別命は東北方の天筒《てづつ》山（一七一・三m）に霊跡を垂れ、境内北東方にある土《ど》公《こう》の地に降臨された。天筒山麓にある舞崎遺跡（標高九五m）は弥生中期以降の遺跡で、古墳時代前期の方墳四基から鉄剣・鉇・板状鉄製品が出土している。平安末期の経塚二基からは和鏡二面・青白磁・青磁・越前焼・鉄製品・銭貨（永楽通宝と元祐通宝）が出土している。また、敦賀市の坂ノ下・吉河・岩谷にある中郷《なかごう》古墳群は向井出山古墳群と明神さん古墳群からなり、向出山一号墳からは金メッキを施した鎧や兜などの武具・銅鏡・玉類などの副葬品が出土している。気比神社のある地は海洋交易の拠点であり、渤海国・朝鮮・中国との交易でさまざまな品がもたらされた。気比大神は食料を司る神であり、当地は海人集団が治めていた。

気多《けた》大社

気多大社（石川県羽咋市寺家町）は、能登半島付け根の邑知潟河口部域に鎮座する（海抜高度二一m）。主神は大己貴命であり、出雲から海路、能登に至りこの地の守護神として信仰を集めた。邑知潟は日本海における海運上の拠点であり、北側にある滝崎は単調な海岸砂丘のつづく海岸部に突出しており、航海者にとり邑知潟の位置を知るランドマークとなった。滝崎の南側段丘ぎわに五世紀中葉、全長約九〇mの大型帆立貝式の滝大塚古墳が造成された。羽咋市歴史民俗資料館の中野友幸は、これを「海の古墳」と位置づけている。邑知潟を擁する羽咋は、古代の遣渤海使を通じた対外交渉の拠点として重視され、気多大社における国家的祭祀へとつながった。越中国司の大伴家持は天平二〇年（七四八）に当地を訪れ、『万葉集』に歌を残している。

「志雄路から　直越え来れば　羽咋の海　朝なぎしたり　船楫もがも」

天平宝宇元年（七五七）、能登国が越中国から分かれてのち、気多大社は能登国一宮となったとされる。中

図115　人形山の雪形　姉妹が手を握ったまま、雪山で死んだ心痛む伝承がある。

世・近世にも国家の手厚い加護を得た。近世には加賀藩の保護した気多大社の社叢林「入らずの森」（約二六三〇〇㎡）は神域として住民の出入りが禁じられてきたが、現在、気多大社は原生林入らずの森詣（一二月一日～一二月三日）のため神門を開門している。

金剛堂山と蔵王山

金剛堂山は富山市と南砺《なんと》市にまたがる山で、前金剛（一六三七・九m）、中金剛（一六五〇m）、奥金剛（一六一六m）がなだらかに連山をなす。修験道の開祖とされる役小角が開山したとする伝承があるが、たしかな証拠はない。ただし、金剛堂山北西山麓の五箇山や北麓の野積四谷（八尾町）が修験道の拠点とされた。利賀村の各地の神社・地名・石仏には金剛堂山信仰を反映した無形・有形の資産が多い。

正式名は金剛《こんごう》蔵《ざ》王《おう》権現《ごんげん》、または金剛《こんごう》蔵《ざ》王《おう》菩薩《ぼさつ》で、奈良県吉野町の金峯山寺本堂（蔵王堂）が本尊である。「金剛蔵王」とは究極不滅の真理を体現し、あらゆるものを司る王の意味であり、権現は権《かり》の姿で現れた神仏を指す。

人形山《にんぎょうざん》は、富山県南砺市（五箇山地域）と岐阜県白川村（白川郷）にまたがる山で標高は一七二六mである。人形山は白山を開山した泰澄により開かれ、山頂に白山権現堂が建てられた。名前は、六月くらいに出現するポジの雪形で、二人の人間が手をつないでいるように見えることによる。これには、ふもとに住む二人の姉妹が病気の母のために山に薬草を取りに行くが、ふもとにもどらなかった。翌年、雪解けになって、その二人が手をつないでいるところが見つかった。あるいは、母の病が薬草で治癒したことを山に詣でてお礼をしようとしたが、女人禁制の山に入ったため、吹雪で山に閉じ込められて、雪形となった（図115）。さらには、爺と婆が手をつないでいる姿をあらわすとかの伝承がある。哀れを誘う人形山の雪形の伝承は、農業由来のものではない。前述した野本寛一の書でも取り上げられていない（野本　二〇二二）。山の伝承が民俗を超えてまだまだ全国にあるというべきであろう。山岳宗教学・民俗学の連携は伝承者の少なくなる現代、雪形をめぐる伝承は急務の調査課題であろう。筆者はそれ以上に、地球温暖化による積雪の変化にも目を配るべきと考えている。

5　近畿以西の霊峰

本節では、ここまで取り上げてこなかった近畿以西の霊峰について記述する。

鷲峰山（京都府相楽郡和束町）

金胎寺《こんたいじ》は京都府の南東端に近い和束町《わづか》にあり、標高六八二mの鷲峰山《じゅうぶざん》に位置する。南方に位置する笠置寺と同様、山内に奇岩怪石が多く、古くから山岳修行の地として開けていたと推定されるが、こうした山岳寺院の常として草創の経緯ははっきりわかっていない。元弘元年（一三三一）には笠置へ落ち延びる途上の後醍醐天皇が当寺に立ち寄ったことが『太平記』に記され、そのため当寺も焼き討ちに遭ったというが、詳細は不明である。寺は康安元年（一三六一）に再建された後、永正一五年（一五一八）に再び焼失した。現在の寺観は近世末期に整えられたものである。

三徳山《みとくさん》

三徳山は、鳥取県東伯郡三朝町にある（標高八九九・六m）。七〇六年に役行者により修験の霊地と定められたと伝わる。山名は蔵王・子守・勝手の三所権現を山内に祀る。福徳・智徳・寿徳の三つの徳が授かるとされる。

三徳山全域が三徳山三仏寺（天台宗）の境内であり、投入堂《なげいれどう》として知られる奥院は、中腹の断崖に建てられた建築物で国宝に指定されている。

霧島山

霧島山《きりしまやま》は、九州南部の宮崎県と鹿児島県境に広がる火山群の総称であり、霧島連山、霧島連峰、霧島山地あるいは霧島火山群とも呼ばれる。最高峰の韓国岳（一七〇〇m）と、霊峰高千穂峰《たかちほのみね》（一五七四m）の間や周辺に連山をなす。古代においては天孫降臨説話の舞台とされ、高千穂峰の山頂には天孫降臨のさい、逆さに突きたてたという「天の逆鉾」が立てられている。「霧島」が最初に文献に登場するのは承和四年（八三七）八月の『続日本紀』であり、諸県郡の霧島岑《みね》神社を官社とする旨が記載されている。

「霧島」の語源はさまざまである。伊弉諾が加具土命《かぐつちのみこと》を斬ったことから「斬り嶋」とする説、高千穂峰に天孫降臨があった時、霧が深く何もみえなかったが、高天原から持参した稲穂を蒔くと、霧が晴れたとする説、霧島連山が雲海上に浮かぶ島のように見えたとする説、噴火の煙が霧に見えたとする説などがある。

古代から霧島山は神体山として崇める山岳信仰の対象であった。平安時代の中期、霧島山で修行を積んだ天台宗の性空上人《しょうくうしょうにん》が当地の修験道を確立したとされている。性空上人は霧島における修験道の拠点として霧島六社権現を立ち上げた（のちに書写山圓教寺《しょしゃざんえんぎょうじ》を創建）。六社とは霧島神宮・東《つま》霧島神社・霧島東神社・狭野《さの》神社・霧島岑《みね》神社・夷守《ひなもり》神社である。神仏習合が進み、本地仏は十一面観音である。これらの神社のなかには霧島の噴火により、遷座や建て替えを繰り返してきたものがある。

図116　阿蘇山中岳第1火口

阿蘇山

阿蘇山は熊本県阿蘇地方の活火山で、南北二五km、東西一八kmの広大なカルデラと中央火口丘からなる。最高峰の高岳（一五九二m）をはじめとして、中岳（一五〇六m）、根子岳（一四〇八m）、烏帽子岳（一三三九m）、杵島《きねしま》岳（一二七〇m）が阿蘇五岳を構成する。有史以来も噴火をつづけ、六世紀以降中岳を中心に噴火の記録がある。最近では平成三一年（二〇一九）に噴火した。

富士山と同様、阿蘇山の噴火は信仰に深くかかわってきた。阿蘇山頂の阿蘇山上神社は阿蘇神社の奥宮である。ここで阿蘇山の噴火を神の怒りとし、それを鎮める祭祀がすくなくとも平安時代よりおこなわれてきた。阿蘇神社における主祭神は健磐龍命《たけいわたつのみこと》である。当初は阿蘇山そのものが信仰の対象とされていた神体山といえる。また、中岳火口は古くから「神霊池・霊池・阿蘇大明神の神池」など、聖なる池の名前で呼ばれてきた。これは火口にある高温の水域で「湯だまり」と呼ばれ、pH１・０の強酸性である。そして、この池には神が宿っていると考えられてきた。火口への登拝は「御池参り」とも呼ばれた（図116）。

火口は七つあるが、祭祀がおこなわれているのは第1火口、第2火口、第3火口であり、祭神はそれぞれ健磐龍命《たけいわたつのみこと》、阿蘇都比咩命《あそつひめのみこと》、彦御子命《ひこみこのみこと》である。火口を神とするのは、噴火が神の怒りであるとの認識があり、その怒りを鎮めるために祈りが捧げられた。古代から阿蘇山の噴火は大宰府に報告されており、富士山の噴火が京に報告されていたのとおなじで、国家にとり火山の災禍はきわめて重要な異変と考えられていたことを示している。

ただし、阿蘇山には噴火と鎮魂祭祀に関する史料や伝承はあまり残されていない。中世の『阿蘇社年中祭式之次第』には「本池祭」として三月一五日におこなわれた。近世の『祭式古例調書控』には「山上神社祭」とあり、やはり祭祀の期日は三月一五日である。それによると、「前略　人皇八十九代亀山帝文永七年冬十一月神池震動シ、水涸レ火燃煙大ニ昇リシヨリ、今ニ至テ煙止時ナシ、凡國ニ凶アレバ、種々ノ霊変アリ、然ル時ハ禱祀シテ国家ノ為ニ災害ヲ祓除ス、今旧三月十五日、山上神池ノ邊ニテ毎年御式ノ祭典アリ」とある。

文永七年（一二七四）一一月の亀山帝の御代、神池が震動し、水が涸れ火山噴火が大きくいまだに収まらない。国家に取り、凶となる災害を祓うための儀式を毎年、三月一五日に挙行するとある。

現代の山上祭祀も四月一五日（旧暦三月一五日）とあるが、実際は六月上旬という。祭祀では前述した三神にたいする御幣が火口内に投げ入れられる（村崎　一九九三）。

阿蘇山の祭神は先述の健磐龍命を含めて一二神があり、そのうち七神が男神、五神が女神である。系譜関係から、夫婦の場合や父子、母子などの関係にあり、神武天皇の御子の御子（孫）である健磐龍命（阿蘇大明神）を主神とし、御妃神の阿蘇都媛命《あそつひめのみこと》、阿蘇初代国造《くにのみやつこ》速瓶玉命《はやみかたまのみこと》ならびに近親の一〇神を含めた一二神を祀る神社として創建された。

阿蘇神社で現在おこなわれている諸神事は農耕に関連したものが多い。たとえば、御田《おんだ》神幸祭では、「猿田彦命」を先頭として、「鷹持」神饌（神様の食事の入った唐櫃）を頭に載せて運ぶ一四名の白装束の宇奈利《うなり》が行列する。宇奈利が一四名いるのは、阿蘇一二神と「火の神」、「水の神」の計一四神分の食事を奉納するからであり、農耕神とともに自然神二神への奉納が位置づけられている。ただし、宇奈利は中世文書には記載がない。しかも、近世には一四神ではなく一二神との例もある。この場合、村崎真智子は、神事を司る阿蘇氏にたいして宇奈利は社家の女性であり、阿蘇氏に征服された地方豪族の女が支配者に饗膳の奉仕をするもので、天皇が征服した豪族の女を采女《うねめ》として宮中で饗膳の奉仕をするのとおなじ構造とみる（村崎　一九九三）。

阿蘇神社における風《かざ》祭りにふれておこう。この祭は稲の受精時期と穂を孕む時期に相当し、稲の豊作を強い風から守るための祈りが捧げられた。祭祀は阿蘇神社から離れた風宮《かぜみや》（一の宮町宮地にある阿蘇神社の境外末社）でおこなわれる。風宮の祭神は、『古事記』の国産み神話で伊弉諾と伊弉冉のあいだに生まれた御子の志那都比古神《しなつひこ》と志那都日女神《しなつひめ》である。

奈良県天理市の龍田神社と阿蘇神社とでは祭神が異なるが、基本的に農耕に関連し、五穀豊穣を阻害する風を鎮静化する祭祀がおこなわれた。龍田風神祭は大和朝廷から勅使を遣わした国家的な祭祀といえるが、阿蘇では九州の大宰府との関係が密である。また、阿蘇地方は東シナ海からの風が顕著であり、雨量も多く、風雨は農耕に取り重要な制限要因となる。龍田神社のある奈良はそれにくらべて風雨が顕著ではない。阿蘇には龍田の地名もあり、阿蘇の風祭りが近畿地方に転化された可能性がある。

求菩提山《くぼて》

求菩提山は福岡県豊前市求菩提と同県築上《ちくじょう》郡築上町寒田の境界に位置する（七八二m）。中世初期までは英彦山の影響下にあったが、中世末期には京都の聖護院派に属し、近世までは境内に一八〇あまりの僧坊をもつ修験の山となった。その後、幕末期には五四僧坊にまで没落した。

山頂付近には「求菩提五窟」と呼ばれる普賢窟・多聞窟・迦陵頻伽の彫られた岩洞窟などがあり、修験の場とされた。求菩提山の山頂に国玉神社上宮に至る参道に八五〇段の「鬼のあぶみ」と呼ばれる石段があり、山中を荒らしまわった鬼が求菩提権との誓約で、一晩で築いたとされている。

九重山《くじゅうさん》

大分県の九重山は火山の連山からなる。大船山系と久住《くじゅう》山系から構成され、一七〇〇m級の連山が連なっている。九重山の最高峰は中岳（一七九一m）で、久住山と称する。山麓の御池《みいけ》は水が涸れることのないことから、水分神への信仰があった。中世期であるが、源為朝による富士の巻狩りに先立ち、禁猟区であった九重山塊でおこなわれた狩猟で大量の獲物が獲れた。これを縁として旧肥後領の久住山猪鹿狼寺《いからじ》と改名した。なお、旧竹田領側には九重山白水寺（法華院）がある。

雲仙岳

雲仙岳は長崎県島原半島中央部の火山である。最高峰は最近の噴火による平成新山（一四八三m：長崎県最高峰）であり、普賢岳（一三五九m）、国見岳（一三四七m）、妙見岳（一三三三m）、野岳（一一四二m）、九千部岳《くせんぶだけ》（一〇六二m）、矢岳（九四三m）などを含む山塊である。古代から雲仙岳は信仰の場とされ、行基が大宝元年（七〇一）に大乗院満明寺《だいじょういんまんみょうじ》（温泉山）を開山したとされ、その後、修験道が興隆した。承応二年（一六五三）に開湯された島原温泉（延暦湯）の光景は「地獄」と形容され、キリシタン弾圧の舞台にもなった。

六郷満山

大分県国東半島にある両子山《ふたごさん》（七二〇・六m）を中心にある六つの郷における満山《まんざん》と呼ばれる寺院群がある。六郷には、武蔵・来縄《くなわ》・国東・田染《たしぶ》・安岐《あき》・伊美《いみ》が含まれる。これらの六郷における寺院は、学問をするための本山《もとやま》、修行をするための中山《なかやま》、布教をするための末山《すえやま》に区分され、総称で満山と呼ばれた。

国東では、宇佐八幡神社の影響下、天台修験と習合した独自の信仰圏が形成された。平安末期には国東半島だけで一〇〇〇に達する伽藍があった。その後、鎌倉仏教、禅宗、浄土真宗などの影響が及び、独特の信仰や修正鬼会《しゅじょうおにえ》などの習俗が継承されていった。この鬼は悪霊ではなく、祖先霊と考えられている。田渋にある磨崖仏に続く自然石の石段は鬼が一晩で造ったとする伝承がある。また、田渋荘には区画整理をする前の不定形な水田が残されており、中世的な特徴が残存するものとして平成二三年度に日本の未来遺産として登録された。国東では、平安時代の仏像や石窟、磨崖仏（大日如来と不動明王）などが数多く残されている。東北の平泉とは引けを取らない修験道の信仰の地として世界遺産にも匹敵するとの印象をもった。

第7章　山岳信仰の変容と持続性

1　民間信仰から国家祭祀まで

日本を中心として霊峰について考えてきた。日本全国には多くの山があり、山ごとに寺社が数多く建立されている。文化庁文化部宗務課『宗教年鑑』によると、神社数は九万弱、摂社末社を加えると三〇万にも達するという。これほど多く、また多様な形態は異彩としかいえない（文化庁編　二〇二〇）。それらを系列化するにしても、古来の伝統がそのまま持続して現代に至る例はむしろまれで、日本の山岳信仰は歴史的に紆余曲折の変化を経てきた。

神社の規模も、壮大な社殿をもつものから小さな祠だけのもの、あるいは社殿・拝殿をもたない巨大な磐座や岩窟まで神の坐は多様である。しかも、歴代の日本国家と密接につながる神社と、そうではない民間信仰を基盤とする祠や神社までがある。歴史のなかで山への信仰が国家の上層階級や修験者集団から民間へと浸透する過程は、富士山における火山鎮静の儀礼のおこなわれた平安時代から富士講の盛行する江戸期の変化をみても明らかである。民俗的な信仰（フォーク・ビリーフ）から制度化された信仰（インスチチューショナライズド・ビリーフ）まで多様であるが、祈りという面からはその共通性・異質性を明らかにしておく必要がある。もうすこし例を挙げて検討しておこう。

鳳来寺山の山岳信仰

発掘資料から山岳信仰の時代的な変化を考える好例が鳳来寺山（愛知県新城市：六八四・二m）にある。鳳来寺山の中腹四五〇m附近には岩壁（鏡岩）があり、その下部の鏡岩下遺跡から平安〜江戸時代にかけて一九四点の遺物が発掘された。これには、一〇世紀中葉以降の修験道関連のものから、鎌倉・室町・江戸時代までの遺物が含まれる。これらを、（1）平安時代からの仏教経典を埋納したとおもわる経塚関連の遺物、（2）中世における葬制と陶器製の蔵骨器・鏡類、（3）近世以降の小型鏡類を特徴として挙げることができる（愛知県新城市教育委員会　二〇一九）。詳細は前述の報告書にあるが、鳳来寺山は古代以来、阿弥陀如来を祀る修験の場であった。一二世紀後半〜一三世紀初頭に経典を埋納する信仰がさかえた。一三世紀以降は、意外にも山は火葬場であり、葬場とされた。発掘された多くの常滑窯の甕製蔵骨器や蔵骨器を用いない骨片の埋葬が一四世紀前半までつづいた（柴垣　二〇一九）。

近世期になると徳川幕府による手厚い加護もあり、三代将軍家光により、鳳来寺東照宮が建立されるなどがあった。小型の鏡を埋葬する信仰が顕著になった。鳳来寺山における信仰は江戸後期、歌川広重の「大日本六十余州名所図会」に「三河　鳳来寺山巌」とする版画で紹介されたとおり、庶民の信仰の場に大きく変容することとなった（図117）。江戸期における大量の小型鏡類の埋葬は、その後近代以降にも継続した「かわらけ」投げの習俗の前身ともおもわれる。現代でも死者を送るさい、故人の使った茶碗を割り、その罪や穢れを破壊し、現世から黄泉の世界への旅立ちを祈念する死者儀礼の習俗が広く残っている（野澤　二〇一九）。

以上のように、修験道における阿弥陀如来信仰が鳳来山でおこなわれたが、古代から、中世、近世において異なった階層や信仰がみられることが明らかとなった。ここで、初期の素朴な信仰、国家の加護による信仰、世俗化した信仰と、一連の変化を見出すことができる。注目すべきは、山岳信仰は果たして先史時代から近世・近代を経ても、すべからく山に祈る目的な変わっても、山の畏敬と霊力にたいして「他力本願」であったことが通底しているのではないかという疑問である。いいかえれば、山の霊性は不変であるが、時代に応じてその霊性を「操作」する、ないし「都合よく利用する」人間中心の発想が見え隠れする。山の霊性が普遍性をもつとしても、人間はそれを都合のいいようにしてきたのではないか。英語が適切かどうかは別として、このような行為と発想は、文化的な取り込み（アプロプリエーション：appropriation）と呼んでよい。時代や地域によって異なるのは結果として当然かもしれないが、普遍的な霊性などないと考える極端な立場もありうる。なぜ、富士山やエヴェレストが霊峰とされるのかへの疑問を、ここで再度振り返っておきたい。

図117　歌川広重の「大日本六十余州名所図会」にある「三河　鳳来寺山巌」

図118　利尻富士(1721m)

利尻富士と稲荷信仰と漁業

日本最北の島、利尻島には秀麗な利尻富士がそびえる（一七二一m）（図118）。アイヌの人びととは別に江戸時代から移住した内地の人びとは化政期ころより沿岸での鰊《ニシン》漁に従事してきた。島には稲荷神社が多くあり、京都の伏見稲荷社とおなじように商売繁盛の御利益を祈願したというより、圧倒的に鰊の大漁を祈願する漁業神として信仰されていた（工藤　一九八六）。ただし、利尻富士と稲荷信仰との関係は明確でない。利尻山が沿岸に豊かな栄養塩をもたらすとする「森と海の循環」についての民俗知識を漁民がもっていた証拠もない。実利的な意味もあって、神社が創建されたとも考えられる。

利尻島には利尻山神社がある。御祭神は大山祇神であるが、大正九年に大綿津見と豊受姫神二柱が増祀された。文政年間に場所請負人により勧請されたとされ、時代からいっても新しいといえるだろう。神を新しく合祀し、御利益を得たいというのは世俗的な発想である。大漁祈願・五穀豊穣・航海安全などは生活面での切実な願いであるが、それぞれの神の威信と役割が日常生活と密接に関連していない場合もある。神の名前や意味は日本で多様であるが、そのイメージや御利益が操作され、ご都合で神の力を得たいと考えたなら、その意味は功利主義との批判もまぬがれない。崇高な利尻富士の山容とその霊性はどこにいったのか。

2　明治期の山岳信仰の実態

明治初期の「神仏分離令」は、数千年以上にわたる日本の山岳信仰の歴史に取り非常に大きな曲がり角となったことはいうまでもない。ここで整理するうえで戦後の山岳宗教の動向を探った地理的な分布研究にふれておきたい。一九〇〇～一九一〇年における全国の五万分の一の地形図（旧版）をもとに、標高二〇〇m以上にある社寺を網羅的に抽出した研究がある（萩原・千葉　一九八八）。地形図で神社（⛩）と寺院（卍）を丁寧にひろって地域別の分布を精査した結果、表7の結果をえている。表では、神社系、寺院系とその中間系に三区分され、中間系には金比羅信仰や竜王信仰を含めている。

表7　山岳信仰にかかわる社寺の地理的変異
（萩原・千葉　1988）

地域	神社系	中間系	寺社系	合計
東北北部	30	9	6	45
東北南部	49	4	15	68
関東	57	3	29	89
北陸	34	8	10	52
中部	33	3	12	48
東海	12	0	10	22
近畿	26	5	38	69
山陽	10	3	21	34
瀬戸内海東部	68	9	47	124
瀬戸内海西部	34	3	20	57
九州北部	28	2	8	38
九州南部	33	9	0	42
合計	414	58	216	688

表7からの結論は、以下の通りである。1．一〇〇〇m以上の高い山岳地帯では山岳信仰の寺社は少なく、低山のある地域の方が多い。典型例が東海地方と瀬戸内海東部であり、前者は後者の二割にも満たない。2．山岳信仰の多くみられる寺社は、関東・畿内・岡山／香川／愛媛・島根県宍道湖

周辺である。3．「神仏分離令」により神道系か寺院系かに分かれる傾向があったが、神社系の多いのが奥羽・南四国・九州である。これにたいして、寺院系の多いのが当山派・本山派の別なく近畿地方であるとしている（表7参照）。二〇世紀初頭を切り口とした本研究の結果は歴史的な考察を踏まえてさらに議論すべきであろうが、地域的に神社系と寺院系に大きなちがいのあることと、一〇〇〇m以上の高山における山岳宗教のたどった歴史を考察する手がかりとなった。高山に宗教施設がないとする考えは前述の論でもふれられている通りであるが、神社や寺院の印がないだけの考察は単純すぎる。地形図に記載がなくとも、山岳宗教の現場に生きた修験者は修行のなかで感得した世界がある。⛩や卍の印はそうした信仰の一面にすぎない。

3　山岳信仰の類型論

前項の分析より前に和歌森太郎は『山伏――入峰・修行・呪法』の付録で「信仰対象の日本の山々」を取り上げ、修験系・仏教系・神社系・民間信仰系その他に類型化し、日本の三六三座を取り上げている（和歌森　一九八六）。初版は一九六四年であり、前述の萩原・千葉による論考より二〇年以上前になる（表8）。表からも明らかなように、信仰の対象となる山やまでは修験系・仏教系・神社系・民間信仰系など、多様な信仰が育まれてきたことが分かる。宗教による系列化はたがいに重複する側面もあり、場合により習合の概念で説明されてきたが、日本固有の山岳信仰が外来の仏教や儒教と「習合」したとする考えに異論を唱える立場もある。それが堀一郎や高取正男である（堀　一九九三、高取　一九七九）。いずれにせよ、霊峰をめぐり、日本では歴史上、さまざまな信仰が生まれ、そして消えていった。極東の島国であり、山がちな列島の各地

表８　信仰対象の日本の山々　(和歌森　1986)を元に作成

地域	修験系	仏教系	神社系	民間信仰系など	合計
北海道	0	0	0	3	3
東北	22	10	18	18	68
関東・甲信越	36	33	46	53	168
中部・北陸	16	11	13	23	63
近畿	31	44	18	17	110
中国	10	12	4	7	33
四国	8	11	7	7	33
九州	15	8	18	26	67
合計	138	129	124	154	545

でこの数千年におけるヒトと山とのかかわりは人類史上、稀有な歴史を育んできたと結論できるだろう。本書はその数頁を俯瞰したに過ぎないが、霊峰のもつ文化史的な意義を多少なりとも明らかにできたと考えている。

さいごに

本書で明らかにしたように、神体山や磐座に神を見出す段階から、神を祀る社殿を創建する時代以降、日本では外来の仏教・道教・陰陽道の影響を受け入れ、神仏習合の時代が長らく継続してきた。その過程で、菩薩や地蔵を人格神として崇拝する信仰が定着した。修験道における修行は、生死の境界を往還して悟りの境地を感得することを目指すいとなみであり、日本で独自に展開した山岳信仰といえる。しかし、修験道が個人を基盤とする宗教的行為であったとして、個人プレイに終始したのではない。おなじ部派の修験者は社会的・政治的な勢力として地域社会だけでなく、時の国家権力とも対峙する軍事勢力ともなった。秀吉の時代、朝鮮への侵略に加担することもあり、宗教勢力の域を超えた活動がおこなわれた。おなじように神仏習合のなかで仏教に帰依する仏門の徒も布教と仏事を通じて社会的な影響力を強めていった歴史がある。

霊峰への対し方は、時代的な変化とともに地域ごと、あるいは山ごとに異なっていることもおおかたのところわかった。端的にいえば、山ごとに祀る神と意味付けは多様である。多様性の要因は、山自体のもつ自然的な属性に大きな影響を受けたことは間違いない。しかし、山の自然要因のみで信仰のあり方が決定されたわけではない。人間が山をみてどう感じたのか、山から受ける恩恵や災禍をどう受け止めたのかにも関係が深く、人間と山との相互交渉の結果とみなしてよい。このことは、本論のなかで個別に検証してきた。世界観との関連では、山が火・水・木・金・土の五行からなる世界を体現するものであり、山の「風」ないし「気」を超自然界と人間界を結ぶ超媒体として位置づけることができた。山の霊性は「気」を人間が取り込み、世界を体得することにほかならず、日本古来の世界認識のしかたであり、西洋的なアニミズムにも通底する普遍的な概念であることも明らかとなった。

問題は、現在見る山をどのように受け止めるのかという点である。世界遺産となった富士山をはじめ、沖ノ島、日光、厳島神社、白神山、さらにはユネスコ無形文化遺産となった地域もある。こうした「ブランド化」が決定的な影響を山岳信仰のあり方にあたえたといえるだろうか。修験の山では、近代的な登山の導入で多くの登山者を受け入れる変化も戦後起こった。なによりも、「観光」やスポーツ・写真撮影・健康志向のために山を訪れる人口が有史以来、爆発的に増加したことはきわめて大きな変化といえるだろう。山に向かう動機や目的は多様化する時代を向かえた。二〇〇九年あたりから、「山ガール」が流行し始めた。女性の入山を禁止した時代からすれば隔世の感がある。それとともに、山のなかにある奇岩・洞窟・滝など、かつてから神体山・神奈備として聖なる意味を与えられてきた場所が、パワー・スポットとして注目されている。人気アニメの「鬼滅の刃」の主人公、竈門《かまど》炭治郎《たんじろう》の「竈門」と同名の三神社への参拝（いずれも九州）、炭治郎が一年間修行した狭霧《さぎり》山、登場人物の出身地の山（雲取山・景信山・大岳山）、鬼退治に刀で切ったところ大きな岩となった下りのモデルともされる石のある天石立《あまのいわたて》神社（奈良県奈良市柳生町）などがそうである。最後の天石立神社は戸岩山の中腹にあり、本殿をもたない磐座を御神体とする神社で『延喜式神名帳』にも天乃石立神社とある（図119）。

富士山が世界遺産として登録されるさい、「信仰の対象と芸術の源泉」が顕著な普遍的価値（ＯＵＶ）をもつとされた。登録に向けて、多くの識者による御努力があり、とりわけ山梨県・静岡県を中心とした精力的な取り組みがあった（富士山世界文化遺産登録推進静岡・山梨両県合同会議　ＮＰＯ法人　富士山を世界遺産にする国民会議　二〇〇九）。登録後、富士山以外の世界・国内の世界遺産となった山とを比較する議論がなされた（富士山世界文化遺産登録推進両県合同会議　二〇一四）。そのなかで世界では三六座、国内で七座の山が取り上げられた。

図119　磐座を祀る天石立神社（上）と境内にある真っ二つに割れた石（下）「鬼滅の刃」ファンのホット・スポットである。現代の磐座か？

本書では世界遺産以外の山も考慮し、国内も北方四島から琉球列島まで多様な信仰の歴史をもつ山やまを取り上げた。先述したように、OUVだけの基準で霊峰を考えて来たのではないことを確認しておきたい。

序論でふれたとおり、山を見てその行為者の存在を探る能力は縄文人も現代人もひとしく共有している。その前提に立てば、山に神を見出すことはわれわれ現代人にも可能なはずだ。問題は、そうした人間の能力を引き出すうえで、現代にはさまざまな障害や雑念のあることも事実だろう。過去の山岳信仰はもはや現代では死んだのか。

この問題を検証する上で、日本だけに限定して山を考えることには限界があった。世界の霊峰に目を向け、さまざまな信仰や祈りが捧げられてきたことがわかってきた。混迷する現代世界のなかでこそ、神は不可欠の存在であること、人間が育んできた神との多様なかかわりがわかった。神を揶揄すべきなかれである。

現代は、神を忘れ、人間がすべて支配できるとする傲慢を深く反省し、霊峰のもつ意味を現代人として問うべき時にある。経済優先主義の弊害は人類破滅につながる。山のパワー・スポットはそのことをメッセージとして我々の心に伝えている。その予感は、すでに縄文人が感得していたに相違ない。いまこそ、自然とともに生きた縄文人の感性を踏まえて山を見つめ、新しい時代を創成するべきだ。山をあなどり、営利目的で山の開発を進める行為は葬り去るべきことをとりわけわが国の政府および開発主導者は深く反省し、即刻撤退すべきと訴えたい。コロナ禍で家に籠りがちな生活から、山を目指す試みがもっと増えてよい。人新世の今日、人類は温暖化をはじめ、幾多の困難をかかえている。今後の地球を考える上で、環境問題とともに自然との向き合い方をいま一度、見直す時代にある。霊峰の評価がその大きなヒントになるはずだ。

愛知県新城市教育委員会　二〇一九『鏡岩下遺跡発掘調査報告書』愛知県新城市教育委員会
赤坂憲雄　一九九一「聖地の構造化と物語の更新」山折哲雄ほか『巡礼の構図』NTT出版、一一七―一一八頁
赤坂憲雄　二〇〇〇『東西／南北考――いくつもの日本へ』岩波書店
秋道智彌　一九七七「タンナ島の〝夢〟――ニューヘブリディス諸島の「カーゴ・カルト」運動」『季刊民族学』一：四四―五八頁
秋道智彌　一九八五「サタワル島における伝統的航海術の研究――島嶼間の方位関係と海域名称」『国立民族学博物館研究報告』九（四）：六五一―七〇九頁
秋道智彌　一九九五『なわばりの文化史――海・山・川の資源と民俗社会』小学館
秋道智彌　二〇〇七「世界遺産の危機と未来」秋道智彌編『水と世界遺産――景観・環境・暮らしをめぐって』小学館、一二―六三頁
秋道智彌　二〇一三「生き物のいのち再考――生命観の歴史と民俗」岡田真美子編『小さな小さな生きものがたり――日本的生命観と神性』昭和堂、三九―七一頁
秋道智彌　二〇一四「日本のコモンズ思想――新しい時代に向けて」秋道智彌編著『日本のコモンズ思想』岩波書店、一―一〇頁
秋道智彌　二〇一六『越境するコモンズ――資源共有の思想をまなぶ』臨川書店
秋道智彌編著　二〇一八ａ『交錯する世界　自然と文化の再構築　フィリップ・デスコラとの対話』京都大学学術出版会
秋道智彌　二〇一八ｂ「信仰の対象としての富士山」五十嵐敬喜・岩槻邦男・西村幸夫・松浦晃一郎編『信仰の対象と芸術の源泉　世界遺産富士山の魅力を生かす』ブックエンド、一〇―二四頁
秋道智彌　二〇一九ａ「自然と超自然の境界論」山中由里子・山田仁史編『この世のキワ』（アジア遊学239）勉

誠出版、一七一―二九頁
秋道智彌　二〇一九ｂ「富士山の世界遺産」『季刊民族学』一六七：四―一二頁
秋道智彌　二〇一九ｃ「水と世界遺産を考える」『季刊民族学』一六七：一八―二八頁
秋道智彌　二〇二〇ａ「絶滅危惧動物とヒト――かかわりあいの歴史と文化」秋道智彌・岩崎望編『絶滅危惧種を喰らう』勉誠出版、一一―一五頁
秋道智彌　二〇二〇ｂ「Ａ・ベルクの風土学と主体性論を考える」『地球システム・倫理学会会報』一五：八二―八八頁
秋道智彌　二〇二〇ｃ「富士山の湧水とコモンズ：水神信仰から生態系サービスへ」『BIOCITY』八四：五二―五九頁
秋道智彌　二〇二一ａ「図Ｇ２　福岡県宗像郡大島村・大島浦漁業協同組合における専用漁業漁場図（Ｃ２７３９）」『明治～昭和前期漁業権の研究と資料』下巻、臨川書店、六七〇―六七一頁
秋道智彌　二〇二一ｂ「図Ｇ26　福岡県宗像郡大島村・大島浦漁業協同組合外６組合における専用漁業漁場図（Ｃ２７４２）」『明治～昭和前期漁業権の研究と資料』下巻、臨川書店、七三〇―七三三頁
網野善彦　二〇〇八「荘園公領制の形成と構造」（『網野善彦著作集３巻　荘園公領制の構造』岩波書店
有坂蓉子　二〇〇八『ご近所富士山の「謎」富士塚御利益散策ガイド』講談社
有坂蓉子　二〇一二『古くて新しいお江戸パワースポット富士塚ゆる散歩』講談社
伊江村史編集委員会編　二〇〇八『伊江村史』上・下巻、伊江村役場
池添博彦　一九九四「奈良朝の食文化考　祝詞について」『帯広大谷短期大学紀要』三一：三七―五二頁
石井正己　二〇〇九『『遠野物語』を読み解く』（平凡社新書460）平凡社
石神孝子　二〇〇九「苗敷山山頂遺跡南西地点」『山梨県内中世寺院分布調査報告書』山梨県教育委員会、一四一―一四二頁
石野一晴　二〇〇五「明代萬暦年間における普陀山の復興――中國巡禮史研究序説」『東洋史研究』六四（一）：一―三六頁

泉靖一　一九五二「沙流アイヌの地縁集団におけるIWOR」『季刊民族学研究』一六（三・四）：二九—四五頁
伊藤啓介・田村憲美・水野章二編　二〇二〇『第4巻　気候変動と中世社会』（中塚武監修）（気候変動から読みなおす日本史全6巻）臨川書店
伊藤幹治　一九八〇『沖縄の宗教人類学』弘文堂、一六〇—一六九頁
稲村務　二〇〇八「奄美諸島近代墓地データベースの構築——祖先の社会的忘却の問題を中心に」津和高志ほか『奄美諸島における聖地および葬地の人類学的共同研究（2．奄美諸島近代墓地データベースの構築——祖先の社会的忘却の問題を中心に）』（琉球大学研究報告書・法文）、三三—四七頁
井上泰也　二〇〇二「成尋の『日記』を読む——『参天台五台山記』の金銭出納」『立命館文学』五七七：一二四—一五九頁
井上泰也　二〇〇四「続・成尋の『日記』を読む——『参天台五台山記』の人物群像」『立命館文学』五八四：六〇四—六二一頁
井上泰也　二〇〇八「続々・成尋の『日記』を読む——『参天台五台山記』に見える宋代の日常性」『立命館文学』六〇八：二〇六—二一八頁
井上泰也　二〇一二「承前・成尋の『日記』を読む(1)——『参天台五台山記』の領域」『立命館文学』六二九：三五七—三七三頁
井原今朝雄　二〇〇四「災害と開発の税制史——日本中世における土地利用再生システム論の提案」『国立歴史民俗博物館研究報告』一一八：三三七—三六二頁
井原今朝雄　二〇一四「中世における生業とコモンズ」秋道智彌編『日本のコモンズ思想』岩波書店、一一一—一三四頁
岩田慶治　一九七三『草木虫魚の人類学』淡交社
岩田慶治　一九九三『アニミズム時代』法蔵館
岩田慶治　二〇〇五『木が人になり、人が木になる』人文書館
岩本通弥　一九九七「都城の象徴性と王権祭祀—朝鮮の事例を中心に」『国立歴史民俗博物館研究報告』七四：

一三五―一四八頁
ウェストン・W　一九九五『日本アルプス　登山と探検』（岡村精一訳）（平凡社ライブラリー）平凡社
上原熊次郎　一九八八「蝦夷地名考幷里程記」（松前幷東西蝦夷地場所々地名荒増和解休泊里数山道行程等大壁書）佐々木利和編（山田秀三・監修）『アイヌ語地名資料集成』草風館、四四頁
植村義博　二〇一二「時間・空間で読み解く鴨川・禹の廟はなぜつくられたのか」『水の文化』（大禹の治水）四〇：二〇―二五頁
臼倉直樹　二〇〇八「『山海経』の形成過程及びその性質」『立命館文學』六〇六：一二一一―一一八九頁
海老沢和子　二〇一八「平安前期の三河国における富豪層」『愛知県立大学大学院国際文化研究科論集（日本文化編）』九：六二―四六頁（二七―四三頁）
円仁　一九九〇『入唐求法巡礼行記』（深谷憲一・翻訳）中央公論社
遠藤秀男　一九七八「富士信仰の成立と村山修験」『富士・御嶽と中部霊山』（山岳宗教史研究叢書9）名著出版、二六―五七頁
遠藤匡俊　二〇二〇「有珠山の噴火プロセスに対するアイヌの人々の認識――迷信と科学的思考」『地学雑誌』一二九（五）：六一一―六三四頁
大石泰夫　二〇〇九「水分神社の祭祀と信仰――万葉集の成立基盤としてのヤマトの信仰的世界観」『万葉古代学研究所年報』七：三三―四五頁
大城學　一九九八「浜比嘉島の祭場と儀礼」『沖縄県立博物館総合調査報告書　Ⅶ――浜比嘉島』四三―五八頁
大高康正　二〇〇四「富士参詣曼荼羅試論――富士山本宮浅間神社所蔵・国指定本を対象に」『山岳修験』三四：三三―五一頁
大高康正　二〇〇九「富士峯修行考」『山岳修験』四三：一七―四七頁
大塚和義　一九八七「19世紀中葉以前におけるアイヌの通過儀礼――松浦武四郎筆画『蝦夷風俗画誌』稿本を中心に」『国立民族学博物館研究報告』一二（二）：五一三―五五〇頁
大場磐雄　一九四二「磐座・磐境等の考古学的一考察」『考古学雑誌』三二（八）：三七五―四二〇頁

大場磐雄　一九七〇『祭祀遺跡』角川書店
大林太良　一九九七『葬制の起源』中央公論社
大町桂月　二〇〇三「層雲峡から大雪山へ」『山の旅　大正・昭和篇』（岩波文庫）岩波書店
小笠原輝・大脇淳・藤野正也　二〇二〇「富士山ろくの管理草地――現代の入会地と里山環境の持続」『BIOCITY』八四：六〇―六七頁
岡田莊司　二〇二〇「中世神道における「神＝人＝心」の系譜」『神道宗教』259・260号
岡田千毅　一九九三「日本古代の祈雨・祈止雨儀礼について――祈（止）雨特定社をめぐって」『人文論究』四三（二）：五六―六九頁
岡田真美子　一九九八「仏教説話におけるエコパラダイム――仏教説話文献の草木観と環境倫理」『印度學佛教學研究』四七（一）：二八五―二八一頁
岡田真美子　一九九九「仏教における環境観の変遷」『姫路工業大学環境人間学部研究報告』一：一〇五―一〇九頁
岡田真美子　二〇〇二「東アジア的環境思想としての悉有物性論」『木村清孝博士還暦記念論集――東アジア仏教―その成立と展開』春秋社、三五五―三七八頁
岡田真美子　二〇一二「虫送りの生命観――中日の棲み分け共生思想」秋道智彌編『日本の環境思想の基層――人文知からの問い』岩波書店、二四九―二七三頁
岡橋純子　二〇一八「自然遺産から文化的景観へ　マオリの聖地、「信仰の対象」としてのトンガリロ山」五十嵐敬喜・岩槻邦男・西村幸夫・松浦晃一郎編『信仰の対象と芸術の源泉――世界遺産富士山の魅力を生かす』ブックエンド、一四六―一五七頁
岡本喜久子　二〇一四a「明治期日本文化史における記念植樹の理念と方法――本多清六『学校植栽造林法』の分析を中心に」『総研大文化科学研究』一〇：六九―九七頁
岡本喜久子　二〇一四b「富士山信仰と近代日本の森づくり」『BIOSTORY』二二：三四―四一頁
岡本喜久子　二〇一六『記念植樹と日本近代：林学者本多清六の思想と事績』（日文研叢書53）思文閣出版

荻野裕子　二〇〇六「焼津カツオ船の代参――共同祈願の変遷とカツオ漁」『焼津市史研究』七：一―一四頁
荻野裕子　二〇二〇「志摩沿岸からの富士参詣――修験系富士講の富士への祈願」『静岡県民俗学会誌』三三：三八―五四頁
奥野中彦　一九七四「荘園絵図の成立と展開――古代・中世における地図の機能を通して」荘園研究会編『荘園絵図の基礎的研究』三一書房、一七―四八頁
奥野中彦　二〇一〇『荘園史と荘園絵図』東京堂出版
奥谷浩一　二〇一五「環境倫理学から見た熊沢蕃山の思想」『札幌学院大学人文学会紀要』九七：一〇五―一四三頁
奥谷恵・大場修　二〇一九「近世富士山における山小屋建築の諸相と山岳景観」『日本建築学会計画系論文集』八四（七五六）：四六五―四七五頁
小田清　二〇〇三「第1期　有珠山の歴史（2000年噴火以前について）」『北海道・有珠山噴火の歴史と周辺地域の概要』（開発論集七号）一―一一頁
小野重朗　一九七〇『農耕儀礼の研究』弘文堂
小野重朗　一九八二「奄美の神山」『奄美民俗文化の研究』法政大学出版局、九二―一二〇頁
小野重朗　一九九二『南日本の民俗文化II　神々と信仰』第一書房
小野重朗　一九九三「シヌグ・ウンジャミ論――琉球北部圏の文化」『沖縄文化研究』二〇：一―三二頁
折口信夫　一九一五a「髯籠の話」『郷土研究』三（二）：二一―三〇頁
折口信夫　一九一五b「髯籠の話（つゞき）」『郷土研究』三（三）：一一―一六頁
折口信夫　一九三〇「大嘗祭の本義」『古代研究第一部　民俗学篇2』、大岡山書店、八六二―九四九頁
折口信夫　二〇一五『「とこよ」と「まれびと」と』青空文庫
片平博文　二〇〇六「賀茂川東岸地域における洪水の痕跡」『立命館文学』五九三：六四一―六五六頁
加藤一純・鷹取周成・川添昭二　一九七七『筑前國續風土記付録（中巻）』文献出版
加藤正春　二〇二〇『奄美沖縄の霊魂観――生と死の民俗論理』岩田書院

鎌田茂雄　一九八七『中国四大霊山の旅』佼成出版社
鎌田東二　一九九五『宗教と霊性』（角川選書266）角川書店
鎌田東二　二〇〇三『神道のスピリチュアリティ』作品社
鎌田東二　二〇〇六「「日本的霊性」を問い直す」『公共研究』三（一）：五六―七八頁
鎌田東二　二〇一一『現代神道論――霊性と生態智の探究』春秋社
上垣外憲一　二〇〇九『富士山――聖と美の山』（中公新書）中央公論新社
萱野茂　一九九六『萱野茂のアイヌ語辞典』三省堂
河角龍典　二〇〇四「歴史時代における京都の洪水と氾濫原の地形変化――遺跡に記録された災害情報を用いた水害史の再構築」『京都歴史災害研究』一：一三―二三頁
菊地和博　二〇一二『シシ踊り――鎮魂供養の民俗』岩田書院
菊地義裕　二〇〇九「二上山と大津皇子の「移葬」」『万葉古代学研究所年報』七：四七―六二頁
北川浩之　一九九五「屋久杉に刻み込まれた歴史時代の気候変動」吉野正敏・安田喜憲編『歴史と気候』（講座：文明と環境6）朝倉書店、四七―五五頁
北爪真佐夫　二〇〇三「中世における山野領有と利用をめぐる諸問題」『札幌学院大学人文学会紀要』三七：一〇三―一二四頁
北西弘　一九五四「享祿の錯亂について――山内庄を中心として」『大谷学報』三四（二）：五〇―七〇頁
北見俊夫　一九七九「焼火山と海上の信仰」宮家準編『大山・石鎚と西国修験道』（山岳宗教史研究叢書12）、名著出版、五三四―五四四頁
北見俊夫　一九八六「海洋と祭祀」大林太良編『日本の古代第3巻　海を越えての交流』中央公論社、三三五―三六三頁
櫛原功一　二〇一〇「甲斐金峰山と金桜神社」山の考古学研究会編『山岳信仰と考古学Ⅱ』同成社、二九九―三二五頁
工藤浄真　一九八六「利尻島における稲荷信仰について」『利尻町立博物館年報』五：一一―二六頁

窪徳忠　一九八二「中国の山々とその信仰」澤田瑞穂・窪徳忠編『中国の泰山』講談社、一三七―一四五頁
呉羽長　一九八六「後鳥羽院在隠岐詠歌伝説の構造」『島根大学教育学部紀要、人文社会科学』二〇：二五―三八頁
黒住眞　二〇一八「日本的霊性のゆくえ――祭祀と共生の体験から（日本「祈りと救いとこころ」学会 第４回学術研究大会特集 グローバルな共生の道を求めて）――（シンポジウム 宗教の共生）」『日本「祈りと救いとこころ」学会誌』四（一）：三五―五六頁
黒田日出男　一九八四（八〇）「広義の開発史と『黒山』」『日本中世開発史の研究』校倉書房、二八二―三一七頁
黒田日出男　一九八六（八一）「『荒野』と『黒山』――中世の開発と自然」黒田日出男編『境界の中世 象徴の中世』東京大学出版会、三―三五頁
黒田日出男　二〇〇〇『中世荘園絵図の解釈学』東京大学出版会
桑田和明　二〇一六『戦国時代の筑前国宗像氏』花乱社
高達奈緒美　一九九二『越中立山における血盆経信仰』1　富山県［立山博物館］
高達奈緒美　一九九三『越中立山における血盆経信仰』2　富山県［立山博物館］
高達奈緒美　一九九七「血盆経信仰霊場としての立山」『山岳修験』二〇：七五―八五頁
小島烏水　一九七五『氷河と万年雪の山』大修館書店（覆刻日本の山岳名著）
後藤明　二〇〇二『南島の神話』中央公論新社
木場明志　一九七二―七三「地方陰陽師の性格と活動」『印度學佛教學研究』二一（一）：一六四―一六五頁
児玉大成・蛯名純　二〇〇二『小牧野遺跡』（青森市埋蔵文化財調査報告書70集）（発掘調査報告書Ⅷ）青森市教育委員会
児玉大成　二〇〇四「環状列石にみる縄文時代の土木技術」『月刊文化財』四八五：三二―三五頁
児玉大成　二〇〇九「北日本のストーン・サークル――青森県の諸遺跡」『季刊考古学』一〇一：二七―三二頁
児玉大成　二〇一二「小牧野遺跡の世界遺産登録と国内外の環状列石」（土曜セミナー配付資料）（青森県立郷土

館、二〇一二年二月一日)
児玉大成　二〇一三「こまきのいせき　青森県青森市　ストーンサークル　小牧野遺跡：円形劇場を思わせる環状列石の広場」『別冊太陽：日本のこころ』(縄文の力――自然との共生を一万年続けた縄文コスモロジーの英知：縄文時代のモニュメント) 二一二：五二―五五頁
児玉大成　http://www.komakino.jp/komakino-land/komakino-land.html　二〇二一年五月一四日閲覧
小林達夫編　二〇〇五『縄文ランドスケープ』アム・プロモーション
小林道憲　二〇〇六「古代の日本海からみた白山と立山」安田喜憲編『環日本海文化と立山信仰に関する研究報告書』(日本海学推進機構調査研究委託事業) 一〇七―一二〇頁
小松和彦　二〇〇三「神楽と修験」『山岳修験』三一：一―八頁
小松和彦編　二〇二一『禍《わざわ》いの大衆文化――天災・疫病・怪異』KADOKAWA
小柳義男　二〇〇三「妙高山の山岳信仰」山の考古学研究会編『山岳信仰と考古学1』同成社、二三四―二六四頁
小山真人　二〇〇七「富士山の歴史噴火総覧」荒牧重雄・藤井敏嗣・中田節也・宮地直道編集『富士火山』山梨県環境科学研究所、一一九―一三六頁
五来重　一九七〇『山の宗教　修験道』淡交社
五来重　一九八〇『修験道入門』角川書店
斎藤潮　二〇〇六『名山へのまなざし』(講談社現代新書1851) 講談社
斎藤暖生　二〇二〇「富士山北側の植生環境――「貴重な自然」はどのように守られてきたか」『BIOCITY』八四：二八―三五頁
桜井徳太郎　一九九〇「山岳信仰の構造――山宮と里宮の成立をめぐって」『桜井徳太郎著作集4　民間信仰の研究　下』吉川弘文館
佐々木高明　二〇〇六『山の神と日本人――山の神信仰から探る日本の基層文化』洋泉社
佐々木高明　二〇〇七『照葉樹林文化とは何か――東アジアの森が生み出した文明』(中公新書1921) 中央公論新社

佐々木幹雄　一九七五『大神神社史料編集委員会編『大神神社史』吉川弘文館
笹原亮二　二〇一四「民族芸能と祭祀―中在家の花祭の現場を巡って」『国際常民文化研究叢書』七：三六九―三八二頁
笹谷康之・遠藤毅・小柳武和　一九八七「神奈備山の景観構成」『第7回日本土木史研究発表会論文集』一四一―一四六頁
笹生衛　二〇一二『日本古代の祭祀考古学』吉川弘文館
笹生衛　二〇一六『神と死者の考古学――古代のまつりと信仰』吉川弘文館
笹生衛　私信（二〇二一年三月二一日）
佐野賢治　二〇〇〇「やまあそび　山遊び」福田アジオ・新谷尚紀・湯川洋司・神田より子・中込睦子・渡邊欣雄編『日本民俗大辞典　下た〜わ・索引』吉川弘文館、七三八頁
札幌市教育委員会文化資料室編　一九八〇『藻岩・円山』（さっぽろ文庫12）北海道新聞社
更科源蔵　一九八一『アイヌの伝説集』みやま書房
澤田瑞穂　一九八二「封禅の山」澤田瑞穂・窪徳忠編『中国の泰山』講談社、一七―四八頁
司馬遷　一九七八「封禅書　第六」『史記〈上〉』（中国古典文学大系大10巻）（近藤光男・訳）平凡社、二六六―三〇七頁
柴垣勇夫　二〇一九「鳳来寺鏡岩下遺跡出土の陶磁器について」愛知県新城市教育委員会『鏡岩下遺跡発掘調査報告書』愛知県新城市教育委員会、六五―六八頁
澁澤敬三　一九九二「オコゼについて」『日本魚名の研究』（澁澤敬三著作集第2巻）平凡社、一四六―二一七頁、「オコゼに関する資料抄」三四八―三七〇頁
島薗進　二〇〇七『スピリチュアリティの興隆――新霊性文化とその周辺』岩波書店
島田寅次郎　一九三九「石器と土器・古墳と副葬品」『福岡県史蹟名勝報告書』一三：三五―四一頁（福岡県文化財資料集刊行会、福岡県　一九七八年一一月一五日覆刻）
清水喜臣　一九九〇「榛名神社の起源についての一考察――巌山遺跡の研究」『巌山　いはほやま』（榛名町歴史

民俗資料館紀要）三：三六―六四頁
下西紀子　二〇一二「Digital Map を活用した『山海経』五蔵山経の成立に関する考察――「五蔵山経」の地理情報の可視化に基づく検証」Core Ethics 8：二〇七―二二〇頁
白川静　二〇〇七『新訂　字統』平凡社
白川義員　二〇〇〇『世界百名山』小学館〈白川義員作品集（1）〉
白川義員　二〇〇一『世界百名山』小学館〈白川義員作品集（2）〉
白川義員　二〇〇二『世界百名山』小学館〈白川義員作品集（3）〉
末木文美士　一九九五『平安初期仏教思想の研究――安然の思想形成を中心として』春秋社
スエデンボルグ・E　一九七〇「神智と神愛」（鈴木大拙譯）『鈴木大拙全集』二五巻、丙午出版社、一三―二八〇頁
菅江真澄　一九六五『菅江真澄遊覧記1』（内田武志・宮本常一編訳、東洋文庫54）平凡社
菅江真澄　一九七八『菅江真澄遊覧記2』（内田武志・宮本常一編訳、東洋文庫68）平凡社、八九―九〇頁
杉本悠樹　二〇一二「延暦・貞観の富士山噴火――古代の富士山の溶岩流と火山灰災害」『富士山世界遺産講演会　山梨県立大学』一―一二頁
杉本悠樹　二〇一三「富士北麓の溶岩洞穴」『「富士山世界遺産」講演会』（山梨県立大学地域研究交流センター2012年度観光講座）山梨県立大学地域研究交流センター、四五―四八頁
鈴木大拙（貞太郎）二〇一六『浄土系思想』岩波文庫、岩波書店
鈴木正崇　一九九一『山と神と人――山岳信仰と修験道の世界』淡交社
鈴木正崇　二〇一五『山岳信仰――日本文化の根底を探る』中公新書、中央公論新社
鈴木正崇　二〇一九「日本人にとって山とは何か――自然と人間、神と仏」『ヒマラヤ学誌』二〇：五四―六二頁
鈴野藤夫　一九九三『山漁――渓流魚と人の自然誌』農山漁村文化協会
成尋　二〇一一『参天台五臺山記』（上下）（関西大学東西学術研究所訳注シリーズ11）（藤善真澄・訳）関西大

学出版部
背古真哉　一九九二「模造獣狩猟の分布」『歴史地理学』一五七：八五―九七頁
妹尾周三　二〇一二「安芸、厳島における新発見の祭祀遺跡――弥山の中腹で発見された岩塊群の検討」『MUSEUM　東京国立博物館研究誌』六三九：一五―二一頁
大東俊一　二〇一一「日本人の他界観の構造――古代から現代へとつながるもの」『法政哲学』七：一三―二五頁
高取正男　一九七九『神道の成立』（平凡社選書64）平凡社
高野洋志　一九九八「徳之島における伝統的信仰――伊仙を中心に」『岡山理科大学紀要B、人文・社会科学』三四：五九―七四頁
高野洋志　二〇〇二「聖地と墓地――鹿児島県大島郡徳之島」『岡山理科大学紀要B、人文・社会科学』三八：一―一〇頁
高橋弘臣　二〇〇一「中国近世の巡礼――成尋『参天台五台山記』をめぐって」『平成13年度愛媛大学公開講座プロシーディング　四国遍路と世界の巡礼』愛媛大学法文学部人文学科多文化社会研究会史学・国文学教官グループ、三四―三七頁
田口洋美　一九九四『マタギ：森と狩人の記録』慶友社
田口洋美　二〇一四「マタギの狩猟とカミの世界」秋道智彌編『日本のコモンズ思想』岩波書店、三一―五〇頁
竹内弘行　一九七五「司馬遷の封禅論――「史記」封禅書の歴史記述をめぐって」『哲学年報』三四：九一―一一一頁
田代博　二〇〇九『今日はなんの日、富士山の日』新日本出版社
竹浪遠　二〇一八「廬山と江南山水画――董源・巨然山水画風の成立をめぐって」『京都市立芸術大学美術学部研究紀要』六二：五三―七二頁
橘礼吉　二〇一五『白山奥山人の民俗誌――忘れられた人々の記録』白水社
立松和平　二〇〇六『百霊峰巡礼』（第1集）東京新聞出版部

立松和平　二〇〇八『百霊峰巡礼』（第2集）東京新聞出版部
立松和平　二〇一〇『百霊峰巡礼』（第3集）東京新聞出版部
棚瀬襄爾　一九六六『他界観念の原始形態――オセアニアを中心として』（東南アジア研究双書1）京都大学東南アジア研究センター
谷川健一　二〇一〇『列島縦断　地名逍遥』冨山房インターナショナル
谷川健一　二〇一二『蛇　不死と再生の民俗』冨山房インターナショナル
田淵行男　一九八一『山の紋章・雪形』学研プラス
田牧久穂　https://ja.wikipedia.org/wiki/鳥海山（二〇二一年五月一〇日閲覧）
千葉徳爾　一九八三a『女房と山の神』堺屋図書、三九―四〇頁
千葉徳爾　一九八三b「山の民俗」網野善彦ほか編『日本民俗文化大系5　山民と海人-非平地人の生活と伝承』小学館、一七三―一八〇頁
千葉徳爾　一九九三「山の生活」朝尾直弘ほか編『日本通史1　日本列島と人類社会』岩波書店、一五三―一八三頁
辻尾榮一　二〇一〇「舟・船棺起源と舟・船棺葬送に見る刳舟」『人文学論集』二八：一二五―一六一頁
筒井功　二〇二〇『アイヌ語地名の南限を探る』河出書房新社
津屋崎町史編集委員会　一九九八「津屋崎町大字渡〈漁業〉（旧筑前国宗像郡渡村梅津）」『津屋崎町史民俗調査報告書　津崎の民俗（第三集）渡・梅津・末広・岡の二、三』津屋崎町史編集委員会、一六六―一七五頁
手島崇裕　二〇一四『平安時代の対外関係史と仏教』校倉書房
デスコラ・フィリップ　二〇一八「形象化のアトリエ」秋道智彌編『交錯する世界　自然と文化の脱構築――フィリップ・デスコラとの対話』京都大学学術出版会、三〇五―三三二頁
寺沢薫　一九八八「三輪山の祭祀遺跡とそのマツリ」和田萃編『大神と石上　神体山と禁足地』筑摩書房、三七―七五頁
寺田勇文　一九八九「聖地バナハオ巡礼をめぐって」『南太平洋海域調査研究報告』一七：一五―二九頁

寺町兵右衛門　一七五九『木曾山雑話』（筆記）
時枝務　一九八四「中世東国における血盆経信仰の様相――草津白根山を中心として」『信濃』三六（八）：五八六―六〇四頁
時枝務　二〇〇九「白山禅定と男体山禅定――白山山頂遺跡の特質をめぐって」『山岳修験』四三：一―一六頁
時枝務　二〇一八『山岳霊場の考古学的研究』雄山閣
戸田芳実　一九六八『日本領主制成立史の研究』岩波書店
豊岡めぐみ　二〇〇九「デカルトの心身合一体における「動物精気」の位置づけ」『筑波哲学』一七：一五四―一七二頁
中塚武　二〇一二「気候変動と歴史学」平川南編『環境の日本史Ⅰ　日本史と環境』吉川弘文館、三七―七〇頁
中塚武　二〇二〇「中世における気候変動の概観」伊藤啓介・田村憲美・水野章二編『第４巻　気候変動と中世社会』（気候変動から読みなおす日本史全６巻）臨川書店、二五―三五頁
永野正宏　二〇二一「一九世紀前期の日本北方における感染症対策――天然痘とアイヌの関わりから」秋道智彌・角南篤編『疫病と海』（海とヒトの関係学④）西日本出版社、一三四―一四七頁
中牧弘允　一九八三「神社と神道」宮田登（著者代表）『日本民俗文化大系第四巻　神と仏＝民俗宗教の諸相』小学館、二二七―二八〇頁
永松敦　一九九三『狩猟民俗と修験道』白水社
名取武光　一九九七「噴火湾アイヌの捕鯨」『鯨・イルカの民俗〈日本民俗文化資料集成 第18巻〉』三一書房、一三―二七頁
中山郁　二〇〇八「夜明け前の御嶽山――御嶽神社と明治維新」『明治聖徳記念学会紀要』一一（四六）：五四―八二頁
南波松太郎　一九八八『日和山』（ものと人間の文化史60）、法政大学出版局
新津健　二〇一六「富士山をとりまく道と信仰拠点」山梨県富士山世界文化遺産保存活用推進協議会編『富士山山梨県富士山総合学術調査報告書２――本文編』山梨県富士山世界文化遺産保存活用推進協議会、一一三―

一九頁
新津健　二〇一八「文化的景観の視点からみた山梨の歴史環境（5）忍野村域における古代道路と富士山信仰」『山梨県考古学協会誌』二六：一〇三―一一三頁
二階堂義弘　二〇〇六「安徽九華山における地蔵信仰」『アジア文化交流研究』一：三七―五三頁
西岡芳文　二〇〇三「中世の富士山――「富士縁起」の古層をさぐる」『日本中世史の再発見』吉川弘文館、一〇八―一三一頁
西岡芳文　二〇〇四「新出『浅間大菩薩縁起』にみる初期富士修験の様相」『史学』七三（一）：一―一四頁
西岡芳文　二〇〇六「富士山をめぐる知識と言説――中世情報史の視点から」『立教大学日本学研究所年報』五：六四八―六五二頁
西川如見　一九四四『日本水土考・水土解辯・増補華夷通商考』（飯島忠夫・西川忠幸校訂）（岩波文庫）、岩波書店
西川治　一九七九「江戸時代の環境思想に関する覚書」『東京大学人文科学科紀要』六九：五一―六一頁
西野由紀　二〇一一「都から富士が見えた時代――『東海道名所図会』の目論見」『日本文学』六〇（二）：二一三三頁
日本山岳修験学会編　二〇〇八『山岳修験』四二（木曾御嶽特集）岩田書院
日本山岳修験学会編　二〇〇九『山岳修験』四四（妙高山特集）岩田書院
日本山岳修験学会編　二〇一一『山岳修験』四八（白山特集）岩田書院
日本山岳修験学会編　二〇一四『山岳修験』五四（大宰府・宝満山特集）岩田書院
日本山岳修験学会編　二〇一五『山岳修験』五六（鳥海山特集）岩田書院
日本山岳修験学会編　二〇一七『山岳修験』六〇（日光特集）岩田書院
日本トランスパーソナル心理学/精神医学会　安藤治・湯浅泰男編　二〇〇七『スピリチュアリティの心理学――心の時代の学問を求めて』せせらぎ出版
丹羽泉　一九八八「韓国のムーダン――sôbosal の事例」『社会科学ジャーナル』二七（一）：一二三―一三九頁

根ヶ山泰史　二〇一一「〈研究ノート〉鎌倉期における「悪党」の語義変化」『史林』九四（二）：三〇三―三二二頁
農林省水産局編纂　一九三四『舊藩時代の漁業制度調査資料（水産調査資料第三輯）』農業と水産社
野澤則幸　二〇一九「鳳来寺山鏡岩下遺跡出土鏡について」愛知県新城市教育委員会『鏡岩下遺跡発掘調査報告書』愛知県新城市教育委員会、六九―七八頁
野島永・脇山佳奈・谷岡能史　二〇一一「海の祭祀―舞鶴市千歳下遺跡（3）」『広島大学考古学研究室紀要』三：六九―九七頁
野村晋作　二〇一九「二つの古道とその変遷――ヅナ古道と籠坂越」山梨県立富士山世界遺産センター編『世界遺産　富士山』三：二三―三二頁
野本寛一　二〇〇七「大型獣捕獲儀礼の列島俯瞰――熊・猪を事例として」『季刊東北学』一〇：四五―六三頁
野本寛一　二〇一四「コモンズと自然」秋道智彌編『日本のコモンズ思想』岩波書店、一二―三〇頁
野本寛一　二〇二一『自然暦と環境口誦の世界』大河書房、一一八―一二六頁
萩原竜夫・千葉徳爾　一九八八『山地住民における宗教文化の展開過程』（明治大学人文科学研究所紀要　別冊8）一―一一七頁
橋本観吉　二〇一二「第2章第1節　熊野三山の成立」和歌山県教育委員会編『熊野参詣道王子社及び関連文化財調査報告書』和歌山県教育委員会、一一―一七頁
バチェラー・J　一九二五「アイヌ人とその説話　中編」富貴堂
バチェラー・J　一九八八「アイヌ地名考」（中川裕訳）佐々木利和編（山田秀三・監修）『アイヌ語地名資料集成』草風館、二〇八頁
服部英雄　二〇一一「宗像の島々：小呂島、沖ノ島、大島の歴史と地誌」「宗像・沖ノ島と関連遺産群」世界遺産推進会議（福岡県・宗像市・福津市）福岡県企画・地域振興部総合政策課世界遺産登録推進室編『「宗像・沖ノ島と関連遺産群」研究報告』プレック研究所、一三一―一六八頁
早川孝太郎　一九七二『花祭』（民俗民芸双書2）岩崎美術社

林巳奈夫　一九八九「洛陽卜千秋墓壁画に対する注釈」『漢代の神神』臨川書店
菱川晶子　二〇〇九『狼の民俗学―人獣交渉史の研究』東京大学出版会
広瀬茂久・金子豊二　二〇〇三「恐山ウグイの酸性適応機構」『エネルギー・資源』二四（四）：二二一―二二五頁
深田クラブ　一九八七『日本二百名山』昭文社（初版）
深田久弥　一九六四『日本百名山』新潮社
深田久弥　一九七四『日本百名山』（全一二巻）〈山の文学全集5〉、朝日新聞社
福江充　二〇一九「立山曼荼羅『福江家本』と最も古い蘆峅寺系立山 曼荼羅3作品との比較研究」『北陸大学紀要』四七：五七―七六頁
福永光司（訳注）一九九一『列子1・2』（東洋文庫533・534）平凡社
福永真弓　二〇〇七「正統性をめぐる〈場〉としての流域――現場から環境倫理を再考するために」『現代文明学研究』八：四二一―四四六頁
藤木久志　一九八七「境界の裁定者――山野河海の紛争解決」朝尾直弘ほか編『日本の社会史　第2巻　境界領域と交通』岩波書店、二一五―二四四頁
富士山世界文化遺産登録推進静岡・山梨両県合同会議　NPO法人　富士山を世界遺産にする国民会議　二〇〇九『富士山　信仰と芸術の源』小学館
富士山世界文化遺産登録推進両県合同会議　二〇一四『「富士山――信仰の対象と芸術の源泉」世界文化遺産登録記念誌』富士山世界文化遺産登録推進両県合同会議
藤田裕嗣　二〇一九『荘園絵図が語る古代・中世』（日本史リブレット76）山川出版社
藤善真澄　二〇〇三「宋朝の賓礼――成尋の朝見をめぐって」『関西大学東西学術研究所研究紀要』三六、関西大学出版部
藤善真澄　二〇〇六『参天台五臺山記の研究』（関西大学東西学術研究所研究叢刊26）関西大学出版部
文化庁編　二〇二〇『宗教年間　令和2年度』文化庁

平凡社地方資料センター　一九九一『日本歴史地名大系第一七巻　石川県の地名』平凡社、八六頁
ベルク・オギュスタン　二〇一八「主体性論」秋道智彌編『交錯する世界　自然と文化の脱構築――フィリップ・デスコラとの対話』京都大学学術出版会、二八七―三〇二頁
ボイヤー・パスカル　二〇〇八『神はなぜいるのか？』（鈴木光太郎・中村潔訳）（叢書コムニス6）NTT出版
堀田吉雄　一九八〇『山の神信仰の研究』光書房
堀一郎　一九四九『日本に於ける山岳信仰の原初形態』神社新報社
堀一郎　一九九三『聖と俗の葛藤』（平凡社ライブラリー）平凡社
堀一郎　二〇〇〇『堀一郎著作集第七巻　民間信仰の形態と機能』未来社
堀内眞　二〇一七「御中道と大沢室の奉納物」山梨県立富士山世界遺産センター編『世界遺産　富士山』一：二五―三三頁
毎日新聞社編　一九九七『日本三百名山』毎日新聞社
松浦竹四郎　一九二八「東蝦夷日誌初篇」正宗敦夫編『多気楼蝦夷日誌集　第三』日本古典全集刊行会、三一頁
松浦竹四郎　一九二九ａ「後方羊蹄日誌」正宗敦夫編『多気楼蝦夷日誌集　第二』日本古典全集刊行会、四三―七八頁
松浦竹四郎　一九二九ｂ「西蝦夷日誌」正宗敦夫編『多気楼蝦夷日誌集　巻第一』日本古典全集刊行会、一六六、一七五頁
松浦竹四郎　一九二九ｃ「納紗布日誌」正宗敦夫編『多気楼蝦夷日誌集　第二』日本古典全集刊行会、一九七頁
松浦武四郎　一九八四『新版　蝦夷日誌上　東蝦夷日誌』時事通信社
松浦史子　二〇一二『漢魏六朝における『山海経』の受容とその展開――神話の時空と文学・図像』汲古書院
松崎憲三　一九八五「山の神祭りにおける木製祭具の研究――山の神信仰の展開」『国立歴史民俗博物館研究報告』七：四二五―四五二頁
松園潤一朗　二〇一七「平安時代における知行と「理」の観念」『一橋法学』一六（三）：八九―一四〇頁
松山光秀　二〇〇九『徳之島の民俗文化』南方新社

丸山岩三　一九八六「熊沢蕃山・宇野円三郎・平田徳太郎と山本徳三郎（3）山陽道の山野を背景として」『水利科学』三〇（四）：五〇―七六頁
三上真由子　二〇〇五「日本古代における喪葬儀礼に関する一考察――奈良時代における天皇の殯期間の短期化について」『奈良史学』二三：一一―三二頁
南方熊楠　二〇一五「神社合祀に関する意見」『森の思想』（南方熊楠コレクション第五巻、河出書房新社
南秀雄　二〇〇七『図像構成からみた高句麗前期の壁画古墳の特性と被葬者の出自の研究』（課題番号：１７５２０５３２平成17年度〜平成19年度科学研究費補助金 基盤研究（C）研究成果報告書）研究代表者南秀雄（財団法人大阪市文化財協会文化財研究部）
宮家準　二〇一六『霊山と日本人』講談社
宮家準　二〇二一『修験道――その歴史と修行』講談社
宮家準編　一九八六『修験道辞典』東京堂出版
宮澤正順　一九八九「神仙思想」『日本大百科全書（ニッポニカ）』一二巻、小学館、五九四―五九五頁
宗像大社復興期成会　一九七九『宗像　沖ノ島』吉川弘文館
村石真澄　二〇一七「御中道の変遷」山梨県立富士山世界遺産センター編『世界遺産　富士山』一：五―一一頁
村崎真智子　一九九三『阿蘇神社祭祀の研究』法政大学出版局
本澤雅史　二〇〇九「広瀬大忌祭祝詞にみえる「甘水」について」『神道文化』二〇・二一：一一九―一二五頁
森公章　二〇一三『成尋と参天台五臺山記の研究』吉川弘文館
薬師寺慎一　二〇〇六『聖なる山とイワクラ・泉』吉備人出版
安田喜憲編　二〇〇六『山岳信仰と日本人』ＮＴＴ出版
矢田浩　二〇一六「宗像神を祭る神社の全国分布とその解析　宗像神信仰の研究（1）」『むなかた電子博物館紀要』七
矢田浩　二〇一七ａ「北部九州の宗像神と関連神を祭る神社の解析　宗像神信仰の研究（2）」『むなかた電子博物館紀要』八（増刊）

矢田浩　二〇一七b「宗像三女神と沖ノ島祭祀の始まり（上）　宗像神信仰の研究（3）」『むなかた電子博物館紀要』八（増刊）
矢田浩　二〇一八「宗像と宇佐の女神、そして卑弥呼【付編】魏使の邪馬台国への行程-宗像神信仰の研究（4）」『むなかた電子博物館紀要』九
矢田浩　二〇一九「宗像・沖ノ島と神から見える日本の古代――宗像神信仰の研究（5）」『むなかた電子博物館紀要』一〇（https://munahaku.jp/kiyou/kiyou10/）
柳田国男・倉田一郎編　一九八四『分類山村語彙』信濃教育会
柳田國男　一九四七『「山宮考」』（新國學談第二冊、一―一二二頁）小山書店
柳田国男　一九七七『葬送習俗語彙』国書刊行会
柳田国男　一九七八『遠野物語・山の人生』（岩波文庫）岩波書店
柳田国男・倉田一郎　一九八四『分類漁村語彙』国書刊行会
山口えり　二〇〇八「広瀬大忌祭と龍田風神祭の成立と目的について」『国立歴史民俗博物館研究報告』一四八：四一―六〇頁
山口民弥　一九九九「オオカミと御眷属信仰」『山岳修験』（三峯山特集）二四：五一―六三頁
山口保明　一九九九「女猪狩りと猟犬の葬送儀礼」『自然と文化』六〇：五八―六三頁
山下晋司　一九九〇「死・葬制　4100」大林太良・杉田繁治・秋道智彌編『東南アジア・オセアニアにおける諸民族文化のデータベースの作成と分析』（国立民族学博物館研究報告別冊11号）、一四〇―一四五頁
山田秀三　一九九三『東北・アイヌ語地名の研究』草風館
山田秀三　一九九五『アイヌ語地名の研究〈1〉――山田秀三著作集』草風社
山本義孝　二〇〇一「北部九州における山岳修験研究の新たな方向性――韓国の山岳宗教遺跡との比較」『山岳修験』二七：六九―七二頁
湯川洋司　二〇〇〇「やま　山」福田アジオ・新谷尚紀・湯川洋司・神田より子・中込睦子・渡邊欣雄編『日本民俗大辞典』（下　た～わ・索引）吉川弘文館、七三七―七三八頁

由谷裕哉　二〇一八『近世修験の宗教民俗学的研究』岩田書院
吉田薫　二〇一六「『出雲国風土記』における山の高さの測定方法」『土木学会論文集D2（土木史）』七二（一）：五〇―五二頁
吉田薫　二〇一八「『出雲国風土記』に載る秋鹿郡の山々に関する測量データの解釈」『土木学会論文集D2（土木史）』七四（一）：一〇―一三頁
吉田扶希子　二〇一四『背振山《せふりさん》信仰の源流　西日本地域を中心として』中国書店
吉野俊哉　一九九九「享保七年立山・黒部奥山での幕府採薬使による薬草検分について」『富山県「立山博物館」研究紀要』六：六三―八三頁
吉野俊哉　二〇一一「越中での幕府採薬使受け入れの実態について――「享保七年　新川郡薬草御用一巻覚留帳」を中心に」『富山県「立山博物館」研究紀要』一八：三三―五三頁
吉野裕子　一九八四『扇――性と古代信仰』人文書院
吉野裕子　二〇〇八『山の神　易・五行と日本の原始蛇信仰』（講談社学術文庫）講談社
米家泰作　一九九七「前近代日本の山村をめぐる三つの視角とその再検討」『人文地理』四九（六）：二一―四二頁
李春子　二〇一九『八重山の御嶽――自然と文化』榕樹書林
和田萃　一九八五「三輪山祭祀の再検討」『国立歴史民俗博物館研究報告』七：三二三―三四〇頁
和歌森太郎　一九七二『修験道史研究』（東洋文庫211）平凡社
和歌森太郎　一九八六『山伏――入峰・修行・呪法』（中公新書48）、中央公論社
和歌森太郎・村山修一・五来重他編　二〇〇一（再版）『山岳宗教史研究叢書』一～一八巻、名著出版
和田萃　一九八八a「祭祀の源流――三輪山と石上山」和田萃編『大神と石上――神体山と禁足地』筑摩書房、三―三六頁
和田萃　一九八八b「熊野の原像」和田萃編『熊野権現　熊野詣・修験道』筑摩書房、三―三四頁
和田萃　一九九五『日本古代の儀礼と祭祀・信仰（上）』塙書房

索　引

山　名

【あ】

【か】

【さ】

【た】

【ま】

【や】

【ら】

【わ】

人　名

事　項

【か】

【さ】

【た】

【な】

【は】

【ま】

【や】

【ら】

【わ】

【ん】

和田萃　二〇〇〇「山居と服餌」『道教と東アジア文化』一三：一八七―一九三頁
和田晴吾　二〇〇九「古墳の他界観」『国立歴史民俗博物館研究報告』一五二：二四七―二七二頁
和田晴吾　二〇一四『古墳時代の葬制と他界観』吉川弘文館
和辻哲郎　一九七九『風土――人間学的考察』岩波書店
越宏斌　二〇〇六『納西東巴名句・常用字欣賞』雲南美術出版社
来源网络　二〇一七「卡瓦格博――只为那虔诚的信仰」『佛学美文网』（https://www.foxuemw.com/14000/1533862.html）
王超鷹　一九九六『トンパ文字』マール社
王超鷹　二〇〇七『通俗東巴文』広東科技出版社
Feeny, D., F. Berkes, B. McCay, and J. Acheson 1990. The tragedy of the commons: twenty-two years later. *Human Ecology* 18(1) : 1-19.
Larsen, T. 2013. E.B. Tylor, religion and anthropology. *The British Journal of the History of Science* 46 (3)：467-485.
Ostrom, E. 1990. *Governing the Commons.* Cambridge University Press.
Stocking Jr., George W., 1971. Animism in Theory and Practice : E. B. Tylor's Unpublished 'Notes on Spiritualism. *Man* 6: 88-104.
Suzuki, Taisetz Teitaro 1988（reprint, first published in 1972）*Japanese Spirituality.* Greenwood Press, Inc and Yushodo Co. Ltd.
Tylor, E. B. 1871. *Primitive Culture-Researches into the Development of Mythology, Philosophy, Religion, Art, and Custom.* Cambridge University Press.

www.fujisanpo.com/data/data_room/gradient.html（二〇二二年三月四日閲覧）

著者略歴

秋道智彌（あきみち・ともや）

山梨県立富士山世界遺産センター所長。

専門は生態人類学、海洋民族学、民族生物学。

主な編著書に『魚と人の文明論』(臨川書店、2017年)、『交錯する世界　自然と文化の脱構築　フィリップ・デスコラとの対話』(編著、京都大学学術出版会、2018年)、『たたきの人類史』(玉川大学出版部、2019年)、『絶滅危惧種を喰らう』(共編著、勉誠出版、2021年)などがある。

霊《れい》峰《ほう》の文《ぶん》化《か》史《し》
――世界遺産・富士山と世界の山岳信仰

著者　秋道智彌
発行者　吉田祐輔
発行所　㈱勉誠社
〒101-0061 東京都千代田区神田三崎町二-一八-四
電話　〇三-五二一五-九〇二一㈹

二〇二三年五月三十日　初版発行

印刷 製本　中央精版印刷

ISBN978-4-585-33005-9　C0039

絶滅危惧種を喰らう

野生動物を「喰らう」問題、「装う」問題、そしていかにして野生動物を絶滅から救うかについての方策とよりどころとなる思想について多角的な視点から論じる。

秋道智彌・岩崎望 編・本体三二〇〇円（＋税）

生命科学と現代社会
海の食料資源の科学
持続可能な発展にむけて

魚は食べ続けられるのか？　変動する水産資源の持続的な利用のために、多様な価値観のなかでの科学のあり方を、「つくる漁業」の実例とともに考察。

佐藤洋一郎・石川智士・黒倉寿 編集
本体三四〇〇円（＋税）

人と水
①水と環境　②水と生活
③水と文化

地球上で様々な意味をもち、多様な関わりの媒介物である水を、どう捉えるか。自然面だけでなく、文化、社会、思想面にまで視野を広げて水を考える画期的論集。

秋道智彌・小松和彦・中村康夫 編
本体各三二〇〇円（＋税）

この世のキワ
〈自然〉の内と外

驚異と怪異の表象を、ユーラシア大陸の東西の伝承・史料・美術品等に探り、自然と超自然・この世とあの世の境界に立ち現れる身体・音・モノについて、学際的に考察。

山中由里子・山田仁史 編・本体三二〇〇円（＋税）

知っておきたい和食の文化

伝統的な日本の食文化を「和食文化」と定義し、様々な謎や疑問について、歴史や材料など多角的に探り、文化を守る取り組みも紹介する。

佐藤洋一郎 編・本体二八〇〇円（＋税）

食の多様性

食材、調理法、生産地、季節感など、その多彩な世界は護られなければならない。だから生きるために食べ続け、考え続けよう。

佐藤洋一郎 著・本体一八〇〇円（＋税）

重要文化的景観への道
エコ・サイトミュージアム田染荘

田染荘の歴史的・文化的意義について、文献史学・考古学・民俗学・生態学など多分野の視点から考察し、景観保存のあるべき姿を探る。

海老澤衷・服部英雄・飯沼賢司 編・本体二〇〇〇円（＋税）

里山という物語
環境人文学の対話

里山なるものが形成されるトポスがはらむ問題、歴史的に形成・構築された言説のあり方を解きほぐし、自然・環境をめぐる人間の価値観の交渉を明らかにする。

結城正美・黒田智 編・本体二八〇〇円（＋税）